Necessary Inequality:
The Stratification of Academic Profession in
Colleges and Universities

必要的不平等

高校学术职业分层

李志峰 等◎著

知识产权出版社
全国百佳图书出版单位

图书在版编目（CIP）数据

必要的不平等：高校学术职业分层/李志峰等著. —北京：知识产权出版社，2015.4
ISBN 978-7-5130-3093-9

Ⅰ.①必… Ⅱ.①李… Ⅲ.①高等学校—科学研究工作—研究—中国 Ⅳ.①G644

中国版本图书馆 CIP 数据核字（2014）第 238474 号

内容提要

本书综合运用理论分析、实证研究和案例研究等多种方法对高校学术职业分层的理论与实践问题进行了较为深入系统的研究，论述了高校学术职业的内涵、特征和功能，探讨了学术职业分层结构与分层文化，科学揭示了高校学术职业分层作为不平等但是必要的学术制度体系的发生机制，解释了高校学术职业分层的作用机理，分析了中美两国高校学术职业分层的历史发展与制度变迁逻辑，总结了中美两国不同层次类型高校学术职业分层的基本特征，从学术职位满意度、影响因素、权力、流动性、收入差异和阶层地位等若干领域论证了学术职业分层的影响因素及其后果，在对中国当代高校学术职业分层制度进行理性反思基础上提出了制度创新策略。本书为当代高校人事制度改革提供了创新思路和理论基础，对于高校人事制度改革实践具有明确的针对性和重要的参考价值。

责任编辑：韩婷婷　　　　　　　　责任校对：谷　洋
装帧设计：邵建文　　　　　　　　责任出版：刘译文

必要的不平等：高校学术职业分层

李志峰　等著

出版发行：知识产权出版社有限责任公司	网　　址：http://www.ipph.cn
社　　址：北京市海淀区马甸南村1号	邮　　编：100088
责编电话：010-82000860 转 8359	责编邮箱：hantingting@cnipr.com
发行电话：010-82000860 转 8101/8102	发行传真：010-82000893/82005070/82000270
印　　刷：保定市中画美凯印刷有限公司	经　　销：各大网上书店、新华书店及相关专业书店
开　　本：720mm×1000mm　1/16	印　　张：27.25
版　　次：2015年4月第1版	印　　次：2015年4月第1次印刷
字　　数：486千字	定　　价：79.00元

ISBN 978-7-5130-3093-9

出版权专有　侵权必究
如有印装质量问题，本社负责调换。

本著作系国家社会科学基金（教育学）一般课题《高校学术职业分层与教师岗位设置管理制度创新研究》（课题批准号：BFA090051）的最终研究成果。

前　言

大学是一个微缩的社会。

在这个社会里,每天都发生着许多事。领导们在开会,或正在前往开会的路上;老师们在上课,或正在前往课堂的路上;科研人员在实验室里,或正在前往实验室的路上;学生正在教室里,或正在前往教室的路上……一切似乎都是那么井然有序。

然而在这个微缩的社会里,同样充斥着各种各样的矛盾、冲突和不平等。对于教师来说,这种矛盾、冲突和不平等的焦点在于学术职业分层导致的收入、资源、声望和权力的差异之中。

学术职业分层是学术系统中最重要的社会行动,是社会分层在高校学术系统中的反映,体现出社会分层的诸多特点。高校学术职业分层直接关涉学术系统最基本、最核心的社会关系,以及最基本的学术阶层利益结构,是学术系统变迁的焦点,其制度变革也必然成为高校人事制度改革的核心领域和亟须研究的课题。

学术职业分层是高校学术系统中的一种必然现象,具有客观性和必要性。学术职业分层的客观性表现在:自大学诞生和形成以来,学术职业分层就相伴而生,并随着大学的发展而不断变化。有意思的是,学术职业分层并不是新的分层代替旧的分层,而是表现在旧的分层基础上的发展和完善,如最初的教授职业出现后,出现了助教职业,在教授—助教职业分层后,副教授、讲师、助理教授的职业形态逐步出现并形成新的分层结构。显然,这是对旧的学术职业分层的补充和发展。学术职业分层与大学内部社会分工、知识的不断增加和分化以及处理高深知识的方式密切相关。历史经验告诉我们,合理的学术职业分层能有力地推动学术进步和大学发展,形成学术系统所必需的动力机制。在不同的历史时期,高校学术职业分层的形式是不同的,这与不同历史时期高校的历史使命、功能、目标相关。因此,学术职业分层必须适应高等教育改革发展的需要。

学术职业分层的必要性表现在:学术职业分层不仅客观地存在于学术系统

中，也是学术发展所必需的社会行动。学术职业分层反映的是一种学术系统结构的地位差异，而学术系统正是从这种地位差异中形成一种学术发展所必需的动力。这种由于地位差异所形成的动力作用表现在两个方面：第一，通过高校地位象征性资源的差别分配来实现学术职业的分化，满足学术分工的需要，实现人职匹配、人尽其才。这是高校学术系统发展和进步的需要。第二，由于高校地位象征性资源的差别分配，在高校学术系统中形成了一种地位获得的激励机制和竞争机制，推动高校教师为追求更高的社会地位、获得更高的声望而竞争，在攀爬学术职业分层阶梯过程中实现高校目标和个人价值的双赢，从而有力地推动高校的发展和学术的繁荣。

　　学术职业分层是学术系统中的一种普遍性和悠久性的存在，这种社会安排一定具有某种不可避免性和功能的积极性。对于高校学术职业分层而言，学术系统中某些职位比其他职位的功能更为重要，而且需要特别的知识和能力来完成，只有少数通过高深知识的专门训练，并且掌握这些高度专门化的知识和能力的教师才能够实现该职位的功能；同时，那些接受专业训练的人为了获得高度专门化的知识和能力，在接受高深知识的训练期间以及在长期的学术工作中付出了巨大的成本，包括直接成本和机会成本，因此，在获得学术职位过程中必然要求获得更高的回报，这就导致了学术系统中资源分配的不平等。此外，学术职业分层遵从岗职匹配的基本规律，无论学术系统多么复杂，都必须根据学术能力、学术水平、学术成就、学术声望和学术尊重来区分不同的教师，基于天赋、能力和贡献的原则而设计的学术职业分层体系，让胜任的人和主要的职位相互匹配。这就必定导致学术职业分层一定程度上的制度化的不平等。

　　无论是过去、现在，还是未来，对稀缺资源的分配都是不平等的。收入、声望、资源和权力作为学术系统的稀缺资源，在学术系统中的分配也是不平等的。这些资源的分配是学术职业分层秩序的一部分，内生于学术系统不同职位之中，存在于与学术职位相关的权利之中。权利与学术职位相关的工作责任紧密相连。因此，学术职业分层后的不同学术职位的权利和收益是不同的。学术职业职位等级的决定性因素包括两个方面：一是职位功能的重要性；二是学术人员的稀缺性。学术职业分层体系可以理解为这两个因素在特殊环境下的产物。学术职业分层体系作为明显不平等的社会制度体系，由两类匹配系统所诱发和生成：一是学术职位与不同价值的报酬相匹配；二是学术人员和学术职位相匹配。在匹配过程中，形成了不同学术职位的地位差异。不平等的学术职业分层体系的潜在功能在于保证了有效率的学术分工，但是过度的不平等可能使得学术分工变得更无效率，可能引发不同阶层教师之间的地位落差、阶层分化，以及群体矛盾和冲突。

学术职业分层过程中的职位分配必须形成一种有效的机制，把学术系统中的成员分配到学术系统不同的职位中去，并诱使他们去承担学术职位所赋予的责任。竞争性的学术系统更加重视教师个体通过学术工作的成效去获得学术职位，而非竞争性的学术系统强调的是学术职位的组织安排。在高等教育系统高度竞争的环境中，学术职业分层在组织发展目标和教师地位获得之间的博弈是一种非零和博弈，合理的学术职业分层体系能够实现双方的共赢，而不合理的学术职业分层体系则是一种零和博弈。

学术职业分层秩序是不断改变的。这种改变受到院校发展目标、学术劳动力市场竞争程度、职位数量和院校财政的共同影响。学术职业分层是高校学术系统历史发展进程中普遍的、必然的，同时也是不平等的社会现象。适度的学术职业分层、合理的学术职业分层结构有助于高校的稳定与发展。但要形成适度的学术职业分层和合理的分层结构，必须使之建立在最大程度地促进学术生产力提高的基础之上，必须遵循学术职业分层的客观规律。不能因为存在学术职业分层的不平等而消灭分层。我们需要的是选择一种更适应现代大学发展的、更能够满足学术发展和进步的、相对公平的、符合不同高校学术价值取向的分层模式。在高等教育从大众化阶段向普及化阶段发展的历史环境下，我们能够选择的就是建立与现代大学制度相适应的学术职业分层制度。

本书对高校学术职业分层的研究具有如下重要意义：

第一，构建高校学术职业分层理论框架，探索学术职业分层规律。

学术职业相关理论与方法引入中国只有短短十多年的时间，学术职业领域的相关研究还很不深入。我国关于高校教师的研究多集中于实践层面的工作研究和政策诠释研究，从社会学理论的视角，系统深入地针对高校学术职业分层的相关研究极少。因此，本书以中国高校学术职业分层实践为研究对象，运用社会分层理论，以高深知识作为研究的逻辑起点，以高校教师职称和岗位作为主要分层符号，以马克斯·韦伯的收入、声望和权力理论为分析工具，对高校学术职业分层的基本概念和基本问题进行科学分析，系统研究高校学术职业分层的内涵、特征、功能，以及分层结构、分层机制、分层文化、分层制度变迁、阶层地位、影响因素、分层后果等领域的主要问题，揭示高校学术职业分层作为不平等但是必要的学术制度体系的发生机制以及学术职业分层的作用机制，力图构建高校学术职业分层的理论框架，探索学术职业分层规律。

第二，运用实证研究方法对高校学术职业分层的影响因素及后果进行论证，解释学术职业分层的因果关系。

目前，我国高校正在实行的教师职务聘任制和正在试行的教师岗位设置分级管理制度，是我国高等教育发展过程中的重要体制探索。高校教师职务聘任和岗位分级设置实际上是社会学领域的分层问题。但是，社会学领域的分层研究更多涉及的是社会分层理论、形式、结构、后果、种族和性别问题，并没有太多涉及高校学术职业分层的研究，尤其是对于高校学术职业分层的影响因素的实证研究更为缺乏。学术职业分层的社会学研究关注的不是教师个体，也不是整个学术系统，而是具有相同或者相似的社会或文化特征的人群——学术阶层群体，这些群体处于学术职业分层结构与等级文化场域中的不同学术职位，形成了学术阶层分化后的不同群体之间的社会关系。那么是哪些因素在影响高校学术职业分层？学术职业分层对于高校学术系统来说将会产生什么样的后果？对此，本书从学术职位满意度、影响因素、权力、流动性、收入差异和阶层地位等若干领域论证了学术职业分层的影响因素及其后果，以此解释学术职业分层的因果关系。这对于丰富高校学术职业分层理论、完善中国当代高校学术职业分层制度具有重要的价值。

第三，对我国高校学术职业分层实践进行解释和反思，并提出制度创新策略。

我国高校正在实行的教师职务聘任制和正在试行的教师岗位设置分级管理制度，是我国高校正在大力推进的高校人事制度改革的重大课题，其本质上就是高校学术职业分层结构和体制问题。从实践角度来看，目前我国高校学术职业分层结构表现出一定的不合理性，在学术职业分层过程中也出现了一系列新问题，分层结构的不合理和高校人事制度改革出现的一系列问题的根源在于制度的设计。政府主导的高校学术职业分层制度正在受到院校和市场的双重挑战，迫切需要对既有制度进行修正并进行制度创新。因此，反思和批判我国高校学术职业分层制度存在的问题，提出制度创新策略就显得尤为重要。

高度市场化、分权化和多样化的美国高等教育发展模式下的学术职业分层有其固有的发展轨迹和制度变迁逻辑，对于我国高校学术职业分层制度的完善具有借鉴和参考价值。本书通过对中美两国高校学术职业分层的历史变迁和发展逻辑的比较分析，以及中美两国不同层次类型高校学术职业分层的案例研究，总结了中美两国不同层次类型高校学术职业分层的基本特征，可以为我国当代高校人事制度改革提供创新思路和理论基础。同时，高校学术职业分层的研究对于政府政策制定部门与高校而言，在理解和认识学术职业分层的本质，修正政策目标和具体办法，确立高校教师职务聘任和岗位设置的目标、原则和标准，推进制度创新，建立符合我国国情的高校教师聘任和岗位分级设置管理制度，都具有重要的实践指导意义。

本书主要围绕以下几个问题展开研究：高校学术职业分层是什么？高校为什么会产生学术职业分层？分层的依据是什么？美国学术职业分层是如何形成的？美国不同类型层次高校的学术职业分层有什么共性和个性特征？中国高校学术职业分层是如何形成的？中国不同类型层次的高校学术职业分层有什么共性和个性特征？当代中国高校学术职业分层的影响因素是什么？这些因素是如何影响学术职业分层的？高校学术职业分层对学术系统和教师群体的影响表现在哪些方面，因果关系是什么？当代中国高校学术职业分层制度存在哪些问题？如何对当代中国学术职业分层制度进行修正？在制度修正基础上如何进行学术职业分层制度创新？围绕这些问题依次展开，形成了本书的基本研究框架。

第1章，主要研究学术职业以及学术职业分层的内涵、符号和理论基础、学术职业分层的正向和负向功能以及分层的主要特征，探讨学术职业分层与高校之间的关系。

第2章，主要研究高深知识与学术职业分层以及社会分工与学术职业分层的关系，比较分析学术职业分层与科学界的社会分层之间的差异，研究学术职业分层结构与分层过程中的排队模型。

第3章，主要研究美国学术职业分层的历史变迁特征与制度变迁逻辑，包括美国学术职业分层机制和制度的研究。

第4章，以卡内基大学分类法为依据，选择美国四种不同层次类型高校的学术职业分层实践进行案例分析，并比较美国不同层次类型高校学术职业分层的共性和差异性。

第5章，主要研究中国高校学术职业分层的历史变迁特征与制度变迁逻辑，包括中国高校学术职业分层机制、分层的内驱力和分层基本特征的研究。

第6章，对应卡内基大学分类法，按照中国高校分层分类方式，选择中国四种不同层次类型高校的学术职业分层实践进行案例分析，并比较中国不同层次类型高校学术职业分层的共性和差异性。

第7章，通过问卷调查获得的数据分析高校教师对学术职位的满意度以及在攀登学术职业分层阶梯过程中的影响因素，并探讨行政权力和学术权力对于学术职业分层的影响机理。

第8章，通过问卷调查获得的数据分析学术职业分层导致的流动性、不同层次类型高校学术职位的收入差异以及学术职业分层对阶层地位的影响。

第9章，从合理性理论出发，反思学术职业分层结构与学术职业分层制度的合理性，分析学术职业分层制度的主要矛盾，探讨学术职业分层制度异化的若干诱因。

第10章，以学术人假设作为学术职业分层的解释依据，结合美国高校学术职业分层制度创新的经验，提出学术职业分层制度修正与创新的若干思路和策略选择。

本书采取的主要研究方法包括以下几种：一是文献研究法。通过广泛的文献收集和分析来探讨中国高校学术职业分层的内涵与特征，对分层结构的合理性、学术职业分层文化等问题进行研究；二是历史研究法。通过对欧洲中世纪大学、美国大学、中国大学学术职业分层的历史形成进行分析，找出学术职业分层制度的历史变迁逻辑；三是比较研究法。通过中美两国高校学术职业分层制度的比较分析，借鉴美国经验并结合中国具体国情，提出高校学术职业分层制度创新的基本思路；四是案例研究法。对中美两国不同层次类型大学的学术职业分层进行典型的个案研究，找出中美两国不同类型层次高校学术职业分层的共性特征和差异性；五是实证研究法。通过自编调查问卷，对我国"985工程"高校、"211工程"高校、省属本科院校、高职高专院校进行分层抽样，调查高校教师对于学术职业分层若干核心问题的态度，并进行实证研究，从而分析高校学术职业分层的因果关系。

需要指出的是，从最初的学术共同体的自我分层到政府主导分层，再到院校自主分层，以及院校与教师之间的契约分层都和特定的历史环境密切相关。我们应该注意到，在高等教育国际化、后大众化和后现代化的历史时期，高校学术职业分层结构正在不断地被解构和被建构，以效率为目标的学术职业分层制度体系得到进一步强化，也进一步加剧了学术系统的不平等。现代高校学术职业分层在强调效率的同时，如何更好地促进公平，促进学术职业分层正向功能的实现，促进院校发展和教师个体发展相统一，也就成为现代高校学术职业分层研究的重大课题。

李志峰

2014年9月

目　　录

第1章　学术职业分层：内涵与特征 ··· 1
   1.1　学术职业：以学术为工作对象的社会职业 ······················· 1
   1.2　学术职业分层：不平等但是必要的学术制度体系 ············· 8
   1.3　学术职业分层的功能 ·· 25
   1.4　学术职业分层与高校发展 ·· 30

第2章　高深知识与学术职业分层 ··· 37
   2.1　高深知识与学术职业 ·· 37
   2.2　高深知识分化与学术职业分层 ··· 47
   2.3　社会分工与学术职业分层 ·· 53
   2.4　科学界的分层与学术职业分层 ··· 57
   2.5　学术职业分层结构与排队模型 ··· 63

第3章　美国学术职业分层：历史变迁与制度安排 ····················· 74
   3.1　从教授职业到学术职业分层 ·· 74
   3.2　美国学术职业分层的历史发展 ··· 78
   3.3　美国学术职业分层机制 ··· 83
   3.4　美国学术职业分层的制度安排 ··· 87
   3.5　美国学术职业分层制度的基本特征 ··································· 102

第4章　美国不同类型高校学术职业分层 ··································· 107
   4.1　美国大学的分类 ··· 107
   4.2　博士学位授予型大学学术职业分层 ··································· 112
   4.3　硕士学位授予型大学学术职业分层 ··································· 116
   4.4　学士学位授予型大学/学院学术职业分层 ·························· 120

	4.5	社区学院学术职业分层	123
	4.6	美国不同类型高校学术职业分层的比较	127

第5章 中国学术职业分层的历史发展与制度变迁 130
  5.1 学术职业分层变迁：百年中国的艰难探索 130
  5.2 中国学术职业分层的形成机制 137
  5.3 中国学术职业分层的制度安排 141
  5.4 中国学术职业分层的驱动力与原因 147
  5.5 从身份到契约：学术职业分层制度的演变 157
  5.6 中国学术职业分层的主要特征 162

第6章 中国不同类型高校学术职业分层 166
  6.1 案例院校选择与分析框架 166
  6.2 研究型大学学术职业分层 171
  6.3 教学研究型大学学术职业分层 178
  6.4 教学型大学学术职业分层 184
  6.5 高职高专院校学术职业分层 191
  6.6 学术职业分层的比较分析 196

第7章 学术职位满意度与学术职业分层的影响因素 200
  7.1 学术职位满意度 200
  7.2 攀登学术职业阶梯：影响因素 214
  7.3 权力与学术职业分层 225

第8章 学术职业分层：流动性、收入与阶层地位 237
  8.1 学术职业流动性 237
  8.2 学术职业分层中的收入差异 248
  8.3 学术职业的阶层地位差异 262

第9章 中国学术职业分层制度：反思与批判 273
  9.1 学术职业分层结构的合理性分析 273
  9.2 学术评价制度科学性的质疑 283
  9.3 学术职业分层制度的主要矛盾 290
  9.4 学术职业分层制度异化的诱因 297

第 10 章　中国学术职业分层：制度创新策略 ·············· 309
　　10.1　学术人假设：学术职业分层的合理性解释 ·············· 309
　　10.2　学术职业分层的制度修正与创新 ·············· 313
　　10.3　学术职业分层制度创新的策略选择 ·············· 321
附件1：A 大学教师专业技术岗位聘任试行办法 ·············· 329
附件2：B 大学教师岗位评聘原则条件与岗位聘用条件 ·············· 344
附件3：C 大学教师岗位基本职责及分配暂行办法 ·············· 358
附件4：D 大学专业技术岗位等级聘用管理办法 ·············· 381
附件5：高校学术职业分层调查问卷 ·············· 389
参考文献 ·············· 397
后记 ·············· 414

图　　录

图 3-1　耶鲁大学教师聘任程序 ………………………………… 95
图 5-1　学术职业分层的主要原因 ……………………………… 150
图 5-2　"985 工程"高校学术职业分层的主要原因 …………… 151
图 5-3　"211 工程"高校学术职业分层的主要原因 …………… 152
图 5-4　地方本科院校学术职业分层的主要原因 ……………… 153
图 5-5　高职高专院校学术职业分层的主要原因 ……………… 154
图 5-6　不同院校类型学术职业分层的差异 …………………… 155
图 5-7　高校教师职务管理从职称到岗位的转型模型 ………… 161
图 7-1　学术职位满意总体状况 ………………………………… 206
图 7-2　学术职业分层中的教学重要性 ………………………… 220
图 7-3　学术职业分层中的科研重要性 ………………………… 220
图 7-4　学术职业分层中的社会兼职、服务、管理、工作态度 … 221
图 7-5　学术职业分层中的资历、学术越轨行为和人际关系 … 222
图 8-1　学术职业分层对教师流动性影响的整体情况 ………… 241
图 8-2　不同层级教师对于学术职业分层促进教师流动的态度 … 241
图 8-3　不同类型高校教师对于学术职业分层促进教师流动的态度 … 242
图 8-4　学术职业分层对教师流动性的影响（院校层次）…… 243
图 8-5　对助教、讲师、副教授、教授工资级差比例的看法 … 253
图 8-6　对不同岗位的教授工资级差比例的态度 ……………… 254
图 8-7　教师对收入来源的态度 ………………………………… 256
图 8-8　对教师阶层地位及阶层差异的总体影响 ……………… 263
图 8-9　对不同院校类型教师阶层差异的影响 ………………… 264
图 8-10　对不同学科类型教师阶层差异的影响 ………………… 265

图 8-11 对高校教师阶层差异的影响 …………………………………… 265
图 8-12 对不同院校类型教师地位差异的影响 ………………………… 267
图 8-13 对不同学科类型教师地位差异的影响 ………………………… 268
图 8-14 对高校教师地位差异的影响 …………………………………… 268

表　录

表 3-1	2011 年美国高校教师分层人数及比例统计	89
表 3-2	美国各级学术职务最基本的学术标准	90
表 3-3	美国学术职业分层聘任主要评价指标	97
表 3-4	2009—2010 年度美国高校各级全职教师的聘用类型	100
表 4-1	美国卡内基高等教育机构分类的演变	109
表 4-2	乔治城大学各层级学衔聘任条件	113
表 4-3	美国研究型大学教师考核指标体系构成	113
表 4-4	阿巴拉契亚州立大学各层级学衔聘任基本条件	117
表 4-5	2011 年阿巴拉契亚州立大学不同层级职位工资明细	118
表 4-6	2011 年阿巴拉契亚州立大学不同层级专任教师人数	119
表 4-7	卡尔文学院各层级学衔职位任职标准	121
表 4-8	布雷瓦尔德社区学院各层级学术职位聘任条件	124
表 5-1	"四层十三级"岗位分级结构	146
表 6-1	高等学校按学科门类分类及其标准	167
表 6-2	高等学校按教学科研比重分类标准及特点述评	168
表 6-3	A 大学专业技术系列月度奖励绩效工资标准	174
表 6-4	北京大学岗位津贴分级标准	175
表 6-5	清华大学岗位津贴分级标准	176
表 6-6	B 大学基础性绩效津贴标准	181
表 6-7	B 大学奖励性绩效津贴标准	181
表 6-8	教师年度考核工作业绩积分最低标准	185
表 6-9	E 职院基础性绩效工资标准	194
表 6-10	E 职院奖励性绩效工资核算标准	194

表 7 – 1	各因素对学术职位满意度的影响的卡方表结果	209
表 7 – 2	高校教师学术职位满意度的 Logistic 回归分析	210
表 7 – 3	不同类型高校教师职务晋升的影响因素	223
表 7 – 4	行政权力对不同类型高校学术职业分层的影响	229
表 7 – 5	学术权力对不同类型院校学术职业分层的影响	230
表 7 – 6	行政权力对学术职业分层的多分类 Logistic 回归	231
表 7 – 7	学术权力对学术职业分层的多分类 Logistic 回归	233
表 8 – 1	自变量的平均值、标准差和虚拟变量参照类	244
表 8 – 2	学术职业分层与教师职业流动性的 Logistic 回归分析	245
表 8 – 3	高校教师各项收入平均值	255
表 8 – 4	高校教师收入差异多独立样本非参数检验	259

第1章 学术职业分层：内涵与特征

1.1 学术职业：以学术为工作对象的社会职业

1.1.1 学术职业：概念分析

学术职业（Academic Profession）是一个古老的社会职业。古希腊时期，柏拉图在阿卡德米学园传播和研究高深学问，他所从事的职业就是学术职业。而在中国，比柏拉图早出生一百多年的孔子在春秋战国时期首创私人讲学之风，培养了弟子三千，贤才七十二人。孔子从事的职业也是学术职业。从中世纪欧洲大学的兴起来看，当时的学者以教学为生，凭借自己的学识从事高深知识的探索、创新及传播工作，他们所从事的同样也是学术职业。因此，学术职业自古有之。

尽管学术职业作为一种职业形态自古有之，学术职业概念却是近代职业研究的产物。学术职业概念是欧美学术界对于大学教师职业的专有称谓。也有学者将学术职业（Academic Profession）翻译成"学术专业"，但从中文语境中去理解，翻译成"学术职业"更为准确。英文语境下的学术职业由学术和职业两个词汇构成。作为一个复合词，学术职业具有特定内涵。"academic"从希腊语"akadēmeia"发展而来。"akadēmeia"是一个地名，因柏拉图和其弟子在此研究高深学问而成为古代大学"阿卡德米学园"的简称，由于"akadēmcia"带有强烈的学术性，后来这个词汇衍生出一系列以学术为核心的相关词组。如，"academic"作为形容词，有"大学的""学院的""学会的""学究的""学术的"等含义；"academic"也可以作名词，有"学者""大学教师""大学生""学会会员"等含义。职业一词在英语语境中有多种表达，如 occupation、profession、vocation 等。occupation 有"职业，工作；占有，占领"之意；vocation 具有"职业，使命；神召，天命"等含义；而 profession 有

· 1 ·

"职业，专业；同行；宣称；信念，信仰"等多种含义，说明这种职业是需要得到同行承认、具有强烈信仰色彩的专门性职业。从词源学的角度理解，学术职业是一种以学术为基础的、有着崇高工作信仰的、宣称对自己工作使命负责的、遵守学术共同体共同规范的一种专门性职业。

学术职业是专门性职业的一个亚类，在医生、律师、法官、大学教师、科学家等专门性职业之中，大学教师职业与其他几种专门性职业又所有不同。大学教师职业不仅包含具有崇高工作信仰、宣称对自己工作使命负责、遵守学术共同体规范等共同特征，更重要的是，学术职业的工作对象是高深知识，包括高深知识的传授、发现、综合和应用等特有的工作领域，这是其他专门性职业所不具备的特征。学术职业可以从广义和狭义两个纬度来理解，广义的学术职业包括了所有以学术为工作对象的职业类型；狭义的学术职业特指高校教师所从事的职业。本书所指学术职业是狭义的学术职业。

学术职业是以学术为工作对象来获得职业报酬的社会职业，除了具有社会职业的一般特性外，学术职业还具有其他职业所没有的学术特性：第一，学术职业是社会特定人群从事的职业，具有层次上的高端性；第二，学术职业以学术为工作对象，以人才培养和知识创新为主要工作任务，是一种通过知识和思想影响社会发展的职业；第三，学术职业与其他社会职业相比较，职业自主性较强，可以独立从事教学、科研和社会服务工作，较少受社会意识形态或者组织权力的影响；第四，学术职业是一种可以自由流动的职业，对组织的依附性较弱，主要受学术劳动力市场的影响；第五，学术职业具有较高的职业准入门槛，从事学术职业的高校教师需要接受系统化的高深知识的专业训练。第六，学术职业需要遵循学术共同体在长期学术实践中形成的学术传统和学术伦理。

1.1.2 国外学术职业研究

（1）美国的研究

1942年，美国学者洛甘·威尔逊（Logan Wilson，1942）出版了被视为学术职业研究的奠基之作——《学术人》（The Academic Man）。这本著作以美国学术职业（Academic Profession of US）为研究对象，系统研究了美国学术职业的学术等级、学术地位和学术过程等问题，对于美国学术职业的聘任、职员、双肩挑教授，以及学术地位、声望、学术市场、教学与科研的关系等问题进行了深入分析。后来，美国学者霍南（James. P. Honan）和特佛拉（Damtew. Teferra）出版了《美国学术职业：关键政策面临的挑战》（The USA Academic Profession：

Key Policy Challenges）一书，分析了美国学术职业面临的挑战和危机，以及学术职业政策的相关问题。美国学者梅勒·卡丁和诺德瑞泽·纳什（Merle, Curti and Roderich Nash）在《塑造美国高等教育的慈善事业》（Philanthropy in the Shaping of American Higher Education）、鲁道夫和弗雷德里克（Rudolph and Frederick）在《美国高等学校：历史的分析》（The American College and University：A History）等著作中从不同的角度探讨了美国学术职业专业化问题，指出美国学术职业专业化对于促进美国大学教师职业亚文化和学科的形成发挥了重要作用，并批评终身教职逐渐成为一种学术特权。

著名比较教育学家、美国学者菲利普·G. 阿特巴赫（Philip. G. Altbach）主编的《变革中的学术职业：比较的视角》（The Changing Academic Workplace：Comparatives）以及《失落的精神家园：发展中与中等收入国家大学教授透视》（The Decline of the Guru：The Academic Profession in Developing and Middle-Income Countries）于 2006 年在中国翻译出版。第一部著作通过对德国、英国、法国、荷兰、意大利、西班牙、瑞典、美国八国学术职业变化情况的分析，从比较的视角指出了不同国家学术职业面临的不同问题。该书认为，各国学术职业应该在变革中寻求出路。英国学术职业终身制度的废除、荷兰实施新的学术职业管理措施、美国传统终身制度的变革都引发了各国高等教育的重大政策调整。① 第二部著作从发展中和中等收入国家学术职业入手，研究了学术职业正在面临的危机。在政治和市场的双重挤压下，发展中和中等收入国家如墨西哥、巴西、中国、马来西亚、韩国、波兰、俄罗斯等国学术职业的工作条件、工作场所、工资待遇、地位和声望都在发生重要的变化。②

美国学者 H. 博文、J. H. 舒斯特（Bowen, Howard R. and Schuster, Jack. H., 1985）在《美国教授：濒临危机的国家资源》（American Professors：A National Resource Imperiled）一书中对美国高等教育"黄金时代"结束后的大学教师状况进行了系统的分析。作者认为，持续的财政拮据已经开始缓慢地影响大学对于教师的需求，维持强大的教师队伍所需要的条件和资源之间的紧张关系将长期存在，教授作为国家的重要资源濒临危机。他警告大学管理者必

---

① ［美］菲利普·G. 阿特巴赫. 变革中的学术职业：比较的视野［M］. 青岛：中国海洋大学出版社，2006：123-125.

② ［美］菲利普·G. 阿特巴赫. 失落的精神家园：发展中国家与中等收入国家大学教授职业透视［M］. 青岛：中国海洋大学出版社，2006：27-36.

须妥善处理大学财政与教师发展的关系。[1] 唐纳德·肯尼迪（Kennedy Donald, 1997）在其《学术责任》（Academic Duty）一书中论及了大学教师的权利和责任，他在书中指出，权利和责任是一个硬币的两面，互相依存，共同存在，缺一不可。他认为大学教师要忠诚于教学以及他们所服务的学校。[2]

索尔斯坦·凡勃伦（Thorstein Veblen, 1957）在其《美国的高级学问》(The Higher Learning in America）一书中强调"自由是学术和科学工作者之首要的、永恒的要求"，对高深知识的探求需要保障学术职业的权力和地位。[3] 阿特巴赫在其《比较高等教育：知识、大学与发展》（Comparative Higher Education: Knowledge, the University, and Development, 2001）一书中也强调："教师团体的质量和成就比其他因素更能决定大学的质量。"[4]阿特巴赫担心，"美国急剧变化的经济和劳动力市场使学校难以吸引'最优秀和最聪明的人'从事学术职业"及"学术职业的'黄金时代'已经过去"，借此表达其对学术职业发展状况的忧虑。[5]

围绕学术职业的比较研究，美国学者主持了两次学术职业现状与发展的大型国际调查研究。第一次学术职业国际调查是美国卡内基教学促进委员会于1990年组织的，由欧内斯特·博耶（Ernest L. Boyer）主持，博耶逝世后，由菲利普·阿特巴赫（Philip G. Altbach）负责完成。此次调查共有14个国家/地区参加，包括澳大利亚、巴西、智利、英格兰、前西德、中国香港、以色列、日本、韩国、墨西哥、荷兰、俄国、瑞典和美国等国家和地区。第一次学术职业国际调查的成果分别发表在1994年的《国际学术职业：14国透视》和1996年的《学术职业：国际展望》中，为世界各国学术职业的比较研究提供了丰富的研究结论，对于了解不同国家和地区学术职业的发展情况具有重要的学术价值。10年后的2004年，美国学者发起了第二次学术职业国际调查。第二次学术职业国际调查参与国家和地区达到26个，其中21个国家和地区最后提交了调查数据。这次调查较为集中地反映了世界主要国家和地区学术职业在

---

[1] Bowen, Howard R. and Schuster, Jack. H. Cambridge, MA: Harvard University Press [M]. 1985: 21-22.
[2] [美]唐纳德·肯尼迪. 学术责任 [M]. 北京：新华出版社，2002: 10-25.
[3] Thorstein Veblen. The Higher Learning in America [M]. New York: Sagamore Press, 1957: 63.
[4] [美]菲利普·G. 阿特巴赫. 比较高等教育：知识、大学与发展 [M]. 别敦荣，主译. 北京：人民教育出版社，2001.
[5] [美]菲利普·G. 阿特巴赫. 21世纪的美国高等教育：社会、政治、经济的挑战 [M]. 第2版. 别敦荣，主译. 青岛：中国海洋大学出版社，2007.

第一次调查后10多年来的发展和变化,对于分析世界主要国家和地区的学术职业状况、促进不同国家学术职业政策的不断改进发挥了重要作用。

(2) 德国的研究

社会学三大奠基人之一的马克斯·韦伯(Max Weber)在其经典著作《学术与政治》一书中提出学术职业具有双重属性,即物质性和学术性。他认为,学术职业是"以学术作为物质意义上的职业",学者必须"以学术为志业"[1]。德国学者蒙森(Wolfgang J. Mommsen,1987)发表了学术论文《德国联邦公共机构的学术职业》(The Academic Profession in the Federal Republic of Germany),与他同时,德国学者盖伊尼夫和加里罗兹(Guy Neave and Gary Rhoades,1987)发表了学术论文《西欧国家的学术地位》(The Academic Estate in Western Europe),这两篇论文较为系统地研究了德国学术职业的发展状况,并针对德国学术职业中教授的权力地位进行了分析,探讨了德国讲座教授权力的合理性等问题。[2]

(3) 法国的研究

法国学者雅克·勒戈夫在其所著的《中世纪知识分子》中认为,欧洲中世纪时期的知识分子无疑是现代学术职业的源头,大学教师群体主要来源于中世纪知识分子。[3] 法国学者查吾里拉(Chevaillier. T,2000)和莫舍林(Musselin. C,2000)分别在《法国学者:专业和公共服务之间》(French Academics: Between the Professions and the Civil Service)和《国际高等教育手册——第二部分》(International Handbook of Higher Education——Part Two)中论述了法国学术职业的类型、形成、发展以及在专业发展和公共服务之间的关系等问题,对我们了解法国学术职业的功能和制度具有参考意义。

(4) 英国的研究

英国学者哈尔西在《学究式统治的下降:20世纪的英国学术职业》中详细描述了英国学术职业的学科构成、物质环境、地位、态度、价值倾向以及士气等。研究表明,20世纪英国学术职业管理发生了根本的变化,学者共同体对于大学的领导地位正在削弱,学者社群正在遭遇边缘化危机。[4]

---

[1] 马克斯·韦伯. 学术与政治 [M]. 桂林:广西师范大学出版社,2004:155-160.

[2] Wolfgang J. Mommsen. The Academic Profession in the Federal Republic of Germany [M]. 1987: 184-186.

[3] 耿益群. 美国研究型大学学术职业的制度环境研究 [M]. 北京:北京出版社,2007:52.

[4] A. H. Halsey. Decline of Donnish Dominalion:the British Academic Profession in the 20th Cencury [M]. Oxford:Clarendon Press, 1992.

从国外学者对于学术职业的研究来看，学者们普遍认为学术职业对于国家、大学、知识的发展具有不可替代的重要作用，但是在高等教育竞争日趋激烈的时代背景下，学术职业的工作条件、社会声望、工资待遇等都面临诸多困难和挑战，大学教师的地位在不断下降，传统的学术权力正在被政府的公共权力和院校的行政权力控制，学术自由的传统正在遭受威胁，学术职业越来越功利化，学术职业的精神追求正在丧失，学术职业日渐变成了仅仅只是领取工资甚至是计件工作的、缺乏学术精神的普通职业。因此，学术职业制度在保持学术职业传统价值观基础上必须进行改革，以适应高等教育的变革。

1.1.3 国内学术职业研究

我国关于大学教师的研究自古有之，将大学教师作为一种职业来研究的成果也有不少。从社会学角度来研究大学教师的成果也有许多，如关于大学教师的角色、权力、地位、工资、声望、结构、社会责任、流动、聘任制等方面的研究严格来说都属于学术职业的研究范畴。但首次以"学术职业"为研究对象的研究成果是杨锐（1997）发表的论文——《当代学术职业的国际比较研究》，这是对第一次学术职业国际调查的比较研究，从调查的总体状况、教师的基本情况、工作条件、职业行为、管理、学术生活、对高等教育与社会关系的影响等七个方面介绍了第一次学术职业国际调查的情况。[1]

刘璟忠（2000，2005）的《基于模糊综合评价的学术职业比较模型》和《六国（地区）学术职业比较的数学模型》[2] 两篇文章分别采用层次分析法和模糊综合评价法，构建了基于调查数据的国际学术职业概况的数学模型，进而进行了比较研究。[3] 赵叶珠（2002）的《学术职业性别差异国际比较研究》一文选择澳大利亚、德国、中国香港、以色列、墨西哥、瑞典、英国和美国八个国家/地区的数据，从性别差异的角度探讨了男女教师在工作条件、教学、科研等方面的异同点，发现学术职业内部存在明显的性别差异。[4] 李春萍（2002）在《分工视角中的学术职业》一文中认为，学术职业改变了过去以业余爱好为主要特征的科学研究方式，每个学者要在某一细小的学科内安身立命，成为

---

[1] 杨锐．当代学术职业的国际比较研究 [J]．高等教育研究，1997（5）：88-89．
[2] 刘景忠．六国（地区）学术职业比较的数学模型 [J]．郴州师范高等专科学校学报，2000（4）：34-37．
[3] 刘景忠．基于模糊综合评价的学术职业比较模型 [J]．湖南科技学院学报，2005（11）：11-13．
[4] 赵丽珠．学术职业性别差异的国际比较研究 [J]．中华女子学院学报，2002（2）：40-43．

具有独特尊严和合法性的独立学科学者,并在这个集合体中获得新的存在形式。[①] 陈悦(2006)在《学术职业的解读——哲学王的理想与现实》一文中提出,学术职业"这个出自西方的概念在狭义上特指大学教师这一职业群体,他们授业与研究并重,为人类的知识增长不断作出贡献;在广义上不仅指静态的大学教师群体,而且还包含这一职业群体的演变、规则、准入、保持和管理等,是个动态的概念"[②]。

李志峰(2006)在《基于学术职业专业化的高校教师政策创新》一文中指出,应从学术职业的本质属性与价值向度出发分析高校学术职业专业化问题,并基于对学术职业的本质属性的理解来促进高校教师政策创新,从而推动学术职业由准专业化向专业化发展的进程。[③] 吴鹏(2006)在《学术职业与教师聘任》一书中对中国大学教师聘任制的历史发展与现状以及美国和加拿大的大学教师聘任制实践进行了考察,并在考察的基础上,提出了从学术职业和大学教师聘任的吻合程度来分析大学教师聘任制有效性的思路。[④]

沈红(2007)在《变革中的学术职业——从14国/地区到21国的合作研究》一文中全面分析了两次学术职业国际调查研究项目的异同,并详细介绍了第二次调查的主题、调查目的、18个研究要点、5层次的分析框架。[⑤] 李志峰(2007)在《学术职业专业化的评价纬度》一文中提出:"学术职业是以知识的发现、传授、综合和应用为工作对象的一种特殊职业,这也是学术职业与其他职业的区分边界。高校教师是从事学术职业的主要人群。"[⑥] 他认为,学术职业特指高校教师从事的职业,是社会分工的产物,也是大学兴起的基础,其本质属性表现为学术性、自由性、独立性、竞争性和精神性。[⑦] 此外,李志峰(2008)在《学术职业与国际竞争力》这部学术专著中分析了学术职业和高深知识之间的关系,建构了学术职业国际竞争力的观测指标体系,分析了影响学术职业国际竞争力的因素,形成了学术职业国际竞争优势模型。在此基础上,对在国际竞争环境下的中国学术职业现状进行了分析,并提出了促进

[①] 李春萍. 分工视角中的学术职业 [J]. 高等教育研究, 2002 (6): 19-21.
[②] 陈悦. 学术职业的解读——哲学王的理想与现实 [J]. 煤炭高等教育, 2006 (3): 33-35.
[③] 李志峰. 基于学术职业专业化的高校教师政策创新 [J]. 高等工程教育研究, 2006 (5): 59-61.
[④] 吴鹏. 学术职业与教师聘任 [M]. 青岛: 中国海洋大学出版社, 2006: 1-2.
[⑤] 沈红. 变革中的学术职业——从14国/地区到21国的合作研究 [J]. 大学(研究与评价), 2007 (4): 45-49.
[⑥] 李志峰, 沈红. 学术职业专业化的评价纬度 [J]. 大学(研究与评价), 2007 (4): 58-60.
[⑦] 李志峰, 沈红. 论学术职业的本质属性——高校教师从事的是一种学术职业 [J]. 武汉理工大学学报, 2007 (12): 846-850.

学术职业国际竞争力的若干策略。① 张英丽（2009）对现代学术职业的基本特征进行了归纳。②

此外，围绕学术职业管理与制度问题，国内学者刘献君、张俊超、王应密、李碧虹、刘进、谷志远、杜驰等都有深入的研究。

从国内对于学术职业的研究来看，已经开始从借鉴、介绍国外研究的阶段逐步转向基于中国国情的学术职业的社会学研究阶段。近年来，中国学术职业的研究成果日趋增加，研究成果涉及学术职业的起源及内涵、学术职业国际化、学术职业专业化、学术职业流动与分层等领域，从社会学角度来研究大学教师所从事的学术职业，研究成果颇为丰富。

1.2 学术职业分层：不平等但是必要的学术制度体系

人类社会中的不平等是一种客观存在，反映了资源稀缺性和对资源获得无限性的矛盾。无论是过去、现在和未来，在对稀缺资源的分配上都是不平等的。既然人类社会的不平等是一种普遍性和悠久性的存在，那么这种不平等的社会安排一定具有某种不可避免性和功能的积极性。学术职业作为一种社会建构，同样存在不平等的现象，这种不平等的事实主要体现在学术职业分层结构上。

1.2.1 学术职业分层：内涵分析

（1）分层

"分层"原为地质学家分析地质结构时使用的概念，是对地质构造的不同层次的划分。分层概念被引入社会科学研究之后，分层反映的是人类社会之间的差异性和等级层次区分。对于分类社会而言，有分层就有阶层，有阶层就有阶层差异，因此可以说，分层与"阶层"是密切联系在一起的。在现代社会中，"阶层"或"阶级"都是指按一定标准区分的社会群体，根据不同的理论和不同的研究目的，也有不同的划分标准和方法。③ 世界是多层次的，层次性是系统的基本特征。

---

① 李志峰. 学术职业与国际竞争力 [M]. 武汉：华中科技大学出版社，2008：6-8.
② 张英丽. 学术职业与博士生教育 [M]. 武汉：华中科技大学出版社，2009：45.
③ 辞海编辑委员会. 辞海 [M]. 上海：上海辞书出版社，2000：273-275.

(2) 社会分层

社会学家发现社会存在不平等，人与人之间、集团与集团之间也像地层构造那样分成高低有序的若干等级层次，因而借用地质学上的概念来分析社会结构，形成了"社会分层"这一社会学范畴。要分析学术职业的分层，不可避免地就要论及它的上位概念——"社会分层"。

社会分层（Social Stratification）是按照一定的标准将人们区分为高低不同的等级序列。社会学中对"社会分层"一词给出了多种不同的定义，但归纳起来，大体有两种理解：一是视其为客观过程的界定，即认为社会分层是指社会成员在社会生活中由于获取社会资源的能力和机会不同而呈现出高低有序的等级或层次的现象和过程；二是视其为主观方法的界定，即认为社会分层是根据一定的标准将其社会成员划分为高低有序的等级或层次的方法。其实，这两种理解并不矛盾，因为前者决定后者，后者是对前者的反映。综合来看，社会分层是相对于某一特定组织或群体而言的，是对社会组织的不同组成部分进行类别和层次上的划分，从而确定不同的社会角色、身份、功能和地位的社会分工过程，这样的分工构建了一个社会组织的结构。① 社会分层现象是一种客观存在的社会现象，它的出现具有必然性。作为一种具有社会普遍性的现象，社会分层应该是在特定社会的整体宏观结构下出现的，它的出现不仅有其合理性，甚至可以用严密的数学逻辑来证实和推导。社会分层必然有与之相对应的分层结构。

李强认为，社会分层是指社会成员、社会群体因社会资源占有不同而产生的层化或差异现象。② 社会分层作为社会系统的固有现象，是社会功能分化的结果，体现的是社会结构的差异性和等级性，反映了社会存在不平等的现象。而分层体系是产生明显不平等的社会制度体系。③ 正是由于分层体系产生的不同的差异性和等级性，才导致了社会不同职业和不同阶层之间存在不平等关系，不同层级的人群在整个社会系统中享有不同的政治权利、经济收入和社会声望。因此，可以说这种差异性和等级性是社会分层的基本特征。

(3) 学术职业分层的不平等性

学术职业作为社会系统的细分职业，其内部也存在分层现象，而且这种分

---

① 易静，李志峰. 高校学术职业分层：国内外研究述评与趋向 [J]. 黑龙江高教研究，2011 (6)：16-19.
② 李强. 当代中国社会分层：测量与分析 [M]. 北京：北京师范大学出版社，2010：2.
③ [美] 戴维·格伦斯基. 社会分层 [M]. 第2版. 北京：华夏出版社，2005：2.

层现象正在深刻影响学术和大学的发展。

社会学家在对社会分层系统进行研究的同时，往往缺乏对各职业内部即特定职业的分层细化研究，对大学、法律协会等小的系统和人群的分层和流动考察不足。[①] 这些小的群体犹如一个个"碎片"，形成了一个个"碎片化社会"[②]。学术职业就是社会系统中的小的职业系统，是社会系统的"碎片"组织。考察学术职业分层，就是对学术职业各类物质性和象征性资源的分布状况进行系统分析，对学术职业分层不平等现象的产生及其发展程度进行研究，从而了解学术职业结构的形成规律，继而分析和预测各阶层的地位差异及其态度，形成合理的学术职业分层秩序，促进学术职业团结，缓和学术职业内部的不平等，激发高校教师创新知识、传播知识、应用知识的潜能。

职业是社会功能分化的自然结果，直接反映了社会功能的特殊性，不同职业的经济收入、声望和权力形成了职业地位的差异。可以这么理解，从社会成员个体出发，社会分层本质上反映的是社会职业的分层。学术职业是整个职业体系的亚类型，学术职业与其他职业一起构成了整个社会分层结构体系。事实上，在社会分层研究中，大学教授、科学家、工程师往往作为不同的职业群体参与到与其他职业的分层比较之中，以此分析在整个社会结构中不同职业类型的声望和地位。如果把学术职业作为一个独立的社会子系统，学术职业内部结构也是一个分层结构，大学教师群体之间同样存在地位层次结构的差异性和等级性，同样存在一个内部不平等的等级秩序。

学术职业分层体系是建立在法律或制度基础上的、比较持久的社会不平等的体系。当特定的学术资源分配方式以及由此形成的社会不平等体系固定下来并为学术系统的主流价值体系所认同时，这种不平等就被制度化。学术职业分层不平等的制度化，形成了学术职业分层的产生机制。在这个过程中，已有的学术职业分层不平等因素不断被否定和克服，但新的不平等又会相继产生。正如没有任何一个社会的等级秩序是僵死的一样，学术职业分层的状态始终处于不断的变化之中。

激励冲突论认为，社会分层是造成人类不平等的主要根源，并将导致社会冲突，它不仅是没有价值的，而且是不合理的。英国社会学家达伦多夫是冲突

---

① Diana Crane. The Academic Marketplace Revisited: A Study of Faculty Mobility Using the Carter Ratings [J]. The American Journal of Sociology, 1970 (6): 953 – 964.
② 李春玲. 断裂与碎片：当代中国社会阶层分化实证研究 [M]. 北京：社会科学文献出版社，2005: 10 – 11.

论的代表人物,他认为社会分层使占有不同社会资源的人们之间存在剥削和压迫,将导致社会冲突。他认为对于这些社会资源,重要的不是生产资料的所有权,而是政治权力,拥有这些权力的集团可以通过权力来剥夺无权者,从而在社会分配中获得更多的报酬。马克斯·韦伯也认为:"权力的不平等分配,引发了阶级差异和社会分层的出现。"[1] 作为社会不平等的制度体系,学术职业分层将高校教师划分为不同的阶层,并将不同学术阶层的高校教师镶嵌在学术等级结构之中,形成了收入、权力和声望等地位上的差异,导致不同学术阶层的高校教师存在社会冲突的可能性。

(4) 学术职业分层的必然性

陈兴明指出,职业是社会地位的代表性指标,它在很大程度上决定了某个人的社会角色、身份及其应有的功能。[2] 学术职业分层本质上是依高校教师对于知识的控制和垄断的能力大小来进行划分的。学术职业分层结构的形成过程是依据各个学科领域、院校的不同特点来对高校教师所拥有的高深知识的质和量进行层级划分的过程。教师具备哪一层级的学术资格能力,就可以通过评聘获得相应等级的职称,承担一定的责任,并享有与其层级相对应的学术权力和地位。[3] 学术职业分层是教师能力差异性和等级区分的具体表现。学术职业分层一般是呈阶梯形的,分层的依据主要就是依据教师通过高深知识的活动呈现出来的能力和获得的成就。

尽管学术职业分层体系是明显不平等的学术制度体系,但是戴维斯和莫尔认为,在一个社会中,各种社会职位的重要程度并不相同,而重要的社会职位必须由高素质并经过一定培训的人占据,以确保社会的正常运行和高效发展。[4] 学术职业分层体系的不平等能够形成两类合理性的匹配过程:一是学术角色/职位与不同角色/职位价值的报酬相匹配,同一学术角色或者担任同一学术职位的高校教师被赋予相似水平或者类型的资产,或者获得大致相当的报酬;二是高校教师和组织确定的学术角色/职位相匹配。这两类社会匹配过程对于提高组织管理效率具有重要价值。报酬是内生在学术职位之中的,存在于与学术职位相关的权利之中,而权利与学术职位相关的责任是相对应的。学术职业分层制度就是在保证最重要的学术岗位有最胜任者的过程中逐渐发展起来

---

[1] 马国泉. 社会科学大词典 [M]. 北京:中国国际广播出版社,1989:277.
[2] 陈兴明. 新一轮高校管理体制改革的实质、特点与方向 [J]. 江苏高教,2002 (2):38-40.
[3] 易静,李志峰. 高校学术职业分层:国内外研究述评与趋向 [J]. 黑龙江高教研究,2011 (6):16-19.
[4] 刘桂云. 社会分层的社会作用分析 [J]. 党史博采 2007 (4):17-18.

的社会不平等的制度设置。因此，无论学术系统多么复杂，不同学术职位的权利和收益必然是不同的，都必须根据学术能力、学术水平、学术声望来区分不同的高校教师，这就必定带有一定程度的制度化的不平等。

学术职业分层使得不同职位高校教师因对学术、组织和社会的贡献不同，获得的工资、权力和声望也有所区别。因此，在学术职位资源不能满足所有高校教师需要的情况下，学术职业分层就要求具有不同学术能力的教师分别从事不同的学术工作，进而推动学术进步和大学发展。

学术职业分层，若以整个国家教育系统为研究对象，可以分为宏观学术职业分层和微观学术职业分层。宏观学术职业分层指的是一个国家教育系统中的学术职业分层，微观学术职业分层指的是高校内部的学术职业分层。微观学术职业分层是宏观学术职业分层的基础，宏观学术职业分层为微观学术职业分层提供依据。合理的学术职业分层不但可以有效缓解学术职业之间的利益摩擦、矛盾和冲突，还能够保证整个国家高等教育系统的持续、稳定、协调、健康发展，推动学术进步和发展；对教师而言，亦可通过学术职业分层制度维护自己的权利，实现自身的学术价值，不断提升自身的学术阶层地位。因此，尽管学术职业分层是一个不平等的社会结构体系，但是合理的学术职业分层既是组织发展和教师个体发展的需要，也是高等教育发展的必然要求。

1.2.2 理论基础：社会分层理论

严格意义上说，学术职业分层是一种特殊的社会分层形式。学术职业是社会职业的一种细分职业，学术职业分层反映的是高等教育系统中的特定群体——大学教师的社会结构，这种社会结构是以学术为基础的社会等级结构，是基于收入、声望和权力的一套制度化的报酬等级体系，反映出这个学术等级结构的不平等状况。同时，不同的学术职业分层结构必然导致学术职业系统功能的变化。因此，学术职业分层以社会分层理论为理论基础。

社会分层理论是社会学家用来描述社会结构、社会不平等状况的一种理论。其内涵是指社会是分层的，分层之后各个层级之间具有垂直的不平等关系，由于这种不平等关系，不同层级的人群享有不同的政治权利、经济收入和社会声望。

（1）三大传统社会分层理论

实证主义、人文主义和批判主义共同形成的社会学三大传统理论，为社会分层研究作出了巨大贡献。

第 1 章　学术职业分层：内涵与特征

实证主义社会学对"科学建构"的强调依赖于把自然科学作为社会理论构造的模式。涂尔干于 1893 年在他的开山之作——《社会分工论》中提出了"社会团结""集体意识""功能""社会容量""道德密度"以及"社会分化与社会整合"这些后来一直为社会学界所沿用、修正和争论的概念。他通过对"机械团结"与"有机团结""环节社会"与"分化社会"以及"压制性制裁"与"恢复性制裁"的纵向二元划分，探讨了社会分层历史演进的基本规律。社会分工是社会分层的前提，涂尔干的《社会分工论》对社会分层的研究是基础性的。随后，涂尔干又在《社会学方法的规则》中认为，对社会分层的考察就应该立足于整体的社会宏观结构，从特定的社会结构背景来分析，找出社会分层现象与其宏观的社会结构之间的内在联系。涂尔干指出，社会分层的出现并非偶然，它是与特定的社会整体宏观框架相联系的，是社会功能分化的产物，对维护社会稳定起着至关重要的作用。另外，他倾向于认同，在特定的社会结构下，社会分层也有着特定的形式，社会分层与社会结构之间有一种普遍的因果规律，它不以人的主观意识为转移，而是由社会宏观结构所决定。因此，涂尔干等实证主义学者认为，社会分层状况的发展有其特定的规律，社会分层结构的出现也有其相应的合理性。①

马克斯·韦伯对社会分层的理解则与涂尔干不同。马克斯·韦伯认为，在现代社会，科层化进程对很多经验领域都产生了深远的影响，其中就包括对教育和培训领域的影响。一个良好的科层体系有助于提升不同人群的社会地位，并优化配置与此相匹配的种种社会资源。马克斯·韦伯在《社会科学方法论》中提出，研究社会分层必须要识别"在一个共同体中的权力分配对象"，它们能够分别代表权力的不同方面，而正是在这些方面权力的差异，造成了社会不平等的事实。韦伯的目标是，找到那些能够引起权力差异产生的几个方面，并详细论述它们在社会分层中所起的作用。不同于涂尔干实证主义着重的对象，也不同于卡尔·马克思所期待的要批判和改造社会，韦伯更期待对社会分层现象中的个体给予一种多元化的理解。②

卡尔·马克思（K. Marx）开创了批判主义社会学研究的传统，认为社会学理论知识的主要任务和作用就在于对现实社会的批判性检视，其基本特征就

---

① ［法］爱米尔·涂尔干. 社会分工论 [M]. 渠东，译. 北京：生活·读书·新知三联书店，2002：40-86.

② ［德］马克斯·韦伯. 社会科学方法论 [M]. 韩水法，莫茜，译. 桂林：广西师范大学出版社，2002：12-100.

是不断强调社会学理论批判的、革命的性质，强调理论和理论家在改造、变革现实社会中的重要作用，反对那种旨在维护、修补现存社会结构的单纯解释性的"科学"研究和把现代工业社会的既定现实当作合法的做法。在批判主义理论取向的引导下，马克思的社会分层理论更着重于社会阶级之间冲突的研究，这和功能论的思维方式是迥然有别的。① 显然，马克思、涂尔干和韦伯对于社会分层的理解是不一样的。

（2）其他社会分层理论

除了马克思、涂尔干和韦伯这三位社会学大师对于社会分层的系统研究之外，还有一些社会学家对社会分层进行了深入研究。法国社会学家让·卡泽纳弗在他的《社会学十大概念》一书中也论述了社会分层理论，他站在冲突论与功能论的基础上指出，大多数有关社会分层的一般性理论可划归在两大不同的栏目之下：有一类理论或多或少地受到了马克思主义的启示，具有激进的倾向，强调不平等造成的冲突，注重历史的过程；另一类理论则具有保守的倾向，强调分层所执行的功能，对均衡和结构的关注胜过对变迁的关注。②

美国著名社会学家——康奈尔大学社会学教授戴维·格伦斯基（David Grusky）主编的《社会分层》（Social Stratification，2005）一书收录了马克思、韦伯、涂尔干等的经典著作，也囊括了贝尔、吉登斯、希尔斯等现代社会学大家的作品，是社会分层理论的权威著作。《社会分层》以最新社会分层理论研究成果为基础研究社会分层，从经济、族群、性别等角度探讨社会分层的成因、特征、应对和未来，向我们展示了社会分层研究的完整图谱。该书从社会不平等的过去、现在和将来入手分析，谈及了分层的正负功能原则，认为很多阶级的分层都是由于地位的不平等造成的。戴维·格伦斯基以帕金（Parkin）依据"体力和非体力类型之分"划分了六个职业等级、达伦多夫（Dahrendeorf）以社会职业的 12 类分类框架等为例认为，在不断增长的推动下，将不断出现新的分类框架。他指出，要让分类有意义，个体就不仅要意识到自己的成员身份（即阶级意识），也要认同自己的阶级（即阶级认同），并且要能代表阶级的利益行事（即阶级行动）。他以一个高度模型化和浓缩化的历史为基础，搭建了一个研究分层的平台，分析了分层的来源、分层的过程、分层的结构等，认为分层的结果将是形成"阶级影响"及确立社会地位的依据。同时，该书通过对现代社会分层理论的分析指出，现代社会分层理论模型的首要原则

---

① 马克思恩格斯选集 [M]．第一卷．北京：人民出版社，1973：18 - 33．
② [法] 让·卡泽纳弗．社会学十大概念 [M]．杨捷，译．上海：上海人民出版社，2003：2 - 30．

即社会是一个系统，一个理性的可分解的组合体，一个有目的的事业，并因对集体利益和目标贡献的不平等而具有合理性。现代分层理论和研究对现代系统发展产生了深远的影响。①

日本学者青井和夫在《社会学原理》（刘振英译，2002）第三章"群体与社会"中从微观和宏观入手分析了社会的群体现状，指出整体社会内相互交换过程中的社会分层是由先赋因素决定的阶层地位（即身份）产生的，他对不同国家的群体分层进行比较后指出，阶层地位的差异性更多地是由先赋因素决定的。② 日本学者高坂健次在《当代日本社会分层》（张弦等译，2004）中，基于日本社会分层和社会流动研究的成果，探讨了促进分层变化、流动的历史背景，深入分析了日本社会分层和职业流动的变迁过程，并预测了新的趋势以及未来的动向。③ 美国波士顿大学社会学教授戴维·斯沃茨（David Swartz）在（2006）《文化与权力：布尔迪厄的社会学》中，围绕布尔迪厄理论的一个核心主题——文化与权力之间的关系，对布尔迪厄社会学的基本概念进行了清晰的界定与梳理，分析了布尔迪厄如何综合自涂尔干、马克思、韦伯以来的西方社会学分层理论和实践而为社会分层提供了可以追溯的学术渊源。④

（3）结构功能主义理论

功能主义的基本原则是从生物学占据统治地位的19世纪发展起来的。19世纪最伟大的成就就是查尔斯·达尔文吸收了这些新知识并以自然选择的原理来解释物种进化的规律，从而使生物学获得了空前的声望。被这些前进的步伐激发的早期社会思想家自然地将生物学的一些概念运用到社会学中来。

奥古斯特·孔德和赫伯特·斯宾塞提出了结构功能主义的最基本原则是社会与生物有机体在许多方面是相似的。这一观念包含三个要点：

第一，社会与生物有机体一样都具有结构。一个动物由细胞、组织和器官构成；与之类似，一个社会由群体、阶级和社会设置构成。

第二，与生物有机体一样，一个社会要想得以延续，就必须满足自身的基本需要。例如，一个社会必须要有能力从周围的环境中获得食物和自然资源，并且将它们分配给社会成员。

第三，与构成生物有机体的各个部分相似，社会系统中的各个部分也需要

---

① [美]戴维·格伦斯基. 社会分层 [M]. 王俊，等译. 北京：华夏出版社，2005：1-8.
② [日]青井和夫. 社会学原理 [M]. 刘振英，译. 北京：华夏出版社，2002：5-8.
③ [日]高坂健次. 当代日本社会分层 [M]. 张弦，等译. 北京：华夏出版社 2004：1-7.
④ [美]戴维·斯沃茨. 文化与权力：布尔迪厄的社会学 [M]. 陶东风，译. 上海：上海译文出版社，2006：17-29.

协调地发挥作用以维持社会的良性运行。受意大利社会学家帕累托的影响，斯宾塞和他的追随者们都坚持任何系统都会自然地趋向均衡或稳定的观点，同时，社会中的各部分对社会的稳定都发挥了一定的功能。因此，从功能主义的视角来看，社会是由在功能上满足整体需要从而维持社会稳定的各部分所构成的一个复杂的系统。①

美国社会学家 T. 帕森斯在 20 世纪 40 年代提出了结构功能主义这一理论。帕森斯的着眼点是社会互动的稳定模式。为解释这一稳定模式，帕森斯用地位—角色作为最基本的分析单位，在他看来："地位—角色是社会体系中最重要的互动过程所包含的个体之间的关系的结构……也是行动模式化的互动关系中的参与，是最重要的社会体系单位。"（Parsons，1951：25）显然，地位—角色在帕森斯这里是社会体系之"结构的"组成部分，而不是其他。"地位"为行动者所处的结构位置，"角色"表达了社会对这一位置的行为期望，它是社会与个人联系的中介，又是众人分享的象征（Parsons，1951：6）。这样一来，行动者的互动就成了一连串具有地位—角色的行动者之间的互动，而不管互动中的个人怎样变化，角色互动作为社会模式化的准则都是相对稳定的，而社会结构就成了一系列相对稳定的、模式化了的成分之间的关系。②

罗伯特·默顿（1968）将帕森斯的功能主义理论进行了改进，使其更有利于经验研究。他的理论是从分析社会结构中的一个特定单位入手的。早期的理论家通常用一个社会组成部分对维持整体的作用来解释其社会结构的存在，这样就很难解释为什么社会中还会有一些对社会造成损害的单位，而他们认为社会结构中的一个单位只要存在，就一定对维护整体发挥功能。然而默顿指出，社会系统中并非所有组成部分都发挥着正功能，当社会结构中的某一单位阻止了整个社会或其组成部分的需求满足时，它则是反功能的。③

由此可见，社会学家观察社会分层问题的角度和着重点反映了社会学研究的三种理论取向，也形成了各自独具一格的社会分层理论，这些理论逐渐被后来的社会学家借鉴和吸收。可以说，涂尔干、韦伯、马克思以及帕森斯等人都为社会分层理论的产生和发展作出了巨大贡献。这些社会分层理论为学术职业研究奠定了理论基础。

---

① 曾丹芳. 结构功能主义视角下的廉政制度研究 [D]. 长沙：湖南大学，2011：12.
② 周怡. 社会结构：由"形构"到"解构"——结构功能主义、结构主义和后结构主义理论之走向 [J]. 社会学研究，2000（3）：55-66.
③ 曾丹芳. 结构功能主义视角下的廉政制度研究 [D]. 长沙：湖南大学，2011：14.

学术职业是社会分工的产物，学术分工是学术职业分层的根本原因。学术分工将不同的高校教师按照其能力大小、学术水平的高低和社会贡献的程度划分为不同阶层的人群，分别从事不同的学术工作。学术职业分层必然带来不同学术阶层的分化，因此，实现学术职业阶层的社会团结、形成学术职业的集体意识也就成为学术职业分层的重要研究领域。

学术职业分层是一个基于工资收入、权力和声望的不平等的地位等级结构，研究学术职业分层就是要对学术职业分层结构中的社会关系进行研究，在理解不同学术阶层的高校教师地位差异的基础上，通过内在和外在的力量促进合理的学术职业分层秩序的形成。学术职业分层结构具有特定的社会功能，不同的学术职业分层结构的社会功能不同。

1.2.3 职称与岗位：学术职业分层的符号

就社会分层的类型而言，可分为先赋型分层和后致型分层两大类。先赋型分层主要依据种族、性别、年龄、出身等人的自然禀赋来进行分层，后致型分层主要依据经过后天努力而获得的职业、收入、权力、声望、地位等要素来进行分层。对于学术职业分层而言，基于种族、性别、年龄、出身等先赋型要素的分层所形成的层级差异并不明显，尤其是在中国。因此，本书主要依据后致型要素来分析学术职业分层。学术职业分层有多种表现形式，有基于权力的分层，也有基于声望、收入和地位的分层等表现形式；如果按照学术职业分层符号来看，有基于学衔和职称的分层，也有基于教师岗位的分层。在学术职业分层过程中，学衔、职称及岗位是学术职业分层的符号。在不同国家的不同历史时期，学术职业分层是通过学衔、职称或岗位来实现的。学衔、职称或岗位的等级秩序反映出高等教育系统中教师的不同权力、收入和声望的社会关系。

在我国学术职业分层制度变迁过程中，学衔、职称和岗位是一组内涵相关且容易混淆的概念。无论是政策、理论还是实践，对这三个概念的内涵都缺乏透彻的解释。

（1）学衔（Academic Rank）

学衔意指学术头衔，是学术共同体根据学者的学术水平和贡献授予学者的等级身份标识，也是担任某种学术工作的资格。它具有以下几个特征：一是学术性。与其他职业的等级身份标识不同，它是学术界对学者的专门标识，反映了学者的学术水平和贡献，是对学者学术水平和已获得学术贡献的社会认定。

学术性是学衔的本质属性。二是等级性。学衔是由一系列从低到高的学术职务构成的学术等级系统,通过等级系统来区分不同学者的学术水平和学术贡献。三是一种身份符号。学衔与学者的学术水平和贡献紧密联系在一起,反映出社会对于学者社会身份和地位的认同,与收入、声望、权力等地位符号密切相关,具有身份标识性。四是组织认同。学衔是由组织在对学者的学术水平和贡献进行学术评价后所授予的身份标识。只有通过组织认定和授予,才能够获得社会合法性认同。五是具有多样性。根据学者从事学术工作性质的不同,有不同的职业称谓,如研究员、教授等。六是具有终身性。学衔作为一种身份符号,一旦授予则终身拥有,不会因为聘期结束或不再任职而被剥夺。

(2) 职称(Academic Title)

在我国学术职业分层系统中,职称是一个特定概念,也是分层的重要依据。职称是教师个体获得的专业技术职务的特殊称谓,表明教师具备从事某种学术工作的资格和能力,在一定程度上反映的是教师的学术能力和贡献。职称也是一种特殊的文化资本符号,被普遍用于对教师的学术能力和贡献进行区分。由于我国高校教师的职称与教师的工资、福利、声望、权力等身份标签密切联系在一起,因此,职称体系构成了学术职业分层结构。

职称是专业技术人员的任职资格,是与专业能力和水平密切相关的一个概念。职称表明专业技术人员符合从事某种专业技术工作所应该具有的学术能力和水平,可以履行某种岗位的职责。与学衔比较,职称的范畴更加广泛,学衔是学术界的特定身份标识,而职称则是所有专业技术领域的能力标识。例如,工程师是工程技术领域的特定职称,表明其具有从事工程设计、实施的特定专业能力和水平。因此,专业性是职称的本质属性,职称是建立在具体岗位基础之上的。同时,职称作为一种任职资格,是与岗位相对应的一个概念,有岗位,才有职称。职称与学衔一样,具有等级性、多样性,也是一种社会符号,也需要组织评定和认同。在高校内部,由于专业技术领域的多样性,存在多种不同职业的职称体系。单就高校学术系统而言,教师学衔的学术性和教师职称的岗位专业性并不是完全一致的,尽管在日常工作中经常混用,但教师的学衔与职称不属于同一概念。而从我国高等教育政策和实践来看,高校教师职称和教师专业技术职务属于同一概念。

(3) 岗位(Post)

岗位一词原指军警守卫的处所,是与某项特定工作任务相对应的职位,有明确的工作职责要求。职责是岗位的本质属性。岗位具有以下特征:一是具有明确的工作职责。岗位是组织的细胞，组织目标需要通过许多具体的岗位任务的完成来实现，岗位是与工作任务、工作职责相对应的一个概念。二是体现职责权统一。岗位首先是对"事"的，通过"事"找合适的"人"。岗位本身是无等级性的，也不是一种身份符号，是根据组织发展的需要而设立的一种工作位置。岗位的等级性是通过所承担的工作复杂程度和重要性来划分的，工作的复杂程度越高，或者承担的工作要求越高，岗位等级越高。岗位跟职位也存在差异。职位既是一个岗位系统，也是一个等级体系，和组织结构相关，泛指一个阶层或类，而岗位则具体得多。职位是由一组主要职责相似的岗位所组成；而岗位是因事而设，无事则不设。比如：制造型企业生产部门的操作员是一个职位，这个职位由很多相同或者相似的岗位员工担任。而具体到某个工序，就是岗位，比如钻孔操作员，操作员的职位可能由钻孔操作员、层压操作员、丝印操作员等岗位组成。在高校系统内部，辅导员既是一种职位，又是一种岗位，这个职位可以由若干个辅导员岗位组成，一个辅导员一个岗位。高校教师也是一种职位，教师职位是由许多不同的岗位组成的一个职位系统。在系统内部，根据岗位的工作任务和职责的不同，又可以分成许多等级系统。岗位与职称并不具有完全的对应关系，只要具备能够完成岗位职责所需要的能力，完成岗位相对应的职责任务，就可以担任某个岗位的职务，以实现岗能匹配，实现职责权统一。

高校是一个复杂的学术组织，是由多种职位、许多岗位构成的组织结构系统。高校职位系统主要包括教师职位、管理职位、技术支持职位、工勤职位等多种类型。管理职位可以具体划分为校长岗位、副校长岗位、处长岗位（又可细分为不同处的处长岗位）、办事员岗位等；技术支持职位类型也很多，单就实验专业技术人员而言，可以分设高级实验师、实验师、助理实验师、实验员等岗位；工勤职位的分类更多。

（4）学术岗位（Academic Position）

学术岗位是高校教师特有的岗位或称专业技术岗位。就高校教师职位系统而言，具有不同工作职责的学术岗位构成了一个以岗位为核心的学术职业分层等级系统。我国高校正在试行的四层十三级岗位设置制度将教师职位细分为四种不同层级职位以及十三个高低不同的岗位系统，每个层级职位细分为3~4个不同等级的岗位。不同层级的职位分别由不同职称的教师担任，每一个层级的岗位具有不同的岗位职责要求，由能够胜任该岗位工作、履行该岗位职责的教师担任。简而言之，岗位对事，职称对人。职称表明教师具备岗位所需要的能力和水平，岗位则体现的是学校的不同工作任务和职责要求。职称与岗位分离使得高校在用人过程中更加灵活，可以根据岗位需要实施对人的管理，满足组织发展的需要。高校教师职位管理是从对教师工作任务和职责的管理的角度出发，与职务管理属于同一概念。

学术职业分层是一个系统的概念，是教师不同层级职称、岗位构成的地位等级体系。学术职业分层就是考察以教师职称或者岗位为分层符号的不同阶层教师的地位差异及其社会关系。

（5）职称和学术岗位：一种特殊的学术资源

职称、学术岗位既是一种特殊的分层符号，也是一种特殊的学术资源。学术职业分层制度就是对这些高校特殊的资源进行配置的制度安排。职称、学术岗位在学术职业分层中具有稀缺性、学术性、流动性、地位性、竞争性、匹配性、时效性、增值性等特点。

①稀缺性。对于高等学校来说，职称和学术岗位是稀缺资源，总是呈现出供给不足的特点，尤其是高级职称和重要学术岗位，稀缺性更为突出；而政府和高校在教师职称和学术岗位资源配置结构上的规定，形成了职称和学术岗位资源的相对稀缺性。

②学术性。对于职称和学术岗位来说，只有具备较高的专业知识水平，并有一定的学术贡献同时从事学术工作的人员才能够获得。

③流动性。职称反映出高校教师的工作能力与职位之间的关联，具有向上或者向下流动的特征，正向相关则向上流动，负向相关则向下流动。学术岗位的设置是根据组织发展的需要不断变化的，从事某一学术岗位的人员也是不断流动的，既可以垂直流动，也可以水平流动。

④地位性。每一种职称或者每一个岗位都具备一定的身份特性，具有不同的收入、权力和声望等方面的地位差异。

⑤竞争性。由于职称和学术岗位的稀缺性和地位性，职称和学术岗位需要通过竞争获得。

⑥匹配性。每一种职称，每一个学术岗位都对任职者的素质有各方面的要求。只有当任职者具备这些要求并达到规定的水平，才能更好地胜任这项工作，获得最大绩效。因此，职称和学术岗位需要与高校教师的个性特征、动机和发展需求相匹配；与人的知识、技能、能力相匹配，以及与工作报酬相匹配。

⑦时效性。无论是职称还是学术岗位，都有一定的时效性。高校教师的学

术水平、工作能力和取得的学术成果，以及组织发展的目标，都在不断变化之中，因此，无论是职称还是学术岗位，都不是固定不变、长期拥有的，需要在一定时间内对职称和学术岗位职责的完成情况进行考核和聘任。

⑧增值性。评聘职称或者设置岗位的目的是为了更好地促进学术的进步和发展，促进优秀人才的培养和社会服务质量的不断提高，因此，促进知识的增值、促进人才培养水平的增值、促进院校发展和社会服务质量的增值是评聘职称或者设置岗位的基本目标。

1.2.4 岗位分级制度

高校教师岗位分级设置制度（简称岗位分级制度）是以学术岗位为分层符号的学术职业分层制度。基于教师岗位分级的分层体现的是以不同层级学术岗位职责为依据的学术职业分层形式。

（1）岗位分级制度的内涵

高校教师岗位分级设置制度是高校聘任制度改革以后的一种新的教师岗位聘任管理制度，是教师"职务聘任制"替代"职称评定制"以后的一种新型高校用人制度。随着教育部《2003—2007年教育振兴行动计划》的实施和高校人事分配制度改革的不断深入，以"按需设岗、公开招聘、平等竞争、择优聘任、严格考核、合同管理"为主要特点的岗位聘任制正逐步成为高等学校基本的用人制度。这个制度最大的进步在于突出了"岗位"在资源配置中的重要作用，"岗位"是工作职位而不是身份和资格的标志，岗位要求必须有职责和适应岗位需要的条件与之相匹配。岗位聘任制度的实施打破了终身制的用人制度，并建立了新的利益驱动机制，"人"和"岗位"结合起来，有效地杜绝了因人设岗、有岗无责、论资排辈、人浮于事等诸多弊端，从根本上消除了过去教师一旦评上教授职称就不再上讲台、不再出成果的现象。因此，通过合理的专业技术职务岗位设置可以将高等学校的教学科研工作内容嵌入岗位职责之中，所有的"人"和所有的"事"都能够对应起来，既保证了学术任务的顺利完成，又能提高了教师自身能力和水平。

高校教师岗位设置是否合理、科学，直接关系到能否最大限度地挖掘不同岗位人员的工作潜力和发挥其工作积极性。科学设置高校教师岗位的目的在于在编制总岗位定额的前提下，高效率地利用和有效地配置资源，减少用人数量，提高人才效益，提高教师队伍整体的素质。教师岗位分级设置制度的科学性对促进大学和大学教师发展有着重要意义，作为一种学术职业分层形式的教师岗位分级设置制度研究,就是要进一步探讨高校教师岗位分级设置制度的科学性和合理性。[1]

(2) 相关政策

围绕着岗位分级制度,政府相关部门颁布了一系列文件,对于推进该制度发挥了重要作用。如1999年1月国务院转发了教育部《面向21世纪教育振兴行动计划》,该计划明确指出"实行教师聘任制和全员聘用制,加强考核,竞争上岗",以及"大力推进高校内部管理体制改革,推行聘任制"[2]。1999年年底,教育部又印发了《关于当前深化高等学校人事分配制度改革的若干意见》,指出"以转换机制为核心,通过改革人事分配制度和理顺管理体制,强化岗位聘任,打破'铁饭碗'和平均主义'大锅饭',破除职务'终身制'和人才'单位所有制',形成'能进能出、能上能下、能高能低'的激励竞争机制,努力创设有利于优秀人才尽快成长和发挥才干的制度环境,建设高素质教师队伍和管理队伍,全面提高学校的办学效益和整体水平"[3]。2000年年初,中组部、人事部、教育部又联合印发了《关于深化高等学校人事制度改革的实施意见》。[4] 这些政策的实施有力地促进了高校教师岗位聘任管理制度的改革创新。2007年5月4日人事部、教育部发布的《关于高等学校岗位设置管理的指导意见》(以下简称《指导意见》)是高校教师岗位分级设置和聘任的标志性文件,是对已有教师岗位设置和聘任管理制度的进一步深化。《指导意见》结合我国高等教育的特点,在岗位设置的适用范围、岗位类别设置、岗位等级设置、专业技术岗位名称及岗位等级、岗位基本条件等方面提出了指导意见。[5]

(3) 相关研究

教师聘任制是我国高校人事制度改革的重要制度设计,也是高校学术职业分层制度的体现。关于高校教师聘任制的研究,已经取得了一定的研究成果。如陶遵谦主编的《国外高等学校教师聘任及晋升制度》(1984)是国内较早对国外高校教师聘任制度进行国别研究的著作。[6] 陈永明在《国际师范教育改革比较研究》(1997)中对中、美、英、法等11个国家的教师聘任制度做了介

---

[1] 杨开洁. 中国高校学术职业的分层研究 [D]. 武汉:武汉理工大学,2010:5-6.
[2] 教育部. 面向21世纪教育振兴行动计划 [R]. 1999.
[3] 教育部. 关于当前深化高等学校人事分配制度改革的若干意见 [R]. 1999.
[4] 中组部,人事部,教育部. 关于深化高等学校人事制度改革的实施意见 [R]. 2000.
[5] 人事部,教育部. 关于高等学校岗位设置管理的指导意见 [J]. 云南教育,2007:8-19.
[6] 陶遵谦. 国外高等学校教师聘任及晋升制度 [M]. 上海:华东师范大学出版社,1984.

绍和比较①；并在《现代教师论》（1999）中，通过对发达国家大学教师聘任制的描述与分析，总结了发达国家聘任制实施的经验和教训。② 王胜今（2006）在《推进教师职务聘任制度改革，探索建立适合学校发展的人事管理制度》中，以吉林大学推进教师职务聘任制改革为例进行了研究，为聘任制度改革提供了有益的借鉴。③ 王丹（2006）在《当前形势下高校教师聘任制的改革与发展研究》中指出，高校应该从自身出发，实施符合自身的岗位聘任制度，在保障措施的支持下，推进岗位聘任的发展，促进教师聘任制度改革。④ 周薇（2007）在《我国高校教师职务聘任制改革研究》中认为，应建立与市场经济相适应的岗位设置制度，完善高校教师职务聘任制度，岗位聘任和岗位设置管理是我国高等教育改革和发展的必然趋势。⑤ 苏丽荣和张理中（2008）在《高校教师聘任制度改革探析》中，提出了坚持科学设岗、实行按岗聘任、实施公开招聘、避免"近亲繁殖"和完善教师考核制度等对策。⑥

在高校教师岗位设置与聘任的重要性、必要性、方式方法等几个方面也有相当多的研究成果。例如，刘新民（1997）在《加强专业技术职务岗位设置，促进高等学校改革和发展》中认为，岗位设置要坚持按需设岗的原则，坚持"有利"的原则，坚持统筹兼顾的原则，坚持循序渐进的原则。⑦ 赵砚和韩洪双（1997）在《高校教师职务岗位设置初探》中对岗位设置的作用、原则及问题进行了探讨，认为高等学校教师职务岗位设置是教师职务聘任制的基础。⑧ 刘跃成和姚友杰（1998）在《论高校教师职务岗位设置》中探讨了高校教师职务合理结构比例，并通过综合分析与归纳的方法建立了一个教师岗位职务通用的计算公式。⑨ 刘太林（1999）在《教师岗位聘任制的实践与思考》中分析了教师管理制度中的一些弊端、教师队伍建设以及实施岗位聘任制度需要解决的一些问题。⑩ 杨潮和胡志富（2000）在《关于健全高校教师岗位聘任制

---

① 陈永明. 国际师范教育改革比较研究［M］. 北京：人民教育出版社, 1997.
② 陈永明. 现代教师论［M］. 上海：上海教育出版社, 1999.
③ 王胜今. 推进教师职务聘任制度改革，探索建立适合学校发展的人事管理制度［J］. 现代教育科学, 2006（4）：49-53.
④ 王丹. 当前形势下高校教师聘任制的改革与发展研究［D］. 武汉：武汉理工大学, 2006：2-12.
⑤ 周薇. 我国高校教师职务聘任制改革研究［D］. 武汉：华中师范大学, 2007：3-6.
⑥ 苏丽荣，张理中. 高校教师聘任制度改革探析［J］. 学术纵横, 2008（6）：136-137.
⑦ 刘新民. 加强专业技术职务岗位设置，促进高等学校改革和发展［J］. 高教研究, 1997（4）：43-45.
⑧ 赵砚，韩洪双. 高校教师职务岗位设置初探［J］. 高等教育研究, 1997（5）：76-79.
⑨ 刘跃成，姚友杰. 论高校教师职务岗位设置［J］. 黑龙江高教研究, 1998（2）：65-66.
⑩ 刘太林. 教师岗位聘任制的实践与思考［J］. 高等工程教育研究, 1999（2）：47-49.

的若干思考》中考察了近年高校用人制度改革的过程，提出要建立健全岗位聘任制度，提高岗位设置的合理性，促进教师群体的健康发展。① 张小红和吴育新（2003）在《关于高等学校教师职务岗位设置的探讨》中论述了高等学校教师职务岗位设置的基本原则和主要方法。② 王革（2004）在《关于高等学校教师职务岗位设置的思考》中总结了教师职务聘任制度与教师职称评定制度的区别，指出科学合理的岗位设置是聘任制改革的基础。③ 石金叶（2007）在《以人为本的高校岗位设置机制》中提出了高校岗位设置的若干机制，即科学定编、定岗、定责的一体化机制，实行岗位责任制和考核评估机制，固定岗位设置与流动岗位设置相结合的机制等。④

（4）研究述评

通过对高校教师岗位设置的相关文献分析可以发现，现有的研究主要存在如下不足：

一是大部分的研究是对高校教师聘任制或者教师岗位分级管理的相关政策的诠释，或者是结合院校工作实践提出存在的问题、改革的主要思路和对策建议，很少从社会分工视角研究由学术分工导致的阶层分化、阶层团结、阶层意识、阶层稳定以及学术职业分层对大学和知识发展的功能和作用等问题。

二是大部分的研究是基于政府或者院校的立场研究高校教师聘任制和岗位分级制度，很少从高校教师的地位获得角度展开研究。高校教师聘任制和岗位分级制度是学术职业分层制度的具体政策实践，学术职业分层所导致的社会不平等问题的核心是地位的不平等。显然，在高校教师收入、权力、声望、流动性等地位指标以及学术职业分层的影响因素等方面的研究成果比较缺乏。

三是尽管有些研究涉及高校教师职称结构或者岗位结构问题，但是对于结构的合理性，以及学术职业分层结构对其功能的影响缺乏研究。学术职业分层的合理性如何评价，如何设计科学的学术职业分层系统，如何形成稳定的、开放的、自由流动的学术职业分层结构，直接关系到大学的发展和学术系统的和谐。

四是大部分的研究都是文本研究，实证研究和案例研究较少。文本研究固

---

① 杨潮，胡志富. 关于健全高校教师岗位聘任制的若干思考［J］. 中国高教研究，2000（7）：52-53.

② 张小红，吴育新. 关于高等学校教师职务岗位设置的探讨［J］. 广东工业大学学报，2003（6）：14-17.

③ 王革. 关于高等学校教师职务岗位设置的思考［J］. 辽宁师专学报（社会科学版），2004（6）：33-34.

④ 石金叶. 以人为本的高校岗位设置机制［J］. 高教研究，2007（1）：49-50.

然重要，但是就学术职业分层而言，围绕权力、声望、收入、流动性、地位差异等核心领域的实证研究对于解释和分析学术职业分层的内在机理更有价值。

1.3 学术职业分层的功能

作为任何一个社会系统，存在和稳定发展是其基本目标。而存在和稳定发展必须适应和满足一些必要条件。学术职业分层系统也是如此。学术职业分层系统为了保证自身的存在和稳定，必须满足四种功能条件：①环境适应：确保学术职业分层系统能够从环境中获得所需资源，并在系统内加以分配；②目标达成：具有较为明确的学术职业分层系统的目标并确定各目标的主次关系，能够调动资源和引导高校教师去实现分层目标；③社会整合：促进学术职业分层系统各部分的协调发展并对学术系统发挥作用；④共同价值观：维持学术系统的共同价值观，并形成价值观的基本模式。满足以上四种功能条件是学术职业分层系统稳定发展的基础。从这四种功能条件出发，学术职业分层的功能可以分为正向功能和负向功能。

1.3.1 正向功能

学术职业分层作为社会分层的子系统，既受整个社会分层结构的影响，也受高校发展目标和制度的影响。这是和高校作为学术系统的特殊性密切相关的。学术职业分层与社会分层的差异性表现在：其一，学术职业分层是对高校教师的分层，工作对象具有同质性，所有教师的主要工作对象都是知识和学生，从事学术工作的性质是一样的；而社会分层则是对不同工作性质的社会团体或者职业进行分层，不同职业的工作对象具有异质性。其二，学术职业分层是在一个相对封闭的系统中进行的，在很大程度上受组织制度的影响；而社会分层是针对整个系统的不同职业和不同群体，按照一定的社会标准来进行地位高低的排序，具有开放性。而学术职业分层是按照某种学术标准或者资格将教师区分为高低不同的职位等级序列，并形成一个职位与地位相对应的社会结构的过程。其内在分层机制是高校职位等级系统对教师进行的制度化分类，按照教师的学术能力和贡献进行物质性和象征性资源（职称、岗位）的再分配。

学术职业分层的正向功能主要体现在以下几个方面：

一是社会功能。学术职业分层给不同教师提供了一个明确的社会身份标签——学衔、职称、岗位，这些作为一种身份符号，反映了教师在学术活动中获取社会资源的能力和机会，以及为社会作出的学术贡献，同时也反映了不同教师在学术系统乃至社会系统的相对位置，有利于实现组织功能的分化。合理的学术职业分层对教师群体的整合与内聚具有重要影响，能够促进学术职业阶层整合。

二是经济功能。学术职业分层体现了组织内部劳动力市场的资源配置结构，反映了不同阶层教师的经济收入标准、社会声望水平以及不同阶层教师的知识生产效率、人才培养质量和社会服务的价值，还可以为学术劳动力定价提供依据。学术职业分层具有配置学术劳动力资源并激发高校教师的学术能力，从而实现院校使命的功能。不仅如此，稳定、有序、开放的学术职业分层结构具有适应环境的能力，还可以从社会获得各类资源，能够有效促进学术职业各阶层的和谐发展。

三是政治功能。学术职业分层体现了学术职业权力资源的分布与再分配以及权力获得及其运行方式，反映了不同阶层教师参与高校学术事务和社会公共事务的权力大小以及权利表达途径的不同。通过学术职业权力资源的配置，可以促进学术系统的稳定有序发展。

四是文化功能。学术职业分层带来了不同阶层教师的职业意识差异，反映了教师的自我认同与组织文化之间的适应性，有利于促进共同的文化价值观的形成。合理的学术职业分层能够形成组织的文化向心力和凝聚力，形成共同的价值观模式。

1.3.2 负向功能

从学术职业分层须满足四种功能条件出发，学术职业分层的负向功能主要表现在：

一是能力消解。那些具有重要功能的学术岗位的选择依据或者学术标准是不明确的，难以量化测量，可能导致那些真正具备学术工作能力的高校教师并没有被安排在合适的岗位上去。同时，制度可能固化不同岗位的地位差异，可能消解那些具有潜在能力的高校教师的工作积极性。不合理的学术职业分层体系，使得从环境中获得促进学术进步和大学发展的各类资源的难度增加。

二是目标不清。由于学术职业分层导致了不同学术阶层的形成和学术劳动分工的进一步细化，大学学术岗位职责和目标的多样性与教师群体需要的复杂性以及教师职务评聘和岗位设置制度的缺失都有可能导致学术职业分层的主要目标和次要目标变得更加模糊不清，难以实现院校目标和教师个体发展目标。

三是阶层分裂。学术职业分层体系为学术精英提供了参与院校学术事务决策的政治权力，使其对学术工作具有越来越高的垄断性，可能阻碍学术的进步。同时，政治权力的涉入，可能使得学术职业分层体系并不纯粹。而且，权力寻租、制度寻租和社会资本寻租使得学术职业分层制度异化。再者，学术职业分层体系将高校教师安排到学术职业阶梯的不同位置，不平等地分配了学术资源。这些都可能导致学术职业阶层的分裂，影响学术职业分层结构的稳定。

四是共同价值观离散。学术职业分层体系在某种程度上鼓励了不同层级之间的对抗、猜忌和不信任，各阶层的共同价值观处于离散状态，继而可能限制了学术职业分层系统整合的可能性和广度，这可能导致学术职业群体关系破裂，激化学术职业各阶层的矛盾和冲突。

学术职业分层发挥的功能并不局限于"正式的"或预期的功能，除了已意识到的或显性功能之外，学术职业分层还具有尚未意识到的或者尚未预料到的潜功能。学术职业分层的显性功能是促进了学术系统的劳动分工，形成能够促进高校教师向上流动的分层秩序，以更好地促进学术进步和大学发展。其潜功能则是形成了学术系统资源的不平等分配，导致学术职业不同阶层的分裂，形成了不同阶层的地位差异。

1.3.3 主要特征

在新的历史时期，学术职业分层的标准或者条件越来越趋向多元化。传统的政治权力在学术职业分层中依然占有重要地位，直接决定着学术职业分层的结构以及分层的程序。但学术道德、学历、资历、教学工作量和教学质量、学术荣誉、学术能力、学术水平、学术成果、社会贡献这些要素在学术职业分层中的作用在不断加强。这些要素整合在一起形成了主要以职称、岗位、学术声望、收入为标志的学术职业分层体系。这些不同的分层要素在政府、市场机制和高校发展目标的共同作用下，推动着中国高校学术系统的分层结构发生迅速的分化。一方面，高校追求学术效率和声望的需要必然要形成更为狭窄的学术职业分层阶梯，将学术工作具体化为更加多样化的岗位职责，以利于高校从政府和市场中获得更多的资源，院校追求效率的目标在学术职业分层过程中的作用不断增大；另一方面，作为一种高度集权的高等教育管理体制，政府权力和政策直接影响着高校学术职业分层。政府仍然控制着大量的组织资源和经济资源，这使得学术职业分层必须主动适应国家发展的需要，在传统的政治资源和新兴的经济资源相互渗透、交叉重叠下，形成了一股特有的合力，推动着中国高校向一种有中国特色的学术职业分层结构演变。

从历史的角度来看，应该说我国学术职业分层结构在一定程度上适应了高等教育发展的时代需要。但是毋庸讳言，我国高等教育的迅猛发展，功能的不断扩大，也迫切需要学术职业分层结构能够不断适应这种快速发展的变化，通过学术职业分层更好地解放教师的学术生产力。

学术职业分层体系具有能力识别和筛选功能，通过确立一系列学术指标来识别和筛选不同层级的教师，并将教师按照其学术能力和贡献"嵌入"相应的职位等级系统之中。不同声望和层次的高校定位不同，学术职业分层的学术评价体系也不一样，对于教师的学术能力和贡献的评判标准也存在差异。由于不同院校分层评价体系的不同，同一职位的教师并不完全具有等效的学术声望，在学术共同体中的地位也存在差异。正是由于学术职业分层体系具有能力识别和筛选功能，学术职业分层呈现出竞争性和多样化的特征。

（1）竞争性分层

从政府主导到学校自主是高校学术职业分层系统发展的必然选择。学术职业分层本质上是系统内部学术劳动力市场的配置活动，高校对组织内部的学术劳动力进行分层配置有利于促进高校学术发展。而高校内部劳动力市场是一个不完全竞争市场，不同的职位不是无限供给的。高校为了保证组织效率，总是希望通过设置不同的学术标准来招募和聘任符合组织文化和能够实现组织目标的教师，并按照学术能力和贡献"分配"给教师相应的职位。同时，学术职业分层系统是一个金字塔型的等级系统，在学术职位晋升过程中，教师必须凭借自身的学术能力和贡献才能够竞争更高的学术岗位，在岗位有限供给条件下，竞争是难以避免的。在高校内部学术劳动力市场中，组织掌握着学术职位的设置权、选择权、定价权等垄断性权力，教师必须凭借"实力"进行竞争。无论是初次进入学术职业系统，还是在学术职业系统中的分层晋升，都必须通过激烈的竞争才能够获得新的职位。

学术职业分层按照同行确定的学术标准对教师进行高低不同的职位等级分类，并形成一个职位与地位相对应的社会结构。在学术职业分层过程中，学术能力和贡献发挥着决定性的作用。其内在分层机制是组织内部劳动力市场的职位等级系统对不同教师的学术能力和贡献进行制度化分类，从而不断实现学术资本的最优配置、不断促进学术职业地位的再生产过程。在这个过程中，政治力量、行政力量、社会资本的介入将会导致学术职业分层机制紊乱，引起学术竞争机制失灵。同时，学术职业分层结构缺乏竞争性也将对学术劳动力配置的分层机制产生影响。如果教师向上的晋升流动越来越难，地位鸿沟越来越大，就会出现连续不断的影响组织忠诚的矛盾和冲突。矛盾和冲突情绪不断积累，就会对学术职业乃至学术系统的结构形成威胁。教师将可能通过消极怠工、社会兼职、谈判、罢教等形式保护自身的权益，进而损害高校的社会声望。

高校学术职业分层系统有两种主要类型：一是学校自主型，二是政府主导型。学校自主型的学术职业分层系统由高校根据自身发展目标确定。从理论上来说，具备独立法人资格的高校应属于自主型。政府主导型则由政府确定不同层次类型高校的学术职位等级系统，对学术职位类型、资格、数量、结构进行制度规定，并以工资制度和社会保障制度作为控制的手段。虽然我国高校从法律角度来看都是具有法人资格的社会组织，但是现阶段大部分高校仍然属于政府主导型的学术职业分层系统。政府主导型的学术职业分层系统行政控制能力较强，在一定程度将影响到市场竞争机制在学术职业分层过程中的作用，禁锢学术职业的自由流动，影响了学术职业分层功能的发挥。无论是学校自主型，还是政府主导型的学术职业分层，由于职位或者岗位的稀缺性，通过竞争进行学术职业分层是基本原则。

（2）多样化分层

世界各国的学术职业正在成为一个多样化、碎片化而又对学者具有凝聚力的职业，学术职位层级加深，在组织和个体之间，学术职业存在明显的不同。[①] 尽管政府主导着学术职业分层，但是当代中国学术职业分层实践同样呈现出多样化的特征。

1）政策分层

政策分层是政府主导下的制度化产物。新中国成立以后，我国高校学术职业分层一直延续前苏联的助教、讲师、副教授、教授四层模式。这种模式一直延续至今，形成了稳定的同时也是全国统一的政策分层体系。2007年人事部和教育部试行的高校教师四层十三级的岗位设置制度同样也是一次政策分层，是对原有四层制度的发展，即在每一层中又细分为3~4级，形成了层中有级、级中有层的新的分层模式。

2）特色分层

尽管我国学术职业分层具有明显的政府主导色彩，但是，高校在政府分层

---

① Nelly P.. The Contemporary Professoriate: Towards a Diversified or Segmented Profession? [J]. Higher Education Quarterly, 2007（2）：114-135.

的基础上根据学校自身发展需要确立自己的分层体系已成为一种新的趋势。特色分层就是高校根据自身发展需要而开展的具有院校特点的学术职业分层活动。高等教育体制改革以后，高校拥有了一定的办学自主权，一些高校在政策分层的基础上设立了诸如讲座教授、首席教授、学科责任教授、产学研教授；具有博士生指导资格的教授、不具备博士生指导资格的教授、具备硕士研究生指导资格的副教授和不具备硕士研究生指导资格的副教授等多类型分层体系，强化学术职业分层的岗位适应性。各个学校特色分层做法不尽相同，但本质上都是通过工资津贴和工作条件的差异、岗位职责的划分，赋予学术声望和学术权力的不同等多种形式来对教师进行学术职业分层。

3）声望分层

对于学术职业来说，声望分层是一种重要的分层类别。学术声望本质上也是一种资源，是区分教师地位的重要分层符号，对教师平衡金钱和权力的影响起着重要的作用。李强认为，职业声望对金钱和权力起着平衡和纠偏的作用，声望评价是一种特殊形式的社会舆论。[1] 声望分层是通过教师的学术声望（如获得诺贝尔奖、其他国际公认的学术奖励、院士等荣誉称号以及政府或者学术团体授予的会员/专家资格等）进行的分层，这种分层与特色分层紧密联系在一起。教师的声望是一种非物质资源，主要来自教师的学术贡献和在学术共同体中的影响力。一方面，教师声望的获得依赖其学术贡献；另一方面，教师声望能够进一步强化教师在分层过程中的作用。在我国，高校教师获得学术声望的过程中，政策的作用较为强大，通过授予某种荣誉称号进一步强化教师的学术声望，导致了教师由于获得某种学术声望而产生声望分层。

整体来说，我国学术职业分层还是一个行政主导型的模式，科层权力在一定程度上强化了部分教师的声望，使得这些教师在学术职业分层过程中获得更大的竞争优势。声望分层是学术职业分层的一个重要类型，作为一种隐性分层，其作用体现在特色分层之中。

1.4 学术职业分层与高校发展

近现代大学的起源可以追溯到欧洲中世纪。在欧洲中世纪大学的形成过程

---

[1] 李强. 转型时期冲突性的职业声望评价 [J]. 中国社会科学, 2000 (4): 100-111.

中，学术职业的形成和发展发挥了重要作用。学术职业作为传授和研究高深知识的特殊职业，奠定了大学的兴起。在近千年的历史发展中，大学与学术职业相互依存，共同发展。

1.4.1 高校的组织属性：学术性与科层性

关于高校的组织属性，不少学者都进行了专门论述。迟景明认为：现代大学是以知识为操作材料、以学科为基本构架的社会组织，具有学术属性和科层属性，表现出领域的专门化、自主性程度高、结构相对松散和目标的多样性等特点。学术属性是大学组织中最重要的根本属性，放弃学术性，离开学术创造，大学的属性就不完整，大学便不再是大学，而成为一般意义的学校或机构。科层属性是为促进大学学术发展而派生出来的另一个重要属性。随着大学规模不断扩大，大学管理事务日渐庞杂、组织目标趋于多元化，学校组织客观上需要相应的机构和人员进行管理，并因此形成了相应的等级制度和权力层次，要求下级服从上级，并以规章制度的形式明确学校组织内不同科室和每个职位的职责范围、工作程序和行为标准。在大学学术研究活动之外的行政性和管理类活动中，大学也因此产生了机构的科层化和组织的科层属性。

迟景明继而指出，高校组织的学术属性和科层属性反映了组织活动过程中两种不同的价值取向，学术属性秉承了学术自由的大学传统，在学术活动中反对过多的约束，不大情愿认可清晰明确的目标和程序化的工作计划；而科层属性强调通过树立行政权威来建立严格的等级制度，划分职责的权力范围，组织的非个性化、科学和理性化以及操作上的技术化被认为是组织平稳运行和组织目标顺利实现的保证。因此，科层属性以效率化为基本价值取向。由此可见，高校组织的学术属性和科层属性在价值取向上往往相互矛盾，有时甚至相互冲突，两种属性反映了高校组织的基本特征，它们共存于组织之中，所代表的程度差异和倾向的外显形式就展现为各具特色的高校管理体制模式。[1] 正如著名的社会学家彼德·布劳（Peter M. Blau）所指出的那样：科层化的刻板与纪律性同学术组织是不相容的，它要求自由地采取一个更富于弹性和想象力的途径从事教学活动，即激发学生去探求事物本质的兴趣；大型的学术机构不同于一

---

[1] 迟景明. 现代大学的组织特性与管理创新 [J]. 大连理工大学学报（社会科学版），2002 (2)：43-47.

般组织，它要求具有更复杂的管理。① 大学作为一个正式的社会组织，以学科和专业为基础，以实现高深知识生产及传承和应用知识为目的，是一个复杂的专业性组织和文化性组织。较之于其他类型的组织，大学组织是生命周期较长、系统比较稳定、效率比较"低"的组织。随着社会经济发展水平和教育普及程度的提高，传统大学组织系统已经演变成一个内部更加异质和多样的高等教育系统。

关于高校组织的基本特征，阎光才也提出了自己的看法。②

①相对于西方各国而言，我国高校内部的组织对外部环境变化的反应更为敏感，组织的内部结构、组织文化氛围以及组织目标始终处于不稳定状态之中。

②作为学术性组织，我国高校内部围绕学科和专业建立起来的组织结构也具有松散结合的特征，而在组织的最高层次——学校一级却有集中的倾向。无论是学术事务抑或行政事务的管理，都具有明显的科层化形式特征。

③学术性组织松散联结特征的重要标志之一是组织内部利益群体的形成，我国高校内部组织受利益驱动而出现的分化格局并不明显，教职人员特别是高校教师群体、学生群体等在组织中的地位与作用无法与行政人员群体相比，这也是组织科层属性突出的重要成因之一。

④长期的、高度集中的计划管理模式使高校完全依附于政府部门，由于政府的全面干预和控制，高校内部组织结构实际上是政府主管部门组织结构的向下延伸。

⑤当代西方各国高等教育管理体制的总体趋势是：政府宏观调控，高校实行相对意义上的自治，但这种自治已不再是传统意义上的学者自治，组织的最高层次行政权力普遍得到加强，旨在强化组织"松散结合或联结"中的有机结合、"无序"之中的有序。而在基层，又通过权力的分散使学术属性能得以充分展现。

伯顿·克拉克指出，高校内的基本活动是学术性工作，而学术活动是根据学科来划分和组合的，由此形成分裂的专业，形成相对松散结合的组织结构和并不太严格的学院或学部、系或讲座层次。③ 从权力的划分角度分析，高校是一个学术权力系统，系统内部"专业和学者的专门知识是一种至关重要的独

---

① Peter M. Blau: The Organization of Academic Work [M]. Transaction Publisher. 1994, 2, 7, 48.
② 阎光才. 高等学校内部的组织特性探析 [J]. 清华大学教育研究, 1999 (1): 79-82.
③ [美] 伯顿·克拉克. 高等教育系统 [M]. 王承绪, 主译. 杭州: 杭州大学出版社, 1994: 33.

特的权力形式，它授予某些人以某种方式支配他人的权力"①。

高校内部的诸多学术活动很难有非常清晰和明确的目标，教学和科研活动过程也不存在规范、划一的技术，由于个体决定自由度相对较强，参与的非结构化特征突出。此外，作为维系一般组织的结合机制，组织的技术核心和职务的权威在高校中也难以得到有效的保障。② 如此等等，造成组织内部缺乏单一科层管理并成为异常强大的官僚控制滋生的环境和土壤。美国的鲍德里奇（Baldrige）教授在对美国高等教育组织及管理进行长期研究的基础上，系统地描述了学院和大学的组织特征，认为学院和大学是一种独特的专业组织，所谓独特之处表现为："具有模糊与纷争的目标系统；服务于其需求影响到决策过程的顾客；多方面的非常规技术；高度的专业化和'相互割裂'的专业人员队伍；对外部环境越来越脆弱。"③ 由于大学组织的独特性，高校学术职业分层与社会分层有着显著差异性。学术职业分层必须依据大学的组织特性来进行制度设计。

1.4.2 学术职业分层与高校发展的关系

伯顿·克拉克认为，学术职业是一个学术部落和学术领地的集合，它在很大程度上已经构成一个社会组织，并具有组织的一些共性特征。大学是一个以知识为中心的高度专业化的学术组织，是一个传授知识、创新知识、运用知识服务于社会的场所，可以说知识是大学赖以存在和运行的基本材料，而这些知识体现在大学里就是一门门的学科。大学是围绕学科组织起来的，而学术职业者就是生活于大学里的知识加工者，他们聚集在一门门的学科中，在大学和学科提供的双重平台上工作。大学中的学科是高等教育系统中最基本的学术组织（而不只是学术上的分类），是大学各种功能的具体承担者。

在大学这样一个以高深知识为工作对象的学术组织中，大学教师围绕专门的学科知识开展相关的教学、研究和应用工作，并在学科基础上从事知识再生产活动。在大学职能中，教学是大学最根本、最一般的职能，离开了这一职能，大学与社会上的其他研究机构就没有什么区别，大学也就不复存在。松散结合是大学学术职业不同于社会其他学术研究组织的独特性质，这种特性是指

---

① [美]伯顿·克拉克. 高等教育系统[M]. 王承绪, 主译. 杭州: 杭州大学出版社, 1994: 121.
② [美]E·马克·汉森. 教育管理与组织行为[M]. 冯大鸣, 等译. 上海: 上海教育出版社, 1993: 172 – 173; 简明国际教育百科全书·教育管理卷[M]. 北京: 教育科学出版社, 1992: 83 – 87.
③ 陈学飞. 美国、德国、法国、日本当代高等教育思想研究[M]. 上海: 上海教育出版社, 1998: 74 – 75.

大学作为学术组织，其内部的基本构成要素，诸如学院、学部、学系、讲座、研究所或中心，以及从事高深学问的教学与研究的教授、专家、学者，在组织的运行过程中各自保持一种独立自主、低度联结的工作状态或组合方式，以致整个大学组织就像一个拥有各种知识群体的控股公司。大学作为正式的社会组织机构，其内部也存在复杂的人事、财务以及对外联系等事务，因此，为满足外部环境和内部资源合理优化的需要，其也必然会建立科层化组织结构。由此一来，大学就像政府一样，成了一个具有纵向多个层级和横向多个部门交织在一起的机构，同时也具有了行政组织的特性。学术属性和科层特征共同构成了大学整体组织结构的两维，大学组织的学术属性和科层属性在学术职业的管理体制上反映出两种不同的价值取向。[1] 大学组织的这种特性给学术职业分层带来了深刻的影响：一方面，学术职业分层必须坚持大学组织的学术属性，在分层过程中以学术为价值取向，反映学术职业不同阶层教师的学术能力、学术水平和学术贡献，形成以学术为中心的分层结构；另一方面，学术职业分层是大学组织的一项具体活动，学术职业分层的学术性需要由科层制予以保障，对于大学复杂的学术活动来说，没有科层权力的保障则很难开展有效的学术职业分层实践。学术职业分层对于建立大学的学术制度、促进大学工作的合理分工、提高大学的组织效率具有直接的作用。

1.4.3 学术职业分层制度改革对高校发展的影响

（1）学术职业分层制度改革深刻影响高校人事制度变革

近年来，随着高等教育的改革和发展，人事制度改革已经成为高校内部管理改革的重头戏，而教师岗位设置制度又是高校人事制度改革的重点。科学合理的岗位设置是聘任制改革的基础，如何使教师在高校教师职务聘任中适应市场经济需求，破除教师职务终身制，建立人才能进能出、职务能上能下、工资能高能低以及能者有其位、庸者无其岗的用人机制，一直是多年来高校人事管理工作中的难点问题。2006年《事业单位岗位设置管理试行办法》中明确提出，事业单位要开展岗位设置工作，建立岗位设置管理制度。这是事业单位人事管理制度的重大改革和创新，是由身份管理向岗位管理迈出的重要一步，对于建立符合社会主义市场经济体制要求和事业单位特点、充满生机与活力的事业单位新的人事管理体制，具有十分重要的意义。作为事业单位的高校，教师

---

[1] 王应密，马飞. 论大学学术职业的组织特性[J]. 高教探索，2013（1）：35-39.

担负着培养人才和发展科技的历史重任,由于学术职业分层所形成的高校教师的岗位分级设置不仅关系到聘任制的实施,以及用人机制、竞争机制的建立与运行,而且关系到高校学术人力资源的合理配置、合理的教师职务结构的形成和高水平师资队伍的建设。

我国高等教育大众化的一个基本特征是大学类型的多样化,大学类型的多样化客观上要求学术职业分层的多样化,岗位设置的多样化。高校教师职务制度从职称评定制度到专业技术职务聘任制度,从评聘合一到评聘分开再到职务聘任制,从职务聘任制再到岗位分级管理制度,经历了一个不断变迁的过程,这个变迁过程就是学术职业分层制度的改革过程。学界对于职称评定制度、专业技术职务聘任制度、评聘合一制度、评聘分开制度、职务聘任制度都有一定程度的研究,但是我国高校教师岗位分级设置与聘任制度改革面临很多现实困境与矛盾,如何尽快建立合理的教师岗位标准,形成合理的学术职业分层结构,以及如何实现分层的功能目标,实现岗位设置与聘任制度的公平、公正和平等,更好地促进聘任制度的改革,形成符合我国国情的教师岗位分级设置制度等,是值得我们深入研究的课题。

(2) 学术职业分层深刻影响着学术人的生活

从世界各国发展的历史与现状来看,高深知识活动是高等教育的主要任务。大学作为学术组织,以传播和发展高深知识为使命。高校教师是高深知识的载体,其对高深知识控制和垄断的程度影响着学术职业的分层。反过来说,学术职业分层制度也深刻地影响着学术人的学术生活。高等学校办学类型和层次的多样化,必然要求不同层次的学术职业对高深知识的处理方式也有所不同。对于教师的学术生活来说,以教学为主还是以科研为主,抑或是教学科研兼顾,还是应用和推广知识成果,都将形成不同的学术生活方式。即使是同一类型的教师,或者不同层次的教师在高深知识处理方式上也都呈现出不同的学术生活状态。学术职业分层不仅影响着教师的学术生活方式,还深刻地影响着教师的职业发展道路。

从社会分层的理论来看,分层之所以成为社会学的重要研究领域,是因为分层直接影响着一个社会组织乃至整个社会的公平。分层因权力、财富、声望等而形成的等级秩序必然导致社会不平等,但是这种由于分层而导致的不平等具有合理性和合法性的基础。人类社会自产生以来就是一个等级社会,这种等级社会的形成过程就是社会分层的过程,分层而形成的社会激励机制深刻地影响着整个社会的发展。学术职业分层也是如此,学术职业分工必然导致学术职业阶层的分化，使得学术阶层的职业地位因权力、财富、声望等影响而产生差异。学术职业分层所形成的地位体系直接影响着高校教师的收入、权力和声望，学术职业分层关乎每一个高校教师的物质生活和精神生活。正是由于学术职业分层导致的地位差异，使得高校教师为了获得更高的地位必需不断地提升自身的能力和水平，不断地沿着学术职业阶梯奋力攀登。

第 2 章　高深知识与学术职业分层

从学术是系统专门化的学问这个概念的本意来理解,学术职业就是以系统专门化的学问为工作对象的社会职业。如果把系统专门化的学问理解为高深知识,学术职业就是以高深知识为工作对象的社会职业。由此可以看出,学术职业与高深知识密切相关。而学术职业分层作为一个不平等但是必要的学术体系,其不平等同时又必要的源头就是高深知识。①

2.1　高深知识与学术职业

学术职业是一种社会分工职业。分工将社会劳动细分为不同类型的工作,当一种工作成为长期的、稳定的以获得报酬为目的之一的有价值的社会活动时,就成为了一种职业。学术职业和从事商品生产的其他职业有着本质的差异,这种差异表现在非学术职业一般是通过物化的资源和资本活动来实现其社会价值,而学术职业则通过高深知识活动来实现社会价值。"高等教育的主要商品是知识。"② 而生产这种商品并使其产生社会价值的,正是学术职业。因此,高深知识是学术职业区分于非学术职业的一个根本标志。从高深知识的维度来研究高等学校教师从事的学术职业,分析学术职业活动的规律,对于我们理解学术职业并进行制度设计无疑具有重要的理论价值。

---

① 本章部分内容引自:李志峰.论高深知识与学术职业 [J].中国地质大学学报(社会科学版),2009(5):114-118,124;李志峰,杨开洁.基于社会分工的高校学术职业分层分类 [J].华北电力大学学报(社会科学版),2011(5):125-131;杨开洁.中国高校学术职业的分层研究 [D].武汉:武汉理工大学,2010;李志峰,廖志琼.当代中国高校学术职业分层及特征分析 [J].中国高教研究,2013(8):20-25.

② [美]伯顿·克拉克.探求的场所:现代大学的科研和研究生教育 [M].王承绪,译.杭州:浙江教育出版社,2001:287.

2.1.1 知识的分层分类与学术职业的兴起

(1) 知识的分层分类

知识是人们在社会实践中产生和形成的。最初的知识是一种经验知识,是人类在社会活动中积累起来的经验。这种经验知识不断被学者进行系统化和理性化处理的过程就是知识分类的过程,而知识分类的结果形成学科。伯顿·克拉克认为:"知识是通过世世代代累积起来的,各门学科都是历史发展的产物,它们随时间迁移而发展。"① 在知识系统化和理性化的过程中,知识发生了分类和分层。在古希腊时期,所有的知识都被称为哲学。在这个时期,哲学不是一门单独的学科,而是所有知识的统称。柏拉图是西方第一个将知识进行分类的哲学家,他将知识分为辩证法(理性知识)、自然哲学(自然界的知识)、精神哲学(伦理知识)3类。② 亚里士多德意识到知识是具有不同性质的,他将作为存在的本质的一些知识称为"第一哲学",将关于自然界的知识称为"第二哲学"。在这种划分中,知识的分层分类开始形成,知识的等级性开始出现。知识的分类分层导致了一些知识开始从经验知识中分离出来,成为一种需要归纳、抽象然后才能传播的理性知识。这些理性知识由于需要归纳和抽象,一般人难以理解,因而也可以认为是高深知识。

(2) 高深知识的特点

学者对于知识的规训使得知识成为一种专门化较高的学科知识,这种专门化的学科知识从整个知识体系中分离出来,成为一种区别于一般经验知识和基础知识的高深知识,这种高深知识比经验知识更加理性化,比基础知识更加高深化。布鲁贝克认为:"这些学问或者处于已知与未知之间的交间处,或者已知,但由于它们过于深奥神秘,常人的才智难以把握。"③高深知识是知识中比较高深和深奥的部分,是建立在一般性知识基础之上的,掌握一般性知识是学习和掌握高深知识的前提。伯顿·克拉克认为:"高深知识具有日益专门化、数量越来越多、知识密集性、知识广博性和自主性越来越高的特点。这些知识具有内在的逻辑性和内在的自主性倾向。"④英国历史学家柏克对"学术性知

---

① [美]伯顿·克拉克. 高等教育系统——学术组织的跨国研究 [M]. 杭州:杭州大学出版社,1994:15.
② 刘仲林. 现代交叉学科 [M]. 杭州:浙江教育出版社,1998:37.
③ [美]约翰·S. 布鲁贝克. 高等教育哲学 [M]. 王承绪,译. 杭州:浙江教育出版社,1998:2.
④ [美]伯顿·克拉克. 高等教育系统——学术组织的跨国研究 [M]. 杭州:杭州大学出版社,1994:16.

识"和通俗或日常知识进行了区分,认为学术性知识是"经由深思熟虑的、处理过的或系统化的"① 知识。他所讲的学术性知识,可以理解为高深知识。高深知识不是零散的、杂乱的和通用的,而是系统的、规范化的和专门化的。

(3) 学术职业的萌芽

西方最早也最有影响的高等教育机构——阿卡德米学园就是研究和传授高深知识的场所。学者在这里研究和传授知识并获得报酬,形成最早的学术职业。学术职业是同研究和传授知识等学术活动密切联系在一起的。可以说,正是知识的分类分层才导致了学术职业的萌芽;也可以说,学术职业的形成进一步促进了知识的分类分层。

广义的学术职业伴随着学校教育的形成而产生,因为学校教育需要专门的教师来从事这一专门化的职业。教师通过从事教学或研究来获得政府、团体组织或个人支付的薪酬,以获得继续从事学术职业的可能。在欧洲中世纪,从事学术职业的人群主要是"知识分子"群体,包括学者、讲师、教士、思想家等社会各阶层的人士。"知识分子"从事的并不一定是学术职业,一些知识分子有着多重的社会身份,只有当知识分子把知识的研究和传授作为一个稳定的、长期的且专有的职业,并将这个职业作为主要收入来源的时候,其从事的才是学术职业。

(4) 中世纪学术职业的兴起

现代大学发轫于欧洲中世纪。在欧洲中世纪,学术职业作为一种"以思想和高深知识"② 为特征的职业逐步形成,并对大学的形成产生了重要影响。在 12~13 世纪这段时期,受当时社会经济、政治、宗教文化的影响,大学的最初形态——学者行会开始形成,教师群体开始出现,社会出现新的分工,从事学术工作的教师开始成为区别于手工业的另一种职业形态——学术职业。由此可见,学术职业是为了适应社会的发展,满足社会对于神职人员、法律工作者、医生等专业工作者的需要而形成的。在学术职业的形成过程中,学者和学者群体发挥了重要作用。一方面,学者从事的学术职业为大学的兴起提供了职业保障;另一方面,大学的兴起又为学术职业群体的形成提供了平台。在这个时期,学术职业开始成为一个制度化的职业。具体表现在几个方面:一是学术职业的从业人数较多,开始成为一种对社会有影响的、稳定的、长期的职业;二是组建行会组织来保护教师的权益;三是对教师有一系列的制度规定,如执

---

① [英] 柏克. 知识社会史——从古腾堡到狄德罗 [M]. 贾士蘅, 译. 台北: 麦田出版社, 2003: 42.
② [法] 雅克勒戈夫. 中世纪的知识分子 [M]. 张弘, 译. 北京: 商务印书馆, 1996: 1.

教权，实际上就是职业的准入资格制度以及获取报酬等自律性制度规定等；四是获得了一系列由教会或者政府授予的特权；五是有专门的职业称谓，如教授等；六是垄断和控制了相当多的高深知识领域，并通过高深知识为社会服务。从欧洲中世纪学术职业的形成来看，学者从神职人员、医生、法律的职业中分化出来，转变成具有独立尊严和合法性的专门从事高深学问的教学和研究，并通过高深学问来获得社会认同的专门职业。

欧洲中世纪师生行会的成立标志着学术职业正式成为一个合法的、制度化的职业，师生行会在保护教师权利、抵制外来干预的同时，对从业者的行为进行约束和制度性的规范，规定从业者的准入资格和标准、工作任务、工作内容、服务对象、伦理道德和职业使命，确定了从业者的社会角色，这些规范就是学术制度。伯顿·克拉克认为："劳动分工是许多人单独或集体地从事各种不同活动的组织结构。劳动分工是任务的界定和委派。它置人于特定的角色之中，并把特定的责任分派给他们。"①学术职业是知识分子阶层劳动分工的结果。作为劳动分工的学术职业，它的工作任务是创造、传授、综合和应用高深知识，它特定的社会角色是高深知识的研究者、传授者、综合者和应用者，它所具有的特定责任是生产和运用高深知识为社会公共利益服务。

2.1.2 高深知识是学术职业的工作对象

高深知识是任何高等教育活动的基本前提，无论是教学、人才培养还是研究，都离不开高深知识，都必须以高深知识为基础。高深知识是高等教育机构中教师开展学术工作的基本材料。高等教育机构作为一种社会化的组织，把教师、学生和高深知识凝聚在一起。教师创造高深知识、传授高深知识，学生学习高深知识。

博耶认为，学术包括相互联系的四个基本方面：首先是探究的学术，通过科学研究来发现新的知识，拓展人类的知识领域。第二是整合的学术，把科学发现置于一个更大的背景下，促进更多的跨学科交流和对话，发挥几个不同的相邻学科的综合优势。第三是传播知识的学术，学术必须持续不断地进行交流。第四是应用知识的学术，使教授成为"反思的实践者"，从理论到实践，然后从实践返回理论，使理论更加真实可靠。学术的价值不是取决于学术自身的名词术语，而是取决于它对国家和世界的服务价值。从根本上来看，学术的

---

① [美]伯顿·克拉克. 高等教育系统——学术组织的跨国研究[M]. 杭州：杭州大学出版社，1994：16.

使命也大体如此。① 费希特关于知识综合的解释可以进一步用来阐释博耶关于整合的学术的含义。他说，这"不仅仅是两种已在结合之前存在的环节的结合，而是把一种全新的、通过结合才产生的环节结合和附加到另一种原先存在的、不依赖于结合的环节上去"②。博耶关于学术的解释规定了学术职业的基本工作内容，其核心就是高深知识的探究、整合、传播和应用。

自高等教育产生以来，高深知识活动就是高等教育的主要任务，并一直是各国开展高等教育活动的共同领域。"大学对于知识的选择、分类、分层实际上控制和规训了知识的地位、生产和传播。"③ 从大学是教师行会的意义来解释，本质上是教师在控制着高深知识的地位、生产和传播。教师在规训知识的同时，也为规训的知识所规训。经学术规训后的学者才能成为教师，才能用高深的学科知识去规训学生。

伯顿·克拉克认为："在任何社会里，学术工作都是围绕着特殊的理智材料组织起来的。这种特殊的理智材料就是知识……知识材料，尤其是高深的知识材料，是任何高等教育系统实质的核心。不仅历史上如此，不同的社会也同样如此。"④ 在高等教育的许多活动中，其共同的工作内容是发现、保存、提炼、传授和应用知识，这些活动被广泛称为学术活动。实际上，学术活动的主体是教师而不是高等教育机构。高深知识是学术职业的工作对象，也是学术职业活动的逻辑起点。

2.1.3 高深知识是学术职业权力和地位的基础

（1）学术职业的特定权力

学术职业有两种特定的权力：一是学术职业的自主性权力；二是参与学术管理的权力。而高深知识是这些权力的基础。

学术职业的自主性权力表现为这种职业对于从事的工作对象——高深知识具有合法性的控制能力，可以自主决定从事学术工作的具体内容和方法，是一种排他性的权力类型。就像布鲁贝克所说的那样："学者往往认为自己享有特殊的权力，负有特殊的使命，因而总是认为自己应当与社会保持一定的距离，

---

① [美] 欧内斯特·L. 博耶. 学术的使命 [J]. 中国大学教学，2004（4）：58-59.
② [德] 费希特. 论学者的使命 人的使命 [M]. 梁志学，沈真，译. 北京：商务印书馆，1984：113.
③ 叶赋桂. 高等学校教师：概念与特质 [J]. 教育学报，2005（5）：84-89.
④ [美] 伯顿·克拉克. 高等教育系统——学术组织的跨国研究 [M]. 杭州：杭州大学出版社，1994：12-13.

这正是学术职业作为一种特殊职业的理念所反映出来的。"①这种排他性权力有利于教师更好地从事学术工作。对于高深知识的垄断和控制必然产生职业特权,而这种特权是其他职业不具备的。弗兰斯·范富格特认为:"教育的权力最终来自知识。"②高等学校作为教师的法团体系,这种教育的权力实际上是教师法团的权力,是一种处理高深知识的职业自主性的权力。这种权力从何而来?教师作为大学的学术精英,其权力的基石就是高深知识。教师的工作与权力是从特定的知识中产生的。教师对于学术知识的"垄断权"和其专业性的优势决定了教师在大学中的地位及权力。

高校教师在学术机构从事学术工作不是被动的,而应该是主动的。因为"只有高校教师才能够真正理解其所从事的学术工作,这决定了高校教师必须有权力决定其工作如何开展,而不是由其他人来决定,这就决定了高校教师要参与学术管理,分享学术管理权力,使得学术管理围绕着学术活动进行"③。莫迪曾对高校教师参与学术管理进行了深刻的剖析:"广义上讲,在大学内部,流行的观点可以概括为知识即权力。意思是说,在任何领域决定权应该为有知识的人所共享,知识最多的人有最大的发言权,没有知识就没有发言权。"④这种观点阐明了大学教师对于学术管理有一种先赋的权力和权威。学术问题只能服从于真知,教师共同参与学术管理是高深知识活动的高深性决定的。

(2) 高深知识:学术职业权力存在的基础

大学的权力在很大程度上就是学者的权力,是大学教师从事学术职业过程中所拥有的权力。高校教师从自身所拥有的专业知识中获得权力,并通过教育实践来运用并保护权力。

美国著名历史学家 E. K. 坎特罗威茨教授在反对麦卡锡主义中为学术职业的权力慷慨陈词:有三种职业是最有资格穿长袍以表示其身份的,这就是法官、牧师和学者。这种长袍象征着穿戴者思想的成熟和独立的判断能力,并表

---

① [美] 菲利普·G. 阿特巴赫. 变革中的学术职业:比较的视角 [M]. 青岛:中国海洋大学出版社,2006:2.

② [荷兰] 弗兰斯·F. 范富格特. 国际高等教育政策比较研究 [M]. 王承绪,等译. 杭州:浙江教育出版社,2001:41.

③ [美] 埃里希弗罗姆. 自为的人——伦理学的心理探究 [M]. 万俊人,译. 北京:国际文化出版公司,1988:7.

④ [美] 伯顿·克拉克. 高等教育系统——学术组织的跨国研究 [M]. 杭州:杭州大学出版社,1994:14.

示直接对自己的良心和上帝负责。它表明这三种职业在精神上的自主权：他们不应允许自己在威胁下行事并屈服于压力。为什么说联邦最高法院的法官护卫法院、主教护卫教堂、教授护卫学校是很可笑的呢？问题的回答很简单：因为法官就是法院，牧师及其信徒共同构成教堂，教授和他们的学生组成了大学。他们就是这些机构本身，因此，对于该机构或在该机构内部，他们具有特权，而传达员、教堂司事、差役、看门人却没有这种特权。[①] 坎特罗威茨教授之所以能如此旗帜鲜明地陈述自己的观点，是因为他坚信学者拥有这种特定的权力，而这种权力的基础来源于高深知识。

学术自由是学术职业自主性权力的体现，是学术职业的一种内在的、自身所具有的权力。"学术自由只是自由的一种特殊的情况，仅适用于学术界。公民自由来源于政治原则，而学术自由来源于高深学问的性质。公民自由是每个公民都有的一项权利，而学术自由是一项特权。"[②]一旦这种对于高深知识的特权被外力消解，学者就不可能对高深知识进行有效的研究、综合、教学和应用，学术职业的生命活力就无法存在，就只能成为外力的附庸。如果教师没有这种自主性的权力，知识的真实性、客观性、创造性就必然受到影响。

（3）高深知识与学术职业地位

职业地位是一种社会职业在整个国家职业体系中所处的位序。"地位在学术系统中发挥强大的作用，可以取代金钱作为基本的交换货币。"[③]韦伯学派继承了马克斯·韦伯采用财富、声望和权力指标体系来划分阶层地位的方法[④]，认为财富、声望和权力是评价地位高低的三大指标。陈伟也认为，学术职业的地位至少包括四个方面的特征要素和基本组成部分：一是身份特征——独立，基于一种内在的神召和使命感，独立自主地从事文化创造，献身于文明的选择和继承；二是工作状况——自主，而其根本理由是学术自由；三是收入报酬；四是社会声誉。[⑤]从学术职业地位的维度理解，学术职业地位与收入、拥有的

---

① [美] 亨利·罗索夫斯基. 美国校园文化：学生教授管理 [M]. 谢宗仙，等译. 济南：山东人民出版社，1996：143-144.
② [美] 约翰·S. 布鲁贝克. 高等教育哲学 [M]. 王承绪，译. 杭州：浙江教育出版社，1998：60-61.
③ [美] 伯顿·克拉克. 高等教育新论——多学科的研究 [M]. 王承绪，徐辉，等译. 杭州：浙江教育出版社，2001：16.
④ 王新兵，等. 社会转型时期我国教师职业声望的现状、成因及对策 [J]. 教师教育研究，2006（1）：68.
⑤ 陈伟. 西方学术专业的比较研究——多学科视阈中德、英、美大学教师的专业化运动 [D]. 杭州：浙江大学，2003：189.

组织资源、职业流动性与职业声望存在密切的关系，它们从不同方面反映了学术职业的地位。

首先，作为一种社会职业，学术职业和其他职业一样，需要获得物质意义上的回报，工资和福利是物质意义上的报酬中两个重要的内容。"工资和奖金是机构地位的象征，它们向公众显示别人如何看待一个人的价值所在。"[①] 工资收入不仅仅是为了满足日常生活的需要，对于学术职业从业人员来说，还是其社会地位高低的表征。在社会分层的相关研究中有一个基本结论就是，大学教授、科学家、学者的收入在整个社会职业体系中处于较高水平，这表明高深知识在整个收入分配体系中发挥了重要作用。

其次，高深知识的垄断和控制程度决定着学术职业的社会声望。托尼·比彻认为："在学术部落中，声望是学术专业人员获得大学职位并在大学之间进行流动的基本通货。"[②]职业声望是社会成员对某一职业的意义、价值、声誉的综合评价。学术职业声望的高低不但对教师及其社会成员的择业具有重要的作用，而且对教师的工作态度、积极性等也产生影响。声望来自社会评价，社会评价的基点是社会公众对于高深知识拥有程度以及高深知识对于社会贡献大小的判断。

再次，高深知识的垄断和控制程度决定着学术职业流动性程度的高低。大学教师参与学术场域的资本是高深知识，学术场域的一个主要势能就是通过自身的引力来吸引有高水平知识的人才，存在于"场"中的大学教师用他们各自的学术声誉对场内的其他人和"场"的总能量产生不同差异的影响。[③] 学术职业缺乏流动性就迫使高校教师固守在一个封闭的学术场域中，无法寻求更好的工作条件发展自己、发现高深知识、开展有效的学术活动。而学术职业流动可以带来高校教师的活力，同时促进高等学校的发展。在学术系统内部，学术职业流动性取决于教师所拥有的高深知识的稀缺性。在一个市场化程度较高的学术系统中，学术职业的流动性又取决于教师对于高深知识的垄断和控制程度。

最后，高深知识的垄断和控制程度决定着对组织资源的占有程度。在学术组织内，资源不是平均分配的，资源在学术职业不同层级中的分配是根据教师

---

① [美]唐纳德·肯尼迪. 学术责任 [M]. 阎凤桥, 译. 北京: 新华出版社, 2002: 41.
② Becher, T. Academic Tribes and Territories: Intellectual Enquiry and the Cultures of Discipline [M]. Open University Press, 1989: 52–54.
③ 陈何芳. 大学学术文化与大学学术生产力 [J]. 高等教育研究, 2005 (12): 1–7.

拥有、控制和垄断高深知识的程度来进行的。一方面，拥有、控制和垄断高深知识越多的教师需要更多的经费、人员、设施来维持并从事高深知识的研究和教学；另一方面，高深知识研究和教学需要资源的支持，没有资源的支持，知识的发现和传播就很难实现。一般而言，教师对于知识的拥有、控制和垄断能力越强，其占有的资源也就越多，其职业的地位就越高。

2.1.4　高深知识影响学术职业的分层和流动

（1）高深知识：学术职业分层的基础

高深知识的获得需要系统的专门化训练，在系统的专门化训练过程中，高校教师不断获得学术人力资本，以此获得竞争性学术职位的基本条件。在学术职业分层过程中，教师凭借高深知识从事学术工作，传授高深知识，创新高深知识，运用高深知识服务于社会，为学术进步和社会发展作出新的知识贡献，并凭借其在高深知识累积和创新过程中的成就获得学术等级结构中相应的职位。

高深知识拥有、控制和垄断的程度影响着学术职业的分级和分层，从而形成各个国家不同的学术职业阶梯，反映出不同国家学术职业的价值体系。世界各国的学术职业大部分是分层的，分层的形式和结构不一样，部分是单一阶梯结构也有双阶梯甚至多阶梯的结构。美国学术职业的阶梯由讲师、助理教授、副教授、教授组成；英国则由讲师、高级讲师、教授组成；中国则分为助教、讲师、副教授、教授四个基本阶梯。中国学术职业阶梯一般呈现出金字塔结构，低级职位占多数，处于金字塔结构的下部，高级职位处于上部。教师从低级职位向高级职位晋升的过程，是学术职业内部流动的过程，也是学术职业分层的过程，是高深知识价值不断被学术界同行认可的过程，其评价标准就是高深知识的增量和价值。这种金字塔型的分层结构也形成了学术职业的高度竞争性，获得高一级学术职位，得凭高深知识的业绩并在与同行竞争中获得晋升。高校教师学术职业阶梯结构的形成过程本质上就是学术职业的分层过程。同时，学术职业分层阶梯也形成了学术职业特定的社会结构。

在学术职业分层的过程中，学者行会（大学）形成了制度化的分层结构，通过知识培训体系、学术团体、资格证书、职业准入、学术评价等规章制度来维护学术职业的权力和地位。只有愿意遵守这些制度并符合制度规定的各种条件学者才能进入学术职业领域，才能取得教师职业资格并获得晋升机会。在最初的学术职业分层形态中，收入是基于市场的，谁拥有的学生多，谁的收入就高，谁的地位就高。一般来说，学术声望影响学术职业分层，决定教师收入高低。在学术职业分层过程中，市场也是一个决定收入高低的重要因素，以效率为中心的市场机制在配置组织系统内部学术岗位过程中发挥着重要作用。在一个学术组织内，谁拥有的组织资源多，谁的地位就高；流动性高的教师往往处于学术阶梯的顶端，具有较大的市场竞争力；职业声望则基于教师的学术成就。学术成就越大，职业声望越高。教师为了获得较高的职业地位，就必然需要在学术职业内部分层结构中进行竞争，而竞争的基础是高深知识。[1]

(2) 高深知识与学术职业的流动性

经验告诉我们，处于学术职业阶梯上层的高校教师具有较强的流动性，在学术劳动力市场的流动性最大。原因就在于：处在学术职业分层结构上层的高校教师的学术能力、学术水平和学术贡献一般来说比较大，也就是说，高层级的高校教师由于对高深知识控制和垄断的能力较强，更能够形成学术竞争优势，更容易受到其他学术组织的关注，从而产生流动动机。

学术职业的流动本质上就是高深知识的流动。一个封闭的高等教育系统不存在学术职业的流动，也就不可能产生竞争，高深知识也就无法实现迁移，自然也就无法形成学术职业之间的竞争。因此，"一个强烈竞争的系统所特有的广泛的大学之间的流动性，已成为支持在以科研为方向的大学集中最优秀的学生和最有名的教授的又一个主要的条件。"[2] 在国际学术劳动力的竞争市场中，在某学科领域拥有垄断性高深知识的学者是各国大学重点招募的对象。

高深知识除了直接影响学术职业的横向流动之外，还直接影响学术职业的纵向流动，或者称之为垂直流动。这种垂直流动可以理解为学术岗位的晋升或下降。在学术职业学术等级结构中，高深知识的贡献是极其重要的评价要素。伯顿·克拉克说："一个具有高度竞争性的学术界正在形成，这在历史上是第一次。如果你要走进那个圈子，你必须凭功绩进入。你不能依赖政府或者别的东西。"[3] 这种"功绩"就是高校教师所拥有的高深知识的增量及其价值，或

---

[1] 李志峰. 论高深知识与学术职业 [J]. 中国地质大学学报（社会科学版），2009 (5)：114 – 118.

[2] [美] 伯顿·克拉克. 探求的场所：现代大学的科研和研究生教育 [M]. 王承绪，译. 杭州：浙江教育出版社，2001：248.

[3] [美] 伯顿·克拉克. 建立创业型大学：组织上转型的途径 [M]. 王承绪，译. 北京：人民教育出版社，2003：167.

者称之为学术贡献。它不仅影响着学术职业的准入,还影响着高校教师的聘任和岗位分层。

2.2 高深知识分化与学术职业分层

高深知识是学术职业分层的基础,高深知识的分化则导致了学术职业分层的多样化,对不同类型高深知识处理方式的不同形成了多样化的学术职业分层。

2.2.1 高深知识分化与学科专业

知识是人们对事物普遍性本质的把握。随着知识的不断增长,一些知识开始从经验知识中分离出来,通过归纳、抽象和思考,形成可以传播的理性知识,理性知识在累积过程中被系统化,而所有系统化的理性知识都被称为哲学。哲学也被称为智慧的学问。最初的哲学就是人类认识自然、社会和自我的知识。随着知识的累积,一些学者开始对知识进行分类,导致了知识体系的分化和学科专业的形成。

(1)知识分化与学科分层

在知识的规训过程中,形成了学术性的学科,并导致学科之间的分层分类。学科的分层分类与学科的宗教性、社会功用和理智的尊贵价值有关。洪堡时代,现代科学知识被规训为大学的学科,哲学被认为是其他科学的基础,成为处于知识体系顶端的学科。这种知识的分层分类也导致了学术职业的分层分类,导致不同学科的学者拥有不同的社会身份和地位,体现出不同性质高深知识的社会价值。欧洲中世纪时期,神学具有至高无上的地位,神学教授地位最高;艺科是基础性学科,地位较低。现代社会,自然科学尤其是应用性学科在社会经济生活中的作用较大,地位也比较高。[1] 由于"高深知识是一个相对的概念,在不同历史时期和文化之中,高深知识的内涵是不同的"[2],因此,不同历史时期不同类型高深知识所具有的社会价值也不相同,这种价值不可避免地要在学术职业分层上体现出来。

---

[1] 李志峰. 论高深知识与学术职业[J]. 中国地质大学学报(社会科学版), 2009(5): 114-118.

[2] 陈洪捷. 论高深知识与高等教育[J]. 北京大学教育评论, 2006(4): 6.

从历史角度来看，12世纪以来的欧洲，随着农业、手工业、商业的发展，城市大量兴起，贸易频繁，传统的宫廷学校和教会学校已不能适应社会发展新需要，一批大学应运而生，如波洛尼亚大学、巴黎大学、牛津大学、剑桥大学等。在这些大学的形成过程中，学术职业作为一种社会分工的独立职业发挥了重要作用。一些知识分子开始从其他职业中分化出来，从事高深知识的教学与研究工作，当他们以这些工作获得物质意义上的报酬的时候，学术职业就产生了。正是学术职业的形成和社会化，才直接导致了大学的形成和建立。在大学形成之后，学科得到了发展，高深知识的系统化和理性化过程加快，文、法、医和神学等学科开始形成，学科的形成导致了不同类型学术职业的出现，如神学教授、医学教授、法学教授、哲学教授等。这些不同学科门类教授职业的出现，是高深知识分类化的结果。当自然科学知识开始进入大学，大学的学科门类更加广泛，学术职业类型也就越来越多。与传统大学功能不同的欧洲各国一批高等教育机构的兴起，使得高等教育机构功能发生了很大的变化。除了教学功能之外，科研与社会服务功能逐步成为教师新的学术职责，教师的学术工作进一步分化，多样化、多类型的学术职业体系初步形成。①

伯顿·克拉克认为："知识是通过世世代代累积起来的，各门学科都是历史发展的产物，它们随时间迁移而发展。"② 社会发展促进了知识融合和分化，不但学科之间相互交叉渗透形成了许多交叉性学科，同时一些学科高度分化而延伸出许多新兴科学和边缘学科。各学科之间相互交融、相互渗透，给知识结构带来了深刻变化。伴随着知识领域的延伸、知识颗粒的凝聚、知识板块的重组，国际学术界各类新兴的学科群骤增。这种高深知识的不断分化过程给学术职业分层带来了深刻变化。

学术职业是在学科基础上生成的特定职业，学术职业的形成和发展基于学科发展的平台之上，因此，学科是学术职业存在和发展的土壤。学科与学术职业存在共生的关系。学科实力强，学术职业地位和声望就高；反之，学科实力弱，学术职业地位和声望就低。同样，某一学科学术职业声望高，一般而言，其学科实力也强。在不同历史时期，显学的学术职业地位和声望较高，隐学则较低。这是社会选择的结果。在学术职业分层分类体系中，不同学科之间也存

---

① 李志峰，杨开洁. 基于社会分工的高校学术职业分层分类 [J]. 华北电力大学学报（社会科学版），2011（5）：125-131.

② 伯顿·R. 克拉克. 高等教育系统 [M]. 杭州：杭州大学出版社，1994：12-15.

在明显的地位差异，这种学科之间的地位差异和其学术职业地位的差异正相关。

（2）知识分化与专业分层

知识的功用是多方面的，知识的传承、创新、综合和应用需要通过特定的平台来实现，这个平台就是学科。知识对社会发挥作用需要学科作为桥梁和纽带，并通过专业培养社会职业所需要的人才，专业是学科与社会职业的交汇点。专业是和职业相对应的一个概念，与社会职业密切相关，直接反映出社会对于学科知识的选择。知识要想获得社会的认可，就必须为社会发展和进步提供有效的服务，必须满足人们身心和职业发展的需要。知识分化就是为了通过不同的专业来实现为社会培养职业人才的目标，专业导致了学术职业分化的复杂化和多样化。不同的专业需要不同的教师去处理不同类型的高深知识。

知识的分化促进了专业分层，专业分层又促进了学术职业分层。如热门专业受到劳动力市场的热捧，毕业的学生收入较高，从事该专业教师的地位也就相对较高，而冷门专业教师的地位相对较低，从而导致了不同专业之间学术职业地位的差异。专业地位差异导致学术职业的分层，是知识分化和社会选择的共同结果。正是知识的分层分类导致了学术职业的分层分化。

2.2.2 高等学校分层分类与学术职业分层分化

现代大学作为传播、发现、创新和应用高深知识的专门机构，在知识高度分化而又高度综合的发展趋势下，必须根据社会发展的需要进行分层分类办学，以适应社会对于不同层类人才培养的需要。

（1）中国高校的分层分类

从历史发展的角度来看，新中国成立前我国高等教育系统就有综合性大学和单科性大学之分，也有本科层次的大学和专科层次的专门学校之分。新中国成立后，我国学习前苏联的高等教育办学模式，大量增设独立的单科学院，大体可以分为综合大学与多科性大学（主要是多科性工科大学）、单科性独立学院、应用性专科学校三大类。这一时期高等学校功能单一，主要以教学为主。改革开放以来，高等学校的功能发生了很大转变，从以教学为中心转向教学和科学研究两条腿走路，并开始为社会提供知识服务。在国家宏观政策的指导下，高等学校实质上开始了分层分类办学。1993年的《中国教育改革和发展纲要》明确提出"制定高等学校分类标准和相应的政策措施，使各种类型的学校合理分工，在各自的层次上办出特色"。为高校分层分类办学提供了政策依据。

基于高等教育发展的需要，国内学者开始对我国高等学校的层次分类进行研究，关于分层分类的研究主要包括如下几种观点：一是上海智力开发研究所1996年提出的研究型大学、省部级重点大学、一般本科院校、普通专科学校、高等职业技术学校五分法；二是国家教育发展研究中心马陆亭1996年提出的研究型大学、教学科研型大学、教学型本科院校、高等专科学校和高等职业学校四分法；三是辽宁教科院邓晓春1997年提出的研究教学型大学、本科教学型大学、专科教学型大学三分法；四是香港科技大学吴家玮2000年提出的巨无霸型大学、研究型大学、精英学院、理工学院等专业学校、博雅学院、公开学院六分法；五是教育部直属高校办公室张爱龙2001年提出的综合性大学、多科性大学、单科性大学三分法等。这些不同的高等学校分类分层研究有的是从类型来区分的，有的是从形式来区分的，有的是从层次来区分的，较多的是综合分类。总体来看，层中有类、类中有层是我国高等教育分层分类的基本特点。

高等教育的分层分类本质上是对高等教育体系进行合理分工，使之承担不同的高等教育使命，发挥不同的社会功能，这必然要求学术职业的工作要适应这种分层分类的变化，以保障高校使命和功能的实现。因此，同样作为教师，在不同层类高校的学术工作是有差异的，学术评价标准也不相同。如，研究型大学的教师以研究为中心、教学型大学的教师以教学为核心、高职高专型大学的教师以技能训练为核心来从事人才培养和科学研究工作，这就使得高校学术职业有了不同的类型；同时，根据其对高深知识的掌握和对社会的贡献程度又可以进行分层，这种分层体现出不同类型教师工资、声望和拥有资源程度等地位分层指标的显著差异。因此，在高校分层分类基础上形成的学术职业分层分类也具有层中有类、类中有层的特点。

（2）大学功能分化与学术职业分层

如果把欧洲中世纪大学看作是近现代大学的源头，那么最初的大学功能单一，主要是学者向公众传播知识和思想，以获得物质和精神意义上的回报。随着大学功能的扩展，研究、应用和参与院校管理等逐步成为大学的功能。大学功能的分化使得学术职业分层成为必然选择。

欧洲中世纪大学最初的教师被称为教授，但是，不同的教授由于学识、口才的差异，获得的经济收入不同，形成的社会声望也不一样，这就导致了教授之间在收入、声望和权力上的差异,这种差异就是一种地位差异。这种地位差异构成了教师之间的地位分层。这种分层是教师群体之间基于能力和声望的分层,是市场自由选择的结果。当时的大学是一种行会组织,学生学费是教师获得收入的重要来源,学生数量也是教师社会声望的重要标志。当一些名牌教师由于声望卓著、学生众多,个人精力难以兼顾学术和学生管理的多重责任的时候,招募聘任学术助手协助自己对学生进行辅导和管理就成为必然选择,这就导致了由于社会分工而形成的教师群体的另一种分层—聘任分层,即教授通过聘任学术助理来实现学术分工、提高学术效率。教授支付学术助理工资,学术助理依附于教授[①],协助教授从事辅助性的学术工作和对学生进行管理。

最早的教授——助教分层是社会分工的产物,是大学功能分化的自然结果,反映了教师之间由于社会分工所形成的经济收入、声望和权力的显著差异,体现了社会资源在不同层级教师之间的再分配。后来,讲师、副教授、助理教授等新的分工职业依次出现,顺应了大学功能分化的需要,形成了世界各国各具特色的高校学术职业内部分层结构。

(3) 不同类型高校学术职业分层

实际上,不仅组织系统内部存在学术职业分层,而且在不同类型高校之间也存在分层现象。世界各国不同类型高校之间学术职业在收入、声望、权力上的差异也同样反映了各类物质性和象征性资源在不同类型高校教师之间的分布状况。在美国,公立高校的教授和营利性高校的教师——被称为"计时知识工作者"——之间在收入、声望、权力上的差异性越来越明显。[②] 在中国,研究型大学,教学研究型大学,教学型大学和高职高专院校的教师,公立高校与民办高校的教师,同一类型但是不同办学定位的高校教师,同一类型同一层次的高校教师,都存在收入、声望和权力等地位指标的差异性,这种差异性的分布就是高校多样化的学术职业分层。比如,从普遍意义上去理解,北京大学、清华大学的整体教师地位要高于其他研究型大学,北京大学的文科教师的整体地位可能要高于清华大学的文科教师;同样是文科教师,不同高校之间也可能存在地位差异。这些不同类型高校学术职业地位的差异不一定

---

① 李志峰,廖志琼. 当代中国高校学术职业分层及特征分析 [J]. 中国高教研究,2013 (8):20-25.

② Nelly P. The Contemporary Professoriate: Towards a Diversified or Segmented Profession? [J]. Higher Education Quarterly, 2007 (2): 114-135.

完全反映在工资收入上，还和学术自主性、资源获得性、院校或者学科声望密切相关。

总体来说，高校功能分化导致了学术职业能力与声望分层、聘任分层、职位分层和类型分层等多种形式分层的形成和发展。

2.2.3 学术职业分层与高深知识的处理方式

学术职业分层分类是社会选择的结果，也是高深知识发展和应用的内在逻辑。现代大学的层次化和多样化，一方面是由社会需求的多层次性和多样性所决定的；另一方面也是由知识劳动的分工和分类特点所决定的。大学作为"学术之所"，在知识传授、创新发现、综合和应用方面存在明显的功能差异，这种功能差异表现在对高深知识的处理方式的不同上。基于对高深知识处理方式的不同，我们将学术职业划分为几个主要类型，也就形成了不同学术职业的分类。

①研究型学术职业：以高深知识的创造与传播为主要任务，以产出高水平的科研成果和培养高层次的精英人才为目标，引领社会经济与科技进步，在社会发展、经济建设、科教进步和文化繁荣中发挥着导引作用。

②教学研究型学术职业：以高深知识的创造与传播为主要任务，教学与科研并重，在社会发展、经济建设、科教进步和文化繁荣中发挥着重要作用。

③教学型学术职业：以高深知识的传播为主要任务，教学工作是其中心工作。教学型学术职业通过传播高深知识和应用高深知识为社会服务。

④应用型学术职业：以高深知识的应用为主要任务，以培养应用型人才为中心工作，重视实际应用的研究，重视将科研成果转化为生产力，将生产、管理、服务知识和能力吸收内化，并能有效地再现、传授给学生。[①]

需要特别指出的是，不同类型的学术职业并非和高等教育机构的类别划分一一对应，研究型大学只能够表达大学的类型定位，不能够表明其所有教师都是研究型学术职业，事实上，研究主导型大学的学术职业也可以存在教学与研究并重的学术职业，教学型学术职业、技能型学术职业，学术职业分类和学科实力以及课程性质有关，也和教师个体发展目标有关。同理，教学型大学可以有研究型学术职业，也可以存在技能型学术职业。一所大学是多种不同层次类

---

① 杨开洁. 中国高校学术职业的分层研究 [D]. 武汉：武汉理工大学，2010：43.

型学术职业的混合体。[①]

由此可见,高深知识处理方式的不同形成了学术职业的分类,这种分类本身由于对知识贡献程度和方式的差异也就存在着分层。学术职业分化形成了以"学术"为中心的多类型学术职业分层结构,如基于教学学术为主导的学术职业、以学术研究为主的学术职业、把高深知识应用于社会的学术职业、创造利润的学术职业、教学和科研并重的学术职业等。这种分化形成了日益复杂的学术职业亚文化,形成了各具特色和使命的学术职业共同体。可以说,在学术职业分层的发展过程中,高深知识始终是学术职业分层的基础。

2.3 社会分工与学术职业分层

社会学领域的分层研究更多涉及的是社会分层理论、形式、结构、后果、种族和性别问题,并没有太多涉及学术职业分层的研究。

2.3.1 学术职业分层:社会分工的选择

社会分工是社会发展的本质属性。原始社会,男人、女人、老人和儿童就有分工;现代社会,社会分工越来越高度专门化、系统化。可以说,社会分工是社会发展的一个亘古不变的话题。柏拉图在《理想国》中谈到社会分工,他认为国家起源于劳动分工,理想国中的公民分为治国者、武士、劳动者三个等级,分别代表智慧、勇敢和欲望三种品性。治国者依靠自己的哲学智慧和道德力量统治国家;武士们辅助治国,以忠诚和勇敢保卫国家的安全;劳动者则为全国提供物质生活资料。三个等级各司其职,各安其位。亚当·斯密1776年在其《国富论》一书中认为,分工的起源是由于人的才能具有自然差异,利益行为决定分工,分工能够促进劳动生产力的提高。马克思在《资本论》一书中同样谈到社会分工。他认为,脑体分工就是最初阶级划分的基础,分工和私有制的出现,使垄断精神生产的剥削阶级分子与承担全部体力劳动的劳动阶级处在根本利益相互对抗的关系之中,人类自此进入阶级社会。恩格斯在《家庭、私有制和国家的起源》一书中提到,东

[①] 李志峰,杨开洁. 基于社会分工的高校学术职业分层分类[J]. 华北电力大学学报(社会科学版),2011(5):125-131.

大陆原始社会后期的3次社会大分工导致了手工业和农业的分离以及商人阶级的出现。中国古代也有"百工"之说，体现了古代的社会分工。社会分工是人类文明的标志之一，在促进社会分裂的同时也在促进社会团结，在促进劳动生产力提高的同时也在形成不同的阶层。社会分工是社会发展和职业分化的基础，导致了不同类型职业的形成与发展。学术职业作为社会职业的亚类，同样如此。

社会学领域对"社会分层"一词给出了多种不同的定义，归纳起来，大体有两种理解：一是指社会成员在社会生活中由于获取社会资源的能力和机会不同而呈现出高低有序的等级或层次的现象和过程；二是根据一定的标准将其社会成员划分为高低有序的等级或层次的方法。前者可以认为是一种能力分层理论，后者是一种标准分层理论。综合来看，社会分层是对社会组织的特定人群进行类别和层次上的划分，从而确定不同的社会角色、身份、功能和地位的社会分工过程，这样的分工构建了一个社会组织的社会结构。

最初的学术职业分层是建立在社会分工基础上的，在学术职业分化基础上形成了学术职业分层。学者凭借其学识和声望吸引学生并获得经济报酬，助教作为教授的助手指导学生的学术活动并负责管理学生日常生活，由教授支付助教的劳动报酬。显然，和社会分层最初凭借出身、种族等各种先赋的条件进行分层不同的是，学术职业分层和学术素养、口头表达能力等后致性因素密切相关。人类天然具有的探索未知、追求真理的理性精神和获得知识以促进阶层向上流动的内在动机使得学术职业分层得以存在和发展。从这个角度理解，学术职业分层有利于促进学术的进步和发展，有利于合理地进行学术人力资源配置，提高劳动效率。因此，尽管学术职业分层以等级制的形式出现，但是这种等级性符合社会发展的基本规律，符合学术进步和人类需要的客观要求。

在现代大学学术系统中，学术职业分层则是以职称、岗位、收入和社会声望等事实不平等的形式出现的。高校资源的稀缺性决定了学术职业分层必须通过一定的学术规则和制度对高校的各类资源进行不平等的配置。由于高校资源的稀缺性与高校教师对资源的需求之间形成的无法解决的矛盾，不管人们用何种方法进行资源的配置，结果都会导致高校教师在资源配置上的差异。

学术职业分层作为一种社会建构，反映了院校的发展目标、使命和相关群体利益之间的关系。学术职业分层结构和报酬结构、权力结构以及声望结构密切相关。报酬结构、权力结构以及声望结构所导致的学术职业分层不平等是由政府公共政策和院校自主政策塑造的,而学术共同体选择了这个不平等的分层体系。之所以选择这个分层体系,就是由于学术劳动的分工可以使得学术共同体的学术工作更具效率。

2.3.2 社会分工与学术职业阶层的形成

在涂尔干看来,劳动分工的发展改变了社会团结的基础。以阶级为分化基础重构的现代社会秩序,是建立在教育分流、社会分层基础上的一种新的社会分工秩序。[①] 社会分工形成了不同层类的学术职业,对于提高学术活动的效率、合理配置学术劳动力资源、实现学术工作的分工协作起到了积极的作用,并导致学术职业阶层的分化,使得学术职业阶层的地位因权力、财富、声望等影响而异化。同时,学术职业分层使得学术职业自主性权力不断增强,学术职业因此而日渐专业化。在学术职业分层过程中,通过高等学校的分层分类、学科专业的划分等方式,对教师从事学术工作进行分工"履行"了它的社会分工职责,把不同的教师分配到不同的学术场域,以此重构了一种凭借教师分工而实现的学术职业分层新秩序。

高等学校是涂尔干认为的社会分工后的"法团体",是不同学科的部落,是学术职业工作的场域。在高等学校内部,除了学术职业以外,还存在其他类型的职业,如行政管理职业(校长、处长、科长、科员等)、后勤服务职业(总经理、经理、主任、主管、员工等)、学术支持职业(又可以分为图书资料、教育技术维护等职业,每种职业都有各自的分层体系)等众多社会分工职业,它们共同构成一个多职业形态的社会组织。其中,学术职业无疑是这个社会组织的核心和主体。由于教师以高深知识的发现、创造、综合、传授和应用为工作对象,因此,学术性是高校学术职业分层分类的基本价值标准。学术职业的分层分类是高等教育机构功能结构变化的结果,不仅带来了学术职业不同阶层地位、工资、声望和资源的差异,形成了学术职业不同阶层的地位差距,而且导致了学术职业不同阶层的形成。因此,学术职业的分层不仅仅是社会分工后的必然选择,还是社会分工后实现高等教育功能的需要,也是形成不同学术职业阶层地位差异的基础。

有学者以"阶层边界"的概念来描绘阶层的封闭性并以此反映阶层地位

---

① [法]爱米尔·涂尔干. 社会分工论[M]. 渠东,译. 北京:生活·读书·新知三联书店,2002:110-139.

差异。对于社会成员来讲,要实现从一个阶层向另一个阶层的流动,尤其是向上的阶层流动,就必须突破"阶层边界"。因此,阶层本质上就包含某种"边界",而且这种边界具有封闭性。[①] 现阶段,促进学术职业底层群体突破阶层边界、实现向上流动的动力有明显弱化的趋势。学术职业顶层群体与底层群体在利益博弈的背景下,阶层矛盾较为突出。顶层阶层群体通过不断提高学术标准维护着本阶层地位的边界,使得中下层高校教师晋升高一级学术职务变得越来越困难,向上流动难度越来越大;而处于中下阶层的教师在晋升高一级学术职务越来越困难的情况下,部分教师晋升动力不断减弱,不断强化着中下阶层的边界。当前,我国学术职业阶层流动总体呈现出阶层边界封闭性强化的趋势,而这种趋势无论是在研究型大学还是教学型大学,都普遍存在。

在学术职业阶层日趋封闭化的结构中,处于中下层地位的教师只有通过付出更加艰辛的努力,取得更为突出的学术贡献,才可能向高级学术职位阶层流动,如通过获得国家级研究项目、获得高级别的学术奖励和学术荣誉称号、在权威期刊发表学术论文等方式证明自己的学术能力和学术贡献,才可能获得向上流动的机会。随着高等教育系统内部竞争程度的不断加剧和高等学校追求声望和获得资源的需求越来越被强化,高级学术职务岗位的竞争变得越来越激烈。

2.3.3 社会分工与教师岗位分级

在欧洲中世纪大学早期,学术职业是不分层的,教师承担所有的学术工作,包括对学生的管理工作,教师就是学术的"单干户",凭借自己对于高深知识的掌握和良好的口才吸引学生。当一个教授(教师)的学生太多而无法承担所有学生的学术和管理工作的时候,教授(教师)倾向于招聘助手,协助教授处理比较简单的学术工作并作为助手管理学生,教授的助手——助教职位开始出现[②],这样,在学术职业内部,教师岗位职责出现了功能分化,形成了教师和助教之间的岗位差异。这是近现代大学学术职业岗位分层的雏形,是社会分工的结果。由于这种岗位分层存在地位上的差异,

---

[①] 程启军. 阶层间封闭性强化:中国社会阶层流动的新趋势 [J]. 学术交流, 2010 (1): 118-122.
[②] 欧洲中世纪大学早期是一个松散的师生学术共同体,作为一个行会组织,大学的核心功能在于维护教师和学生的权益,教师和学生关系紧密,学生从属于所选择的教师,并向所选择的教师支付学费,因此,教师稳定和保持学生求学率是一项主要的工作。教师聘请助手协助其处理相关工作时,由教师支付助手工资。

我们可以认为这是以岗位为符号的学术职业分层，也是最早的教师岗位分级设置和管理模式。

随着高等学校功能的不断拓展，学术职业专业化程度越来越高，教师和助教这种简单的社会分工已经远远不能够满足学术工作发展的需要，体现不同学术工作任务和具有较为明确的岗位职责的分层体系开始建立，教授、副教授、助理教授、讲师等作为分别承担不同工作任务和职责的学术岗位依次出现。由于教授、副教授、助理教授、讲师、助教等呈现出地位和声望差异，一种基于社会分工的学术岗位分层体系得以建立。这些学术岗位也逐渐演变成为具有社会身份意识的学术头衔，并在不同国家形成了较为稳定而又具有差异性的学术职业分层制度。学术职业分层是学术职位功能发生变化的结果，正是社会分工才导致了高校学术职业岗位分层体系的形成和发展。

岗位分级是为了完成不同岗位的工作任务而形成的等级系统，是学术职业分层等级系统的重要设计。岗位分级的目的在于提高学术工作的完成绩效，提升组织管理的效率。岗位分级是基于学术工作任务职责的地位分层系统，而工作任务的复杂程度和功能重要性以及适应岗位的高校教师的稀缺性构成了学术岗位等级中薪酬分配的依据。而基于岗位分级的薪酬分配系统，在激励高校教师工作积极性的同时，也导致了学术职业层级之间的地位差异。学术职业岗位等级的决定性因素包括两个：一是功能重要性，二是人员稀缺性。学术岗位的功能重要，承担了院校重要的学术工作；同时，能够承担这种学术工作的高校教师较为稀缺时，这个岗位地位就高，反之则低。因此，和职称分层不同的是，职称分层依据的是高校教师的学术能力、学术水平和学术贡献；而学术岗位则是依据学术工作的功能重要性和适应该岗位工作的高校教师的稀缺性来设计的学术职业分层。如果说职称分层更多地受学术共同体的影响，那么岗位分层更多地受学术劳动力市场机制的影响。

2.4 科学界的分层与学术职业分层

在讨论学术职业分层时，不可避免地要涉及一个相关的领域，那就是科学界的分层问题。学术职业分层和科学界的分层是什么关系？科学界的分层制度、分层模式是否能够移植到学术职业分层领域？对此，需要进行比较分析。

2.4.1 科学界的社会分层

默顿认为,科学作为一种社会建制,和其他社会组织一样,也存在分层。既然存在分层,就存在不平等。科学界存在的不平等可能要比更大的社会中存在的不平等多得多。只有深刻地理解决定着科学共同体内部社会不平等的过程,才能更全面地理解科学作为一种社会建制的运行方式。①

与其他社会体制的分层不同的是,科学界的分层有其分层系统,这个分层系统的基础就是通过荣誉奖励系统获得科学共同体的承认。根据科尔兄弟的分析,科学家主要沿三种承认形式发生分层:第一种是荣誉奖励,包括授予荣誉称号和荣誉性团体的成员资格;第二种是就职于有声望的职位;第三种是知名度,即科学家的研究工作得到科学共同体注意的类型及程度,包括论文被阅读、被引证等方面。科学共同体沿承这个维度形成一个等级体系。②

科学家的社会分层研究主要源于默顿学派对科学奖励制度的研究。正如加斯顿所说,科学奖励"是科学共同体对科学家在增进科学知识方面所作出的贡献给予的承认和荣誉。科学家由于其研究工作的成绩,而由从事相似课题研究的科学共同体给予奖励"。这句话的后半部分是决定性的。这种取向的研究大大加深了人们对科学这一社会制度结构、功能和运行机制的了解,但它适用的对象主要是小科学时代。在小科学时代,科学活动主要是纯科学研究;科学的目标就是"为科学而科学",追求准确而有独创性的知识;研究规模较小,所需经费不多,科学家基本上不是为了财富等实用目的从事研究,将他们联系起来的常常是共同的道德理想;科学家重视的是研究成果本身的独创性,而不是其社会效益与经济价值。③ 在大科学时代的今天,科学不再是一个与外部社会近乎隔绝的封闭系统。对于科学的发展来说,以科学同行的承认为主的内部奖励系统固然重要,而外部社会奖励系统的地位也在逐渐升高,作用也在日益增强。④ 对于以科学为职业的科学家来说,他们必须寻求外部组织的经济支持,这就使科学家的行为带上了政治、经济动机。⑤ 研究的资助者要求科技

---

① 顾昕. 科学共同体的社会分层 [J]. 自然辩证法通讯,1987 (4):21-29.
② 乔纳森·科尔,斯蒂芬·科尔. 科学界的社会分层 [M]. 北京:华夏出版社,1989:70.
③ 邝小军. 科技工作者社会分层研究 [D]. 天津:南开大学. 2010:175.
④ 杨立雄,邝小军. 从功能主义到交换理论:科学奖励系统研究的范式转变 [J]. 自然辩证法研究,2005 (2):44-46,54.
⑤ 布鲁诺·拉图尔,史蒂人·伍尔加. 实验室生活:科学事实的建构过程 [M]. 北京:东方出版社,2004:198-223.

人员能"出活",科技人员自然也很关心"出活"后能够得到实质性的回报。① 由此可见,经济地位对于科技工作者也是一个非常重要的分层标准。顾昕认为,科尔兄弟的研究没有把权力作为一种社会变量加以考虑,并认为对中国科学界分层的研究必须将权力作为分析的维度。② 吴忠也认为,中国一直以来可以说是一个以官的品位为一维维度的社会,财富、名望及其他都随着官的品位的变化而变化。③ 权力地位对于科技工作者也是一个非常重要的分层标准。因此,对于科学共同体,也可以按照财富、声望、权力进行分层。刘亚秋认为,马克斯·韦伯当年的分层理论在今天虽然已经有了较多的发展和改变,但对科学家的社会分层仍然是一个经典的分析。④

按照默顿对于科学界分层的解释,处于科学家这个等级体系顶端的是少数几个新科学范式的创始人;之下是少数科学精英,他们由获得至高或广泛科学荣誉的科学家和科学管理者组成;再之下是一些不太著名的、影响较小的科学家;最后是大量不多产的科学家;由此形成一种金字塔结构。依据科尔兄弟的分析逻辑,国内学者古继宝和李国伟根据学术荣誉,把从事基础研究的科技人员分为基础层、辅助层、骨干层和大师层。基础层科技工作者具备基本的科技工作能力,需要在他人指导下进行研究和工作,属于学术声望较低的初级科研人员。辅助层科技人员的科研思路已经基本形成,能够参与群体性的科研活动,并较独立地完成所分配的任务。骨干层科技人员具有较深厚的学术造诣、较强的创新能力和创新潜力,有一定的项目管理能力,能够指导其他科技人员,带领课题组完成科研课题。大师级科技人员位于科学共同体金字塔体系的顶端,他们对于本领域的学术问题非常熟悉,对于科技研究的思路和关键性问题驾驭自如,在科研活动中能够起到灵魂作用。⑤ 古继宝和李国伟对于科学界的分层与默顿的分层方式大体一致,是以荣誉或者声望作为分层的依据,而荣誉和声望的含义大体相似。

---

① 刘立. 科学的精神气质:"面子"和"位子"一个都不能少 [J]. 自然辩证法通讯, 2005 (6): 5-7.
② 顾昕. 科学共同体的社会分层 [J]. 自然辩证法通讯, 1987 (4): 21-29.
③ 吴忠. 社会分层理论与科学社会学 [J]. 自然辩证法研究, 1987 (2): 23-29.
④ 刘亚秋. 声望危机下的学术群体:当代知识分子身份地位研究 [J]. 社会, 2007 (6): 29-53, 206-207.
⑤ 古继宝, 李国伟. 基础研究人员流动的分层次管理研究 [J]. 科学学与科学技术管理, 2006 (2): 109-113.

2.4.2 依据科学奖励系统进行分层的局限性

戴维斯（Kingsley Davis）和摩尔（Wilbert Moore）在《社会分层的某些原则》一文中提出：每一个社会里都有分层化的地位安排，这种分层化的地位安排是必需的，具有正功能；而激励人们工作的动机乃是不同地位所给予的不同报酬。因此，一个社会如果要正常运转，就必须把成员安置在不同的社会地位之上，也必须鼓励他们去做该做的事情。对于科学家的分层现象，功能主义的解释是：处于科学等级结构之上层的科学家——科学精英，应该是那些对于科学进步作出最大贡献的人，他们之所以取得科学精英的地位，是基于其科学成就。[1]

依据科学奖励系统进行科学家的社会分层，对处于小科学时代的自然科学家来说具有较好的解释力，但是世界各国自然科学中各学科奖励系统的运行情况不同，自然科学与社会科学在奖励系统的运行差别更是巨大。加斯顿通过研究认为，不同国家科学的社会组织是不同的，一个国家是否制定其科学研究政策，是以集中化的方法还是以分散化的方法为研究提供经费，都影响到科学奖励系统的运行。[2] 因此，依据科学奖励系统对所有科技工作者进行分层研究，尤其对人文社会科学领域的学者进行分层研究，具有明显的局限性。

受默顿学派的影响，国外及国内相关研究大部分都是按照各种形式的承认对科学家进行分层，例如，科学产出率、荣誉称号等。科学被看作一种与社会的其他部分相区别而独立存在的社会制度，其目标、规范、奖励系统和整体的运行都属于科学共同体的内部事物，一般不与外部因素发生关系。对于小科学时代的科学家来说，在科学的社会规范公有主义的约束之下，获得承认成为科学家追求的目标。[3]

科学界分层体系是由科学家任职职位的声望不同而构成的等级结构。正如斯蒂芬·科尔所说："在加州大学伯克利分校当物理学教授显然要比在一所小学院中任职更有声望。"一般来说，在理论科学家之中，获得职位的承认体现在就职于一个有声望的系，而他们对系的声望等级排名往往意见一致。"实际上，所有物理学家都赞同，哥伦比亚大学和哈佛大学有杰出的物理学系，正如

---

[1] 乔纳森·科尔，斯蒂芬·科尔. 科学界的社会分层 [M]. 北京：华夏出版社，1989：67-70.
[2] 杰里·加斯顿. 科学的社会运行——英美两国的科学奖励制度 [M]. 北京：光明日报出版社，1988：77-86.
[3] 邝小军. 科技工作者社会分层研究 [D]. 天津：南开大学，2010：23.

大多数社会学家会赞同伯克利的社会学系是最好的社会学系一样。"另一方面，科学家在有声望的系的分布情况也很有意思。科尔兄弟的一项研究表明，"在美国物理学会的大约25000名会员之中，大约仅有2500名或10%在授予物理学博士学位的大学中工作"。对那些有声望的科学家来说，就职于在一个有声望的系或国家实验室是很容易的。[①]

1973年，科学社会学家科尔兄弟发表了《科学界的社会分层》一书，在这本专著里，作者根据研究得出结论：科学共同体是一个高度分层的社会建制。科学家由于在产出率、知名度和声望上具有巨大的差异，故在科学共同体中所处的地位不同。科尔兄弟认为，"发现（发明）——承认——权威"是科学共同体分层的机制。[②]科学天资、累积优势、科学成果是决定科学分层的因素。其中，最具关联性的是科学研究工作的质量。"虽然累积优势的过程有助于某些科学家得到并保持其优先的记录，但是如果科学的确是普遍性的和合乎理性的，那么一个人在分层体系中的地位将最终取决于他发表的科学成果。"无可厚非的是，一位科学家所得到的承认与其研究工作成果的数量和质量有重要的关系。如果科学奖励系统遵循普遍性的原则，那么科学家个人在分层体系处于何种位置应该取决于其角色实现的情况。科学家角色的首要功能是促进知识的发展，因此，科学家研究成果的数量和质量应该与分层有紧密的关系。[③]一位科学家能否获得承认，其研究质量起着十分重要的作用。科学家研究工作的质量在很大程度上决定了其在科学共同体的分层体系中的位置。显然，科尔兄弟的观点与默顿的观点有所不同，科尔兄弟认为研究工作的质量是科学界分层的关键依据。

默顿和科尔兄弟奠定了科学界的分层研究的基础，对于科学界的分层研究具有重要价值。但是，他们的分析主要是基于具有普遍意义的小科学时代的自然科学领域，对于处于大科学时代的科学界的社会分层以及人文社会和艺术学科学者的社会分层的解释就明显乏力。

2.4.3 科学界的分层与学术职业分层的异同

科学界的分层与学术职业分层的相同之处主要体现在以下几个方面：

---

① 邝小军. 科技工作者社会分层研究 [D]. 天津：南开大学，2010：23.
② [美] 乔纳森·科尔，斯蒂芬·科尔. 科学界的社会分层 [M]. 赵佳苓，等译. 北京：华夏出版社，1989.
③ 邝小军. 科技工作者社会分层研究 [D]. 天津：南开大学，2010：24.

第一，科学界的分层与学术职业的分层都是以高深知识为对象，都属于一种社会建制，都存在一个基于地位差异的等级系统，同时，都可以运用韦伯的社会地位分层理论来进行解释。

第二，默顿曾提出科学家的行为规范即普遍性、公有性、无私利性、有条理的怀疑主义及独创性，虽然科学家的行为规范常被认为是一种科学的理想状态，但这并不意味着其不存在。诚然，每种职业都有其相应的规范准则，但科学知识的公共性与可检验性使科学处在严格的监督下，每一项科学技术都为科学家的正直诚实提供证据，在科学中，欺骗、诡计、不负责任、夸夸其谈可能要比其他服务行业少得多。因此，科学家的职业角色通常具有良好的主体形象。[1] 学术职业在从事科学研究过程中所遵循的规范准则和科学界是完全相同的，对科学界和学术职业社会评价中具有相同价值的要素。在中国，科学家职业和学术职业都是具有高声望的职业。广泛意义上理解，科学家职业是学术职业中的一种。

第三，科学界的分层归根结底取决于科学家发表成果的质量，学术职业在科研评价领域也同样遵循科研质量的评价原则。至少在中国，科学界和学术职业基本上不存在对性别、种族及宗教等身份的歧视。

第四，科学界和学术职业的分层是在一个相对封闭的系统中进行的，在很大程度上受组织制度的影响。

学术职业分层作为社会分层的子系统，既受整个社会分层结构的影响，也和高校作为学术系统的特殊性存在密切的关系。学术职业分层与科学界的社会分层的差异性表现在：

其一，从分层的对象来看，科学界的分层主要针对科学技术工作者，其主要任务是从事科学研究；学术职业分层的对象则主要针对高校的教师，包括从事教学的教师、从事科研的教师、从事社会服务的教师以及混合型的教师等，教师的工作对象是知识和学生。作为学术职业分层对象的专职科研工作者可以认为是科学界的同行，科学界的分层理论对这部分高校教师的分层具有同样的解释力，对其他类型学术职业的分层缺乏明确的解释力。

其二，从分层目标来看，科学界的分层关注科学领域的分层结构和分层秩序；而学术职业分层的目标包括社会目标、院校目标和高校教师发展目标的实现程度，关注学术职业阶层之间的社会关系。在地位获得过程中，科学界主要

---

[1] 方敏. 科技人员的职业声望 [J]. 自然辩证法通讯, 1998 (4): 29-46.

通过荣誉或者声望来获得社会地位；而学术职业主要通过教学、科研成果、荣誉和声望、权力来获得社会地位。

其三，从分层的影响因素来看，影响科学界分层的因素有很多，有社会属性的影响因素和非社会属性的因素等；而影响学术职业分层的因素有外部因素和内部因素，外部因素包括公共政策、经济发展水平、院校权力等；内部因素包括学历、资历、教学水平、科研能力、科研水平、科研成果、学术荣誉、人际关系等。

2.5 学术职业分层结构与排队模型

学术职业分层并非仅仅是对高校教师在分层过程中社会位置的分类和分析，其主要任务是系统探讨学术职业分层结构和学术系统中的主要学术实践模式之间的关系，或简单地说研究的是学术职业"结构和行动"之间的关系。[①]学术职业分层研究包含一个基本假设：学术职业分层结构构成了高校教师社会地位关系的基本分界线以及不同阶层群体的利益基础，构成了高校教师集体行动的基本组织原则和不同阶层高校教师社会矛盾及冲突的基础。

2.5.1 分层结构与学术职业阶梯

（1）分层形式

学术职业的分层可以分为三种表现形式：

一是在不同社会环境中由于学科地位不同而导致的不同学科的学术职业在整个学术职业体系中的地位差异，这是学科之间的学术职业分层。例如，神学在中世纪欧洲地位最高，神学教授在整个教师系统中处于地位的顶端。在现代大学系统内部，不同国家又有不同的表现形式。例如，我国工程学科能够直接为社会提供显性的服务，在一个大学系统内部，工程学家获得的收入、社会影响力以及控制资源的能力往往要比其他学科的教师多，而人文社会科学的教师一般处于分层体系的下层。总体来说，学术环境对于学科的选择导致了学科之间的地位差异，这种地位差异直接反映在不同学科的学术职业分层上。

二是高校系统内部的学术职业分层。学术职业分层因各个国家学术系统的

---

① 参考刘精明，李路路. 阶层化：居住空间、生活方式、社会交往与阶层认同［J］. 社会学研究，2005（3）：52-82.

不同而不同。在我国，以职称为分层符号，学术职业分层分为助教、讲师、副教授、教授四层。一是基础层——助教，其主要职责是新教师在未受聘为讲师以前先从事一年或一年以上的教学辅助工作；二是中间层——讲师，其主要职责是能够独立开设一门或一门以上课程；三是高级层——副教授，其主要职责是不仅具有开设新课的能力，对本学科的整体情况有充分的了解，而且能独立主持研究项目，取得高水平的科研成果；四是塔尖层——教授，其主要职责是组织和领导大学不同学科专业的学术工作，培养青年教师。我国最近正在推进的高校教师岗位设置分级管理制度将学术职业分为四层十三级，从社会学的地位分层理论来看，表现为层中有级、级中有层的特点。

三是高等教育系统不同层次高校之间的学术职业分层。学术职业分层和高等学校的分层联系密切，不同层次类型的学校对于学术职业分层的标准是不一致的。其中，高深知识的实现方式和价值作为一种内在的分层逻辑一直在影响学术职业的分层。同样是教授，研究型大学的教授和高职高专学校的教授不具有等效的社会地位，地位差异明显。由于不同层类高校分别设计了不同的学术评价标准，形成了不同高校之间多样化的分层体系。

总体来说，高校学术职业的分层分级基本的、共同的评价标准是学术性。尽管学历和资历也是重要的条件，但是在学术职业分层分级过程中，教师的高深知识存量与价值增量、教师学术能力和学术贡献的相对大小是层级区分的主要依据。

（2）分层结构

美国著名社会学家布劳（Peter Blau）认为，社会结构的定义归纳起来大体有三种：一是将社会结构看作社会关系和社会地位的组合；二是将社会结构看作是全部社会生活和历史基础的深层结构；三是将社会结构看作由社会或其他集体中的人们分化了的社会地位构成的多维空间。[①] 从中可以看出，社会结构虽然是一个多维度的概念，但也有较为一致的理解，即社会结构反映了社会行动者的社会地位，这种社会地位是社会行动者（可以是个人，也可以是群体）的社会关系的反映，社会行动者社会生活和历史的基础的深层结构表现为特定的社会地位结构。学术职业分层结构就是一种特定环境下的社会结构，反映了学术职业分层过程中群体的社会关系和社会地位，是高校教师在学术生活和学术发展过程中体现出来的社会地位结构，也是不同学术阶层的高校教师

---

① Blau, Peter M. (Ed.) Approaches to the Study of Social Structure [M]. New York: Free Press, 1975.

构成的多维社会地位结构。

分层的标准不同，分层的结构也就不一样。对于学术职业分层来说，既可以从地位指标——收入、声望、权力来进行分层，也可以从制度性安排的职位指标——职称、岗位来进行分层；既可以从高校功能指标——教学业绩、科研业绩、社会服务业绩来进行分层，也可以从高校教师先赋性因素——性别、种族、年龄来进行分层，还可以从高校教师的社会文化资本——学历、资历、经验来进行分层。因此，在高校内部学术职业分层体系中存在多种分层类型，可以构成高校学术系统多样化的分层结构。由于职称和岗位内嵌了社会文化资本、高校功能、地位等多种指标，具有较高程度的整合性和综合性特点，因此，我们主要依据职称和岗位等职位指标进行学术职业分层研究。

学术职业分层结构因不同层次类型高校的办学方向、使命、功能定位不同而存在显著的差异，大体可以分为以下几种：

①丁字形结构。丁字形结构的特点是以高级职称或者高级岗位为主，以中初级职称/岗位为辅。这种结构适合研究型大学或者其他类型高校的研究型学院、系、所的学术职业分层。

②纺锤形结构。纺锤形结构的特点是两头小，中间大，教授、助教及其相关岗位比例较小，讲师、副教授及其相关岗位比例较大。这种结构适合教学研究型大学或者其他类型高校的教学研究型学院、系、所的学术职业分层。

③金字塔形结构。金字塔形结构的特点是上小下大，教授及其相关岗位比例较小，助教、讲师、副教授及其相关岗位比例较大。这种结构适合教学或者应用型大学或者其他类型高校的教学型的学院、系的学术职业分层。

④洋葱头形结构。洋葱头形结构特点是围绕核心岗位依次向外展开，处于核心的岗位一般由具有卓越学术声望的学者或具有正高职称的教师担任，外围依据其岗位重要性由副教授、讲师、助教担任。这种结构适合高校从事特定研究领域的科研团队的学术职业分层。

由于高校功能目标的多样性和复杂性，单一分层结构并不一定能够适合高校学术职业分层的需要，由于学科、专业的差异，同一所高校可能存在多种形式的学术职业分层结构。因此，对于一所高校而言，学术职业分层结构呈现出类似于"晶体结构"的特征。

不论是哪种形式的学术职业分层，在满足学术分工需要、激励高校教师工作积极性的同时，都存在基于收入、声望、权力等方面的差异，有差异就有分层。学术职业分层结构可以分为深层结构和表层结构。深层结构表现为学术职业阶层之间的相互关系,如学术职业阶层之间的团结与分裂、阶层之间的和谐等;表层结构表现为由于学术职业分层而导致的声望、权力、财富、流动性、自主性等方面的差异。对于学术职业而言,职称或者岗位是联系学术职业阶层表层结构和深层结构的结合点。学术职业的不同职称或者岗位所具有的财富、生活方式和社会声望、经济收入、价值观念、自主性、流动性、资源占有程度是有差别的,甚至有很大差别。

根据结构功能主义理论分析,学术职业作为一种社会建制,将从事学术工作的不同人群以有序的方式联系在一起,并对学术系统发挥功能。学术职业分层是一个整体的系统,总是处于平衡和失衡状态,当一种学术职业分层结构不能够对学术系统发挥积极功能的时候,这个系统的结构就会发生变化,从而形成另一种新的学术职业分层结构。

(3) 学术职业阶梯

美国结构功能主义学派的戴维斯和摩尔在1945年4月号的《美国社会学评论》上发表了《社会分层的某些原则》一文。文章认为:1) 每一个社会里都有分层化的地位安排;2) 此种分层化的地位安排是必需的,具有正功能;3) 激励人们工作的动机乃是不同地位所给予的不同报酬。因此,他们指出,一个社会如果要正常运转,就必须把成员安置在不同的社会地位之上,也必须鼓励他们去做该做的事情。[1] 学术职业分层结构的不同层级都与教师在学术等级体系中的地位有关,层级越高,地位越高。这种基于地位的学术职业分层体系构成了学术职业阶梯。只要有学术职业分层,就存在学术职业阶梯。

在政府主导的高等教育体系中,学术职业阶梯是由政府设计,高校遵照执行的。在政府宏观管理、高校自主办学的高等教育体系中,高校在构建学术职业阶梯过程中发挥着重要作用。除了按照政府确定的学术职业分层阶梯之外,高校可以自主设计多样化的学术职业阶梯,如通过设计多样化的学术岗位体系来构建学术职业阶梯。在市场主导的高等教育体系中,高校具有自主设计学术职业阶梯的权力,在学术共同体价值理念的影响下形成各具特色的学术职业阶梯,如美国和英国的学术职业阶梯的设计就各具特色。总体而言,学术职业阶梯是为高校教师设计的具有自我身份认知、不同地位标签且同时具有不同职位要求的等级结构,它指明了高校教师可能的发展空间及发展机会,帮助高校教师了解不同学术职位的学术标准和程序、工作任务和职责,是激励高校教师胜

---

[1] 邝小军. 科技工作者社会分层研究 [D]. 天津: 南开大学, 2010: 22.

任工作并促进学术职位晋升的制度安排。

设计学术职业阶梯必须要充分考虑学术职业阶梯宽度、长度、梯级间距高度和流动频度的关系。学术职业阶梯宽度反映的是每一个层级能够容纳的最多人数，长度反映的是整个学术职业阶梯的高度。一般而言，层级越多，高度越高。梯级间距高度反映的是不同层级之间的距离，在学术职业分层中体现的是不同层级之间学术标准的差距。流动频度反映的是在向上或者向下流动过程中的时间频率和人数比例，如从讲师晋升为副教授需要多长时间、晋升人数占需要晋升人数的比例，也包括从高级岗位低聘为低级岗位的时间和人数比例。合理的学术职业阶梯，其宽度、长度、梯级间距高度和流动频度能够反映院校发展目标，能够促进学术进步和教师个体发展，促进阶层团结的多重需要，体现为院校目标、学术发展和个体发展的统一。

学术职业阶梯有两种基本类型：一种是窄幅的学术职业阶梯，另一种是宽幅的学术职业阶梯。窄幅的学术职业阶梯又长又窄，阶梯顶端和底端之间的距离很长并且越往上越陡峭；宽幅的学术职业阶梯是又短又宽的阶梯结构，阶梯顶端和底端之间的距离较小，有较大的空间让很多人攀爬到顶端，顶端平台可以容纳较多的教师。在中国，不同院校有各自不同的学术职业阶梯，或者在这两种学术职业阶梯之外设计了补充性的方案。院校设计的学术职业阶梯具有工具性的目的，是为了实现院校的发展目标而设计的，不是学术共同体自然选择的结果，反映出学术共同体与院校之间在学术职业分层价值取向上的矛盾性。

2.5.2 分层结构的特性

与社会分层形式主要是通过对阶级、种族和资产地位的区分不同的是，学术职业分层主要是通过职位（职称和岗位）来进行区分的。

（1）学术职业分层结构是一个不平等的、有效率的梯形结构

高校学术职业分层结构是一个不平等的结构，又是一个符合社会功能分化的社会结构。社会分层必然导致社会不平等，不同阶层的职业和群体获得的经济收入、社会声望和权力是不一样的，这是物质资源和各种非物质资源在群体中的再分配。学术职业分层同样如此。从最初的学术职业分层来看，能力和声望直接影响教师之间的地位差异，社会分工所形成的序列化的学术职业阶梯进一步强化了这种不平等的地位差异。

学术职业分层结构虽然是一个不平等的结构，却是一个有效率的结构。学

术分工满足了高校功能的不同需要，直接效果是降低了组织成本，有利于人尽其才，实现岗职匹配。学术分工带来的优势是减少转换工作所节约的时间，可以实现人力资本的积累，获得物质资本的积累。学术分工有利于实现个体发展和组织目标的统一。对于组织而言，分工就是效率。

对于学术职业分层而言，学术分工所导致的地位不平等是客观存在的，教师个体成长、追求更高地位、实现个体价值是教师的内在需要。因此，建立合理科学的学术职业分层秩序、促进教师向上流动就成为组织制度设计的重要内容。从世界各国情况来看，学术职业分层结构是一个阶梯型结构，有较为公平的向上流动的制度安排，这种学术职务晋升的制度设计作为分层系统的安全阀能够有效缓解不同阶层教师的对立和冲突，保证学术职业的内部团结，有效促进各阶层教师的学术发展。一个合理的高校学术职业分层结构不一定是一个平等的结构，但必然是一个有利于促进教师向上流动的、程序科学的结构，能够消除教师不同阶层之间的各种利益矛盾和冲突，维护不同阶层教师的权利和地位，促进学术发展的结构。

（2）职称和岗位：学术职业分层结构的依据

高校是一个学术组织，不是一个以营利为目标的经济组织，高校教师的工作对象是知识和学生，通过教师收入进行分层并非是最合理的分层方式。高校也不是一个政治组织，不是一种科层制的等级关系，通过权力大小来进行分层也是不合适的。声望分层体现的是一种社会评价，在学科高度专门化的今天，社会对于学术职业的理解存在局限性，对于学术职业的态度更多地为大众舆论所引导。因此，也不一定是科学的。对于学术职业分层来说，教师的学术能力和贡献成为各类物质性和非物质性资源再分配的主要依据，相对而言较为科学。学术能力和贡献一般可以通过职称这一文化资本符号来反映。因此，职称是学术职业内部分层的制度依据。

根据教师的学术能力和贡献来分层，高校学术职业大体可以分为三个大的层级——高级教师，中级教师，初级教师。高级教师学术能力和贡献较大，经济收入高，声望高，所拥有的学术权力相对较大；中级教师次之；初级教师处于整个学术职业分层结构的底端，地位相对较低。

我国正在试行的高校教师四层十三级岗位设置管理制度是一种以岗位作为分层符号的制度设计。这种制度就是将学术岗位分为四层十三级，其中，高级学术岗位分为二层七级，中级岗位分为一层三级，初级岗位分为一层三级。在高级岗位中，教授岗位分为一级、二级、三级、四级岗位，副教授岗位分为五级、六级、七级岗位。在中级教师岗位中，讲师分为八级、九级、十级岗位。在初级教师岗位中，分为十一级、十二级、十三级岗位。这样，通过不同的学术岗位及其职责要求对教师进行岗位分层，并确立相对应的岗位地位结构。显然，职称分层和岗位分层的依据是不一样的，职称分层以学术能力和贡献为分层标准，岗位分层则是以岗位责任为分层依据。职称分层与岗位分层又存在着密切的关系，岗位分层以职称分层为基础。

美国高校学术职业大体分为两大类别，即终身轨教师和非终身轨教师。一般来说，讲师是非终身轨教师，在讲师层之上，又分为终身轨和非终身轨的助理教授、副教授、教授层。不同轨道的不同层级的教师工资收入、社会地位、声望也都存在差异。实际上，美国学术职业分层是一种依据学术能力和贡献的分层，和我国高校的职称分层类似。从世界各国情况来看，高校学术职业分层大体上都是按照学术能力和贡献来进行的。不同国家高校学术职业分层结构尽管存在不同，但所依据的主要还是通过职称来判别教师的学术能力和贡献，形成高低有别的职位等级结构。

（3）从开放到封闭：学术职业分层结构的变革

学术职业分层秩序是不断改变的，这种改变受到院校发展目标、学术劳动力竞争程度、职位数量和院校财政的共同影响。

从最初的欧洲中世纪大学的形成历史来看，学术职业分层是一个开放的系统，学者们凭借对高深知识的掌握和控制吸引学生并获得物质意义上的报酬。谁能够进入学术职业市场，是市场竞争的结果；谁能够在学术职业市场中获得权力和声望，依据的是学者个体的学识和魅力；谁能够自主聘请学术助手（助教），依据的是学者个体获得资源的能力。市场机制优胜劣汰，一些优秀的学者脱颖而出，引领学术发展，成为一个时代的精英。如欧洲中世纪著名的阿拉贝尔就凭借其学问和卓越声望促进了巴黎大学的建立。因此，市场机制下的学术职业分层有利于促进学术发展和进步。

完全市场条件下的学术职业分层结构的形成依赖于完善的学术劳动力市场，学术共同体内部分层通过雇用关系来确定，教授（雇主）和助教（雇员）之间通过订立合约来定义各自的工作分工，雇员在规定时间里完成特定的工作任务后才能够获得报酬。能否续聘，依据双方的共同意愿。

当大学开始通过知识对社会产生弥漫性权力和影响的时候，教会或者政府开始试图影响或者控制大学，这个时候大学的自主性和市场性变得较为脆弱，教会或者政府的意志开始影响学术职业分层结构。执教权的授予、不同学科不同层级的教师的人数、收入待遇等资源配置逐步从学术共同体手里转移到教会或者政府手里，教会或政府开始设计学术职业分层政策，确立学术职业分层结构。学术职业分层结构的确定从社会选择向教会/政府控制转变，学术职业分层结构走向封闭。

在高度集权制的国家中，高校学术职业分层结构完全由政府确定。如德国和法国等国家，大学教师属于国家公务员或者参照公务员进行管理，院校在学术职业分层结构中除了学术评价的权力外没有其他权力，设置哪些职位、分为几个层级、学术职业规模大小、学术评价等都由政府控制。

现代大学的发展，尤其是高等教育大众化走向普及化时期的现代大学的发展，越来越需要从社会、市场中获得大学发展的各类资源，大学对政府公共财政的依赖程度不断减弱，政府对大学的控制权力也在不断削弱，这必然导致大学学术职业分层的自主性和独立性增强。从学术劳动力市场中获得大学发展的人才并根据市场设计学术职业分层结构、确立新型雇用关系也就成为现代大学发展的必然选择。在竞争性学术劳动力市场中，学术劳动力的价格就是工资收入（包括福利），同样的学术工作获得同样的工资。学术劳动力由于其自然禀赋、教育背景、承担学术工作的能力和对于学术的贡献不同，完成的学术工作的重要性也就存在差异，这种差异必然导致学术劳动力价格的差异，其收入水平的不同构成了学术劳动力在学术系统的地位和声望的等级，基于学术劳动力价格的等级结构得以形成。在院校系统中，这个学术劳动力价格的等级结构也就构成了学术职业分层的地位和声望等级结构，具有相当收入水平和地位的高校教师由此形成了具有同质性的学术职业阶层。显然，学术职业分层结构走向开放是大势所趋。由此可见，高校学术职业分层结构受外部权力和资源配置的影响，大学自主性越强，学术职业分层结构越开放；反之，则越封闭。

2.5.3 排队模型

在学术职业分层过程中，职称或者岗位等地位象征性资源的分配是如何进行的呢？理论上讲，必须有一种有效的机制把学术系统的成员分配到学术系统的不同职位中去，并诱使他们去承担职位所赋予的工作和责任，同时获得承担工作以后的报酬。排队理论认为学术劳动力市场包括劳动力队列和岗位队列两个组成部分，分别反映了雇主对雇员的排序以及员工对岗位的排序。在学术职业分层过程中，最具吸引力和最重要的工作分配给最优秀的教师，而次重要的工作分配给在学术劳动力队列中的次优者，最差的教师会失业或进入其他人已经拒绝的岗位。显然，排队模型是一种市场理论模型，反映了高校学术职业分层"岗尽其才，人尽其用"的合理性诉求。

学术职业分层结构包括高校教师职称和岗位结构两个分系统，实现两个结构的合理匹配是排队模型的基本思想。职称结构是学历、资历、教学、科研、荣誉、贡献的集合函数，而岗位结构是工作任务、薪酬的集合函数。传统的排队模型不太考虑岗位的职责和需要，而是按照学历、资历、学术业绩等条件将教师依次排序，按照"先来先得"的原则获得职称，在职称的晋升过程中呈现出"论职排辈"的特征。在竞争性的学术职业分层系统中，则更加重视高校教师自身能力、水平的评价以及与岗位职责的匹配性，鼓励高校教师通过提高自身能力和水平胜任学术岗位。由于高校教师能力、水平评价以及岗位学术工作的模糊性和复杂性，科学的学术评价制度的建立就显得尤为重要。

2.5.4 分层文化与阶层文化

学术职业分层文化是考察学术职业阶层关系的一个重要分析工具。

（1）分层文化

学术职业分层具有对学术系统进行整合的功能。在对学术系统进行整合过程中，学术系统的共享价值观将学术职业各阶层"黏"在一起。学术共同体成员需要自觉接受和遵守学术系统的共享价值观。学术职业分层的共同价值观确定了学术职业发展的目标，而学术系统的规范界定了为达到学术职业分层目标可采用的方法和手段。如果学术系统中过多的人拒绝接受这些共享价值观，学术系统的稳定结构将会崩溃；如果学术职业阶层的共同价值观出现偏离，就可能出现学术职业失范状态，导致学术职业分层过程中的越轨行为。

学术职业分层体系既具有高度的同质性，也具有高度的异质性。同质性表现为：从事学术工作的性质和类型基本相同，如教学、科研、社会服务等都是高校教师的基本学术工作；对高校教师的分层考核评价基于共同或者相似的评价指标；都是以获得收入、权力和声望为目标。但是，院校目标、学科影响力、强势学科和弱势学科、基础学科与工具学科、主导学科和辅助学科、专业学科和通识教育学科在学术职业分层过程中表现出很强的异质性特征，这些异质性特征形成和强化了收入、声望和权力等方面的显著差异，使得相同的学术职业阶层难以享有相同的文化。

学术职业分层文化是学术职业结构关系的反映，是学术职业分层结构在文化方面的内化，文化是附着于结构之上的。学术职业分层结构反映出3种不同的社会关系：其一为教师之间的地位关系；其二为教师之间的工作活动关系，其三为教师与岗位之间的匹配关系。因此，学术职业分层文化体现在这三种社会关系中。而学术系统的共享价值观就是要融合多种分层文化，促进学术职业分层结构的稳定和发展。

因此，形成热爱教育事业、崇尚学术、忠诚学术、追求真理的共享价值观，对于弥合学术职业分层导致的文化差异、保持处于弱势地位的高校教师对学术系统的忠诚、缓解分层矛盾、防止学术越轨行为具有重要意义。

(2) 阶层文化

学术职业分层必然导致学术职业分层后不同阶层文化的差异。而学术职业阶层文化是在学术系统内部存在的由于工作方式、地位、收入、声望不同而形成的不同学术阶层的文化类型。布尔迪厄认为，不是客观的物质利益的一致构成了阶级，而是同一种习性制造了阶级。在布尔迪厄看来，阶级所强调的不同生活方式也就是韦伯所说的生活的风格化。对于学术职业分层而言，这种生活方式的差异主要体现在阶层文化上。

阶层文化反映出不同阶层成员的文化品味、价值观念、文化消费及工作、生活方式等，并以此来表明自己的阶层身份，表明自己与其他阶层之间的关系和社会距离。阶层文化能增强人们对自身身份的认同，准确反映出社会地位的差异，强化相关社会角色所预期的行为方式，对人们如何定义自己以及选择相应的社会阶层产生很大影响。对于学术职业分层来说，不同学术阶层文化在精神和物质两方面体现的差异并不明显，学术职业分层所导致的阶层文化主要体现在地位、收入和声望以及共享价值观上；除此之外，不同阶层教师在学术和生活方式上也有些细微差别。

学术职业分层结构反映了高校教师或不同阶层群体之间通过文化形成的持久关系。学术职业分层结构与阶层文化是相互依赖的，二者处于相互生成的关系之中。处于同一阶层位置的人通过交往和行动，逐渐形成了一种共同的阶层文化。这种阶层文化起到了阶层识别、社会导向、再生产阶层关系等作用。正如斯沃茨 (2006) 在《文化与权利：布尔迪厄的社会学》一书中所言，布尔迪厄把文化、品位以及生活方式整合到一个统一的阶级框架之中，阶级或阶层的差异在文化领域找到了表达自己地位的方式。[1]

---

① 刘军. 阶层文化的冲突与整合 [D]. 上海：复旦大学，2008：9.

学术职业地位的阶层文化强化了学术职业分层角色所预期的行为方式，表明自己与其他学术阶层之间的关系和社会距离，对人们如何定义自己以及选择相应的学术职业阶层产生很大的影响。阶层文化整合的目标是为了实现和谐、顺畅的阶层关系秩序。① 阶层文化整合的路径主要有利益整合、价值整合、制度整合、结构整合和组织整合等。② 对于学术职业阶层文化来说，阶层文化同样呈现出社会阶层文化的共同特征和功能。学术职业阶层的文化冲突主要是阶层之间地位差异过大、学术职业分层结构不合理、制度变异和组织制度缺失等原因造成的。学术职业阶层文化整合的目标是为了实现合理的学术职业分层结构，形成开放的、能够自由流动的阶层关系秩序。

---

① 刘军.阶层文化的冲突与整合[D].上海：复旦大学，2008：120.
② 刘军.阶层文化的冲突与整合[D].上海：复旦大学，2008：133-150.

第3章 美国学术职业分层：历史变迁与制度安排

美国高等教育系统是世界上最完备最复杂的系统。毋庸置疑的是，美国高等教育的发展对于美国社会、经济、科技与文化发挥了巨大作用。在美国高等教育的发展过程中，学术职业发挥了不可替代的作用。因此，考察美国学术职业分层的历史轨迹和制度安排，对于我国学术职业分层制度的改进以及促进我国高等教育发展具有重要借鉴意义。

美国高校从事学术工作的人员大体可以分为两大类：第一类是以教学和研究为主要工作职责的专任教师，这些教师一般具有讲师、助理教授、副教授、教授等学术职位，也可以称为学术头衔；第二类是进行纯学术研究工作的各种兼职研究人员，包括研究助理和研究员。本书将美国学术职业定位为在高校里从事教学和研究工作的专任教师群体。[①]

3.1 从教授职业到学术职业分层

前面已经论及，学术职业自古有之，与大学相伴而生，已经有2000多年的历史。中国的太学、雅典的阿卡德米、印度的纳兰达等古代大学的建立离不开学术职业的参与。作为现代形态的学术职业，源于欧洲中世纪大学。欧洲中世纪大学被认为是近现代大学的开端，因为"规定的课程、正式考试、学科的组织形式、学位等，都是中古西欧大学特有的产物"[②]。所以，一般认为近现代大学制度滥觞于12世纪的欧洲。在中世纪的欧洲，社会需求和学术发展为大学的诞生奠定了基础，大学的产生也使得学者有了属于自己的学术场域，

---

① 本章部分内容转引易静. 美国不同层类高校学术职业的分层研究 [D]. 武汉：武汉理工大学，2010；李志峰. 高校学术职业分层制度的变迁逻辑 [J]. 清华大学教育研究，2010 (4)：110-116；李志峰，易静. 美国高校学术职业分层的历史变迁与制度安排 [J]. 高教发展与评估，2010 (3)：92-100.

② 张英丽. 学术职业与博士生教育 [M]. 武汉：华中科技大学出版社，2009：24.

当学术不再是一种闲暇的好奇，而变为一种专门化职业并获得物质意义上的报酬时，欧洲中世纪学术职业就产生了。

3.1.1 学术职业的历史源头

（1）独立形态的学术职业

2000多年前，当一批学者以思想和知识作为交换商品以获得物质意义上的报酬时，就形成了最初独立形态的学术职业。比如，东方的孔子、西方的柏拉图等学者在不同时期通过招收学生来从事学术研究和教学工作，以获得物质意义的报酬。尽管孔子奉行的是"有教无类"的教育原则，但是"束脩"[1]可认为是学生自愿给予教师的拜师礼，是一种物质意义上的报酬；雅典的阿卡德米学园是西方文明中最早的有完整组织的高等学府之一，柏拉图在阿卡德米学园除了讲授哲学外，还教授数学、天文学、物理学、心理学、音乐理论等课程，通过学术活动获得报酬。因此，我们可以认为他们是较早从事正式学术职业的学者。

（2）依附形态的学术职业

在中国汉代，太学是设在京师的全国最高教育机构，教学内容主要是《诗》《书》《礼》《易》《春秋》等儒家经典，而作为教师的"博士"[2]则属于政府官员，领取政府薪俸。在古印度，纳兰达是一所佛教大学，僧侣传授佛教教义，也兼具大学教师的职业身份。尽管"博士"、僧侣从事的也是高深学问的传授工作，但是他们具有多重社会身份，呈现出"民选""官选""僧选"的特征，不具有独立、自由的学术职业特性，具有较强的组织依附性。因此，他们所从事的职业属于非正式的学术职业。

（3）中世纪时期的学术职业

职业这一概念来自社会学，包括以下几个特征：一是职业具有连续性或稳定性；二是职业必须同时满足个人生存、发展需要和社会需要两个目标；三是职业具有技术性，有特定的行为模式，既包括思维、行为方式，也包括所应用的技术和工具；另外，职业具有伦理性，有自己的规则或制度以约束特定职业的从业人员。[3] 从上述对职业的界定可以看出，中世纪大学教师已经成为一种

---

[1] 按照《中国古代教育史》的解释，束脩是指学生送给教师的十条腊肉，以作为拜师的礼物。
[2] 当时的博士是教师的特定称谓，和现在的学位内涵不一样，和欧洲中世纪大学的博士内涵相近。
[3] 张英丽. 学术职业与博士生教育 [M]. 武汉：华中科技大学出版社，2009：28.

职业。① 首先，在中世纪，大学教师具有持续性。大学组织结构的连贯性在历史上从来没有间断过，组织结构的稳定为大学教师长期而稳定的发展提供了平台。其次，中世纪的大学教师职业满足了学者个人和社会的双重需要。当时的知识分子通过教师职业传播和发展自己的学说，并获得报酬以维持生计；中世纪欧洲社会和经济的发展也需要大学为之输送各种专业人才，如神学家、法学家、哲学家和逻辑学家等。再次，中世纪大学有明确而严格的教师任职标准，确保学术职业的学术标准。要想在中世纪大学里任教，必须获得教学许可证并取得学位。中世纪大学里授予的学位有"硕士"（Master）、"博士"（Doctor），这两种学位是获得"教授"（Professor）资格的前提，凡学习3～7年并考试合格者，在证明了自己的演讲和辩论能力之后，就可以获得学位。② 另外，中世纪大学已有对教师的职业伦理要求和规范，如必须按照课表和规定教材讲授课程、要像对待自己孩子那样对待学徒、要知晓社会责任等。由此可见，中世纪大学教师职业已经成为以高深知识为主要工作对象的社会特定职业——学术职业。

中世纪欧洲大学授予的"博士""硕士"学位在很大程度上被认为是大学教师任职资格证书而非现代意义的学位，当时的"教授"与现代学术职位层级中的教授完全不同，只不过是大学教师的特定称谓而已。当时，大学教师可以称"博士"或"硕士"，也可以称"教授"，而且在很长一段时间里，这三种称呼都没有什么区别，完全是同义语。③ 由此可见，中世纪的大学教师或者说当时人们所称的"教授"已经成为一种学术职业，并带有鲜明的学术性和专业性的烙印。但在当时，学术职业还没有学术职位层级的区分，也就是说，在最初的大学——师生行会建立之时，教师独立、自由地从事学术职业，学术职业是不分层的。

（4）宗教性的学术职业

中世纪的欧洲，基督教一统天下，大学的主要职能是讲授宗教教义，教会权力对大学具有重要影响，成为教会的牧师是毕业生的重要职业选择，这使得学术职业也带有浓厚的宗教色彩。教皇称巴黎大学为"智慧工厂"，官方的修

---

① 张英丽. 学术职业与博士生教育 [M]. 武汉：华中科技大学出版社，2009：31.

② Rashdall Hastings. The University of Europe in the Middle Ages [M]. Oxford：Oxford University Press，1951：39.

③ [比利时] 希尔德·德·里德·西蒙斯. 欧洲大学史（第一卷：中世纪大学）[M]. 张斌贤，等译. 保定：河北大学出版社，2008：158 – 159.

辞学家赞扬巴黎大学是"浇灌整个基督世界的知识川流的源泉"[①]。当时巴黎大学的教师由于拥有这种宗教的优越感,在大学获得特许状的第一个世纪便称自己从事的是"学术职业"(Academic Vocation),将自己从事的职业与一般意义上的社会职业相区别。当时的"学术职业"(Academic Vocation)与我们现代意义上所指的学术职业(Academic Profession)有所不同,虽然带有专业性和学术性,但总体来说属于一种宗教性的学术职业。

3.1.2 "教授—助教"的职业分层

(1)"教授"职业的形成

作为一种具有合法地位的社会分工职业,其标志在于有一个较为庞大的、有一定社会影响的学者群体从事学术工作并通过学术工作获得报酬。正是在欧洲中世纪活跃着一批声望卓著的学者,从事着高深知识的研究和教学工作,并被称为"教授"[②],才推动了欧洲中世纪大学的诞生,"教授"职业也因此成为一种新的社会制度化职业形态。

最初的"教授"职业是作为一种社会职业从其他职业分化而来的。作为知识分子群体的一部分,他们成为"教授"之前可能是医生、牧师、神学学者,也可能是政府官员。当他们脱离原来的职业,把学术研究与教学作为其工作的主要对象并获得职业报酬的时候,他们就成为了从事学术职业的一员。"教授"作为一种独立的社会分工职业,是与特定的社会结构变革紧密联系在一起的。在欧洲12世纪,十字军东征促进了东西方文化的广泛交流,欧洲经济贸易发展,城市生活充满活力,迫切需要大量受过训练的管理者、律师、文书、医生和牧师,"教授"作为一种新的职业为社会所需要。正是由于整个社会结构发生了变化,"教授"作为一种新的社会分工职业成为可能。可以说,正是"教授"职业的形成,才促进了学术职业的勃兴,为大学的发展奠定了基础。

(2)"教授—助教"分层制度的建立

"教授"职业是中世纪欧洲大学制度性学术职业的最初称谓,既是社会分工的产物,也是学者自我选择的结果。作为一种个体自为性的职业,教授的学识、口才、声望是其获得职业收入的基础。凭借学识、口才和声望,一些优秀

---

① [比利时]希尔德·德·里德·西蒙斯.欧洲大学史(第一卷:中世纪大学)[M].张斌贤,等译.保定:河北大学出版社,2008:158.

② 欧洲中世纪大学最初的教授不是一种学术职位,而是一种职业称谓,和教师是一个概念。

教授拥有了越来越多的学生。为了稳定、保持和继续扩大学生规模，获得更大的声望和报酬，一些优秀教授从其学生中或者从学术界地位较低的同行中招聘优秀者做助教（Tutor），协助其管理学生事务和辅导学生学业。这些助教住在学生集中的"学院"①里，辅导学生、管理学生，初步形成了教授担任主讲教师，助教协助教授辅导和管理学生，教授获得学费收入，助教从教授那里获得工资的最初的学术职业分层制度。

最早的教授—助教分层制度是教授个体自发性行为，是学术工作进一步分工的产物，是大学功能分化的自然结果，反映出教师之间由于社会分工所形成的经济收入、声望和权力的差异，体现出收入和声望等在不同层级教师之间的再分配。这个时期的"教授—助教"分层既是一种职称分层，也可以认为是一种岗位分层；既可以是一种职位分层，也可以说是一种职业分层。

3.2 美国学术职业分层的历史发展

3.2.1 助教职位：旋转门

美国的学术职业源于欧洲中世纪大学。欧洲中世纪大学的学术职业以及分层制度深刻影响了美国学术职业分层制度。巴黎大学等欧洲中世纪大学是世界学术职业的源头，英国的牛津和剑桥两所大学延续了巴黎大学学术职业的传统。但在19世纪之前，英国的学术职业一直都不属于一种独立的、自由的职业，这主要是因为在相当长的一段时间里，英国唯一有威望的教师职位是在牛津和剑桥两所大学中设立的，而这两所大学的教学工作实际都是由修士团承担。当时几乎所有的教授在大学中任教的同时，还从事医学、法律或神学等其他方面的职业，学术职业对教会具有高度依附性。直到19世纪初，英国大学独立的学术职业才开始形成。美国大学是以英国大学为模版建立起来的，在很大程度上，殖民地时期的美国学院都带有英国大学的传统，学术职位的设置和学术职业的分层制度大体上是英国的移植。

在殖民地时期的美国学院中，教师并没有形成独立的群体，学术职业的分

---

① 欧洲中世纪时期的学院是学生集中住宿的场所。助教住在学院里，协助教授辅导和管理学生。后来学院逐渐演变成为具有明确教学功能的学术组织。"Tutor"在这里翻译为"助教"较为合适。

层也就无从谈起。当时，美国学院中的校长通常是由一名正直的、有学问的牧师担任，校长聘用几个年轻教师从事教学。1650年哈佛学院《特许状》中指出要吸收一些助教（Tutors）作为哈佛团体中的"同事"（Fellows），这是现有资料记载中助教这一职务出现的最早时间。[①] 这是因当时哈佛学院的学术工作需要而产生的一种职务。1696—1700年的哈佛《新特许状》则又对助教这一职务的任期作出限定，规定助教职务任职时间为7年，超过7年的，要重新申请续聘（Renewal）。但在当时，有识之士仅仅是将助教职位作为自己向牧师转型的过渡，往往不会在这一职位上停留太久。到1716年，这一任期又被缩短为3年。[②] 因此，助教是美国大学最早设置的学术职位，且这个职位是临时性的职位。

在很长一段历史时期内，美国大学都没有教授职位一说，那时的大学校长可能是美国高校内唯一称得上职业化的职位。在长达150多年的漫长岁月里，美国高等教育主要靠校长和年轻的助教来维持。美国高校的学术职业在当时没能实现专业化，是由于当时美国的学院都以英国大学模式为样板，认为任何高等教育毕业生都足够有学问，能教授所有大学里的学位课程。各校的助教人数都很少，被聘为助教的毕业生通常都是20几岁的未婚男青年，他们大多刚刚获得学士学位，准备从事一段时间的教学工作，为将来担任牧师职位做更加充分的准备。这样一来，当时的助教流动性很大，经常是在其职位上停留一两年就离开学院，因而那时的助教职位有"旋转门"（Revolving Door）[③] 之称。

由此看来，美国的学术职业发展受英国殖民文化和欧洲教育传统的影响较深，英国清教徒建立的哈佛学院等美国大学继承了英国的宗教传统，学术职业主要为教会和信徒服务。

3.2.2 从助教到教授的职位分层

18世纪，美国学术职业才开始得到逐步的发展。1722年，爱德华·威格尔斯沃思（Edward Wigglesworth）被哈佛任命担任其有史以来第一个教授职位（Professorship），与先前的助教职位的一个很大区别在于，爱德华的职位是没

---

① Jack H. Schuster, Martin J. Finkelstein. The Academic Faculty: The Restructuring of Academic Work and Careers [M]. Baltimore: The Johns Hopkins University Press, 2006: 423.

② Jack H. Schuster, Martin J. Finkelstein. The Academic Faculty: The Restructuring of Academic Work and Careers [M]. Baltimore: The Johns Hopkins University Press, 2006: 424.

③ 耿益群. 美国研究型大学学术职业的制度环境研究 [M]. 北京：北京出版社，2007：53.

有任职年限限制的。① 这标志着哈佛从此建立起"永久性教师"职位（Permanent Faculty）——教授职位。这是美国学术职业发展史上产生的第一种教授职位，虽然当时人数很少，却是美国学术职业发展中的重要里程碑，学术职业自此出现分层——助教和教授的职位分层。

随着美国高校里助教和教授人数的增多，在助教和教授的关系上出现了两种模式：哈佛模式是一种助教和教授职位分离的职业模式，当时没有一个哈佛学院的助教能够成为教授，教授职位从校外聘任；而在耶鲁大学和布朗大学里，助教是具有高度选择性的教授职位的候选人，除了校外聘任以外，当时布朗大学有4名助教被聘任为教授，耶鲁大学则有差不多一半的助教成为教授。助教向教授职位的转换流动，表明当时在布朗和耶鲁大学出现了学术职位聘任的职业阶梯雏形②。1802年发生在耶鲁大学的这种聘任被视作美国学术职业分层史上出现的首次聘任，我们也可以认为是美国最早的学术职业分层阶梯，尽管只有一级台阶。19世纪初，哈佛学院的教授人数首次发展到与助教人数相当（各占一半），教授职位的聘任方式也发生了变化，从原来直接从校外聘任教授，改为校外聘任和本校助教直接聘任相结合。③ 从19世纪初美国学术职业的发展来看，学术职业形成了较为稳定的分层结构。学术职位聘任现象的出现，标志着学术职业分层制度得到了巩固。

3.2.3 教学职业：讲师职位的出现

讲师（Instructor）是继助教和教授之后在学术职业分层过程中出现的第三种学术职位。1810年，哈佛学院设置了第一个讲师职位（Instructorship）。

讲师职位的出现是社会分工和大学功能分化的结果。在美国南北战争之前，美国大学教授的学术生活发生了重大的变化，除了教学工作之外，研究并发表研究成果、参与协会工作开始成为教授职位的重要工作。教授的学术生活变得越来越繁忙。于是，主要从事教学工作的讲师职位得以设立，以此来分担教授的教学工作。

与研究和发表研究成果相比，教学工作的复杂程度要低一些，只要接受了

---

① Jack H. Schuster, Martin J. Finkelstein. The Academic Faculty: The Restructuring of Academic Work and Careers [M]. Baltimore: The Johns Hopkins University Press, 2006: 424.
② 耿益群. 美国研究型大学学术职业的制度环境研究 [M]. 北京：北京出版社，2007: 54.
③ Jack H. Schuster, Martin J. Finkelstein. The Academic Faculty: The Restructuring of Academic Work and Careers [M]. Baltimore: The Johns Hopkins University Press, 2006: 424.

所任学科的专业化训练即可担任教学工作。在1821年，就有40%的教师接受了所任学科的专门化的学术训练。随着教师专业化训练的普及，美国逐渐形成了较为完善的学术劳动力市场，这为讲师职位的发展提供了劳动力保障。与助教职位不同的是，讲师职位是一个以教学工作为中心的学术职位，不需要承担研究和出版工作。因此，讲师职位是一种特定的、独立的教学职业，讲师职位一般不能够聘任为教授职位。

与此同时，助教职位的学术工作也发生了变化，从过去主要从事教学工作或教学辅助工作逐步转变为教授的学术助手，助教可以直接聘任为教授，但是不能够聘任为讲师。

这样一来，美国学术职业不仅出现了分层，还出现了分化，呈现出分层分化的结构特征。一方面，助教和教授主要承担教学、科研与出版责任，是一种学术职业分层结构；另一方面，独立的讲师职位主要承担教学责任，是学术职业功能分化的结果。当然，这是从社会分工的角度对美国学术职业分层分化进行的分析。如果按照职业地位来划分，讲师职位介入助教职位与教授职位之间，形成的是助教——讲师——教授依次向上的地位分层。

由于助教职位和讲师职位在学术工作方面还是有很多的交叉重复，在讲师这一职位得到扩充和发展的同时，讲师逐渐取代早先的助教而成为大学学术业的重要构成部分。从布朗大学的发展史中可知，1844年，该校开始任命讲师，同时取消了该校的助教职位。[1]

3.2.4 助理教授和副教授职位的设置

美国自18世纪确立教授职位并形成学术职业分层之后，越来越多的学者伴随着美国高等教育的迅速发展而走上学术职业的道路。1800—1820年，担任永久性教授的人数超过了助教的人数。之后，永久性教师职位保持迅猛增长的发展态势。原因有三点：第一，学院规模增大。18世纪末，耶鲁大学教师人数增加了一倍，哈佛、布朗等老牌大学的教师人数也增长了50%；第二，由于当时的"学院运动"，学院的数目增多也是永久性教授职位增多的原因之一；第三，牧师职业生涯的变化也促使了永久性教授职位的增多。在18世纪末和19世纪初，由于社会的世俗化和城市化，当时的神职人员在乡村和小城镇的工作环境相对恶化，并且工资微薄，牧师们期望通过建立学院这样的组织

---

[1] Jack H. Schuster, Martin J. Finkelstein. The Academic Faculty: The Restructuring of Academic Work and Careers [M]. Baltimore: The Johns Hopkins University Press, 2006: 425.

寻求一种新的职业安全。于是，很多牧师选择了教授职位，这与他们先前布道讲学的工作性质较为类似。当时与法律和医学工作者相比，转型中的牧师更多地将自己视为学院里的教师。这表明大学教师职业地位开始超越神职职业地位，教师职业成为当时社会的优选职业之一。19世纪早期，随着小学院的大量建立，美国教授人数也随之继续增加。

随着美国高等教育的迅速发展、大学的功能以及学术工作的不断分化，新的学术职位得以设立。1835年，布朗大学任命了首位助理教授[①]，其职位等级介于讲师和教授之间。助理教授既要像讲师那样授课，同时也要和教授一样做研究，其科研能力和水平提高之后，可以有资格聘任为永久性教授。助教职位与助理教授职位的区别在于：助教职位主要是教授的助手，承担的学术工作复杂性和重要性较低；而助理教授则是一个独立的学术职位，独立承担教学和科研工作。后来，随着美国研究生教育的发展，助教不再作为教师职位类型，而改由研究生担任助教的相关工作。

副教授职位何时出现尚没有找到相关历史资料，但是依据美国学术职业的历史发展逻辑进行推测分析，副教授职位的出现与几个方面的因素有关：一是学术职业处理高深知识的方式方法越来越多样化，学术工作分工进一步细化；二是增设副教授职位可以降低高校办学成本，毕竟教授人数较多、工资较高对高校财政来说无疑是很大的压力，副教授职位的设立既可以满足学术职业功能分化和学术工作复杂化的要求，同时又可以减轻高校的财政压力，是高校较好的政策选择。

1862年莫雷尔法案之后，美国开始建立赠地学院，一些具有革新性的研究型私立大学得到快速发展，进一步促进和推动了学术职业的发展。约翰·霍普金斯大学建立研究生教育体系以后，博士学位随即也成为学术职业的准入标准，并直接推动了美国南北战争结束后学术职业准入制度的建立。

1900年，哈佛大学和密西根大学等开始建立大学教职系列[②]，即把所有在校教师分为只授课的讲师和既授课又从事科研的教授系列，教授系列分为三个等级，等级排列从低到高依次为助理教授、副教授和教授，教授的三个层级之间形成学术职业阶梯，激励低层级高校教师向高层级攀登。后来，其他大学相继效仿这种层次分明的学术职业分层管理机制，使这种学术职业阶梯聘任机制

---

① Jack H. Schuster, Martin J. Finkelstein. The Academic Faculty: The Restructuring of Academic Work and Careers [M]. Baltimore: The Johns Hopkins University Press, 2006: 425.

② 乔玉全. 21世纪美国高等教育 [M]. 北京：高等教育出版社，2000: 33.

得以确立，这也为后来美国大学内部学术结构的科系化、学科与课程的规范化等奠定了基础。

从美国学术职业分层的历史发展来看，社会分工首先促进了临时性的助教职位的出现，然后设置永久性的教授职位，形成最初的学术职业分层结构。讲师职位的出现适应了当时大学发展的教学需要，是学术工作分化的结果。助理教授、副教授职位的设立进一步发展了学术职业分层制度，形成了三级学术职业分层阶梯。助教退出教师职位系列，讲师职位的独立化是美国学术职业发展的两个特点。不同学术职位系列的设置，以及较为完备和系统的学术职业分层结构，有效地促进了大学学术工作的分工协作。

3.3 美国学术职业分层机制

由于社会分工导致了不同学术工作的复杂程度和功能重要性的不同——尽管学术工作的功能重要性和复杂程度因不同历史时代而不同——在学术职业分层体系中，不同层次的学术职位的收入、权力、地位和声望呈现差异化的特征，正是这种差异化的学术职位体系使学术职业的等级结构体系得以形成。这些学术职位由于其对学术和社会的贡献而被学术共同体定义为学术职位——一种具有明确社会身份的不同等级的职业标识符号体系。这种学术职位分层结构反映了学术职业社会分工结构，也反映了学术职业的社会等级结构，同时也是学术职业的声望结构的象征。

如果从声望分层角度来看，学术职业分层是一个金字塔型结构。学术职业金字塔结构是一个松散地结合在一起的学术群体，分布在不同国家、不同地区、不同的学术机构里，并在各自的学术领域范围内独断独行的组织结构。学术职业的层级并不是按照社会等级制度划分的，处于学术职业金字塔顶端的教师，其权威地位和超凡魅力主要来自个人的学术成就并以学术成就为基础的学术声望，他们构成了一个等级森严却又结构松散的无形学术王国。正如科学是无国界的那样，学术职业分层结构也是一个跨越国界的学术等级分层体系，处于最高声望层级中的学术群体是全世界最卓越的学术精英；一个国家的学术精英可以同时得到几个国家的学术奖励和研究资助，同时意味着在几个国家的学术声望分层系统中都占有相应的位置。在这种无形的声望分层中，学术职业从业者不断地估量着彼此的工作水平和能力，从而把每一个高校教师置于这种无形却又现实地存在的学术职业分层之中。[①] 正是在这种不断的自我定位和被定位的过程中，学术职业分层才不断地随着学者的学术声望和学术成就的向上提升而包含由低到高的层级流动，从而实现学术职业的层级发展。[②]

在美国，随着高等教育的迅速发展，学术工作的多样化和复杂化不断增强，不同学术职位层级的高校教师职责分工更加明确。通过履行不同的工作职责，获得不同的薪酬、学术地位及声望成为学术职业分层的基本原则。在美国学术职业分层结构产生和发展的过程中，其内在的分层机制也是值得我们借鉴的。从对美国高校学术职业的不同学术职位层级形成的历史发展轨迹进行分析后发现，美国学术职业分层的形成机制主要包括以下几个方面。

3.3.1 分工协作机制

学术职业分层是学术工作分工协作的结果。学术工作从简单到复杂，从单一的教学职责到教学、科研、学术管理和社会服务等多项职责的交叉融合，必然导致学术职位分工的专业化和多样化，通过促进学术工作的共同协作以实现组织发展目标；同时，由于学术工作复杂化和功能重要性的不同而导致的收入、资源、声望和权力的差异化和等级化，也使得学术职业分层成为学术系统健康运行的必然选择。美国学术职业分层的四个层级的形成和发展就是学术工作分工协作的结果。从最初的助教——教授分层，到讲师职位的设置，以及助理教授、副教授的设立，都反映了美国学术职业分工协作的特点。

在美国高校学术职业发展的过程中，根据其专业领域内学术分工的不同以及大学功能分化的结果，逐步形成了学术职业不同层级的学术职位，形成了一种具有"双轨制"性质的分工机制。从事教学的教职单独分轨，很少有机会获得终身教职，属于非终身轨（Non-tenure Track）教师；既从事教学又从事科研的教职则会被编入终身轨（Tenure Track），一般走助理教授、副教授和教授的发展轨道。一般而言在获得副教授学术职位后，也就意味着该教师同时享有了终身教授的地位和待遇。这种"分轨制"适应了学术分工的需要，也形成了高校教师不同的聘任通道。美国高校学术职业"双轨制"促进了学术职业分化和分层，但是基于美国平等主义的传统，学术职业分层

[①] 宋旭红. 学术职业发展的内在逻辑 [M]. 武汉：华中科技大学出版社，2008：145-146.
[②] 宋旭红. 学术职业发展中的学术声望和学术创新 [J]. 科学学与科学技术管理，2008 (8)：98-103.

分化并没有形成明显的学术工作的等级关系，在学术工作中主要是相互合作的关系，或是保持学术工作的相对独立性，学术工作上下层的隶属关系并不明显。

除了学术分工促进美国学术职业分层以外，学术协作也是促进学术职业分层的机制。在教学方面，非终身轨的讲师和处于终身轨的教授在教学方面的合作是多方面的，终身轨的不同层级教师在科学研究领域也需要开展协作。同一专业领域的终身轨各级教授常常会成为某科研项目的合作者，层级较高的教授往往是项目的主持者或带头人，教授根据各自分工的不同为推进课题项目展开协作。正是这种分工合作机制促进了美国高校学术职业不同职业轨教师的分层和分化，也促进了院校功能目标的实现。

3.3.2 权力制约机制

权力制约机制是通过影响、支配、控制人的行为能力而对事物进行管制和约束的方式。美国学术职业分层就是在政府、社会、学校、院系的相互权力制约机制下而形成和发展起来的，学术职业各个层级的教师既享有充分的学术自由和自治管理的权利，又受到社会、文化传统、院系科层的多重影响。

从高校内部权力运行机制来看，早期西方大学的内部权力运行模式主要是一种"行会式"的治理模式，其突出的文化特征就是学术权力与学术权利居于大学治理的主导地位。在美国最早期的大学里，其内部权力制约机制除以特许状、条例、规章为基本形式来规范学术职业的准入资格外，主要是以学术共同体集体权力决策机制与体系庞大的委员会来对学术职业人员进行评聘，决定高校教师的任职类型和聘任条件。这种"行会式"的治理模式确定了学术职业分层的基本结构和传统。从"行会式"的治理模式转向现代大学治理模式的过程中，高校越来越重视管理效率，对教师职位尤其是终身教职的数量比例控制得越来越严格，对于不同层级教师的学术评价标准越来越高，学术职业分层结构也因此发生变化，在很大程度上促使美国学术职业分层更加注重效率和声望。在参与院校管理方面，美国高校教师均不同程度地参与自己所在院系、大学的管理工作。学术职业人员在其专业领域内的学术权力和影响力越大，学术声望越高，其在院系所享有的权力就越大。

市场对于美国学术职业分层同样发挥着重要作用。美国是一个高度市场化的国家，高校从市场获得资源必然遵从市场逻辑，高校为适应市场的需要，必然调整学术系统的服务面向，调整学术职业分层结构。同时，市场逻辑也深刻影响着高校内部的治理模式，高校财政的稀缺使得学术职业分层系统必然考虑其效率化。除了市场对于学术职业分层的影响以外，社会设立的评估组织、委员会、理事会、学会都在通过各自的权力影响高校学术职业分层。

尽管学术职业分层是高校自主的权力，但是政府权力影响学术职业分层仍然是一个不能够忽视的因素。由于美国的分权传统，美国高等教育长期以来就是州政府的责任，而不是中央政府的责任。大学和大学董事会、行政官员都从州行政部门寻求办学经费资助。尽管第二次世界大战（以下简称二战）后联邦所提供的补助大大增加了，但主要依靠州政府提供教育经费的状况并未改变。[①] 州政府对高校（这里主要是指公立大学或学院）的行政管理一直都发挥着不同程度的干预作用，通过财政资源的分配和制定统一的标准和检查制度来管理、控制各所大学的行政决策。政府权力的介入使得院校权力越来越远离了早期占统治地位的社团式的"讲座制"。政府通过财政拨款，通过评估高校对于国家和社会的贡献，通过公共政策，对高校学术职业分层产生影响。

本质上说，美国学术职业分层是政府权力、社会权力和院校权力共同作用的结果。不同的权力类型有不同的价值取向，公共权力强调公平，社会权力尤其是市场权力强调效率，院校权力强调学术，三种权力汇集在一起共同对学术职业分层体系产生权力作用，这三种权力作用对美国学术职业分层既具有正向效应，也具有负向效应，因此，权力之间必然相互制约、相互妥协。美国学术职业分层体系就是在这三种权力相互制约、相互妥协的作用下形成和发展的。

3.3.3 自治与激励机制

欧洲中世纪大学逐步形成的大学自治、学术自由、教授治校三大理念深刻影响了美国高等教育发展，也影响到美国学术职业分层体系的形成。最初的学术职位的数量的确定、职位类型设置以及学术评价是大学内部自主的行为，对教授职位的聘任也是由高校自主决定。这种自治机制一方面可以保证院校目标和功能的实现；另一方面可以有效地保障学术自由的传统，促进学术进步和发展。随着高等学校规模的不断扩大，高校管理层级增多，高校自治机制逐渐形

---

① [加] 约翰·范德格拉夫，等. 学术权力——七国高等教育管理体制比较 [M]. 王承绪，等译. 杭州：浙江教育出版社，2001：120.

成了院校、系所共同影响学术职业分层的机制。院校制定学术职业分层的基本政策,包括院系设置、院校财政支持、不同类型学术职位数量和标准、聘任程序等,以及系所复杂的招聘考核、学术评价等工作,其中,院系在现代大学中的作用越来越突出。约翰·范德格拉夫指出,系是大学乃至美国高等教育行政体系的最低一级标准单位。[①] 系是学术职业人员行使学术自治权的基础场所。从系开始,往上到学院再到校,在教师工会、评议会、董事会等集体的共同作用下,形成各自不同的学术职业分层评聘制度。这种学术职业分层制度使得学术权力和学术职业的自治权逐级得到"下放",形成底部沉重的学术职业分层制度。

在自治机制的影响下,激励教师更好地从事学术工作,实现院校发展目标是学术职业分层的内在动因。尽管不同类型的美国大学在学术职业分层制度的设计上各具特色,但是无论对于哪一类大学,学术职业分层地位等级结构无疑对教师具有极大的激励作用。学术职业分层的目标不仅仅是实现学术工作的劳动分工,更重要的是实现教师自我发展的需要。每一个学术层级都蕴含不同的收入、权力和声望,每一个教师都希望获得地位的提升。美国学术职业分层充分考虑了教师的内在需求,通过设立终身教职,适当拉开不同层级学术职务的收入,赋予不同层级教师不同权力和声望来激励教师向着更高的学术职业阶梯攀登。

不仅如此,有些美国高校还实行学术职业交叉式的双轨制制度,变双轨为交叉轨,给予表现突出的非终身轨教师转入终身轨的机会,也是一种激励学术职业者往更高层级发展的有效制度设置。美国高校普遍推行的"终身职后评审制"(Post-tenure Review),则时刻警示着已经获得终身教职的教授、副教授——他们并非进入了"保险箱",压力和挑战依然存在。这些高校内部的激励机制,既有效保证了美国高校教师攀登学术职业阶梯的公平机会,也提高了美国高校学术产生和组织目标的效率。

3.4 美国学术职业分层的制度安排

学术职业分层的核心问题是:作为教师,你得到了什么?组织得到了什

---

① [加]约翰·范德格拉夫,等. 学术权力——七国高等教育管理体制比较[M]. 王承绪,等译. 杭州:浙江教育出版社,2001:114.

么？教师和组织的获得能否达成一致的目标？总体来说，美国学术职业分层的制度安排体现了组织目标和个体目标的统一。

高等教育的发展离不开学术职业分层制度的支持。美国学术职业分层制度有效促进了较为合理的学术人力资源配置，提高了学术产出效益，并为美国高等教育的发展赢得了国际影响力和竞争力。

马克斯·韦伯（Max Web）认为科学是一种"特殊社会结构"，这一结构同时又具有社会性。[1] 学术职业分层也是一种特殊的社会结构。作为一种社会结构有其特定的功能，而功能的实现需要制度保障。在学术职业分层形成和发展过程中，制度扮演着重要角色。

3.4.1 基本分层制度

（1）双轨四层

学术职业和其他社会职业一样，因为不断专业化的职业分工而形成了不同的学术职位层级。美国学术职业在历史的变迁过程中逐步形成了现在普遍采用的基本分层模式，即学术职业职位由高到低主要分为教授（Professor）、副教授（Associate Professor）、助理教授（Assistant Professor）和讲师（Instructor）四个层级。不少高校还设有代课教师（Lecturer）这一学术职位层级，指承担临时教学任务的教师。[2] 除基本分层之外，还有教授层级的细小分级。这四种职位又分别归属两大系列，即可申请终身教职的教师和非终身制教师系列，其中申请终身教授和副教授及部分有终身教职申请权的助理教授属于终身轨教职，其他类型教师和讲师一般都是非终身制的，称为非终身轨教职。这是美国学术职业最基本的"双轨四层"的分层制度，主要依据学术职位的分层符号——职称/学术头衔作为依据来划分。

根据美国学术职业的基本分层，在美国的所有全职学术职业人员中，接近70%的人都具有助理教授以上的学术职务，助理教授、副教授、教授是美国高校学术力量的主体。据美国权威的国家教育统计中心（NCES）的统计，全美高校教师各层级人数及比例如表3-1所示。

---

[1] 马国泉. 社会科学大词典 [M]. 北京：中国国际广播出版社，1989：277.

[2] 郭峰. 美国大学教师聘任制的实施及其启示 [J]. 高教探索，2007（4）：84-86. 有不少资料将代课教师 lecturer 翻译为讲师，这是不恰当的。instructor 比 lecturer 要求更高，能够从事科研和指导学生的工作，与我国高校讲师所具有的职能相似；而 lecturer 的职责主要是授课，且多为临时聘用，故在中文语境中译为代课教师较为合适。

表3-1　2011年美国高校教师分层人数及比例统计①

学衔层级	人数（人）	比例（%）
教授	181508	23.83
副教授	155200	20.38
助理教授	174045	22.85
讲师	109054	14.32
代课教师	34477	4.53
其他	107335	14.09
合计	761619	100

在美国，高校教师的学术头衔代表教师在其所在学校内承担的工作和因职位带来的职业地位。如果教师流动到其他院校工作，学术头衔是不能带走的，需要接受新学校对其学术头衔的重新评定，以前获得的学术头衔可能会发生变化。在学术职位的聘任过程中，美国高校具有自主性。

（2）分层职位共同标准

美国高校教师的学术头衔代表着教师本身所具有的学术水平和贡献，反映了教师从事科研和教学工作的能力。不同高校学术职位的任职标准不同，各个高校对同一学术职位的任职标准也有不同的安排。迄今尚无全国统一的任职标准，但基本标准差异性不大。

从美国学术职业的任职基本标准来看，具有博士学位和一定的教学经历是共性标准，区别在于科研能力和成就的大小。对于副教授和教授来说，公认的学术成就是重要学术任职标准之一。阿特巴赫曾指出："研究的精神、研究生教育和职业主义成为主导思想，这些构成了20世纪学术界普遍遵循的学术职业的职业价值和准则。"② 可见，在学术职业的诸多任职标准中，学术能力与贡献是最被看重的任职指标。美国学术职业分层设置与对应的学术标准如表3-2所示。

---

① Full-time Instructional Faculty in Degree-granting Institutions, by Race/Ethnicity, Sex, and Academic Rank [EB/OL]. http：//nces.ed.gov/programs/digest/d12/tables/xls/tabn291.xls, 2014-08-22.

② Philip G. Altbach. In the Academic Profession：The Professoriate in Crisis. New York & London：Garland Publishing Inc., 1997：6.

表 3 – 2　美国各级学术职务最基本的学术标准

学术职务/学衔	基本学术标准
讲师	硕士学位或博士候选人资格
助理教授	①博士学位；②具有从事高校教学和科研工作的能力；③有 2~3 年的教学经验
副教授	①博士学位；②在其所在专业领域获得公认的成就（论文、著作、发明等）；③有 5~8 年的教学经验
教授	①博士学位；②在科研中取得重大成就；③有 8~10 年以上的教学工作经验；④有一定的管理能力

注：美国的学术职务，学术头衔/学衔与中国的职称内涵基本一致。

此外，美国学术职业准入还有一条通用的不成文规定，即美国高校通常情况下都不留任本校毕业生任职。这是美国学术职业聘任过程中的一条重要隐性规则，这一规则在任何一个学术职位的聘任过程中都发挥作用。这是因为美国大学教师学术职务聘任过程中有一种共识，即认为学术的进步需要靠学术交流，而本校毕业生则会带着自己学校的文化和传统烙印，这被认为是学术交流的最大障碍。这条原则就是为了避免教师队伍"近亲繁殖"现象的出现。当然，如果有本校毕业的候选人经过严格的外审确比外校候选人高出一等，并且颇有发展潜力，学校也是可以作为特例考虑的。

3.4.2　分层聘任制度

美国高等学校拥有独立的聘任自主权，但在分层聘任制度设计上，大同小异。

（1）选任制、委任制、考任制和聘任制

中西方对人才的选任制度是不断发展变化的。就中国而言，中国古代人才选任制度起源于先秦时期的选士、养士制，历经两汉时期的察举制、公府辟除制、大臣举荐制，魏晋南北朝时的九品中正制，以及隋唐及后期的科举制。尤其是科举制，对于中国文官制度和教育制度产生了深远影响。

在现代文官选任制度中，比较有代表性的是选任制、委任制、聘任制和考任制。选任制是指以民意选举的方式而产生公务员的制度；委任制是指由任免机关在其任免权限范围内，直接确定并委派某人担任一定职务而产生公务员的制度；考任制是指有任免权的机关通过公开考试和考核的方法，择优录用而产生公务员的制度；聘任制是指根据工作需要，经省级以上公务员主管部门批准，对不涉及国家秘密的专业性较强的职位和辅助性职位，按照平等自愿、协商一致的原则以合同的方式聘用而产生公务员的制度。不同的文官选任制度各具特点，在一个社会体系中交互使用。

欧洲中世纪大学最初的教师的选任方式主要是考任制，通过学术共同体公开考试答辩获得"博士"或"硕士"后即获得大学教师任职资格，"博士"或"硕士"证书即为大学教师资格证书。"博士"或"硕士"证书适用于不同的学科，文科具有硕士证书即可，而法律、医学和神学一般要求具有博士证书。美国高等学校形成初期，学术职业形成肇始，有三种主要的人才选任模式：对大学校长主要采取选任制和委任制，教师一般为聘任制。教授职位建立以后，对教授实行的是委任制，教授是永久职位，而助教是聘任制。

聘任制的鲜明特点是以契约的方式规定劳资双方的责、权、利，用人单位和拟聘任人通过合同的方式明确双方的权利义务关系。从法理上讲，聘任制符合公平、平等、双赢的价值取向。不同的职位有不同的聘任要求，符合条件者即可参加应聘。合同期满进行考核，根据考核成绩确定是否续聘或者晋升。聘任制有利于保证合同期内用人单位和受聘者个人的工作稳定性；有利于调整人才结构；有利于扩大用人单位用人的自主权；有利于促进人才竞争、人才流动，做到人尽其才、才尽其用。对于高校来说，教师聘任制尊重了学术人才的成长规律，成为了世界各国高校普遍采取的用人制度。

（2）分层聘任年限

美国高校学术职业制度主要采取的是分层聘任制。聘任政策就以下方面作出了明确的规定：第一，具体规定了各种学术职位对教师的聘任标准，职位评价范围包括教学效果、科研或专业上的成绩（以出版或其他公开发表方式来体现）、对某一学科或学科领域所作的专业性贡献、对本系或本学院所作的贡献、对社会和政府所作的贡献等；第二，规定了聘任组织成员的资格。一般包括系内的教师、系主任、学院一级委员会成员、学院院长、教务长、校长、管理委员会成员和学生；第三，规定了被聘任者提交个人情况表的要求；第四，规定了审批程序。包括系和学院审查委员会，以及系主任、学院院长、教务长、校长以及学生分别在聘任过程中的作用等。[①]

20世纪80年代，在美国大学学术职业分层的四个层级中，讲师一般都是任期制的，合同期多为1年，期满时若校方仍有需要并对其教学持肯定态度，

---

① 陈淑清. 美国高校教师的学术职位聘任制度 [J]. 外国教育动态，1984 (1)：7-11.

就会续聘一个合同期。讲师聘任为助理教授的机会很少，若有这样的晋升机会，讲师至少具有博士学位，或具有硕士学位和 3 年及以上的教学经验。助理教授晋升为副教授则需要博士文凭和 6 年以上的经验，并且教学效果优良；少数教学成效十分突出的硕士毕业的助理教授则需要 9 年以上的教龄方有资格得以聘任。副教授升教授则要求是具有 10 年教龄的博士毕业生，或 15 年教龄以上的硕士毕业生。对于一个博士毕业生而言，其学术职业阶梯所需要的任职年限包括：2~3 年的博士后，5 年的助理教授，3~4 年的副教授，之后才能被聘任为教授。这样的聘任时间是基本任职年限，并不是所有教师都能按照这个任职年限顺利聘任，只有在教学、科研和服务性工作中作出了突出贡献，且占据了"天时、地利、人和"各方面条件的，才能得到聘任。① 少数科研业绩特别突出的教师可以不受这个任职年限限制而越级聘任。随着美国高等教育的发展，学术劳动力市场竞争越发激烈，对教师聘任的学历、任职年限、学术业绩的要求也越来越高。

（3）非升即走

在美国学术职业分层聘任制度中，高校大多实行了"非升即走"（Publish or Perish / Up or Out）的制度，教师在聘期结束时若未得到晋升就必须离职。讲师的聘期一般只有 1 年，且很少有机会升为助理教授，期满时，若校方不再需要就会被辞聘。助理教授的聘期多为 3 年，期满后由校方进行严格的评审，根据助理教授 3 年的工作表现、成绩和贡献来决定是否可以继续留其任教。通过了这一关，助理教授就有资格在第 5 年后申请晋升为终身轨教师并可能被聘任为副教授。申请终身轨教师可以有两次机会（任教的第 5 年和第 6 年），如两次申请通不过，一般来说在第 7 年末就必须离开本校另寻出路。而教授受聘时一般就获得了终身教职，但这并不意味着其就进入了"保险箱"，终身职后评审制度（Post‐Tenure Review）依然会对其定期作出工作审核。② 在"非升即走"的激烈竞争中，美国高校教师能被破格晋升的机会是非常小的。

美国学术职业分层聘任，在制度安排上给高校教师提出了学历、任职年限、学术能力、学术水平、学术贡献、学术声望等多方面的考查要求。学术职业阶梯是一条漫长的、具有高度竞争性的"朝圣之路"。获得终身教职并被聘任为教授是教师的人生梦想。可以说，正是严格的分层聘任保证了美国学术职

---

① 李伟娟. 美国高校教师的设置及其对我国的启示［J］. 天中学刊，2005（8）：131.
② 李金春. 美国大学终身教授的聘后评审制度及其启示［J］. 中国高教研究，2007（8）：32－34.

业具有高度的学术竞争力。

（4）聘任程序设计严格

美国高校不仅对新聘教师严把入门关，而且对续聘原职位、聘任到高一级学术职位、获得终身教职的教师都要经过全面系统的严格评审。由于学术职位聘任事关大学发展和高校教师的职业和地位，因此能否在聘任过程中实现阶层和谐和聘任公平尤为重要。为此，高校纷纷建立起严格的聘任程序来保障聘任过程的公开、透明、公正。

美国学术职业的聘任程序不仅复杂且严格，而且各校之间，大学内部各个学院之间也不存在统一的程序模式。

基本聘任程序如下：符合聘任基本条件，希望得到聘任的高校教师，需要向所在院系负责人提出书面申请。申请材料包括：①工作任务介绍。说明在原任职期间的每个学期担任的教学、科研等任务情况。②教学能力和效果介绍。说明每个学期所讲授的课程、听课人数、学生评价情况等。③科研能力说明。列出发表的文章、科研报告、出版的书籍、准备出版的文章和正在撰写的著作，还可以列出自己负责和参与的研究课题、项目资金来源、是否指导研究生论文、是否为研究生学位论文答辩委员会成员等。④学术水平证明。说明是否在攻读高级学位、参加讨论班的情况，在专业性学术会议上递交的论文情况，在学术性和专业性活动中取得的荣誉和奖励等。⑤服务和贡献。说明参加校内管理和行政工作的情况、对政府机构和各种工业企业及社区组织所作的服务和贡献等。⑥聘任推荐。校外专家对其学术水平的评价、为其聘任所写的书面推荐信。⑦个人简历。这些申请材料会一起被依次交到有关系、院和校聘任审查委员会，作为申请人能否得以聘任的重要依据。

从院校角度设计的美国学术职业聘任程序大致如下：

第一，确定职位缺额，启动招聘。当某院系出现教师职位空缺时，向所在学院院长和教务副校长提出招聘申请。该申请得到批准后，在一些报刊上刊登招聘公告，说明招聘的职位、职责和任职要求等。

第二，成立招聘委员会（Search Committee）。招聘委员会由1名主席和3~4名成员组成，负责招聘的具体工作。教师的招聘工作一结束，招聘委员会便随即宣告解散。

第三，收集材料，展开初选。在收齐所有求职申请人的全部申请材料后，由招聘委员会负责初选，同时全系拥有终身教职的教师都可以对申请人的材料进行审阅。结合终身教职教师的集体意见，招聘委员会从大量申请人中初步筛选出 12~13 名候选人，并在全系会议上逐一报告提名候选人的情况，包括其优缺点等。

第四，接受面试。院系初选后，通知候选人接受面试。招聘委员会的成员悉数到场。每位候选人一般只有半小时的时间接受面试。面试时，候选人先用 4~5 分钟的时间介绍其博士毕业论文的主要内容、观点和贡献，然后接受到会专家对其博士论文的提问。此外，候选人还会被问到一些其他问题，如其研究如何能为本系的教学和科研作出贡献、对教学有何见解、打算教授什么新课、下一个会做的研究选题是什么等。同时，候选人也有机会向委员会了解其可能要承担的教学工作量、聘任类型（是否属于终身轨教师）、终身聘任的具体要求等。候选人必须在这半个小时的时间内向招聘委员会证明他是理想的、有前途的学术人选，否则就会被淘汰。

第五，校园面试。招聘委员会在面试后，筛选出 5~6 个人，在全系会议上进行介绍，并决定这些复试候选人的排名（若院系的教授之间对入选人有不同意见，则可以由全系教师不记名投票决定），选出其中的前 3 名到学校来进行校园面试。校园面试的费用均由校方承担。每个候选人轮流来学校两天，期间他们要与很多人见面，包括本系的教授、相关负责人和本系研究生等。这两天内，候选人从早到晚都要参加该院系的活动，每餐都有若干教授陪同，谈论的话题几乎无所不包，以便教授们从中对其学识和品行进行全面的考查。校园面试中的"重头戏"是一场学术报告（或一次课程试讲），这是对候选人学术水平和表达能力的一次决定性检验。学术报告一般为 1 个小时，先由候选人讲解半小时到 40 分钟，报告主题一般是其目前正在进行的研究，然后回答现场提问，所提问题都相当尖锐，以全面考查候选人的学术基础、应变能力以及口才。一般而言，如果学术报告发挥不好，候选人几乎就已经丧失了最终入选的机会。[①]

第六，讨论确定，行政审核。校园面试后，招聘委员会广泛征求意见，甚至包括研究生的意见，然后进行排名，提交全系大会讨论，进行不记名的投票表决。招聘委员会将表决意见签署后交给系主任，由系主任附上自己的意见一并递交到学院，由院长审核材料的完整性和程序上的公正性，并提供一份独立意见，然后所有的材料报给学校，由校长作出决定并报校董事会批准。

第七，确定人选，正式聘用。如果通过批准，空缺的职位将会提供给排名第一的候选人。若排名第一名的候选人不接受这个职位（候选人可以同时申

---

① 王笛. 学术环境与学术发展——再谈中国问题与西方经验 [EB/OL]. http://blog.sina.com.cn/s/blog_3d953d3d0100hb3c.html.

请若干不同的学校，一名优秀的候选人可能得到不止一份工作机会），职位会顺延给第二名，直到确定最终教师人选。然后，由学校颁发聘书，签订聘用合同。合同内容包括职位、聘期、规定以前的教龄是否计入当前获取终身职位的年限、薪酬，以及可以享受的福利待遇等相关事宜。①

从美国学术职业聘任程序来看，无论是院系还是学校对教师聘任都是极其慎重和严谨的。

耶鲁大学经济学诺贝尔奖得主詹姆士·托宾（James Tobin）教授担任主席的招聘委员会制定的聘任程序（见图3-1）集中反映了美国一些声望卓著的研究型大学学术职业聘任程序的特点。这一聘任程序对耶鲁大学教师的聘任起到了十分关键的作用，也反映了美国学术职业分层聘任程序的基本过程。

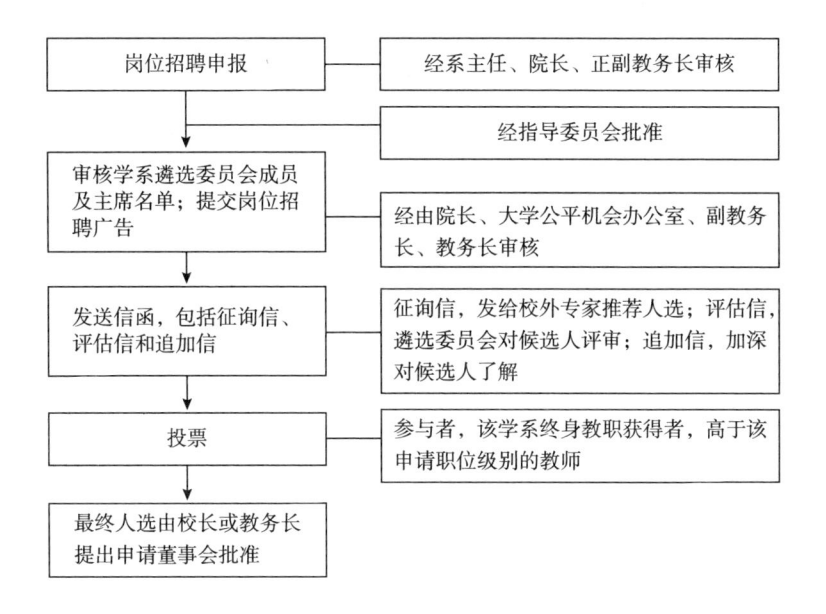

```
岗位招聘申报 ──→ 经系主任、院长、正副教务长审核
    │              经指导委员会批准
    ↓
审核学系遴选委员会成员
及主席名单；提交岗位招 ──→ 经由院长、大学公平机会办公室、副教务
聘广告                      长、教务长审核
    │
    ↓
发送信函，包括征询信、     征询信，发给校外专家推荐人选；评估信，
评估信和追加信       ──→ 遴选委员会对候选人评审；追加信，加深
                           对候选人了解
    │
    ↓
   投票           ──→ 参与者，该学系终身教职获得者，高于该
    │                  申请职位级别的教师
    ↓
最终人选由校长或教务长
提出申请董事会批准
```

图3-1 耶鲁大学教师聘任程序②

美国高校针对教师严格而细致的聘任程序设计，为高校遴选优秀教师提供了有力的保障，也为世界其他国家大学教师聘任提供了经验。

（5）分层聘任的特点

第一，博士学位是学术职业准入和聘任的基本条件。在竞争日益激烈的学

---

① 李昊. 中美大学教师聘用制度的比较研究 [D]. 上海：上海师范大学，2006：50-56.
② 宋旭红. 学术职业发展的内在逻辑 [M]. 武汉：华中科技大学出版社，2008：184.

术界，新进的大学教师绝大部分需要具有博士文凭，并且博士后研究经历也开始成为不少高校招聘教师的重要条件。一些研究型大学的教师队伍中，拥有博士学位的教师比例已经超过98%。

第二，不同层级的教师职位具有独立性。四种层级的大学教师职位虽然有层级高低之分，但相互之间具有独立性，低层职位教师并非高级职位教师的助手，他们可以独立开展教学与科研活动。学术职业的不同层级反映的是教师的学术资历、学术能力以及学术贡献，不存在低级职位对于高级职位教师的地位依附。此外，除讲师外的3个层级教授都具备指导博士生的资格。

第三，美国学术职业的聘任标准各异。一般来说，学术著作的出版和论文的发表情况是聘任指标中最直接的内容。当然，教学与服务也是聘任过程中被考虑的重要指标。不同类别层次的高校有各自的学术标准，研究型大学的教师聘任标准要高于非研究型大学。

第四，学术职业职位的设立依据大学的预算来确定。院（系）1年能提升多少教师，根据未来10年的预算确定。学校根据各院（系）规模大小及发展的需要，将预算金额折算成职位名额分配给各院（系）。一个院（系）名额不够时可向有多余名额的院（系）商借，次年归还，称之为"教职名额周转制"。它能满足各院（系）发展的需要，同时也避免了因职位有余而造成滥提不才，或因职位不足而造成漏选真才的现象发生。

第五，学术职位单位所有。美国大学学术职位代表了教师的学术水平及其从事教学与科研的不同能力，同时也反映了教师在其所在高校内的学术地位。所以，美国的学术职位通常称为学术职务，和我国的职称内涵一致，反映的是高校教师的学术能力、学术水平和学术贡献。当某教师离开原学校而受聘于其他高校时，空缺职位只能重新聘任。① 副教授可能在另一所大学被聘任为正教授，正教授也可能被聘任为另一所大学的副教授。高校教师职位单位所有，不是通用的。

3.4.3 学术评价制度

（1）学术评价指标

学术职业聘任必然离不开学术评价，对教师进行学术评价是分层聘任的依据。美国对高校教师的分层聘任评价一般通过教学、科研和服务3方面的指标

---

① 全国高等学校师资管理研究会. 高校师资管理研究［M］. 上海：华东师范大学出版社，1986：254.

来反映。其中，服务包括对校内外所有非学术团体和政府机构的服务，而教学和科研两方面是共性的学术评价指标，具体指标如表3-3所示。

表3-3 美国学术职业分层聘任主要评价指标[1]

重要性排名	教学方面	科研方面
1	系主任评价	在高层次刊物发表的论文数
2	同行评价	独著或作为主要作者出版书籍数
3	系统的学生评价	本校同行评定
4	委员会评价	在所有专业刊物上发表的作品数
5	学生的非正式意见	所获荣誉或奖励
6	教务长评价	撰写书籍中的专门部分或章节数
7	教学大纲与考试内容	外校同行评价
8	选修课人数	系主任评定
9	自我评估	所获资助金额
10	参加讨论会及在职培训	作为次要作者或编者出版的书籍数
11	学生考试成绩	在专业会议上发表的论文数
12	同行专家听课后的评价	担任专业刊物的审阅人或编辑
13	校友的意见或评价	教务长评定
14	学生情况的长期跟踪调查	未出版的论文或报告数
15	课堂教学录像	在各种出版物中被引用的次数

从以上学术评价指标来看，对于教学和科研的评价非常全面而系统，能够充分反映出教师在教学和科研领域的学术能力、水平和贡献，为学术职业分层聘任提供了较为科学客观的依据。

(2) 学术评价方式

美国高校特别是研究型大学，为保证教师招聘或聘任过程中的客观和公正，通常要对候选人进行校外专家的同行评审。同行评审是学术评价的重要方

---

[1] 夏妍，张怀菊. 美国大学教师绩效评价研究 [J]. 教育评估，2006 (9): 51-53.

式。"从根本上看，只有得到同行的认可，才说明学术成果及其作者具有一定的价值。"① 学界同行对高校教师专业能力具有较高的鉴定能力，而校外人士在身份上具有独立性，与申请人没有直接的利害关系，因此能更好地保证评审过程中的客观性。一般而言，外部同行评审的人数取决于申请人的地位。如果是刚刚毕业的博士毕业生聘任最低一级的学术职位，校外评审的人数有5位以上就够了；但如果是对副教授以上层级的高校教师进行评价，则至少需要7名同行专家，而且这7个人不能是本校的教授，最好是来自多个国家的学者。

3.4.4 终身教职制度

终身教职制度是美国学术职业分层的重要制度创新，对于保障教师的学术自由和学术权利、避免外界权力对学术自由的干预、促进学术职业稳定、提高教师的工作积极性都发挥了重要作用。

（1）终身教职制度的确立

19世纪末到20世纪初，美国资本主义工商业发展迅速，美国大学与社会的关系更加密切，大学越来越频繁地受到来自政府和企业的干涉，对"象牙塔"里的学术自由造成了严重威胁。为了顺应时代的发展并更好地维护大学的学术自由，保障高校教师的学术权利，20世纪初期，美国开始加强组织和制度文化建设，保障和规范学术自由。② 在此背景下，1915年美国大学教授协会（AAUP）成立并发表了《关于学术自由和终身教职的原则声明》（Statement of Principles on Academic Freedom and Tenure）③，该声明指出教授、副教授及在助理教授职位上工作满10年的教师应当享有终身教职，并将终身教职与司法权利联系起来。该声明标志着为保障学术自由和职业稳定的终身教职制度得以在美国高校确立。

该声明诞生之时适逢第一次世界大战，随后经历20世纪30年代世界经济危机、40年代二战和50年代麦卡锡主义横行的磨炼，其关于学术自由和终身教职的原则主张走了一个从理想到现实、从不完善到完善的过程。这一过程同时也是美国大学教授协会（AAUP）与代表院校利益的美国学院协会（AAC）进行谈判、寻求妥协的过程，它们共同确立和构造了具有司法权利的

---

① 唐纳德·肯尼迪. 学术责任 [M]. 阎凤桥，等译. 北京：新华出版社，2002：235.
② 文雪，沈红. 试析美国大学学术职业发展的独特性——基于对美国大学终身教职制度的考察 [J]. 高教探索，2007（2）：68－71.
③ 1915 Statement of Principles on Academic Freedom and Tenure [EB/OL]. http://www.aaup.org/AAUP/pubsres/policydocs/contents/1915statement.htm, 2009－03－22.

现代终身教职的制度框架。

（2）终身教职制度的修正

1940年，美国大学教授联合会与美国学院协会（AAC）联合推动了《关于学术自由与终身聘任制原则之声明》的诞生，从此学术自由正式被确立为终身教职制度的理念基础，并得到广泛认可。1940年声明指出，高校教师在接受了一段时间的试用期考核之后，合格者应该得到长期雇用，除非有相当充分的理由，如受聘教师公然渎职、出现严重的道德失范现象，或因身体残疾而无法履行职责等，否则不得被解雇。[①] 由此，终身教职制度和学术自由、大学自治相并列，一起被视作美国高等教育发展的三大基石。[②]

一般来说，处于终身轨的教师在完成了5年的教学、科研工作后，第6年则可向自己所在的学校申请终身教职。终身教职的审批首先由系组成的评委会对申请人的材料进行审核，批复后交给学院；学院评审委员会审查、讨论并投票后，提交到校评审委员会；最后交由校长决定。申请人的第一次申请如果没能通过，翌年（也就是在该校工作的第7年）还可以得到一次申请的机会，但若还未能获得终身教职，一般来说在结束这一年的工作之后离校。

获得终身教职不仅是为学术自由提供保障和对学术成就的认可，同时也被认为是学术职业发展中的目标。"教师一旦获得终身教职，就赢得了很大的独立性。拥有终身教职的教师一般不会把大学等级中的任何人看作他们的'老板'。"[③] 他们可以独立、自由地从事学术工作并获得学术声望。可以说，授予教师终身教职是美国学术职业分层制度的重大创新。

（3）终身教职制度的发展

随着终身教职制度在美国高校的不断推广，终身教职制度在美国许多高校得到有效实践，并成为美国高校实施学术职业分层制度的共同选择。20世纪60年代，美国高校教师拥有终身教职的比例为50%~55%[④]，而且这一比例一直较为稳定。2009—2010年度美国各级全职高校教师中已获得终身执教权（Tenured）的人数比例为53.8%。表3-4反映了美国高校各级全职教师的聘用类型。

[①] 周文霞. 美国教授终身制及其对中国高校教师任用制度改革的启示[J]. 中国人民大学学报，2003（5）：77-82.

[②] 夏建芬. 美国大学教授终身聘任制及其启示[J]. 大学教育科学，2004（1）：93-96.

[③] 别敦荣. 中美大学学术管理[M]. 武汉：华中理工大学出版社，2000：154.

[④] 顾建民. 自由与责任：西方大学终身教职制度研究[M]. 杭州：浙江教育出版社，2007：147.

表3-4 2009—2010年度美国高校各级全职教师的聘用类型[1]　（单位:%）

学衔层级	已获终身教职 (Tenured)	终身轨 (Tenure-track)	非终身轨 (Non-tenure-track)
教授	93.6	1.1	5.3
副教授	83.4	8.2	8.4
助理教授	6.4	73.5	20.1
讲师	1.9	10.0	88.1
代课教师	1.8	2.1	96.1
其他	6.5	2.1	91.4
总计	53.8	22.8	23.4

美国的终身教职制度在保障了教师的学术自由和职业稳定的同时，也带来了高校的财政压力和可能出现的获得终身教职后的职业懈怠问题。由于AAUP发表的相关声明只是对终身教职制度提供了一个指导性的意见，各个高校对这一制度的实施依然拥有自主权，由于终身教职制度的实施所产生的经济风险和终身教职后的职业懈怠问题实际上就被转移到高校身上。20世纪90年代起，终身教职不断受到社会的问责，其存废之争引起了国际学术界的广泛关注。因此，美国高校除了要求终身职教师承担相应的职责外，还都有一套严格的终身教职评审后的标准和程序，并通过终身职后评审等机制加以完善，尽可能地选拔和留任优秀人才，提高学校学术水平、声望和管理效率。

终身教职的授予标准主要从高校教师的教学、科研和服务三个方面来制定，有些学校还会包含一些附加标准，如职业培训、教师证书和同事关系等。[2] 原则上说，前面提到的三个标准的重要性是相同的，但由于各校办学目标不同，在授予终身教职时的侧重点不同，如研究型大学会更重视科研指标，而一般四年制文理学院则更重视教学的质量指标。

在所有的学术职业分层聘任过程中，终身教职的评聘是美国大学教师聘任制度中最关键的环节。美国学术职业终身教职制度的实行客观上形成了一种有

---

[1] Percent of Faculty in Tenure-Track Appointment and Percent of Faculty with Tenure, by Affiliation, Academic Rank, and Gender, 2009-2010 [EB/OL]. http：//www.aaup.org/NR/rdonlyres/93022EA2-620A-424E-BFE8-C4D652E31C08/0/Table11.pdf, 2014-08-22.（注：此表格数据仅包含当年参加调研的1231所高校，并不包含美国的全部高校。）

[2] 周文霞. 美国教授终身制及其对中国高校教师任用制度改革的启示 [J]. 中国人民大学学报, 2003（5）：77-82.

效的目标激励机制，保障了学术职业的稳定性，强化了学术职业的社会声望，增强了学术职业的吸引力，吸引了更多有才华的学者投身到学术职业队伍之中。

3.4.5 教授职位的分层制度

美国学术职业分层制度除了基本分层以外，在正教授层级还存在小的分层，或者称之为教授分级。美国学术职业是一个"高度分层"的金字塔结构。[1] 处于金字塔底层的教师数量最为庞大，依金字塔梯度自下而上，教师的数量层层减少，金字塔顶端的是极少数学术精英。从学术职业基本分层来看，教授层级位于学术职业分层金字塔顶部，但并不是每一个拥有教授职位的教师都具有同等的学术能力和学术声望，教授这一学术职位中还存在层级划分。

正教授的分级主要依据其在科学研究中获得的学术成就，严格意义上来说，教授职位的分层是一种声望分层。分级的依据是学术共同体的荣誉奖励制度，教学工作不再作为教授声望分级的指标。这种分层与科学家的分层现象高度相似。不同的是，教授分级将以一种新的学术头衔予以制度化的确认。

美国社会学家哈里特·朱克曼分析了美国科学家的分层现象，他以荣誉奖励为分层指标对科学家进行了分层，从高到低分为：诺贝尔奖获得者、美国科学院院士、获得博士学位的科学家、有足够资格收入《美国男女科学家》一书的科学家、载入《全国科技人员登记册》的科学家、人口普查时自封的科学工作者。他的调查数据显示，各个层次的科学家人数比例是一种典型的金字塔结构。[2] 在科学家们看来，通过获得学术职位尤其是获得终身教职的教授来对科学家进行分层是不可缺少的，但对科学家具有更重要意义的承认是对学术荣誉的承认。这种承认来源于两个重要领域：一是获得科学界的荣誉奖励，如各种奖金的获得者、各种奖章的获得者和各种学术团体的会员。二是研究发现以及成果的"可见性"。"可见性"反映了科学研究成果被他人使用的状态。科尔兄弟对可见性进行了定量研究，他们以引证数量为指标发现，"在1308位大学物理学家中，有275位或21%的物理学家在其研究生涯中每年得到引证的次数平均不足1次"[3]。而极少数几个人的工作都得到大量引证。由此可见，

---

[1] 宋旭红. 学术职业发展的内在逻辑 [M]. 武汉：华中科技大学出版社，2008：145.
[2] [美] 哈里特·朱克曼. 科学界的精英——美国的诺贝尔奖金获得者 [M]. 周叶谦，等译. 北京：商务印书馆，1979：14.
[3] [美] 哈里特·朱克曼. 科学界的精英——美国的诺贝尔奖金获得者 [M]. 周叶谦，等译. 北京：商务印书馆，1979：14.

许多科学家的工作不为科学共同体内部的其他科学家所见，因而他们的可见性甚低，而极少数科学家的可见性却很高。

哈里特·朱克曼指出："科学家享有的声望，主要是根据科学家被认为在发展其所从事领域的知识上作出贡献的大小来划分等级的，而受其他各种个人成就（例如教学、从事科学方面的政治活动或研究方面的组织工作等）的影响要小得多。即使对国家政治和科学政策有着巨大的影响，也不能使一个科学家赢得在他作出了被认为是真正的科学贡献时所赢得的同样的尊敬。"[1] 因为在学术界要作出贡献和取得声望，都需要学术同行来进行承认，要基于国际学术同行对于高校教师高深知识拥有程度和高深知识对于社会贡献程度的判断。[2]

高校学术职业中的教授分层遵循科学界分层的基本原则，因为教授职位的分层只有依赖学术共同体所承认的学术荣誉奖励以及学术成果的影响力来反映，能够较为客观、公平地反映教授的学术成就。学术荣誉奖励制度的局限性在于设立学术奖励制度的只有少数学科，获得学术共同体普遍认可的学术奖励形式不多，不同学科存在学科文化差异，很难进行比较。因此，通过学术成果的影响力来反映教授的学术声望并进行教授分层具有较强的适应性。

在美国，对于教授的分层是通过授予某种头衔予以承认的，如杰出教授、讲座教授、卓越教授等。总体来说，通过声望进行教授分层进一步强化了教授的学术声望，并与其他教授进行区分，凸显了通过声望分层教授的学术地位，也带来教授之间显性或者隐性的收入差异。

3.5 美国学术职业分层制度的基本特征

美国学术职业分层制度的形成与其法律法规、市场机制、大学的发展目标和理念、教师获得地位的强烈意愿以及高深知识的社会影响力息息相关，是学术职业内外各种因素共同影响的结果。

第一，法律法规对学术职业分层制度的影响。美国高等教育尽管实行的是州管模式，学术职业管理由高校自主，但是依然受到相关法律制度的影响。如

---

[1] ［美］哈里特·朱克曼. 科学界的精英——美国的诺贝尔奖金获得者［M］. 周叶谦，等译. 北京：商务印书馆，1979：12.

[2] 李志峰. 学术职业与国际竞争力［M］. 武汉：华中科技大学出版社，2008：58.

1958年美国颁布了《国防教育法》，旨在通过拨款方式加强政府对高等教育的扶持，吸引了大批学术人才进入高校从事学术职业。1965年通过的《高等教育法》是美国历史上最为重要的高等教育立法之一，这部法律扩展了联邦政府在高等教育财政领域的角色，美国又以再授权的方式对这部法律进行了周期性的修订。《高等教育法》首次对高校教师的聘任及聘任管理作出了说明。除美国《高等教育法》等相关法律对高校教师聘任等问题进行了规定之外，美国的一些学术团体也通过发表声明的形式阐明了对于学术职业权利的主张，其中最有影响的是美国大学教授联合会（AAUP）的几次重要声明[①]，这些声明对保障美国学术职业人员的学术自由和拥有的权利、地位等都作出了明确规定。

美国学术职业在长期的发展中普遍形成了试用制、任期制和终身制并行的模式，各州各校都有其各自的职前及职后评审指标体系，加上"任贤避亲"和"非升即走"等学术文化的影响，在保护学术效率及学术公平的基础上推动了学术职业的分层制度走向成熟。明确的法定条款和约定俗成的传统制度，促使学术职业分层制度日趋完善。

第二，市场机制对学术职业分层制度的影响。美国是一个高度发达的市场化社会，市场运行规律也深刻影响着美国高等教育的发展和学术职业分层制度的完善，形成了以效率为中心的学术职业分层特征。美国高等教育专家伯顿·克拉克曾说："在世界上几个主要的先行的高等教育系统中，美国的系统是最缺乏组织的，几乎完全是一种相互之间自由竞争的市场。"[②] 市场化的重要特征是以效率为中心，如何更好地提高高等教育的办学效率，或者说学术职业分层制度如何更好地体现效率为中心的市场化要求也就成为了学术职业分层制度设计的基点。以效率为中心的学术职业分层制度拉开了高校教师在权力、声望、义务及收入等方面的差距，同时给予了每个学术职业人员更多的发展机会。在市场模式中，高校教师的岗位设置、分层聘任或聘任管理等都带有明显的"市场"影响，市场选择、市场竞争和市场激励深刻地影响学术职业分层。

市场机制在生产要素的资源分配方面对社会产生重要作用，而高校教师作为学术系统生产要素中最核心的要素，也必然受到市场机制的影响。而高校学

---

① 这几次声明是：1915年，AAUP《关于学术自由和终身教职的原则声明》；1925年，AAUP和AAC《关于学术自由和终身教职的会议声明》；1940年，AAUP和AAC《关于学术自由和终身教职原则的声明》；1958年，AAUP和AAC《关于教师解雇听证的程序标准的声明》。

② 转引申花. 美国高校教师制度分析 [D]. 苏州：苏州大学，2007：52.

术职业的优化配置机制，如"非升即走""终身教职制"的实施，必然要通过各层级学校的教师分层和流动来实现。在市场化的作用下，学术职业分层增强了学术职业吸引力，为学术职业的合理流动提供了空间，同时也为学术职业人力资源的优化配置、提高大学的整体竞争力提供了保障。

第三，大学发展目标与理念对学术职业分层制度的影响。大学作为一个社会组织，有其特定的组织目标。组织目标不同，其结构就不同，功能也存在差异。组织结构包括管理结构，也包括学术职业分层结构。学术职业分层结构是实现组织功能的保证。美国大学多种多样，数量庞大，尽管组织的基本目标大体一致，但是不同层次、不同类型的大学仍然有其特有的服务面向，这也决定了其内部学术职业的分层结构的差异。为了实现不同的组织目标，大学客观上也需要对学术职业进行分层，以此来满足不同组织实现其目标的需要。

同时，大学的办学理念也影响着学术职业分层制度。学术自由与学者自治是美国大学密不可分的两个核心理念。"西方自古就把学术视为不同于一般职业的自由职业。"[①] 早在中世纪大学的雏形——"师生行会"产生之时，学者们就开始自主决定大学的组织运行和自治模式。这种学者自治的理念，形成了以高深知识为中心的学术自由的特权。大学对于知识的选择、分类、分层实际上控制和规训了知识的地位、生产和传播，同时也无疑规训了学术职业的分层。

第四，地位获得意愿对学术职业分层制度的影响。地位获得是学术职业分层的主要目标和内在动因。高校教师期望得到聘任，除了追求学术方面的原因外，还有一个普遍的原因，那就是对更高社会地位和收入、福利待遇的追求。如果没有学术职业的分层，教师在地位、收入、待遇方面的追求就无法得到合理的满足。对于学术地位和社会地位的追求，推动高校教师不断探寻高深知识，为学术作出更大的贡献。

第五，高深知识的社会影响力对学术职业分层制度的影响。社会学意义的分层是将社会组织的不同组成部分划分为不同类别和层次，以确定不同的社会角色、身份、功能和地位的社会分工过程，这个分工过程构建了一个社会组织的社会结构。由于学术职业以高深知识为工作对象，其分层与其他职业（如公务员、农民、手工业者等）有着显著的不同。学术职业的主要从业人员是高校教师群体（包括研究人员），主要功能是培养人才、科学研究和社会服

---

① 陈悦. 学术职业的解读——哲学王的理想与现实 [J]. 煤炭高等教育，2006（5）：35 - 37.

务，这就决定了学术职业的社会角色、身份、地位因分层不同而存在差异。德国社会学家马克思·韦伯（Max Weber）在分析社会分层时认为，是权力的不平等分配引发了阶级差异和社会分层的出现。[1] 而在学术职业分层过程中，权力的基础不是财富，不是先天的禀赋，而是高深知识赋予的权威。可以说，高深知识对于社会发展所有的弥漫性影响力促进了学术职业分层制度的形成。

美国学术职业在长期的发展过程中逐步形成了与其高等教育制度相适应的分层制度，具有以下几个特点。

（1）趋同与自主结合

美国学术职业分层在长期的发展过程中形成了以立法为指导、以各项制度为基础、各州各校自主分层的模式。从总体制度安排来看，美国高校的学术职业从选聘、聘任到流动、分层都具有相当的趋同性。各州各校乃至同一学校的不同院（系）学术职业分层的具体安排都会因时、因自身特点、因目标而异，表现出趋同与学校自主结合的特点。这种特点的形成是和美国高等教育的分权管理、多样化以及大学的自治理念联系在一起的。

（2）流动与分层结合

在美国各校普遍实施的"非升即走"制度的推动下，教师流动成为常态。正如密西根大学校长安吉尔（James B. Angel）所说："以前很少有教授在院校之间流动，而现在这已成为寻常之事。"[2] 美国学术职业的流动是建立在规范的学术劳动力市场基础之上的。学术职业的流动促进了学术劳动力的合理配置，在合理配置学术劳动力过程中促进了学术职业的分层，同时，学术职业的分层又促进了教师的流动。流动与分层相互结合、相互促进，成为了美国学术职业分层的一大突出特点。

（3）职业分裂与职业团结结合

学术职业分层导致了职业地位的差异，在一定程度上还会导致地位鸿沟，这必然导致职业阶层之间的分裂。之所以出现这种职业的分裂，本质上是由于学术职业各阶层对于高深知识的处理方式和贡献程度的差异。但是，我们也注意到，这种分裂并没有导致学术职业分层结构的分崩离析，原因在于学术职业有着共同的工作对象，有着传递人类文明文化、创造高深知识并服务于社会的崇高使命和共同价值观，有着制度化的学术职业分层阶梯，有着共同的利益。

---

[1] 马国泉. 社会科学大词典 [M]. 北京：中国国际广播出版社，1989：277.

[2] Roger L. Geiger. To Advance Knowledge: The Growth of American Research Universities, 1900 – 1940 [M]. New York & Oxford: Oxford University Press, 1986: 11 – 12.

虽然，学术职业分层导致了教师地位之间的差异，但是总体来说并没有形成不同层级教师之间的显著冲突。

（4）分层制度的多样化

美国学术职业的分层有着鲜明的多样化特点。在美国趋同化的分层结构基础上，终身教职的比例，教师岗位的设置，学术标准及评价方式都显现出各自不同的特点。

（5）相对平等主义

美国高校是一个社团式的机构，即一个围绕某一学科的共同利益而组织起来的相对统一的机构，在垂直结构上，它具有不太严格的等级性，其学术职位等级从高到低表现为正教授、副教授、助理教授（有时也有讲师）。[①] 这种不严格的等级性实际上指的是，美国高校的教授治校并不是反映在少数教授对大学学术事务强有力的控制权力上，而是体现出一种相对平等主义的特征。与欧洲大学相比，美国高校不同学术层级的教师享有较大的独立性及参与院校学术事务管理的权利。20世纪50年代出现的明星教授制度虽然在一定程度上提高了知名教授的地位，使得明星教授对大学学术事务享有更大的控制权力，但总体上看，"美国大学教授的身份并不是巨大的荣誉，也不拥有丰厚的报酬，而是一种每一位年轻教师或助理教授都可以期望在预定的时间内达到的等级。这种状况使得'教授'的头衔在美国大学内外并不具有特别优越的地位"[②]。

[①] [加]约翰·范德格拉夫，等. 学术权力——七国高等教育管理体制比较[M]. 王承绪，等译. 杭州：浙江教育出版社，2001：114.

[②] 别敦荣. 中美大学学术管理[M]. 武汉：华中理工大学出版社，2000：69.

第4章　美国不同类型高校学术职业分层

美国学术职业在历史的变迁过程中形成了较为稳定的分层模式，对于促进美国高等教育的发展起到了重要作用。同时，多样性是美国高等教育的一个显著特点。美国著名学者卢卡斯（Christopher J. Lucas）曾经指出："美国高等教育的特征如此多样和不同，以至于就其整体情形进行笼统的概括实际上是没有意义的。"[①] 赫尔巴特也说过："美国大学教师团体庞大而且高度多样化。"[②] 因此美国学术职业分层模式也呈现出明显的多样化特征。本章依据卡内基高等教育机构分类法对美国几种主要的院校类型的学术职业分层进行案例研究。[③]

4.1　美国大学的分类

美国高等教育的多样化决定了其高校类型的复杂化：有公立的、私立的；有教会的、非教会的，还有部落的；有小型的、大型的、巨型的；有四年制的、两年制的；既有不少世界顶尖的大学，也有大量为社区服务的社区学院；等等。同时，高等教育机构类型的复杂多样，决定了对其进行分类的方式也必然是多种多样的。

4.1.1　大学分类

社会学创始人莫斯和涂尔干认为，分类指的是人们将事件、事物以及相关的事实划分成种和类，使之各有归属，并确定它们的包含关系或排斥关系的过

---

① Christopher J. Lucas. American Higher Education: A History [M]. N.Y.: St. Martin's Press, 1994.
② [美] 菲利普·G. 赫尔巴特. 为美国高等教育辩护 [M]. 别敦荣, 主译. 青岛：中国海洋大学出版社, 2007.
③ 本章部分内容引自易静. 美国不同层类高校学术职业的分层研究 [D]. 武汉：武汉理工大学, 2010：5；李志峰, 易静. 美国不同类型高校学术职业的分层——基于卡内基分类法的考察 [J]. 清华大学教育研究, 2010 (2)：57-68.

程。分类也可以理解为一种将事物的相似之处与不同之处进行种类划分的逻辑方法。要对事物进行分类，一般而言都必须确定如下两点：一是要明确分类是方法而不是最终的目的，引起人们关注事物之间的联系性和可比性；二是要有某种划分的标准，以便进行区分和归类。许多学者都提出了对于大学分类的不同观点。我国的潘懋元教授指出，大学分类是人们为了更好地认识、研究和引导高等教育发展而将高等教育系统划分成不同的类型和层次，从而确定高等教育系统中各子要素之间的相互关系（种属关系、并列关系、层次关系）的过程。外国学者罗特布莱特认为，大学分类包括两个方面的内涵：一是依功能分类，指在入学、学位标准上有很大的变异，对于不同类别的学生提供不同的教育经验和生活机会；二是依任务分类，借由市场竞争，建立为大众所认可的大学品牌，这样，大学学术声誉的排名和竞争必会产生。[①] 归纳而言，可以将大学分类视为对于不同高校，依据不同的标准或功能，找出其异同，从而对其进行分类的过程。

按照卡内基大学分类法，被归属于同一类型的高校由于在办学规模和层次上具有相对同一性，因而在学术职业分层管理模式上也会相应地表现出较大的共性和可比性。在不同类型的高校之间，学术职业分层管理模式不尽相同，在分层聘任、晋升考核及福利待遇等方面也存在着区别。

4.1.2　卡内基大学分类体系

卡内基教学促进基金会（The Carnegie Foundation for the Advancement of Teaching）对美国高校的分类体系自问世以来，受到美国政府和学术界的高度重视，政府依据这个分类体系对高等教育资源进行配置，美国高等教育的权威性数据统计和专业报告也大都以此分类体系为基准，其在美国乃至全世界高等教育领域都有着重要的影响力。

卡内基大学分类体系指的是由卡内基教育促进基金会制定的对美国高校进行类型划分的一种分类体系，是目前美国高等教育界广泛采纳的高等学校分类体系，囊括了除无学位职业学校和技术学校之外的所有类型的高等教育机构。自20世纪70年代开始，卡内基高等教育委员会开发了"高等教育机构分类"项目，在1971年的报告中首次使用了"卡内基分类"这一概念，1973年正式公布了其分类标准和框架下的美国高校分类名单。至此，卡内基大学分类体系

---

① 宋懿琛. 对大学分类的思考——以美国卡内基高等教育机构分类为例 [J]. 辽宁教育研究，2007（12）：87-90.

一直是描绘美国高等院校多样性的主要分类框架。

卡内基大学分类法与其他分类方法之间的差别主要体现在：卡内基大学分类并不是学校教育质量的排行榜，其分类的依据是按照允许授予学位的最高等级来制定的，并不意味着允许授予博士学位的研究型大学在教育质量上就一定高于只能授予较低学位的学校（美国不少只授予学士学位的学院其实也是享誉世界的名校），而只能说是在办学层次上的一种分类。卡内基大学分类并非出自官方，也不具有法律约束意义，它仅仅是一项相当有用的院校分类的分析工具，便于协助教育工作者或对此有兴趣的人员判定一所大学或学院的整体目标，或是了解诸如最高学位等级这类的某些学校特点。

鉴于美国高等教育系统的不断发展，高校的相关资料也在不断变化之中，如新院校的成立以及院校合并、倒闭、更名或转型等，因此，卡内基教学促进基金会分别于1976年、1987年、1994年、2000年、2005年和2010年对大学分类体系进行了6次修订，但每次修订都保留了初版整体结构的相对稳定，除增减了个别类目外，每次分类项目都大体包括6大类：博士型、硕士型、学士型、副学士型、专科型及部落学院。表4-1列出了卡内基高等教育机构分类的演变历程。①

表4-1 美国卡内基高等教育机构分类的演变

1973年	1976年	1987年
博士学位授予大学	博士学位授予大学	博士学位授予大学
1. 第一类研究型大学	1. 第一类研究型大学	1. 第一类研究型大学
2. 第二类研究型大学	2. 第二类研究型大学	2. 第二类研究型大学
3. 第一类博士学位授予大学	3. 第一类博士学位授予大学	3. 第一类博士学位授予大学
4. 第二类博士学位授予大学	4. 第二类博士学位授予大学	4. 第二类博士学位授予大学
综合型大学和学院	综合型大学和学院	综合型大学和学院
1. 第一类综合型大学和学院	1. 第一类综合型大学和学院	1. 第一类综合型大学和学院
2. 第二类综合型大学和学院	2. 第二类综合型大学和学院	2. 第二类综合型大学和学院

---

① 宋懿琛. 对大学分类的思考——以美国卡内基高等教育机构分类为例 [J]. 辽宁教育研究，2007（12）：87-90；The Carnegie Foundation for the Advancement of Teaching. Basic Classification Description [EB/OL]. http://classifications.carnegiefoundation.org/descriptions/basic.php, 2014-08-24；李慧清. 美国卡内基高等教育机构分类法的新变化 [J]. 当代教育论坛，2006（23）：126-131.

续表

1973 年	1976 年	1987 年
文理学院 1. 第一类文理学院 2. 第二类文理学院	文理学院 1. 第一类文理学院 2. 第二类文理学院	文理学院 1. 第一类文理学院 2. 第二类文理学院
两年制院校	两年制院校	两年制院校
专业学校和专门学校	专业院校	专业院校
	非传统型院校	企业办的学院

1994 年	2000 年	2005 年
博士学位授予大学 1. 第一类研究型大学 2. 第二类研究型大学 3. 第一类博士学位授予大学 4. 第二类博士学位授予大学	博士学位授予/研究型大学 1. 博士学位授予/研究型大学（扩张型） 2. 博士学位授予/研究型大学（集中型）	博士学位授予大学 1. 研究型大学（极强研究型） 2. 研究型大学（较强研究型） 3. 研究型/博士学位授予大学
硕士学位授予（综合型）院校 1. 第一类硕士学位授予（综合型）大学与学院 2. 第二类硕士学位授予（综合型）大学与学院	硕士学位授予院校 1. 第一类硕士学位授予大学与学院 2. 第二类硕士学位授予大学与学院	硕士学位授予院校 1. 硕士学位授予大学与学院（大型） 2. 硕士学位授予大学与学院（中型） 3. 硕士学位授予大学与学院（小型）
学士学位授予学院 1. 第一类学士学位授予学院 2. 第二类学士学位授予学院	学士学位授予学院 1. 第一类学士学位授予学院（文理型） 2. 第二类学士学位授予学院（一般型）	学士学位授予学院 1. 学士学位授予学院（文理型） 2. 学士学位授予学院（多元领域类） 3. 学士学位授予学院
副学士学位授予学院	文科副学士学位授予学院	副学士学位授予学院
专门院校	专门院校	专门主导学院
部落学院与大学	部落学院与大学	部落学院

2010 年（最新版）
博士学位授予大学（3 类）：参与很高级别科研的、参与高级别科研的、可授予博士学位的
硕士学位授予大学/学院（3 类）：大规模、中等规模、小规模
学士学位授予学院（3 类）：文理学院、多科性学院、可授予学士学位的
副学士学位授予学院（14 类）：按主办方、服务对象、是否营利等进行划分
专业主导学院（9 类）：按学科进行划分
部落学院（1 类）：部落学院

第4章 美国不同类型高校学术职业分层

按照2010年最新版本的卡内基大学分类法，美国高校被分为如下6大类：博士学位授予大学（Doctorate-granting Universities）；硕士学位授予大学/学院（Master's Colleges and Universities）；学士学位授予学院（Baccalaureate Colleges）；副学士学位授予学院（Associate's Colleges）；专业主导学院（Special Focus Institutions）；部落学院（Tribal Colleges）。[①]

在2010年统计的全美4634所高校里，博士学位授予大学297所，占6.4%；硕士学位授予大学/学院724所，占15.6%；学士学位授予学院810所，占17.5%；副学士学位授予学院1920所，占41.4%；专业主导学院851所，占18.4%；部落学院32所，占0.7%。[②] 其中，虽然专业主导学院也可以授予学士学位，但至少有75%的学位集中在某种单一的学科领域，而部落学院实际上是美国印第安高等教育联合会（American Indian Higher Education Consortium）的成员，因此，这两类高校并不具有综合性。而副学士学位授予学院是指除上述两类高校以外，授予副学士学位的学院，或可授予学士学位，但授予学士学位数量不超过10%的高校。[③] 这类学院虽然数量最多，但在办学规模上远不及其他三类学位授予型大学的综合性强。另外，2010版卡内基分类还包含有社会服务（Community Engagement）分类体系。与这一分类体系密切相关的就是美国高校的一种特有类型——社区学院（Community Colleges），其相当具有代表性。由此可以看出，卡内基分类虽然原则上是对美国高校进行的类型划分，但实际上区分了美国高校在层次和服务面向上的差异。

我国对大学分类也开展了相关的研究，不同机构和学者也提出了各自不同的分类方法和体系。与卡内基分类相比较来看，根据2013年最新统计数据显示，我国共有普通高校和成人高校2788所，其中"985工程"大学39所，"211工程"大学112所（其中部分"211工程"大学同时是"985工程"大学），相当于卡内基分类中的博士学位授予大学；可培养研究生的高校（除"985工程"和"211工程"大学之外）相当于卡内基分类中的硕士学位授予大学/学院，有391所；除前两类外，一般本科院校则相当于卡内基分类中的学士学位授予学院，有622所，此外，我国还有高职高专院校1321所，成人

---

① The Carnegie Foundation for the Advancement of Teaching. Basic Classification Description [EB/OL]. http://classifications.carnegiefoundation.org/descriptions/basic.php, 2014-08-24.

② The Carnegie Foundation for the Advancement of Teaching. Basic Classification Description [EB/OL]. http://classifications.carnegiefoundation.org/descriptions/basic.php, 2014-08-24.

③ The Carnegie Foundation for the Advancement of Teaching. Basic Classification Description [EB/OL]. http://classifications.carnegiefoundation.org/descriptions/basic.php, 2014-08-25.

高等学校297所[①]，相当于卡内基分类中的副学士学位授予学院和社区学院。

依据美国卡内基分类法（2010版）对美国高校的分类来进行学术职业分层案例研究，对我国学术职业分层制度研究具有较强的借鉴意义。其中，博士学位授予大学、硕士学位授予大学、学士学位授予大学和社区学院可以与我国研究型大学、教学研究型大学、本科教学型大学、高职高专类高校相对应来进行比较研究。因此，我们分别选取美国上述四类高校中有代表性的一所，对它们学术职业分层制度进行考察，以期通过对美国不同类型高校学术职业分层的比较研究，为我国不同类型高校学术职业分层提供参考和借鉴。

4.2 博士学位授予型大学学术职业分层

按照2010版卡内基大学分类法，美国授予博士学位的大学是指除了专业主导学院和部落学院以外，每年至少授予20个研究型博士学位的高等学校（授予的职业技能型博士学位除外），同时，又根据各校的研究能力强弱分为：参与很高级别科研的研究型大学（RU/VH：Research Universities, very high research activity），有108所；参与高级别科研的研究型大学（RU/H：Research Universities, high research activity），有99所；可授予博士学位的大学（DRU：Doctoral/Research Universities），有90所。[②] 美国的博士学位授予大学是以科学研究和培养学术研究生为重心，又称为研究型大学。研究型大学在美国高校总数中虽然所占比例不大，但是美国大学学术水平的代表。这类大学处在高等教育系统的最顶层，对教师在专业水平上提出了很高的要求，学术职业具有很高的社会声望，薪酬水平也比较高，具有严格的聘任和考评制度。成立于1789年的乔治城大学（Georgetown University）就是其中之一。该校入学门槛很高，与哈佛、耶鲁等一起被公认为美国最好的研究型大学之一。

4.2.1 分层任职标准

乔治城大学对讲师、助理教授、副教授和教授四个层级职位应具备的基本

[①] 教育部. 2013年全国教育事业发展统计公报 [EB/OL]. http：//www.china.com.cn/news/txt/2014-07/04/content_ 32861584_ 3.htm, 2014-08-25.

[②] The Carnegie Foundation for the Advancement of Teaching. Basic Classification Description [EB/OL]. http：//classifications.carnegiefoundation.org/descriptions/basic.php, 2014-08-25.

聘任条件要求如表4-2所示。

表4-2 乔治城大学各层级学衔聘任条件①

学衔	聘任基本标准
讲师	具有博士学位或具有在特定领域教学的学位规定；具有合格的教学能力；具有向助理教授发展的潜力；具有教书育人的良好品德和个性
助理教授	在指定学科领域获得博士学位；有教书育人的良好品德、个性和能力的证明；在学识和研究方面符合规定；具有保持并继续发展教学和科研能力的证明；具有在其他学校获得良好评估的证明
副教授	通常为在本校工作至少三年的助理教授（新录用的教师，可根据其工作经验和专业特长聘任）；在教学和科研方面，有继续发展和进一步提高自己成就的证明；为同一研究领域的同事所认可的学识证明（新进人员可根据其工作经历和专业能力聘用）
教授	除满足副教授的全部条件外，同时具有本领域同行的认可证明

4.2.2 分层晋升要求

乔治城大学与美国其他研究型大学一样，每年要对在职教师进行评审考核，以确定其合格与否和是否具备晋升资格。考核的内容一般包括教学、科研和服务3项指标，如表4-3所示。

表4-3 美国研究型大学教师考核指标体系构成②

一级指标	二级指标
教学	常任教学，继续教育，课程设计，指导学生，设计指导团队，组织学生活动，举行学术报告
科研、创新和其他学术活动	各类出版物，科研项目，科研经费，教学奖励，指导毕业学生科研论文，担任科研期刊或其他学术期刊编辑，担任访问学者指导教师，其他学术活动
服务	在本专业的专业协会或学术团体担任委员，在学校各委员会或管理机构担任职务，担任政府机构或工业部门的顾问，从事社区公益服务，出席各种专业学术会议

---

① Georgetown University. Faculty Handbook [EB/OL]. http://facultyhandbook.georgetown.edu/toc/section3，2014-08-25.

② 殷姿，李志宏. 美国研究型大学教师考核制度研究 [J]. 高教探索，2005（1）：34-36.

在研究型大学中，高校教师考评的关键依据是其从事基础研究和出版论文、专著的质量和数量。对于教师教学能力及学术贡献的考核，通常是由同行专家评议其科研能力，由学生和院系一起评判其教学能力，这些评价都会被作为审批终身教职的参考依据反馈给每个教师。

晋升考核是实现学术职业分层的形式，是研究型大学对学术职业分层进行的最重要的综合能力考核。不管是哪一级教师的晋升都受到高度的重视，尤其是终身教职的申请更为严格。由于争取研究项目、开展研究和发表研究成果都有一定的时间性，有些研究项目的周期还相当长，按年度来考评教师的学术水平并不科学，且容易鼓励急功近利现象的出现。因此，一般研究型大学教师的晋升多在其任职的 3~5 年后，对教师综合能力及发展潜力进行一次全方位考核，考核程序很严格，系、院、校的 3 级投票评审必不可少，而其中最基础也最重要的考核权掌握在系里。在各系对教师进行考核之前，教师应向评审委员会提供相关材料，通常由系主任或教师代表组成的委员会根据这些材料，从教学、科研和服务 3 方面对每位申请教师进行基础鉴定并写出总结报告，这一结果由院长审核并附上学院鉴定，最后鉴定书将上报学校，由教务长或校长最终批复决定是否授予终身教职或者晋升。

4.2.3 工资待遇分层

美国研究型大学学术职业职位竞争非常激烈，各校除保持良好学术氛围与研究条件外，还在教师的工资、福利上展开竞争。不同层级的教师的工资是不同的，层级高的教师，工资自然也高。2011—2012 年，在美国研究型大学中，讲师、助理教授、副教授、教授四个层级的教师年平均工资分别为 45599 美元、68417 美元、79642 美元和 114415 美元。[①] 不同学校之间存在较大的工资差异。

各校福利制度大体相似，除学术休假、进修安排外，还包括引进教师的住房补贴、安家费、解决子女入学等。不同层级的教师享受的福利也有所区别。从学术休假来看，只有 3 种教授（助理教授、副教授、教授）才能获得带薪

---

① National Center for Education Statistics. Average Salary of Full – time Instructional Faculty on 9 – month Contracts in Degree – granting Institutions, by Academic Rank, Sex, and Control and Level of Institution: Selected years, 1999 – 2000 through 2011 – 2012 [EB/OL]. http: //nces. ed. gov/programs/digest/d12/tables/xls/tabn291. xls, 2014 – 08 – 25.

的学术假期。原则上，每工作1年则可享受1/7个年头的学术休假去校外进行研习或讲学，但研究型大学中的教师则多倾向于每工作6~7年即享受一整年的完整学术休假，这一年他们可以到世界各地收集资料，或与同行开展学术研究与交流，所需学术经费也由学校提供。工作年限未满7年的教师，可停薪留职1年开展学术研究与交流。

4.2.4 分层特点

美国研究型大学/博士学位授予大学的总体实力，在一定程度上代表了世界高等教育的先进水平，其学术职业整体实力和竞争力相对于其他类型大学而言都要高出许多，在分层上表现出如下特点。

（1）在世界范围内招聘学术精英

研究型大学所需要的教师一般都是各自研究领域的专家，都具备一定的学术领导力和影响力，因此，如果把招聘这样一批学术精英的范围仅仅局限于国内，往往是不够的。因此，其在招聘过程中遵循开放性原则，全球招聘优秀人才。对于特别需要的人才，大学校长亲自与学者进行面谈。同时，研究型大学一般不留任自己的毕业生，以避免学术上的"近亲繁殖"现象。

（2）"研究"是博士学位授予大学学术职业分层的重点

研究型大学区别于其他类型高校的重要标准在于"研究"，"研究"是这类大学教师分层考核与晋升的重要依据。从卡内基大学分类法对研究型大学的界定可以看出，与科研活动高度相关的指标，包括科研经费额度、高水平论文和著作、高层次人才培养数量、科研队伍质量等，构成了研究型大学学术职业分层的核心指标。在研究型大学学术职业分层过程中，教师及评审委员会最为看重的都是反映其科研成果及科研能力的相关指标。

（3）终身教职教师比例高

从美国的学术职业总体来看，研究型大学教师有终身教职的比例高于非终身职教师，这是由于研究型大学的教师大多是学术精英，需要通过终身教职来保持学术精英的职业稳定性，这既是教师长期从事学术研究的需要，也是大学保持持久竞争力的基础。在一些知名的研究型大学里，终身教职的教师比例都比较大，如加州大学伯克利分校，其中终身教职教授所占的比例高达84.7%。

（4）"非升即走"成为自然法则

美国高校普遍实行"非升即走"（Up or Out / Publish or Perish）的政策，

教师在聘期结束时若未能得到晋升就必须离开学校而另谋他业。这一现象在强手如云的研究型大学里表现得尤为突出，比如，麻省理工学院每个聘期对非终身教职教师的淘汰比例就高达50%。[1] 这是研究型大学强化竞争机制，以激励教师奋发努力、提高科研和教学水平、保持院校声望的必然选择。

4.3 硕士学位授予型大学学术职业分层

美国可授予硕士学位的高校，指除专业主导学院和部落学院以外，每年授予硕士学位超过50个但授予的博士学位少于20个的高等学校。这类高校也可细分为3类：第一类是大规模硕士学位授予大学/学院（Master's Colleges and Universities, larger programs），每年可授予至少200个硕士学位，共413所；第二类是中等规模硕士学位授予大学/学院（Master's Colleges and Universities, Medium Programs）所授硕士学位数量在100~199个，有185所；第三类是小规模硕士学位授予大学/学院（Master's Colleges and Universities, smaller programs），可授予的硕士学位在50~99个，共有126所。[2] 相对于研究型大学而言，硕士学位授予大学/学院在学术职业的聘任标准方面虽然没有那么苛刻，但依然是相当严格的。各层级教师在聘任标准、晋升考核、工资待遇等方面也有自己的分层体系。成立于1929年的阿巴拉契亚州立大学（Appalachian State University）就是一所大型硕士学位授予大学，该校学术职业分层的制度安排和特点具有一定的代表性。

4.3.1 分层任职标准

要想成为阿巴拉契亚州立大学教师队伍中的一员，必须满足最低的聘任条件，如表4-4所示。

---

[1] 李淑慧，沙淑清. 美国大学人事特点研究及启示 [J]. 中国地质教育，2006（2）：121-124.

[2] The Carnegie Foundation for the Advancement of Teaching. Basic Classification Description [EB/OL]. http://classifications.carnegiefoundation.org/descriptions/basic.php，2014-08-25. The Carnegie Foundation for the Advancement of Teaching. Methodology [EB/OL]. http://classifications.carnegiefoundation.org/methodology/basic.php，2014-08-25.

表4-4 阿巴拉契亚州立大学各层级学衔聘任基本条件①

学衔	聘任基本条件
讲师	(1) 须具有一个正规机构颁发的本专业的硕士学位，或有能代替硕士学位的特殊能力资格证明；(2) 有教学潜力证明；(3) 有研究潜力或相关的创造性潜力证明，或有对大学或社会大众提供专业服务的潜力的证明
助理教授	(1) 取得了某一正规机构颁发的本专业的终极学位，或能给出意外状况说明；(2) 有关于教学能力的证明；(3) 有研究潜力或相关创造性潜力的证明，或有对大学或社会大众提供专业服务的潜力的证明；(4) 有意愿主动自发地参与公共事务
副教授	(1) 取得了某一正规机构颁发的本专业的终极学位，或能给出意外状况说明，并且有至少5年的相关工作经验；(2) 有被公认的教学能力和技巧；(3) 有被认可的研究成果/相关创新性证明，或有为大学、社会大众提供专业服务的成就证明；(4) 有意愿主动自发地参与公共事务
教授	(1) 取得了某一正规机构颁发的本专业的终极学位，或能给出意外状况说明，并且有至少10年的相关工作经验；(2) 有被公认的教学能力和技巧；(3) 有突出的研究成果/相关创新性证明，或有为大学、社会大众提供卓越专业服务的成就证明；(4) 有关于教学能力和参与公共事务的意愿的证明

4.3.2 分层晋升要求

阿巴拉契亚州立大学的教师分层晋升制度较为详尽，对每个层级职位的晋升都作出了明确的要求。②

(1) 从讲师晋升为助理教授

通常情况下，讲师试用1年之后会依学术表现最多得到6个1年的续聘合同，一共7年。在第一个聘期里，讲师需要完成90天的工作量，在得到续聘后的第二个和第三个聘期里，分别须工作满180天。若在第三年任期结束前接到校方的解聘通知，则须离校；若没有，则会得到和先前一样的续聘合同，并被列入正式的教师职位序列。由此可以看出，前三年教师聘任是一种临时性的合同聘任，教师并非学校的正式教师。然后再工作满4年后，则可以申请聘任为助理教授。当然，每学年结束时，讲师都有权选择自己的去留，该校一般不会留任工作满7年但仍停留在讲师一级的教师。

---

① Appalachian State University. Faculty Handbook [EB/OL]. http：//facultyhandbook. appstate. edu/sites/facultyhandbook. appstate. edu/files/Faculty%20Handbook%20081314. pdf，2014-08-25.

② Appalachian State University. Faculty Handbook [EB/OL]. http：//facultyhandbook. appstate. edu/sites/facultyhandbook. appstate. edu/files/Faculty%20Handbook%20081314. pdf，2014-08-22.

(2) 从助理教授晋升为副教授

对于新聘教师，会有 4 学年的试用期，在第三年的试用结束前，该助理教授会得到通知，得到另一个 3 年的续聘合同或被解聘的通知。在第二个聘期的第二年结束前，会得到是否可申请进入终身教职轨的通知，要么仍然作为助理教授而得到续聘，要么被晋升为副教授，也可能被通知解聘。对于新进教师，要考查在进入阿巴拉契亚州立大学前的相关工作经历（在其他终身教职职位或终身轨岗位上的经历，最多算 3 年），具体要求分四类：①没有相关工作经历的，须试用 30 天，在得到其所在院系院长和教务长的认可后，才能得到如前所述的两个 3 年的试用聘期；②如果有 1 年的有效相关工作经验，那么在第二个聘期的第二年结束前，该教师将收到转入终身轨、仍作为助理教授被续聘或得到晋升的通知；③对于有 2 年工作经验者，则第二个试用期缩短为 2 年，且在第一年结束前就会收到相关通知；④若有 3 年的工作经验，则不需要两个聘期的试用，而只需要经过一个为期 4 年的试用期，在第三年结束前就可收到是否可留任或晋升的通知。

(3) 从副教授晋升为教授

不管是哪种形式的副教授职位（终身职或者非终身职），都会得到一个 5 学年的长聘任合同，在合同期内，每学年结束前会收到是否进入终身轨及是否得以晋升的通知。

4.3.3 工资待遇分层

阿巴拉契亚州立大学各层级教师的工资分级差距明显（见表 4-5）。2011 年，该校讲师的平均工资仅约教授平均工资的 2/3，最低的为 51023 美元，相当于教授最高者收入的 2/5 不到。教师的薪酬分层与其学衔层级的划分是正相关的。同一层级岗位教师的工资也存在显著的差异。

表 4-5 2011 年阿巴拉契亚州立大学不同层级职位工资明细[①]

（单位：美元）

学衔	最小值	最大值	平均值
教授	58131	133129	86699

---

① Appalachian State University Average Faculty Salaries by Rank Fall 2011 [EB/OL]. http://irap.appstate.edu/sites/irap.appstate.edu/files/f13avg_ salaries_ sum_ and_ colleges1140.pdf, 2014-08-22.

续表

学衔	最小值	最大值	平均值
副教授	54000	121640	69311
助理教授	45000	122000	60342
讲师	51023	81750	58066

4.3.4 分层特点

美国硕士学位授予型大学区别于其他类型的高校，其学术职业分层的特点如下。

（1）教学、科研并重

在这类高校里，教师无论是分层聘任还是层级晋升，都将教学和科研能力放在几乎同等的地位上加以考核，体现了这类高校教学与科研并重的特点。一般而言，在总体的办学目标上并没有明显偏向教学或科研，只是根据不同学科、不同院系的具体情况作出不同安排。

（2）各级专职教师职位基数稳定，以终身岗职位为主

由表4-6可以看出，在阿巴拉契亚州立大学，最近几年的教师增长人数并不多，教师总体人数和各层级学术职位结构都相当稳定，变化不大。该校各级教授职位远多于讲师职位，助理教授、副教授、教授的结构呈直方形，人数大体相当。而且另有数据显示，该校2012年的800多名专职教师中，有723人已获得终身教职或在终身轨上，远多于非终身轨教师人数。[1]

表4-6　2011年阿巴拉契亚州立大学不同层级专任教师人数[2]　（单位：人）

学衔	教授	副教授	助理教授	讲师	代课教师	其他	总数
人数	272	207	226	13	113	40	871

---

[1] Tenure/Tenure Track Faculty by Age: Fall 2012 [EB/OL]. http://irap.appstate.edu/sites/irap.appstate.edu/files/Combined_2012_figure_total.pdf, 2014-08-23.

[2] Appalachian State University Distribution of Full-time Instructional Faculty by Rank and Sex, Fall 2011 [EB/OL]. http://irap.appstate.edu/sites/irap.appstate.edu/files/f3dist_ft_faculty1140.pdf, 2014-08-23.

（3）专兼职教师相结合

2011年，阿巴拉契亚州立大学的兼职教师已经达到309人，超过了专职教师人数（871人）的1/3。① 可见，这类大学在发展专职教师队伍的同时，较多地聘用临时性的兼职教师从事教学工作，形成了专兼职教师相结合的聘任方式，有效地减轻了大学的财政压力。

4.4 学士学位授予型大学/学院学术职业分层

最新的2010版卡内基分类法将学士学位授予学院（Baccalaureate Colleges）作为美国大学分类法中的第三大类，指那些除了专业主导学院和部落学院以外，学士学位授予率在10%以上，且每年授予硕士学位少于50个或授予博士学位少于20个的高等学校。其中，所授学士学位占所有学位的50%以上，同时文学和理工科学位占学士学位总数的50%以上的文理学院（Bac/A&S：Baccalaureate Colleges—Arts & Sciences），有271所；所授学士学位占所有学位一半以上，文学和理工科学位占所颁发的学士学位不到一半的，为多学科性学院（Bac/Diverse：Baccalaureate Colleges—Diverse Fields），有392所；所颁发的学士学位率在10%~50%的高校为可授予学士学位的学院（Bac/Assoc：Baccalaureate/Associate's Colleges），有147所。② 卡尔文学院（Calvin College）就属于学士学位授予学院中的文理学院这一类。

4.4.1 分层任职标准

卡尔文学院的教师职位也包括四大层级，其任职标准的具体要求如表4-7所示。

---

① Appalachian State University Distribution of Full-time and Part-time Instructional Faculty [EB/OL]. http://irap.appstate.edu/sites/irap.appstate.edu/files/f6dist_ftpt_faculty_5_yrs_6.pdf, 2014-08-23.

② The Carnegie Foundation for the Advancement of Teaching. Basic Classification Description [EB/OL]. http://classifications.carnegiefoundation.org/descriptions/basic.php, 2014-08-25. The Carnegie Foundation for the Advancement of Teaching. Methodology [EB/OL]. http://classifications.carnegiefoundation.org/methodology/basic.php, 2014-08-25.

表 4-7 卡尔文学院各层级学衔职位任职标准①

学衔	任职条件
讲师	具有硕士学位
助理教授	以下三个条件任意满足一个即可：（1）有博士学位或博士同等学历；（2）获得所有申请博士学位应有的资格，并且具有至少 2 年的学院教学经验或同等工作经历；（3）有硕士学位，并具有至少 6 年的学院教学经验或同等工作经历
副教授	若是本校教师，则须其所在院系大多数终身职教师同意推荐其续聘和晋升，然后由学衔委员会（Professional Status Committee）考核通过；若是新聘人员，则以下 3 个条件必须至少满足 1 条：（1）有博士学位或博士同等学历，并且有至少 5 年的作为助理教授的工作经验或同等工作经历；（2）拥有某专业领域的最高学历证书，完成了至少 8 年的学院专职教学工作并且在这段任职期间能成功完成一系列的教学活动；（3）已经获得申请博士学位需要的所有资格，具有至少 8 年的学院教学经验或同等工作经历
教授	若已是本校副教授的，则须其所在院系大多数终身职教师同意推荐其晋升，并通过学衔委员会的考核批准；若是新进人员，则必须同时满足以下两个条件：（1）有一个博士学位或专业最高学位；（2）有至少 10 年的学院教学经验或 10 年的相关工作经历，且其中 5 年从事的是助理教授或副教授工作

注：同等经历包括在研究院所或大学行政岗位的工作经验，以及与本专业相关的商务或其他职业经历，但具体有效年限则由教务长（Provost）依学科情况来决定。各级教师职位的招聘中都可能存在少数人不符合上述条件要求，由校长或学衔委员会直接推荐任职，破格选聘。

4.4.2 分层考核标准

卡尔文学院每年对教师的学术工作进行一次考评，讲师不属于正式岗位的教师，很少给予讲师晋升助理教授的机会。该校学术职务的晋升主要包括助理教授向副教授的晋升、副教授向教授的晋升以及终身教职的申请。

从助理教授晋升为副教授：通常要求在卡尔文学院已经担任了 5 年以上的助理教授，并且在该校任职满 7 年者，才会被纳入晋升副教授的考核范围。通常在 5 年的聘期之后，若得到所在学院院长和教务长的共同认可，就可得以续聘，再经过两年的工作后，便可申请成为副教授，同时也获得终身教职。

从副教授晋升为教授：要求在卡尔文学院任职满 5 年的副教授在通过终身

---

① Calvin College. Faculty Handbook [EB/OL]. http：//www.calvin.edu/admin/provost/handbook/Handbook.pdf，2014-08-20.

职评审或续聘考核后，才能有资格晋升为正教授，而第一次终身职评审是在获得终身教职将满第 6 个年头时进行。

总体而言，卡尔文学院对于新进教师，在其入职满 3 年时会决定是否续聘，每个续聘期为 2 年，若通过两个 2 年的续聘考核，该教师就已在学校任职满 7 年，通常都会被转入终身职轨道。对于教师是否能够得以晋升和获得终身教职的考核，由各个院系的院长和教务长以及校董事会共同讨论，最后由校长决定。考核包括教学（Teaching）、学术成果（Scholarship）、学生指导（Academic Advising）、社会服务（Community Service）几个方面。需要的具体材料如下：

（1）评审委员会主席的总结评价（The Chair's Written Summary of the Dossier），包括一份与评审要求相应的候选人评价书和一份院系推荐信的摘要。

（2）学生对教师教学和指导工作的评价结果，包括至少最近两学期的所有学生评分表和学生评价。

（3）匿名评价：①在同一学院工作的同事和院长的评价；②学生评价（至少包括本院两个专业和其他两个非本专业的学生对其教学水平的评价，还有一份对学生指导水平的报告）；③至少两名校外同行专家的推荐；④校内其他院系同事的评价。

（4）申请人的自我评价：包括教学、学生指导、校内外活动等工作方面的总结，并给出宗教信仰方面的证明。

（5）院长对其前一任期工作的评价和推荐信，对于该申请人目前职位的证明。①

4.4.3　工资待遇分层

卡尔文学院在教师工资报酬的设计上有一定的特色，全校教师的基本工资（Base Salary）几乎都是一样的，只是根据教师的学历、学衔和工作经验等加以区别。最高学历是硕士的教师只能拿到基本工资的 88%，两年制硕士者可拿到 91%，有博士学位者才能拿到 100% 的基本工资。对于学校的正式教师，按对学校的贡献程度和资历年限的不同，学校每年都会对所有教师的工资作出调整，如没有博士学位的教师每工作满一年可获得相当于基本工资 3.14% 的工龄工资增长。但是教师的工资并不是永无止境地往上增长，学校为他们设定

---

① Calvin College. Faculty Handbook ［EB/OL］. http：//www.calvin.edu/admin/provost/handbook/Handbook.pdf，2014 - 08 - 20.

的工资上限分别为：讲师，基本工资的103%；未能获得终身教职的各层次教授，基本工资的162.8%；终身职副教授，基本工资的169.08%；终身职教授，基本工资的178.5%。① 由此清晰可见，学位和终身职是工资待遇分层的两个重要依据，不同层级和资历的教师在该校所取得的工资报酬存在明显的分层。

4.4.4　分层特点

美国的学士学位授予高校相当于我国的本科教学型高校，其学术职业分层的特点主要包括：

（1）教学水平是学术职业分层的主要考核标准

由于这类大学的办学目的主要是通过教学培养高质量的人才，因此对教师的科研创新能力没有作出明确要求，而是对其课堂教学水平提出了相对较高的要求。教师由于不需要用大量的时间埋头于科研，故而教学任务较重。这样，教师就有大量的工作时间用在人才培养上，课堂外的学生指导工作也被视为其教学的一部分，在其层级晋升考评中占重要地位。

（2）学生评价对学术职业分层影响较大

相对于其他几类学校而言，这类高校教师的绝大部分工作任务是对学生进行教学和指导，所以他们想要得到续聘或晋升，在考核过程中学生评价的比重要明显大于其他学校。而关于学生评价，除了传统的学生对教师的主观评价外，还有不少学校推出了以学生成绩为反馈的客观评价模式。如威尔斯利学院在学生的毕业证上标明成绩，而教师给所有学生都打高分"是很没有面子的"。② 这就防止了教师讨好学生的现象，以便学生能更客观地对教师的教学工作进行评价。

4.5　社区学院学术职业分层

美国的社区学院是指社区开办的两年制的初级学院和技术学院，是自称

---

① Calvin College. Faculty Handbook ［EB/OL］. http：//www.calvin.edu/admin/provost/handbook/Handbook.pdf，2014-08-20.
② 教育部中外大学校长论坛领导小组. 中外大学校长论坛文集［C］. 北京：高等教育出版社，2002：390-391.

"以教学为第一"的高等教育机构，提供各种证书和课程，一般不提供学士学位课程。社区学院的目的立足于社区的建设和发展，主要侧重的是与技术教育和职业有关的实用课程。① 在美国，社区学院要么是公办院校，要么是非营利性私人办学。② 其中，布雷瓦尔德社区学院（Brevard Community College）有5个校区，规模较大，具有一定的代表性。

4.5.1 分层任职标准

与其他类型院校学术职业的工作职责有所不同的是，社区学院教师的主要工作任务集中在课程教学上，所以，其学术职业分层聘任条件除了注重学历和教学经验外，还强调所授学科学分的获得数量。布雷瓦尔德社区学院学术职业分层标准如表4-8所示。

表4-8 布雷瓦尔德社区学院各层级学术职位聘任条件③

学衔	聘任基本标准
讲师	获得硕士或博士学位，有一定的工作经验者优先考虑
助理教授	对于只有学士学位的人员来说，要有10年的教学经验；若是有硕士文凭者，也需要有3年的相关工作经验；若是有硕士学位加30~60个所授学科学分者，或者是具有博士学位者，则对其工作经验不作具体要求
副教授	对于硕士学位或同等学历证书的持有者而言，若修满了15个所授专业学分，则还需要10年的工作经验；若修满了30个专业学分，则另需6年的工作经验；若修满了60个专业学分，则只需要3年的工作经验。对于博士毕业生，则无工作经验要求
教授	对于硕士毕业生，需要修满60个专业学分，外加9年的相关工作经验；对于博士毕业生，也需要至少6年的相关工作经验

以上划分并不那么严格，具有一定弹性，这与社区学院整体综合实力的要求不高相一致。另外，社区学院由于针对性强、课程讲求实用，对教师科研能力的要求不高。基于这几点，为节省办学成本，社区学院的教师队伍结构有一

---

① The Carnegie Foundation for the Advancement of Teaching. Classification Description [EB/OL]. http://classifications.carnegiefoundation.org/descriptions/community_engagement.php, 2014-08-25.

② The Carnegie Foundation for the Advancement of Teaching. Summary Tables [EB/OL]. http://classifications.carnegiefoundation.org/summary/community.php, 2014-08-25.

③ Brevard Community College. Faculty Handbook [EB/OL]. http://www.easternflorida.edu/faculty-staff/documents/faculty-handbook-12-13.pdf, 2014-08-21.

个鲜明的特点——兼职教师比例很高。在布雷瓦尔德社区学院,只有30%的教师是专职的,另外70%都是兼职教师①,而兼职人员一般都不属于正式的教师岗位系列,只算作临时性的代课教师(Lecturer或Adjunct Members)。社区学院兼职教师的聘用标准与专职教师的聘任条件要求基本上是一样的,只是他们需要完成的工作量可以少一些。例如,在布雷瓦尔德社区学院,兼职教师的教学量一般不超过专职教师的80%。②

4.5.2 分层晋升考核

由于社区学院的办学宗旨和定位,社区学院的教师的主要学术工作集中于教学而非科研,故而在教师的晋升考核标准方面主要看重其教学与服务水平。卡内基教学促进基金会(CFAT)在1997年的教师综合调查中发现,所有大学教师的平均教学时间百分比为63.1%,而这个数据在马萨诸塞湾社区学院占到了77%左右。③ 该调查还显示,高达92%的社区学院教师同意应当把教学的效果而非出版作品作为其得到认可和晋升的基本标准。④ 另外,社区学院作为其所在社区的文化核心,其社会服务功能也是教师考核和晋升的重要标准。

4.5.3 工资待遇分层

由于社区学院对教师的学术标准要求相对较低,其工资水平自然低于其他类型院校的平均水平。2006—2007年,两年制公立学院(绝大多数是社区学院)教师的平均工资只有57800美元,而全美所有高校教师当年的平均收入为69500美元。⑤ 至于福利待遇,各学院根据自身的特点和经济实力自行确定,总体上与前面三类高校相差甚远。

一般而言,社区学院教师的工资待遇主要包括以下几个部分:

---

① Brevard Community College. Human Resources [EB/OL]. http://www.easternflorida.edu/community-resources/human-resources/index.cfm, 2014-08-21.

② Brevard Community College Faculty Handbook [EB/OL]. http://www.easternflorida.edu/faculty-staff/documents/faculty-handbook-12-13.pdf, 2014-08-21.

③ [美]菲利普·阿特巴赫. 为美国高等教育辩护[M]. 别敦荣,主译. 青岛:中国海洋大学出版社,2007:272.

④ 吕达,等. 当代外国教育改革名著文献(美国卷·第四册)[M]. 北京:人民教育出版社,2004:174.

⑤ National Center for Education Statistics. Total compensation, Percentage Distribution of Full-time Instructional Faculty [EB/OL]. http://nces.ed.gov/programs/coe/2008/section5/table.asp?tableID=940, 2009-02-28.

基本工资：主要由学衔、学历和工作经验3个因素决定。其中，学历因素虽不能直接决定教师的基本工资等级，但可以通过影响教师的岗位层级来间接影响工资等级。一般而言，教师的基本工资占总收入的50%左右，比重最大。

奖金：由于教师属于知识型人才，其工作成效难以判定，马萨诸塞湾社区学院教师的奖金总量较少，大概只占教师总收入的10%~20%，有时甚至不设奖金。

福利：主要包括退休金、福利、住房、医疗等，大约占总收入的30%。其中，教师的医疗、住房福利比例很小，比例较高的是退休金。但对于大多数兼职教师而言，难以享受到这些福利。

4.5.4 分层特点

社区学院是美国院校数量最多的一种高校类型，其学术职业分层的特点主要有：

（1）兼职教师比例高

在美国高校中，近30年来，非终身轨教师的比例越来越大，兼职教师的增长速度明显快于全体教师的增长速度。[1] 而相对于其他类型的高校而言，社区学院很少需要聘任从事科研且有较高学术水平的教师，而且社区学院一般都很少得到政府拨款，办学经费并不充足，因此，有一定教学能力但工资较低的兼职教师队伍就成为社区学院学术职业的主要来源，比例远高于其他类型学校兼职教师的比例。根据最新的数据显示，美国公立的两年制学院（多为社区学院）里兼职教师的比例为53.1%（340517人），而同年研究型大学里兼职教师的比例仅为30%左右。[2] 虽然社区学院里兼职教师的比例大，总人数也多，但为确保教学质量，每个社区学院都会对兼职教师提出较高和较明确的任职要求。

（2）在晋升中注重对社会服务工作指标的考核

建立社区学院的主要目的是促进社区的文化发展，在社区成员中普及职业知识和技能，以帮助人们就业，因此，社区学院教师的主要职责除承担大量的教学任务外，还需要承担一定的社区服务工作，教师分层考核的主要内容也重

---

[1] Roger G. Baldwin, Jay L. Chronister. The Questions of Tenure [M]. Cambridge, M. A.：Harvard University Press, 2002：130-131.

[2] National Center for Education Statistics. Employees in Degree-granting Institutions, by Employment Status, Sex, Control and Level of Institution, and Primary Occupation：Fall 2011 [EB/OL]. http：//nces. ed. gov/programs/digest/d12/tables/dt12_ 286. asp, 2014-08-25.

点放在课堂教学和社会服务两个方面。社会服务能力和成效是教师分层聘任考核中的一项重要指标。

4.6 美国不同类型高校学术职业分层的比较

伯顿·克拉克指出，学术职业是由"微小的世界、差异的世界"组成的。[①] 之所以微小，是因为其中存在太多的学科专业，这些学科专业组成了很多微小的世界；而差异体现在许多方面，学术工作、学术标准、学术评价方式、工资收入、声望、权力等都存在差异，这种差异构成了美国学术系统学术职业多样化的分层制度。通过对卡内基 2010 版大学分类法所列出的几种类型大学的学术职业分层进行考察，我们不难发现，在不同类型的美国大学里，学术职业分层制度存在明显的一致性和差异性。

4.6.1 一致性

受同样的历史文化的影响，即使是不同类型的高校，在学术职业分层方面也有不少的相似之处。

（1）分层形式基本相同

在美国，不管是在哪种类型的大学或学院，学术职业的分层几乎无一例外都由低到高地分为讲师、助理教授、副教师和教授四个层级，可以说全美高校的分层形式是基本相同的。

（2）分层聘任指标上具有一致性

美国各类高校都对自己所需要的教职人员在学历、教学能力、工作经验、科研能力和成果等方面列出了详细的考核指标，总体上是一致的，而且都相当严格，层级越高的学术职务，其任职条件也越高。只是各类学校聘任指标的侧重点不同。

（3）分层晋升考评程序上具有一致性

在美国的各类大学里，学术职业分层的考核晋升都是通过申请人申请、院系考核、教务长推荐、校长认可、董事会决定这几个环节，通过层层考评才能得以晋升。而且，对于大多数教师而言，都面临"非升即走"的挑战，每学

---

① Burton R. Clark. The Academic Life: Small Worlds, Different Worlds [M]. Princeton, N.J.: Carnegie Foundation for the Advancement of Teaching, 1987: 104.

年和每个聘期的考评是教师都要面对的。由于教师从低级职位向高级职位晋升的过程是学术职业内部分层的过程,是学术能力、水平和贡献不断被学术界同行认可的过程,因而不论是在哪一类高校,考核程序上都会表现出大体一致性。

(4) 相对平均主义

虽然在不同高校、不同院系,不同层级的教师职位享有的权力、地位、工资待遇都不尽相同,但是每个层级教师在其学校里所拥有的学术权力存在普遍的一致性。正如前面所提过的,学术职业人员之间的等级关系反映出一种相对平等主义倾向,不同层级的教师之间没有明显的等级隶属关系。学术职业分层只是根据教师的学术能力、水平和成就来对教师的地位指标进行分层,高层职位教师享有的待遇好、学术影响力较大而已。

4.6.2 差异性

由于美国高等教育系统"是一种多重型结构,其高等教育系统呈现出高度的多样性与等级性"[1]。因此,在不同类型的大学,学术职业的分层也表现出一定的差异性。

(1) 高校是分层的主体

美国高校拥有任用教师的自主权。不同类型的高校关于学术职位任职和晋升的具体要求和标准不一,即使是同一学校,不同的院系之间对同一层级职位的教师任职要求和考核标准也可能存在较大的差别。学术职位的设置,不同学术职位的工作职责、工资福利都由高校自主决定。层级相同的教师在不同类型的高校从事学术职业,工资待遇也有很大差别。由此可见,在高校学术职业分层过程中,高校是分层的主体。

(2) 分层职位设置与高校的功能和目标相结合

不同类型的高校各层级教师岗位的比例和人数设置,是根据各类学校的不同办学目标、办学规模和办学定位来确定的。办学目标主要集中于科研创新的研究型大学,教师岗位设置以教授为主,终身岗教师居多;而办学规模较大且办学经费不足的社区学院,则聘任大量兼职代课教师作为其师资队伍的重要力量。大体而言,美国高校的办学层次和其学术职业的分层结构具有相关性。学校的总体办学层次越高,教授、副教授等高级职位的比例就越大,学术职业的

---

[1] 别敦荣,陈艺波. 论学术职业阶梯与大学教师发展 [J]. 高等工程教育研究,2006 (6):17-23.

总体水平就越强。

(3) 学术取向影响分层标准

不同类型高校由于办学目标和定位存在差异，因而对教师的学术水平和专业素质的要求也不一样。加上不同类型高校的学术职业准入标准不同，必然导致不同类型高校教师的学术取向有所差异。有的倾向于研究，有的倾向于教学，有的倾向于教学与科研并重，有的倾向于社会服务。学术取向不同，学术职业分层标准也就有差异。例如，对于研究型大学来说，教师必然将工作的重心放在科研上，以期能通过卓越的研究能力和研究成果获得学界同行的认可，从而顺着学术职业分层阶梯向上攀登。

(4) 薪酬差异明显

工资收入作为社会地位的一个重要指标，不仅反映教师的学术工作业绩和在学术系统中的地位，而且还是教师学术声望的体现。尽管整体来说，美国学术职业各层级教师工资收入差距不是很大，但是，工资收入作为学术职业分层最直接的地位激励指标，在吸引和保持优秀学术人才过程中仍然发挥着重要影响。在美国，高校教师的收入呈现出与其所在院校声望正相关的现象，办学实力越高、社会声望越好的高校，高校教师的平均薪酬收入也就越高。综合实力强的研究型大学教师的平均收入远高于社区学院教师的平均收入。

第 5 章　中国学术职业分层的历史发展与制度变迁

我国近代高等教育仅有 100 多年的历史,而学术职业分层制度的演变却贯穿了近代中国高等教育发展的整个历史过程。在高等学校创办之初,我国基本沿用西方高等学校的学术职业聘任制度,这种制度以职务等级制为基础,是学术职业分层的外在表现形式。本章主要研究我国学术职业分层的历史发展情况与制度变迁轨迹,为分析当今中国学术职业分层的合理性和制度创新提供理论依据。①

5.1　学术职业分层变迁:百年中国的艰难探索

纵观我国近代高等教育 100 余年的历史,高校教师职务管理制度从最初的模仿借鉴,到新中国成立以后的改革实践,一波三折,跌宕起伏,探索前行,走过了一条不平坦的道路。可以说,中国高校教师职务管理的百年变迁是一个不断探索、曲折发展的艰难变迁过程,与我国高等教育管理体制变革密切相关,在不断的改革实践过程中,逐步形成了具有中国特色的高校教师职务管理制度。②

5.1.1　高校教师职务"官选""官管"时期(1862—1912 年)

1862 年,中国近代第一所新式学堂——京师同文馆出现,教师职务分为总教习、教习两种,副教习虽然承担一定的教学辅导工作,但不是严格意义上的教师。京师同文馆除汉文及算学教习由中国人担任外,其余均聘自国外。同

---

① 本章部分内容引自:李志峰.从学衔到岗位:高校教师职务管理的内在逻辑 [J].教育研究,2013 (5):79-86;杨开洁.中国高校学术职业的分层研究 [D].武汉:武汉理工大学,2010 (5);李志峰.高校学术职业分层的变迁逻辑,清华大学教育研究,2012 (4):110-116.
② 杨开洁.中国高校学术职业的分层研究 [D].武汉:武汉理工大学,2010:27-37.

文馆先后共聘用洋教习 55 人，部分洋教习入馆前为在华传教士；副教习由馆内优秀学生兼任，但仍以自己学习为主，主要任务是辅导新学生和成绩较差的学生学习外语。副教习中的优秀者可以升为教习。教师的最高职位是总教习。[①] 总教习、教习可以理解为清末新式学堂的学术职业分层。

1898 年中国近代第一所新式大学——京师大学堂设立以后，仍然沿用教习制，把教师职务分为总教习和分教习两个层次等级，设中英文总教习各 1 人，分教习几十人，分教习由总教习聘请。总教习的任职条件是：中国通人、学贯中西、能见其大者。分教习的任职条件是：品学兼优、通晓中外。不论官阶，不论年齿，务以得人为主。学术水平、业务能力成了任职的首要条件，官品、年龄、资格、出身都放在次要的位置。[②] "尤其是总教习的人选，得人为第一要义，要求德望具备、品学兼优的人。"[③] 时任京师大学堂的管学大臣张百熙，当时就聘请了德望甚高的吴汝纶作为京师大学堂总教习。1904 年，清政府颁布了《奏定学堂章程》，把教师职务进一步细分为正教员、副教员、助教员几个层次。这是近代大学最早的法定学术职业分层制度，学术职业分三个等级层次，职责各异、地位有高低之分。在这个时期，高校教师职务呈现出"官选""官阶"和"官管"的特征，教师的聘任、任免、晋升都非学校内部管理权力所能决定，教师属于政府官员，具有不同的官阶，接受政府的管理。

5.1.2 高校教师职务"内部聘任"时期——现代大学教师职务管理之肇始（1912—1924 年）

中华民国成立后，蔡元培出任教育部部长，对高校教师职务聘任制进行了改革。1912 年 10 月，新成立的国民政府教育部颁布了《大学令》，规定"大学设教授、助教授，遇必要时延聘讲师。大学各科设讲座，由教授担任。教授不足时，得使助教授或讲师担任讲座"。自此，我国高校教师职务第一次使用"教授"这一称谓，并将教师职务分为教授、助教授、讲师三个层次体系。1916 年，蔡元培出任北大校长，对北大进行改革，主张选聘教师的关键是学问新、造诣高、积学而热心，用人旨在用一技之长，不介意所选聘教师的思想倾向、年龄、资格、国籍等。同时，在大学设评议会和教授会，由教授负责审议学校一切重大行政事宜，包括教师职务聘任。1917 年 9 月，国民政府颁布

---
① 霍益萍. 近代中国的高等教育 [M]. 上海：华东师范大学出版社，1999：14-15.
② 霍益萍. 近代中国的高等教育 [M]. 上海：华东师范大学出版社，1999：53-54.
③ 郑登云. 中国高等教育史（上册）[M]. 上海：华东师范大学出版社，1994：59.

《修正大学令》，增设助教，并且对教师的称呼、任职条件、薪酬待遇等作了较明确的规定。当时的教授不仅享有相当充分的学术自由，而且在学校的决策和管理中拥有很大的"教授治校"权限。高校创办之初，基本上沿用了西方高等学校的聘任制度，教员均由校长聘任，条件由校长提出，无明确的任期和法定程序，聘任制度体现了一定的"大学自治'倾向。[1] 这个时期，教师从政府官员转变为思想独立的学者，大学内部教师聘任委员会可以独立聘任教师。现代大学教师职务管理制度的雏形开始形成。在这个管理制度中，明确了高校学术职业分层的形式、类型及各层级教师的职责。

5.1.3 "四级制"的高校教师职务管理制度形成时期（1924—1949年）

1924年，北洋政府教育部颁布了《国立大学条例》，规定："国立大学教员设正教授、教授，由校长延聘之。教授、正教授的任务是规划本学系的课程设置和教学。必要时可以延聘讲师。"[2] 该条例明确了教师由校长聘任，并规定了教授与正教授的任职条件，明确了等级层次不同的教员职务的差异性。1927年，南京国民政府成立，教育行政委员会颁布了《大学教员资格条例》，将大学教员分为教授、副教授、讲师、助教四级。从这个时期开始，中国高等学校第一次有了自己完善的教师职务条例，形成了较为稳定的"四级制"的教师职位分层系统，并一直持续到新中国成立前。可以说，《大学教员资格条例》是我国现代高校教师职务等级系统形成的重要标志。

总体来看，新中国成立前我国高校教师职务制度虽然有自己的探索，但是基本上是在模仿日本、美国、德国等国家的学校管理制度的基础上逐步形成的。

5.1.4 由学校聘任到中央统一管理高级教师职务时期（1949—1960年）

新中国成立以后，我国的高校教师职务制度的变化反映了社会政治、经济、文化及高等教育自身的发展需要，形成了独特的发展特点及规律。新中国成立之初，高校教师职务仍然沿用解放前的高校教师职务等级制。1950年7月，政务院批准颁布了《高等学校暂行规程》，规定："大学及专门学院教师，分为教授、副教授、讲师、助教4级，均由校（院）长聘任，报请中央教育

---

[1] 田正平，吴民祥. 近代中国大学教师的资格检定与聘任 [J]. 教育研究，2004（10）：81-89.
[2] 郑登云. 中国高等教育史（上册）[M]. 上海：华东师范大学出版社，1994：143.

部备案。"① 高等教育部于 1954 年 1 月下发了关于教师升等及干部管理问题的文件,对教师职务晋升进行了规定。1955 年 9 月,高等教育部发布了《关于修订教师升等问题的补充通知》,规定晋升对象只限于助教升讲师、讲师升副教授,并明确规定提升副教授由高等教育部审查批准。1956 年,《高等学校教师学衔条例》颁布,条例中明确指出,学衔是根据高校教师"学术水平、工作能力和工作成就所授予的学术职务称号"。学衔是对教师学术水平、工作能力、科研能力及工作成就的认可,是经有关部门认定后给予的称号。这种称号没有数量限制,但授予后终身享有,并作为确定工资、政治与生活待遇的依据,由专家评定委员会通过评定来确定。这是我国首次提出的高校教师学衔制度,并对学衔的内涵、条件、权利和授予程序进行了规定。学衔名称的提出强化了教师的社会身份意义,提高了教师的政治、社会和经济地位,激发了教师投入学术活动的热情。1956 年 4 月 23 日,高教部下发《关于高等学校教师升等问题的几项补充通知》,进一步明确提出了副教授升教授的具体要求和条件。1957 年"反右"工作开始后,教师职务晋升工作停止。这一时期,我国高等学校教师职务管理呈现出中央统一管理高级教师的任免、调配以及职务晋升的特点,政府对高校教师职务分层的控制和管理加强。

5.1.5 高级教师职务中央和地方分级管理时期(1960—1966 年)

1960 年 3 月,国务院颁布《关于高等学校教师职务名称及其确定与提升办法的暂行规定》,随之,《教育部关于执行〈国务院关于高等学校教师职务名称及其确定与提升办法的暂行规定〉的实施办法》正式出台,高等学校教师职务名称仍然分教授、副教授、讲师、助教四级。高校教师职务名称的确定和提升主要依据教师的学历、资历、思想政治表现和业务工作表现及年龄等条件。此外,该规定还对各职务的提升条件和批准权限作了具体的规定,规定高校只有助教和讲师的职称确定和提升权限,副教授和教授职称的确定与提升要分别由所在省、自治区、直辖市的高教(教育)厅(局)和中央教育部批准,并对优先提升和由于工作需要的提升都作了明确的规定。② 该暂行规定是新中国成立以来我国制定的第一个比较系统而又完整的教师职务方面分层分级管理的法规,标志着我国高校学术职业分层制度初步建立。教师职称首次出现在我国高校学术职业分层制度中。随着高校教师职务名称确定、提升工作的转变和

---

① 郑登云. 中国高等教育史(上册)[M]. 上海:华东师范大学出版社,1994:204.
② 余立. 中国高等教育史(下册)[M]. 上海:华东师范大学出版社,1994:30.

推进，我国高校开始实施教师职称制度。该暂行规定在教师工资分配形式上采取职务等级工资制度，强化了教师职称和工资收入的对应性。1961年，《教育部直属高等学校暂行工作条例（草案）》（即"高校六十条"）又对教师职务问题作了进一步的规定，针对高校职务提升中出现的问题，指出教师职务要根据他们担任的教学任务、教学质量和学术水平来确定和提升，其中优秀的，应该不受资历和学历的限制。这个时期，高校教师职务管理体现出以政治思想表现为中心，以资历和学历、学术水平、工作业绩等多指标为评定和晋升标准的特征。

从学衔是根据高校教师"学术水平、工作能力和工作成就所授予的学术职务称号"到高校教师职称提升主要依据教师的学历、资历、思想政治表现和业务工作表现及年龄等条件，反映了高校教师职务管理制度的重大变化，即从以"人"为中心向"人"和"事"相结合的方向转变，从重视教师的个体地位逻辑转向重视教师岗位任职能力和水平逻辑，强化了对于所任职岗位工作的"表现"。

5.1.6　高校教师职务管理停滞时期（1966—1977年）

随后，中国进入10年"文化大革命"时期，高校教师职务管理制度遭到破坏，教师职务提升和聘任工作基本上处于停滞状态，所有教师都被称为教员。

5.1.7　高校教师职务管理制度恢复时期（1977—1991年）

1976年，"文化大革命"结束。1977年9月，邓小平同志在题为《教育战线的拨乱反正问题》的讲话中正式提出，大专院校也应该恢复教授、副教授、讲师、助教等职称。1978年3月，国务院批转了教育部《关于高等学校恢复和提升教师职务问题的报告》，指出原来已经提升为教授、副教授、讲师、助教者，一律有效，恢复职称，不需重新办理报批手续。同时，下放高校教师职务管理权，给予高校相应的教师职称批准权限，教授的提升改为由省、市、自治区批准，报教育部备案。自此，高校开始全面恢复实行教师职务制度。1982年2月，教育部印发了《关于当前执行〈国务院关于高等学校教师职务名称及其确定与提升办法的暂行规定〉的实施意见》，提出在三年内恢复教师职称的确定和提升工作的基础上，实现高校教师职务考核晋升常态化。从此，我国高等学校教师职务管理工作步入经常化、规范化、制度化的轨道。

这个时期职称的概念被普遍接受和使用，但是职称既带有称号性质，又带有职务因素，概念含糊，给管理带来了不便。于是，1983年全国暂停职称评定，开展整顿。1983年9月以后，教育部在进行较深入研究的基础上，先后草拟了实行学衔制、学衔与职务聘任"双轨制"、教师职务聘任制三种改革方案。其中，学衔与职务聘任"双轨制"于1984年12月先后在北京、上海等八所院校进行了试点。其后，1986年1月，国务院召开全国职改工作会议，正式决定改革过去职称评定制度，实行专业技术职务聘任制。国家教委正式颁布《高等学校教师职务试行条例》，对高校各级教师职务的职责、任职条件、任职资格评审、聘任及任命等方面进行了明确规定。高校教师专业技术职务是高校根据学校实际工作需要设置的教师工作岗位，在定编定员的基础上，确定高、中、初级教师的合理比例，各级职务都有明确职责，由校长或其他行政领导在经过评审委员会认定的、符合相应条件的教师中聘任或任命，并在任期内领取教师职务工资。

1986年国务院召开的全国职改工作会议是我国高校教师职务管理制度改革的重要标志，其特点在于首次将教师职称与根据学校实际工作需要设置的教师工作岗位结合起来，聘任和任命相结合，从过去以教师的学术水平、工作能力和工作成就为主要评定依据向教师身份管理与工作岗位相结合的管理模式转变，进一步明确高校教师职务的岗位属性，强化了教师岗位意识，体现因事设岗、岗职匹配的高校教师职务管理原则。

5.1.8 深化教师聘任制度改革时期（1991—1998年）

1991年，我国高校教师职务聘任制改革开始实行。国家教委和人事部联合颁布了《关于高等学校继续做好教师职务评聘工作的意见》，以大学教师聘任为重点，提出分开进行教师任职资格的评审和教师职务聘任工作，即评聘分开。1993年10月，《中华人民共和国教师法》（以下简称《教师法》）颁布，规定"国家实行教师职务制度""国家实行教师资格、职务聘任制度，通过考核、奖励、培养和培训，提高教师素质，加强教师队伍建设"，把教师职务聘任制度纳入法制化管理轨道。1994年3月，国家教委、人事部下发了《关于进一步做好授予高等学校教授、副教授任职资格评审权工作的通知》，在1986年和1988年先后两批下放高等学校教授、副教授任职资格评审权的基础上，进一步下放了一批高等学校教授、副教授的评审权。

评聘分开的制度设计进一步强化了学校发展需要。"评"反映了教师的学术水平、工作能力和工作成就,通过评审授予不同的职称,体现教师的个体价值和社会价值,强化教师的任职资格;"聘"反映了岗位工作需要,有合适的岗位才能够聘任有资格的教师,体现的是组织发展需要。高评低聘、高评不聘、低评高聘成为可能。高校教师职务管理以提高组织效率为取向的政策设计基本形成。

5.1.9 以岗位为核心的教师聘任制的初步形成时期(1998—2007年)

1998年8月29日,第九届全国人民代表大会常务委员会第四次会议通过《中华人民共和国高等教育法》(以下简称《高等教育法》),明确规定高等学校实行教师聘任制。1999年,教育部在《关于当前深化高等学校人事分配制度改革的若干意见》中提出,高校人事制度改革的总体思想是"按需设岗、公开聘任、平等竞争、择优聘任、严格考核、合同管理",教师职务管理制度开始由职称管理转到岗位管理。高校开始根据学校和学科的总体发展目标明确岗位职责和任职条件,科学设置岗位,从原有的身份管理走向岗位管理。同时,教师聘任制体现的契约精神开始回归高校,教师作为自由流动的学者,其独立精神得以重现,合同管理体现了学校和教师双方自愿平等选择的原则,教师的自由流动成为可能,教师和高校之间不再是一种依附关系,而演变成为一种平等的关系。之后,2000年6月,中共中央组织部、人事部、教育部印发了《关于深化高等学校人事分配制度改革的实施意见》,明确提出进一步强化竞争机制,改革固定用人制度,破除职务终身制和人才单位所有制,在高等学校工作人员中全面推行聘用(聘任)制度。

在这个时期,教师聘任制改革进入了以岗位为中心的发展阶段,以岗位为中心的聘任制使得学校能根据学科建设和教学、科研任务的需要,科学合理地设置教学、科研、管理等各级各类岗位,明确岗位职责、任职条件、权利义务和聘任期限,按照规定程序对各级各类岗位实行公开招聘,平等竞争,择优聘用。至此,以提高组织效率为取向的岗位聘任制度设计开始全面实施,教师职称的身份属性进一步弱化,教师职称围绕岗位需要服务。

5.1.10 强化以岗位为核心的高校教师分级管理制度形成时期(2007—)

2007年5月,人事部和教育部出台了《关于高等学校岗位设置管理的指导意见》,全面启动高校教师岗位分级管理制度改革,将高校教师岗位分为四层十三级，实施分级考核，以岗定职，进一步强化以岗位设置为核心的教师分级管理制度设计。

改革开放之后，我国高校教师职务管理制度改革大体可以分为两个阶段：1991年以前，是高校教师职务与晋升制度恢复并重新界定管理权限、明确职责的阶段，是教师职务任命制、评定制阶段；1991年以后，全面进入高校教师职务聘任制与岗位制度改革阶段，以评聘分开、聘任管理、岗位管理、合同管理为基本特征。从不同阶段的变迁轨迹来看，我国高校教师职务管理制度改革正在从过去的职称管理向以提高组织效率为中心的岗位管理转变。

5.2 中国学术职业分层的形成机制

学术职业分层机制作为制度化的不平等的再生机制，总是嵌于原有学术制度安排之中，并由这些学术制度安排来作出解释。在现代大学里，大学与政府的关系、大学与社会的关系、大学与教师的关系构成了最基本的学术制度安排。这些学术制度安排直接作用于学术职业的分层机制。

5.2.1 政府主导下高校有限自主的机制

学术职业分层制度的形成与发展是政府和高校相互博弈的结果。在学术职业分层制度的形成过程中，政府是最大的制度供给者，是学术职业分层制度形成的主导力量。政府主要通过自上而下地推行政策、法规等推动学术职业分层制度的形成。高校获得办学自主权以后，在院校内部学术职业分层过程中具有一定的自主性。当代中国学术职业分层是在政府主导和高校自主的共同作用下完成的。

改革开放以来，国家虽然在法律上明确了高校应该享有办学自主权，但是政府对高校的控制方式没有根本改变。一方面，公办高校的办学经费、科研经费和基建经费等费用都由政府控制，政府拨款在公立高校的办学经费中也占据很大比例，政府通过拨款等资源配置方式实施对高校的控制；另一方面，我国高等学校被纳入国家行政管理序列，政府可以通过行政手段对高校进行控制和管理。在我国，政府和教育行政部门通过出台政策文件对高校教师的编制、岗位的设置、聘任的程序和条件等各个方面都作出了详细的规定。由此可见，政府在学术职业分层制度设计过程中仍然发挥主导作用。

与此同时，随着办学自主权的回归，高校在学术职业分层制度设计过程中也有了一定的自主性。1985年《中共中央关于教育体制改革的决定》明确提出要"改革管理体制，在加强宏观管理的同时，坚决实行简政放权，扩大学校的办学自主权"；1992年国家教委发布《关于国家教委直属高校深化改革，扩大办学自主权的若干意见》，较早有针对性地提出了自主权问题；1995年《中华人民共和国教育法》颁布实施，规定学校及其他教育机构可以行使"聘任教师及其他职工，实施奖励或者处分"的权力；1998年《高等教育法》颁布实施，以法律的形式明确规定高等学校享有办学自主权，规定高等学校"应当面向社会，依法自主办学，实行民主管理"，"自主确定教学、科学研究、行政职能部分等内部组织机构的设置和人员配备；按照国家有关规定，评聘教师和其他专业技术人员的职务，调整津贴及工资分配"。这些法规授予了高校在国家政策范畴内自主设计学术职业分层制度的部分权力。高校获得办学自主权以后，资源和声望的竞争使得高校不得不通过象征性地位资源的内部再分配、不同层级的地位再生产机制来促进教师积极性的提高，形成一种以效率为中心的分层制度安排，这种分层制度是对政府分层制度的补充。

虽然高等教育的宏观管理体制决定了政府对包括学术工作在内的高校工作有着明确的管理职能，但高校学术职业分层是组织内部的学术事务。随着政府从高等教育事务的主导者角色向指导者与服务者角色的转变，政府权力对于高校学术职业分层权力的影响强度逐渐减弱，院校内部行政权力和学术权力的影响不断增强，高校可以在政府授权下对教师岗位的设置和聘任进行必要的自主安排。

从百年中国学术职业分层制度的变迁来看，呈现出政府主导制度变迁、实施制度供给、限制微观主体作用的制度创新等特点。随着高校办学自主权的扩大，高校在政府主导的强制性学术职业分层制度变迁过程中也开始发挥其主体作用。例如，确定不同层级教师职务的聘任标准，结合院校发展目标自主设置不同层级的岗位，一些高校尝试在教授层中将教授职位又进一步细分为首席教授、讲座教授、学科责任教授等多样化的分层体系。[①] 因此，学术职业分层制度逐步形成了政府主导下高校有限自主相结合的特征。

---

① 高校内部制度分层体现出多样化的特征。有的学校设立了首席教授、讲座教授、学科责任教授等；有的学校设置了首席战略科学家层、特聘教授层、产学研合作教授层等。有的学校将教授分为具有博士研究生指导资格的教授层和一般教授层，副教授分为具有硕士研究生指导资格的副教授层和一般副教授层，等等。

5.2.2 市场逻辑与知识逻辑的平衡机制

市场逻辑与知识逻辑是大学与社会基本制度的反映。与美国等西方国家不同的是，总体来说，我国学术职业分层制度的形成和发展是强制性制度变迁的产物，这同我国高等教育作为一种后发外生型的发展模式以及中央集权的管理体制密切相关，呈现出与欧美国家高等学校学术职业分层制度不同的变迁特征。改革开放尤其是市场经济体制实行以来，市场力量在我国学术职业分层中的作用越来越明显。

随着市场经济的发展，高校办学的资源依赖关系开始发生变化，从完全依赖政府向依赖社会和市场转变。高校需要面对的办学绩效评价和社会问责等现实问题也因此而更加突出，"绩效和责任成为大学的价值追求，绩效指标和质量控制成为学术职业管理的手段"[1]。如果高校的学术职业分层制度不进行积极的创新和变革，市场所提供的高校所需的资源就难以满足高校发展需求。因此，高校必须在已有的自主权范围内积极进行学术职业分层制度创新，以主动适应市场的需要。

市场力量介入学术职业并对学术职业分层发挥影响表现为：市场力量的进入使学术职业分层受到了学术劳动力市场、高等教育需求市场和资本市场等多种市场因素的影响。一是学术劳动力市场的供求状况对学术职业分层中各层次职位的任职要求与工作条件等提出了新要求。当学术劳动力供大于求时，学术职业分层的各层次任职要求和晋升难度可能会提高，学术职位的竞争性加剧。二是高等教育需求市场的变化会导致学术职业分层中各层次的职位数量、比例与层次间的跨度发生相应的变化。三是资本市场直接影响到学术职位的数量和类型、聘任要求和标准以及学术职位的收入。市场竞争机制使得教师职务能上能下、工资能高能低、能者有其位、庸者无其岗的用人机制得以建立，而且学术职业分层逐渐呈现以竞争导向、绩效导向和结果导向为趋势的市场逻辑特征。

在学术职业分层的价值目标中，最重要的是知识价值。知识活动是高校一切权力的来源，没有知识活动的支持，高校就失去了存在的社会理由。虽然高校为了自身的生存发展也不断地采取适应性行为，以便于其知识活动的展开，但高校与生俱来的核心使命是追求知识价值。高校作为探究和传播高深知识的

---

[1] 周光礼. 委托——代理视野中的学术职业管理：中国大学教师聘任制改革的理论依据与制度设计[J]. 现代大学教育，2009（2）：80-85.

场所具有专业属性、学术属性和行政属性等组织特征，但其根本属性是学术属性。知识不仅是高校存在的社会基础，更是高校赢得社会地位和社会声誉的根本所在。高校学术职业分层制度形成的根本动因就是为了促进学术的进步与发展。因此，知识逻辑是推进学术职业分层的最基本的内在动力。

从短期来看，知识逻辑所追求的学术目标与市场逻辑所追求的效率目标可能是有冲突的，但从长远来看，两者是辩证的统一。因此，正是由于知识逻辑和市场逻辑的共同影响，才推动了学术职业分层体系的不断完善和发展。

5.2.3　组织发展与教师地位获得的协调机制

首先，组织发展是学术职业分层制度形成的基础。高校的职能活动是通过不同岗位群的学术工作来实现的，可以说，组织是岗位的集合。组织的发展必然需要设置不同的职位岗位来完成人才培养、科学研究和社会服务等各项任务。从大学最初的形成来看，助教岗位和教授岗位就是为了完成人才培养的任务而分层设立的，讲师、助理教授、副教授岗位的设立也是大学学术工作功能分化的产物。因此，组织是学术职业赖以生存的环境，学术职业岗位分类分层的目的就是为了更好地实现组织发展的目标。同时，组织要想提高教师的工作积极性，就必须对教师进行有效的激励。教师的职位分层及相应的层级要求是组织对教师队伍进行管理的基础，为了更好地激励教师的工作积极性，对学术职业进行分层管理就成为高校的自然选择。

组织为教师建立了科学合理的学术职业发展阶梯，这对于调动他们的积极性和创造性，增加他们对组织的忠诚感，进而促进组织的永久发展具有重要的意义。学术职业分层对教师个人的工作绩效提出了更高的要求，为教师的发展和选择提供了更大的空间。每一个教师在自己的职业生涯中，都希望有自己成长的道路、奋斗的目标和施展才华的舞台，也期待有自己发展的空间和晋升的希望，更希望所作出的努力和贡献能够得到学校的承认。教师个体成长追求更高的社会地位，实现个体价值是教师内在的需要。因此，建立合理科学的学术职业分层秩序、促进教师向上流动就成为组织制度设计的重要内容。

其次，教师个体发展的目标是地位获得。学术职业分层为教师实现其职业目标明确了职业道路，能充分调动教师的潜能。学术职业分层为以学术为业者的职业生涯设计了发展阶梯，对于调动教师的积极性和实现组织目标具有非常重要的现实意义。事实上，学术职业分层是一套学术价值体系，它所反映的是大学教师所从事的学术活动的价值序列，是一个由低层次到高层次的价值增值过程。学术职业分层通过设置由低到高的职业发展路径，将教师的劳动价值纳入学术价值体系之中给予认定，意味着与职业晋升相伴的教师学术劳动的质量在更高层次上得到了认可，也意味着高校教师在收入、权力、自主性和声望等方面的社会承认。

教师个人的成就需要和地位获得意识要求学术职业的岗位设置为其职业发展提供足够的空间。对于一个高校教师来说，从助教到讲师，从讲师到副教授，从副教授到教授，以及从教师专业技术岗位13级到1级，都是不同职位岗位的发展轨道，每一个层级的晋升不仅意味着其学术工作得到组织的认同，也意味着教师地位的提高。从地位获得的角度理解，学术职业分层体系就是一个教师个体不断获得地位的体系。

在学术职业分层制度的形成过程中，追求学术声望和管理效率目标是组织发展的基本目标，教师的地位获得需求是学术职业分层形成的内部动力，学术职业分层制度就是在高校组织发展目标与教师职业发展目标协调统一的基础上形成和发展的。

5.3 中国学术职业分层的制度安排

5.3.1 基本分层制度

（1）金字塔型分层

纵向分层与学科在不同历史时期的等级地位密切相关。在不同历史时期，学科的地位不同，该学科教师在整个学术职业体系中的地位就不同。如，神学在中世纪欧洲地位最高，神学教授在整个教师系统中处于地位的顶端。在一个学术职业系统内部，学术职业分层和各个国家学术系统的特殊性相关，但大体上主要依据学历、资历、学术能力、学术水平和学术成就等来进行职位分层。在我国，按照政府法规对学术职位的分层制度安排，学术职业基本分层制度以职称为分层符号分为助教、讲师、副教授、教授四层。一是基础层——助教，其任职职责是新教师在未受聘为讲师以前先从事一年或一年以上的教学辅助工作。二是中间层——讲师，其任职职责是能够独立开设一门或一门以上课程。三是高级层——副教授，其任职职责是不仅具有开设新课的能力，对本学科的整体情况有充分的了解，而且能独立主持研究项目，取得高水平的科研成果。

四是塔尖层——教授，教授是大学里的核心，承担着培养人才，开展和领导开展科学研究、为院校和社会提供高质量服务的职责。我国最近正在推进的高校教师岗位设置分级管理制度又将学术职业分为四层十三级，即助教层分3级，讲师层分3级，副教授层分3级，教授层分为4级。每一层级都有相对应的学历、资历和学术评价指标，也有相对应的工资福利标准。从社会学的地位分层理论来看，分级也是一种分层，实际上我国学术职业已经分为了4大层13小层，在表现形式上呈现出层中有级、级中有层的特征。在学术职业内部总有一种内部分层的动力在推动分层不断细化。在教师岗位分级制度形成之前，各个学校因校制宜地开始了学术职业内部分层分级的探索，以不断促进学术的发展，如有的学校在教授层进行了分级管理，设置了教授、具有博士生指导资格的教授、学科责任教授、首席教授、特聘教授、讲座教授等，每一层级都有各自的任职标准，并和工资福利待遇挂钩，形成了同层不同级的地位差异。而学术职业分层和高等学校的分层密切关联，不同层次类型的高校学术职业分层的类型和形式也是不一致的。其中，高深知识的功能和价值作为一种内在的逻辑一直在影响学术职业的分层并形成了以知识贡献和学术声望为核心的金字塔型学术职业分层结构。

(2) 学术职业分层分类

高校学术职业的分层分类与学科专业门类密切关联。学科专业是社会分工、学科知识和教育结构三位一体的组织形态。其中，社会分工是学科专业存在的基础，学科知识是学科专业的内核，教育结构是学科专业的表现形式。三者缺一不可，共同构成高校人才培养的基本单位——学科专业。正是由于学术职业功能定位与高校学科专业的定位以及教师的学术取向密切联系，所以，在高校学术系统就形成了以研究为主导的学术职业、教学与研究并重的学术职业、以教学为主导的学术职业、以应用为主导的学术职业等分类。学术职业的类型因其功能不同而存在明显的职责和地位差异。因此，在学术职业分层过程中形成了层中有类、类中有层的格局。

社会学家认为社会结构可以按照一定等级标准划分为若干层次，每个社会中又存在不同的职业阶层，分工中每个职业都有各自的职业阶梯。高校属于社会结构中的一个重要部分，中国高校学术职业也有其特有的职业阶梯，这个职业阶梯一般通过职称或者岗位来反映。

由于高校教师的专业技术职务（职称）和岗位对不同类型的学术职业分层具有学术评价和地位获得的双重作用，因此，在中国，一般意义上的学术职业分层研究以职称或者岗位作为其分层的标志。

5.3.2 分层聘任制度

高校学术职业的基本分层聘任制度是由政府制定的，具体细则由高校自主确定。早在1986年，国家教委颁布的《高等学校教师职务试行条例》（职改字〔1986〕第11号）就对助教、讲师、副教授、教授的任职条件进行了详细规定，这是我国改革开放以后颁布的教师分层聘任标准最具权威性的政策文件。这个政策文本对助教、讲师、副教授、教授的任职条件进行了如下规定：

第九条 助教任职条件是，符合本条例第八条要求，并具备下列条件之一：

1. 获得学士学位；或在工作实践中学习提高，经考试或考查，确认达到学士学位水平，经过一年以上见习试用，表明能胜任和履行助教职责。

2. 获得硕士学位或研究生班毕业证书或第二学士学位证书，经考查，表明能胜任和履行助教职责。

第十条 讲师任职条件是，符合本条例第八条要求，并具备下列条件之一：

1. 在担任四年或四年以上助教职务工作期间，已取得高等学校助教进修班结业证书；或确认已掌握硕士研究生主要课程内容，具有本专业必需的知识与技能和从事科学技术工作的能力，能顺利地阅读本专业的外文书籍，经考查，表明能胜任和履行讲师职责。

2. 获得研究生班毕业证书或第二学士学位证书且已承担两年或两年以上助教职务工作，具有本专业必需的知识与技能和从事科学技术工作的能力，经考查，表明能胜任和履行讲师职责。

3. 获得硕士学位且已承担两年左右助教职务工作，或获得博士学位，经考查，表明能胜任和履行讲师职责。

第十一条 副教授任职条件是，符合本条例第八条要求，承担五年以上讲师工作；或获得博士学位且已承担两年以上讲师职务工作，经考查，表明能胜任和履行副教授职责，并具备下列条件：

1. 对本门学科具有系统而坚实的理论基础和比较丰富的实践经验，能及时掌握本门学科发展前沿的状况，并熟练地掌握一门外国语。

2. 教学成绩显著，能较好地对学生进行启发式教学，培养其分析问题、解决问题的能力。

3. 发表过有一定水平的科学论文或出版过有价值的著作、教科书；或在教学研究方面有较高造诣；或在实验及其他科学技术工作方面有较大的贡献。

第十二条 教授任职条件是，符合本条例第八条要求，承担五年以上副教授职务工作，经考查，表明能胜任和履行教授职责，并具备下列条件：

1. 教学成绩卓著。

2. 发表、出版过有创见性的科学论文、著作或教科书，或有重大的创造发明。

3. 在教学管理或科学研究管理方面具有组织领导能力。

第十三条 对于在教学工作或科学研究工作及其他科学技术工作等方面成绩特别突出的教师，其任职条件可不受学历、学位、任职年限等规定限制。

这个政策文本对于高校教师职务的原则规定是高等学校制定教师职务具体细则的基本依据。对教师的学历、学位、任职年限等有具体明确的规定，对工作职责作了较为定性的要求，其中，教学能力是共性的要求、科技创新水平是区分教授与副教授的主要指标。随着高等教育改革的不断深化，高等学校对于教师职务的评聘条件不断提高。

2007年教育部、人事部颁布的《指导意见》则是对高校教师职务分层聘任制度的重大改革，政策核心是从教师职务制度转向教师岗位分层聘任制度。制度转型的核心是以岗位为中心实施高校教师岗位分级聘任管理。《指导意见》规定高等学校应分别按照管理岗位、专业技术岗位、工勤技能岗位的职责任务和任职条件，在核定的结构比例内聘用人员，聘用条件不得低于国家规定的基本条件，并要求各省（自治区、直辖市）、高等学校根据基本原则，制定本地区、本单位具体实施细则和操作方案。《指导意见》指出，三类岗位的基本条件有4个：遵守宪法和法律；具有良好的品行；岗位所需的专业、能力或技能条件；具有适应岗位要求的身体条件。

对于专业技术岗位基本条件，文件规定专业技术一级岗位属于国家专设的特技岗位，其人员的确定按国家有关规定执行，2~13级专业技术岗位的基本任职条件按照现行专业技术评聘的有关规定执行。在此基础上，高、中、初级等不同等级岗位的任职条件，由主管部门和高校遵照《事业单位岗位设置管理试行办法》（国人部发〔2006〕70号）、《〈事业单位岗位设置管理试行办法〉实施意见》（国人部发〔2006〕87号）和《指导意见》，根据岗位的职责任务、专业技术水平要求等因素综合确定。《指导意见》规定：高等学校专业技术岗位的基本任职条件按照现行专业技术职务评聘的有关规定执行。受聘教师岗位的人员应具有良好的学风、学术道德和合作精神，符合国家关于相应教师职务的基本任职条件，具备与履行岗位职责相适应的学术水平和创新能力。高等学校实行职业资格准入控制的专业技术岗位的基本条件，应包括国家规定的相关职业资格准入的条件。

岗位分层聘任制度进一步明确了岗位设置的基本要求、结构比例、岗位条件，是一次重大的高校人事制度改革，有利于高校不断提高办学效率、有利于明确高校教师的工作职责和权利、有利于激发高校教师的积极性。

5.3.3 分层评价制度

既然高校教师岗位是分层聘任的，不同层级的岗位享有不同层级的权利，同时履行不同层级岗位的职责义务，因此，就必然需要对不同层级岗位的教师开展不同学术标准的考评，基于不同岗位职责的高校学术职业分层评价制度就相伴而生。

分层评价制度是一项影响高校教师工作积极性、事关高校发展的综合性工作。"只有在对教师进行科学、合理的评价考核基础上，才能进行客观、公正的聘任。"[①] 关于分层评价，《指导意见》明确给出了原则性规定："在聘用工作中，学校应充分发挥院（系）聘用组织和专家教授的重要作用，积极建立校内外同行专家学术评价制度。""聘用合同期满前，高等学校应按国家有关规定和受聘人员的履职情况认真考核，及时作出续聘、岗位调整或解聘的决定。"在这一原则意见的指导下，我国大多数高校是根据教学和科研两大类任务完成情况对受聘教师进行业务工作考评，也有少部分高校根据教学、科研、社会服务三大类任务完成情况对受聘教师进行考评。对高校教师进行分层评价是聘后管理中非常重要的工作，其中一个常见的方式就是绩效考核，对高校教师进行绩效考核就是通过公平合理的评价手段来确定每位教师对学校的贡献，判断教师与岗位的匹配程度，以此作为岗位聘任的依据。教师在大学一般会经历从助教到教授、由低到高的缓慢的职务晋升过程。一般情况下，教师职务或者岗位的晋升是沿着分层阶梯逐级晋升的，极其优秀的教师可越级晋升。只有完成一定的教学和科研任务，达到晋升规定的条件要求，才能在岗位总量控制

---

① 刘献君. 中国高校教师聘任制研究——基于学术职业管理的视角 [M]. 北京：科学出版社，2009：137.

基础上通过竞争的方式获得晋升。各高校在开展岗位分级评价过程中，因地域、校情甚至专业不同，分级评价的侧重点有所不同。有些高校较为注重教学成果的考评；有些高校则注重科研成果的考评；有些高校则对教学成果和科研成果两个方面进行考评。除了对教学、科研两个主体方面进行评价外，一些院校还开展了社会服务领域的评价。

目前各高校学术职业分层评价制度偏重于定量评价，明确规定了高校教师发表论文的数量、教学工作量以及纵向和横向科研项目等易于量化的指标，便于较为客观地对教师学术工作进行评价。但对教学效果和质量、论文水平等难以量化的指标缺乏科学定性评价的方法。尽管量化主导的学术评价制度受到了学术界的广泛诟病，但是院校越来越趋向运用量化评价方法来开展学术评价活动，这种理论与实践的矛盾是高校学术职业管理中的绩效管理理念与学术工作评价的模糊性互相冲突的结果。

5.3.4 岗位分级制度

2007年人事部、教育部联合下发的《指导意见》规定："专业技术岗位分为13个等级。专业技术高级岗位分7个等级，即一至七级。高级专业技术岗位正高级的岗位包括一至四级，副高级的岗位包括五至七级；中级岗位分3个等级，即八至十级；初级岗位分为3个等级，即十一至十三级，其中十三级是员级岗位。"[1] 这就是现行学术职位"四层十三级"的基本分层结构，如表5-1所示。

表5-1 "四层十三级"岗位分级结构

学术职位的分层分级		
专业技术高级岗位	正高级的岗位（教授）	一级
^	^	二级
^	^	三级
^	^	四级
^	副高级的岗位（副教授）	五级
^	^	六级
^	^	七级

---

[1] 人事部，教育部. 关于高等学校岗位设置管理的指导意见 [R].〔2007〕59号.

续表

学术职位的分层分级		
专业技术中级岗位	中级岗位（讲师）	八级
		九级
		十级
专业技术初级岗位	初级岗位（助教）	十一级
		十二级
		十三级

四层十三级的学术职业岗位分级制度是一种新的学术职业分层制度。这种学术职业分层制度有利于进一步调动教师的积极性，完善高校教师的岗位分层结构提高组织管理绩效，实现组织发展目标。在实行高校教师岗位分级制度之前，高校教师依据职称享受相同的待遇，而且各类职称基本上都是终身制的。教师岗位分级制度一定程度上打破了以往"大锅饭"的传统。现阶段中国高校启动的教师岗位分级设置制度，既是事业单位收入分配制度改革的迫切要求，也是高校深化人事制度改革的重要举措，有利于优化配置人才资源，有利于完善竞争机制，有利于促进人才队伍建设。① 目前的教师岗位分级制度促进了教师从过去"只上不下"开始向上下流动的机制转变，岗位分级管理制度正在逐步形成以组织目标和岗位职责为导向的新型学术职业分层管理制度。

5.4 中国学术职业分层的驱动力与原因

学术职业分层是社会分工的产物，是高校功能不断扩展的结果。从组织角度来看，学术职业分层是为了更好地实现高校的组织目标，实现社会分工的生产效率的不断提高；从教师个体来看，学术职业分层满足了教师获得职业地位、实现自我价值的内在需要，这是学术职业分层的内在原因。

5.4.1 分层驱动力

当代中国学术职业分层发生了许多重要变化，分层所导致的地位差异正在深刻影响教师的学术生活，分层所导致的阶层变化也正在改变人们对于学术职

---

① 奚平. 教授分级能够走多远 [N]. 中国社会科学院报，2009-06-09（001版）.

业这一学术性职业的理解。学术职业分层之所以出现许多新的变化，是受其内外驱动力的影响所致。

(1) 思想解放运动带来了人才观念的重大转变。改革开放是一次大的思想解放运动，以经济建设为中心就需要大批能够为经济建设作出贡献的人才，知识分子的政治和经济地位因而得到显著提高，尊重知识、尊重人才成为社会的共识。人们对人才的识别、选拔、管理、培养、保护等方面的态度发生了根本转变。高校教师作为人才的重要组成，在促进高等教育发展以及开展知识创新、人才培养和社会服务活动中的作用越来越突出。如何充分发挥高校教师的学术创新能力成为现代大学教师管理制度创新的出发点，学术职业分层不断适应这种制度变迁成为必然。

(2) 高校学术系统的重大调整给学术职业分层提出新的要求。这具体表现在三个方面：一是高校的功能扩大，原来单纯的教学功能发生了根本的变化，科学研究、社会服务、学术交流、引领社会发展等成为高校新的功能。从功能分层理论出发，学术职业分层制度改革是必然的。二是高等学校的组织特性发生了根本转变，从政府主导的事业单位转变为面向社会自主办学的法人，这使得高校有了更大的办学自主权来开展学术职业分层工作。三是高校的分层分类管理体制的形成使得高校的目标定位更加明确，教师的工作任务更加具体明晰，学术职业分类分层管理有了基础。四是高等教育从精英教育向大众化教育的转型，也要求学术职业分层适应这种变化。

(3) 全球学术竞争给学术职业分层带来深刻影响。国际学术职业已经成为一个高度流动的职业，学术职业的流动进一步促进了全球高等教育的竞争。[1] 国际竞争不可避免地会影响到学术领域。竞争与合作的变革需要管理制度的调整，教师作为高校的核心资源，作为高校的第一生产力，直接决定着学术竞争的优势。在成本控制、院校自治与经费来源多样化的今天，如何通过加强管理来充分发挥教师的工作积极性，提高人才培养、研究和社会服务的效率，成为学术职业分层管理的重要课题。

(4) 高校追求声望和资源的内在动力驱使学术职业分层更加效率化。追求大学的卓越声望，办人民满意的高等教育成为大学的目标。高校的发展需要资源，资源总是流向声望卓越的高校。教师是高校声望的基础，教师的声望在一定程度上反映出高校的声望，只有具备雄厚的资源优势，才能够吸引教师、

---

[1] Anthony R. Welch. *The Peripatetic professor: the Internationalization of the Academic Profession* [J]. Springer Netherlands: Kluwer Academic Publishers, 1997 (10): 66-84.

满足教师开展高水平的学术活动的需要，而高水平的学术活动又是获得高校声望的基础。因此，开展学术职业分层实践以保障教师的地位和声望就成为高校教师管理的新目标。

（5）高校学术金本位的影响。"学术金本位"是指建立在英国古典人文教育基础上的，对大学教育学术性、理论性的坚守。[1] 这一价值取向深刻影响着学术职业分层的价值取向。学术职业分层要以学术贡献为中心，坚守学术的崇高性，排斥外界力量对学术职业的干预。崇尚学术、追求真理既是高校教师的学术理想，也是学术职业分层的理性诉求。

（6）问责制度要求学术职业分层结构更加合理。问责制度可以有效保障高校教师在从事学术职业过程中沿着理性的原则开展学术工作，从而促进学术工作的不断改进，形成合理的学术职业分层结构，激励教师潜心向学，产生最大化的人才培养效益和科研效益。

5.4.2 主要分层原因

为了进一步研究学术职业分层的主要原因，本书利用李志峰教授主持的国家社会科学基金项目——《学术职业分层与教师岗位设置管理制度研究调查问卷》所得到的调查数据对学术职业分层的原因进行了分析。该调查于2010年实施，以全国不同层次高校教师为调查对象，采用分层随机抽样方式，共发放问卷3600份，回收问卷3547份，回收率为98.5%，折半信度系数为0.736。该题项涉及的主要原因归纳为九个：①调动积极性，体现优劳优酬；②岗责匹配，促进工作效率的提高；③增加学术职业阶梯，保持学术研究的持续性和竞争性；④增加晋升机会和渠道；⑤真实地反映不同层级教师的学术水平；⑥体现不同层级教师的荣誉和社会价值；⑦与工资制度改革相匹配；⑧政府主管部门的强制规定；⑨促进社会对于高校教师的了解。通过对这九个方面的原因进行调查来了解高校教师对学术职业分层原因的认可程度，以及不同类型高校教师对学术职业分层原因的态度的差异。

通过对学术职业分层的主要原因进行调查发现："调动积极性，体现优劳优酬""岗责匹配，促进工作效率的提高"以及"增加学术职业阶梯，保持学术研究的持续性和竞争性"成为被普遍认同的学术职业分层的主要原因，其赞同比例分别高达88.2%、87.3%和87.2%（包括非常同意、同意及一般同

---

[1] 娄欣生，周艳球. 中英大学师生关系比较[J]. 国家教育行政学院学报，2005（7）：89-91.

意)。其中,20.1%的教师非常同意学术职业分层的原因是"调动积极性,体现优劳优酬"。而认为"与工资制度改革相匹配""增加晋升机会和渠道""政府主管部门的强制规定""体现不同层级教师的荣誉和社会价值""真实地反映不同层级教师的学术水平""促进社会对于高校教师的了解"为学术职业分层主要原因的赞同度相对较低。

特别值得注意的是,"真实地反映不同层级教师的学术水平""促进社会对于高校教师的了解"这两项的同意度最低,分别为10.4%与10.6%。同时,高校教师中不同意以及非常不同意这两项为主要原因的比例也最高,分别达21.6%与26.4%。由此可以看出,人们通常认为的通过学术职业分层可以真实反映不同层级教师的学术水平,在高校教师群体中并没有被得到普遍认同。调动积极性、提高工作效率及保持学术研究的持续性和竞争性反而成为高校教师群体普遍认同的主要原因,如图5-1所示。

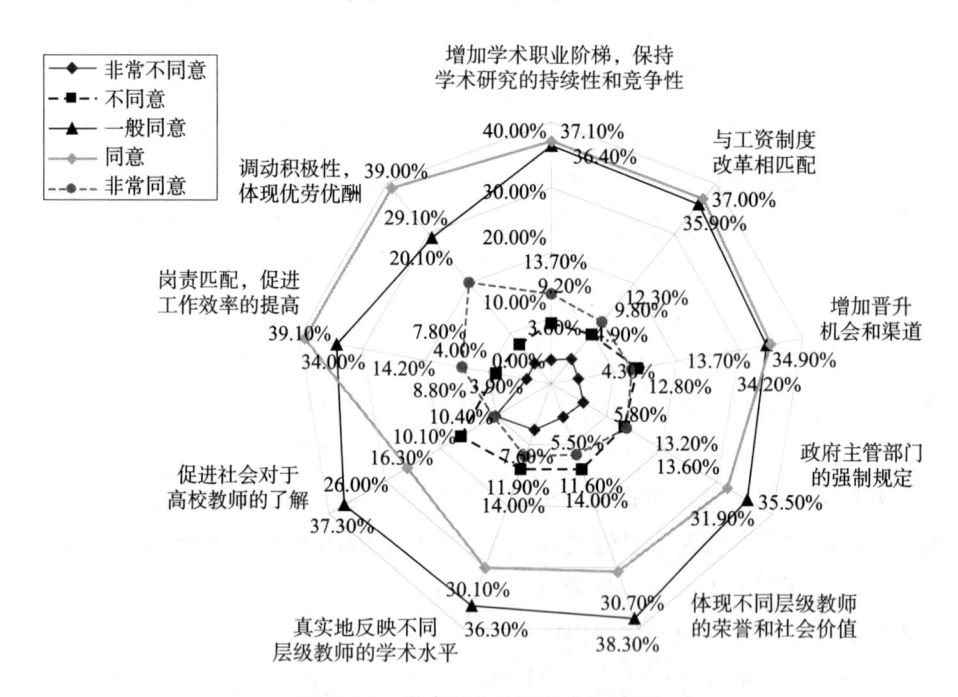

图5-1 学术职业分层的主要原因

5.4.3 不同类型院校分层原因的差异

为了进一步探讨学术职业分层的主要原因,我们将院校类型作为控制变量,探讨不同类型院校学术职业分层的主要原因。

第 5 章　中国学术职业分层的历史发展与制度变迁

（1）"985 工程"高校

"985 工程"高校教师认为学术职业分层的主要原因前五位依次为"调动积极性，体现优劳优酬""岗责匹配，促进工作效率的提高""增加学术职业阶梯，保持学术研究的持续性和竞争性""政府主管部门的强制规定""与工资制度改革相匹配"，同意其为主要原因的比例分别达 87.5%、86.8%、86.6%、85.1%、84.9%（包括非常同意、同意及一般同意）。而"体现不同层级教师的荣誉和社会价值""真实地反映不同层级教师的学术水平""增加晋升机会和渠道""促进社会对于高校教师的了解"这些原因的认同度相对较低，所占比例分别为 79.9%、79%、77.7%、70.3%。

值得注意的是，"985 工程"高校教师中认为"政府主管部门的强制规定"为主要原因是所有选项中非常同意比例最高的，达 16.7%；其次为"调动积极性，体现优劳优酬"，占比 16.20%。教师群体中非常同意学术职业分层的"真实地反映不同层级教师的学术水平"的占比最低，为 9.7%，其次为"促进社会对于高校教师的了解"。这说明，即使在以研究为主的"985 工程"高校中，教师群体也并不认为学术职业分层真实地反映了不同层级教师的学术水平，而更多倾向于在调动积极性、提高工作效率及保持学术研究的持续性和竞争性方面，并且非常同意政府部门的强制规定为其主要原因的比例较其他选项而言最高，如图 5-2 所示。

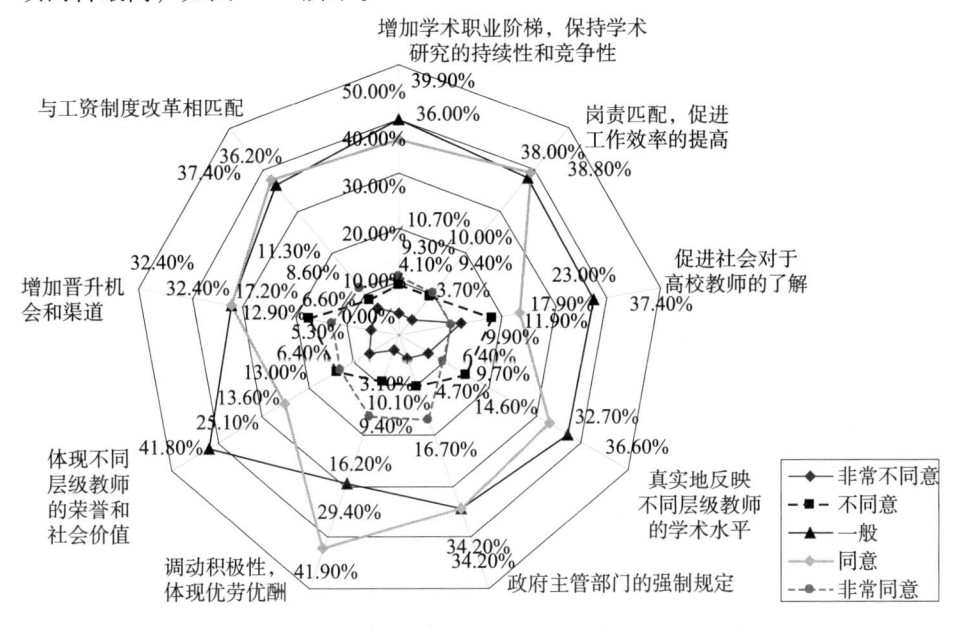

图 5-2　"985 工程"高校学术职业分层的主要原因

(2) "211 工程"高校

"211 工程"高校教师认为学术职业分层的主要原因前五位依次为"调动积极性，体现优劳优酬""增加学术职业阶梯，保持学术研究的持续性和竞争性""岗责匹配，促进工作效率的提高""与工资制度改革相匹配""增加晋升机会和渠道"，占比分别为 89.2%、86.9%、86.4%、84.5%、80.5%（包括非常同意、同意及一般同意）。"政府主管部门的强制规定""体现不同层级教师的荣誉和社会价值""真实地反映不同层级教师的学术水平""促进社会对于高校教师的了解"为认同度相对较低的选项，所占比例分别为 79.6%、78.2%、73%、70.7%。

其中，与"985 工程"高校教师不同，"211 工程"高校教师中非常同意"调动积极性，体现优劳优酬"为学术职业分层主要原因的比例较其他选项而言最高，达 19.5%；其次为"增加学术职业阶梯，保持学术研究的持续性和竞争性"，占比为 15%。值得注意的是，"211 工程"高校教师中，"增加晋升机会和渠道"成为第四位非常同意的主要原因。教师群体中非常同意学术职业分层的主要原因为"促进社会对于高校教师的了解"的占比最低，为 6.2%；其次为"真实地反映不同层级教师的学术水平"，占比仅为 8.6%，如图 5-3 所示。

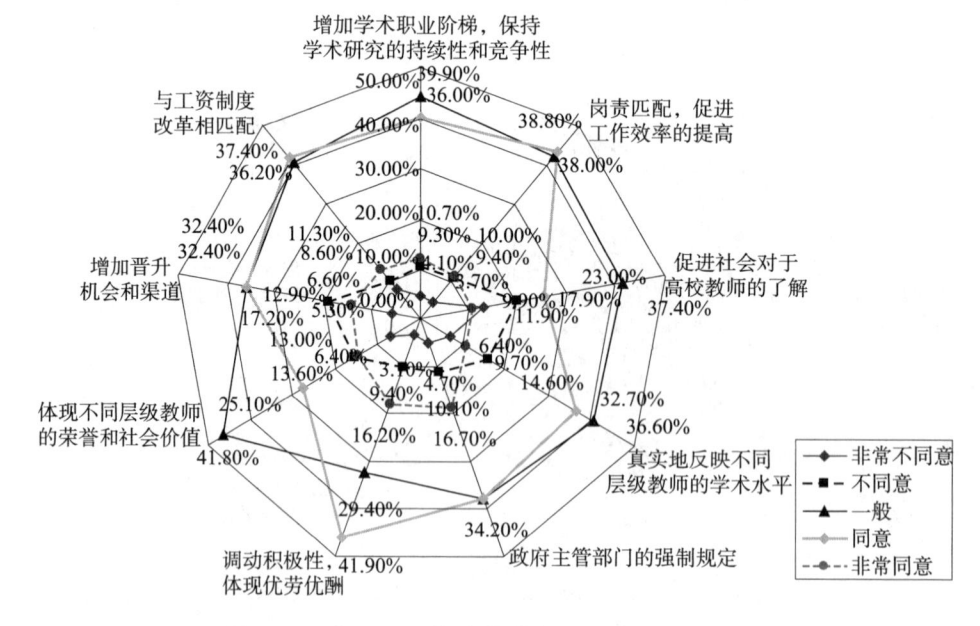

图 5-3 "211 工程"高校学术职业分层的主要原因

第 5 章　中国学术职业分层的历史发展与制度变迁

（3）地方本科院校

地方本科院校教师认为学术职业分层的主要原因前五位依次为"调动积极性，体现优劳优酬""岗责匹配，促进工作效率的提高""增加学术职业阶梯，保持学术研究的持续性和竞争性""与工资制度改革相匹配""增加晋升机会和渠道"，占比分别为 86.6%、85.6%、85.2%、83.1%、81.9%（包括非常同意、同意及一般同意）。"体现不同层级教师的荣誉和社会价值""政府主管部门的强制规定""真实地反映不同层级教师的学术水平""促进社会对于高校教师的了解"是认同度相对较低的选项，占比分别为 79.5%、77.3%、76.8%、72.5%。地方本科院校教师群体中非常认同"调动积极性，体现优劳优酬"的比例最高，达 22.1%；其次为"岗责匹配，促进工作效率的提高"，占比为 15.8%。

值得注意的是，教师群体中非常同意"体现不同层级教师的荣誉和社会价值"为学术职业分层主要原因的占比最低，仅为 10.2%；其次为"促进社会对于高校教师的了解"，占比为 10.5%；而"真实地反映不同层级教师的学术水平"占比为 12.2%。与"985 工程"院校、"211 工程"高校相比，地方本科院校认为体现不同层级教师荣誉和社会价值为主要原因的同意度较低，如图 5-4 所示。

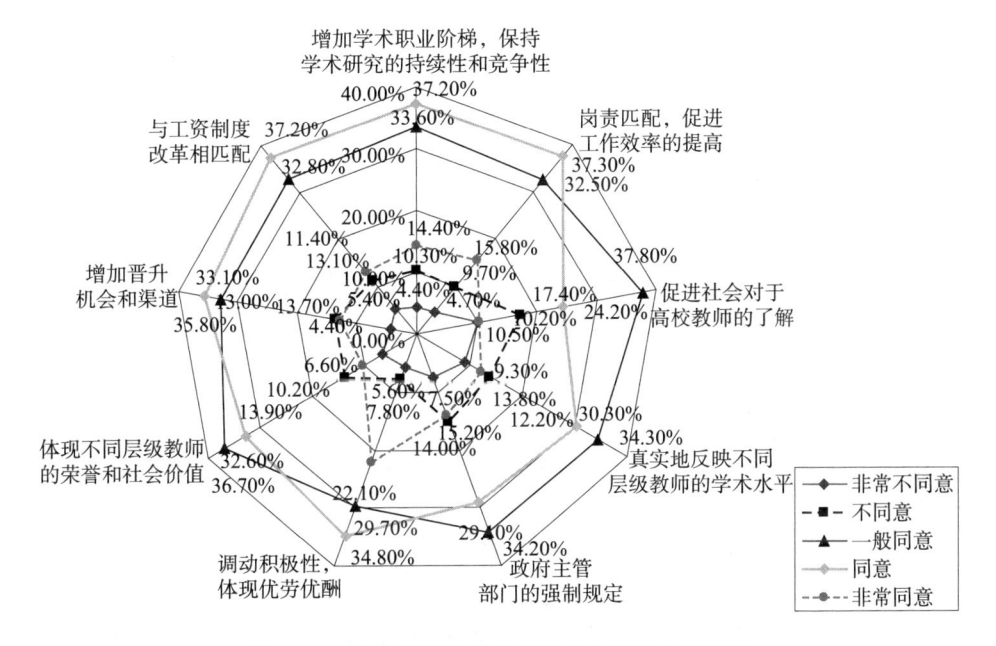

图 5-4　地方本科院校学术职业分层的主要原因

（4）高职高专院校

高职高专院校教师认为学术职业分层的主要原因前五位依次为"岗责匹配，促进工作效率的提高""增加学术职业阶梯，保持学术研究的持续性和竞争性""调动积极性，体现优劳优酬""增加晋升机会和渠道""真实地反映不同层级教师的学术水平"，占比分别为 92.7%、92.6%、90.7%、88.6%、88.1%（包括非常同意、同意及一般同意）。"体现不同层级教师的荣誉和社会价值""政府主管部门的强制规定""促进社会对于高校教师的了解""与工资制度改革相匹配"的认同度是相对较低的选项，占比分别为 86.1%、85.9%、83.7%、83.1%。

值得注意的是，高职高专院校教师中非常同意"调动积极性，体现优劳优酬"为学术职业分层的主要的原因的比例最高，达 20.6%；其次为"真实地反映不同层级教师的学术水平"，占比为 17.8%；"体现不同层级教师的荣誉和社会价值"占第三，占比为 16.5%；"促进社会对于高校教师的了解"的比例紧随其后，为 16.3%。而"与工资制度改革相匹配""政府主管部门的强制规定""增加学术职业阶梯，保持学术研究的持续性和竞争性"成为倒数前三位的原因。从中可以发现，高职高专院校与本科院校教师在学术职业分层主要原因的认同上存在明显差异，如图 5-5 所示。

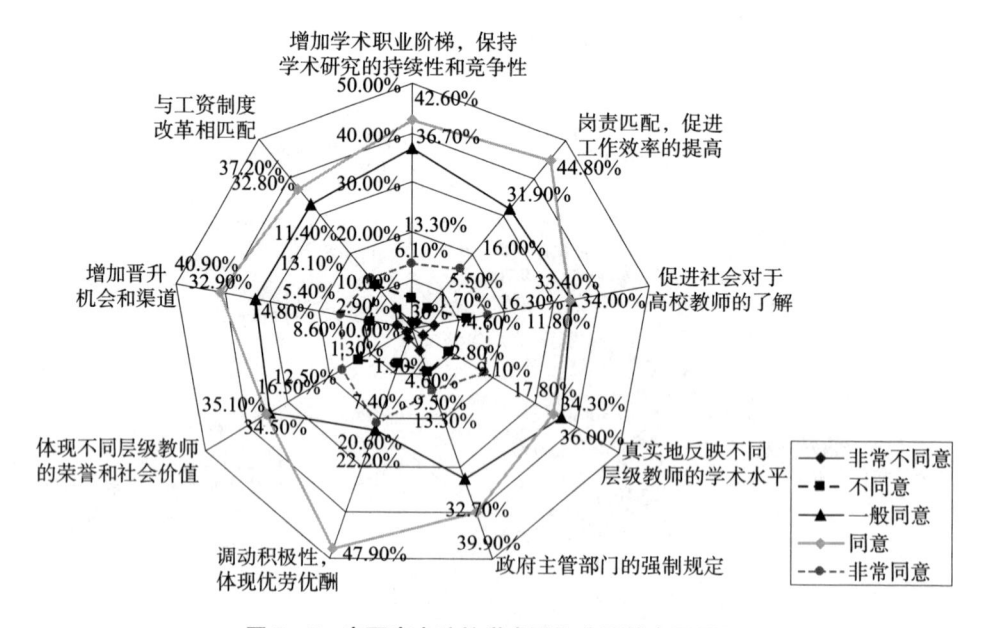

图 5-5 高职高专院校学术职业分层的主要原因

第 5 章　中国学术职业分层的历史发展与制度变迁

(5) 比较分析

为了进一步比较不同院校类型高校教师对于学术职业分层主要原因的态度，我们将四种院校类型高校教师非常同意为学术职业分层主要原因的选项进行了对比，如图 5-6 所示。从中可以发现，总体而言，四种院校类型的高校教师非常同意"调动积极性，体现优劳优酬"为学术职业分层主要原因的占比都比较高，并且地方本科院校＞高职高专院校＞"211 工程"高校＞"985 工程"高校。但是具体而言，不同院校类型教师群体又存在差异。其中，"985 工程"高校教师非常同意"政府主管部门的强制规定"是学术职业分层主要原因的比例最高，占比达 16.7%，明显高于其他 3 类高校。"211 工程"高校教师中，非常赞同"增加学术职业阶梯，保持学术研究的持续性和竞争性"的占比最高，达 22.1%。而地方本科院校教师中，非常赞同"调动积极性，体现优劳优酬"的占比最高，达 15%。

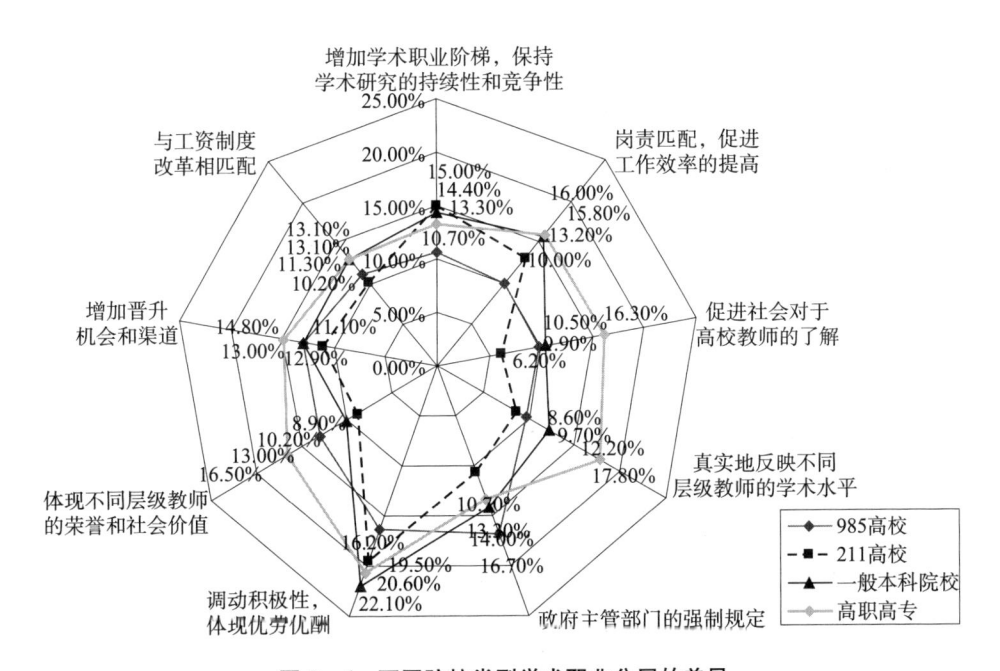

图 5-6　不同院校类型学术职业分层的差异

值得注意的是，与不同类型高校教师对于学术职业分层主要原因认可的整体情况相比，总体情况表明，"真实地反映不同层级教师的学术水平"及"促进社会对于高校教师的了解"是高校教师同意度较低的选项。但是，进一步对比可以发现，高职高专院校教师非常同意"真实地反映不同层级教师的学术水平"的比例仅次于"调动积极性，体现优劳优酬"，而"促进社会对于高校教师的了解"也排在第三位。高职高专院校与本科院校对于学术职业分层主要原因的态度存在较大差异，高职高专院校倾向于认为学术职业分层可以反映教师的学术水平及社会对于高校教师的了解。同时可以发现，地方本科院校、"211工程"高校及"985工程"高校对于这两项的认可度是逐次降低的，越靠向以学术研究为主的院校，认同"真实地反映不同层级教师的学术水平"的比例反而越低。

通过对于学术职业分层主要原因的数据分析，可以得出以下结论：

第一，总体来看，"调动积极性，体现优劳优酬""岗责匹配，促进工作效率的提高"以及"增加学术职业阶梯，保持学术研究的持续性和竞争性"成为高校教师普遍认同的排名前三位的学术职业分层原因。而"与工资制度改革相匹配""增加晋升机会和渠道""政府主管部门的强制规定""体现不同层级教师的荣誉和社会价值""真实地反映不同层级教师的学术水平""促进社会对于高校教师的了解"为学术职业分层主要原因的认同度相对较低，认同占比依次降低。

第二，通过对不同院校类型学术职业分层原因的分析发现，四种院校类型的高校教师都认为"调动积极性，体现优劳优酬""岗责匹配，促进工作效率的提高""增加学术职业阶梯，保持学术研究的持续性和竞争性"为排名前三位的主要原因，但每个类型高校教师认为其为主要原因的具体排序不同。值得注意的是，通过进一步对四种院校类型高校教师非常同意为学术职业分层主要原因的选项进行对比分析发现，"211工程"高校、地方本科院校及高职高专院校非常同意"调动积极性，体现优劳优酬"的占比都较高，具体为地方本科院校＞高职高专院校＞"211工程"高校＞"985工程"高校。而"985工程"高校教师非常同意"政府主管部门的强制规定"是学术职业分层主要原因的占比最高，且明显高于其他三类学校。有意思的是，高职高专院校与其他三类本科院校教师对于学术职业分层主要原因的态度存在较大差异，高职高专院校更侧重于学术职业分层可以反映教师的学术水平，非常同意率仅次于"调动积极性，体现优劳优酬"。而地方本科院校、"211工程"高校及"985工程"高校对于该题项的认可度是较低的，呈现出越靠向以学术研究为主的院校，认同学术职业分层"真实地反映不同层级教师的学术水平"的占比排名反而越低。

通过分析发现，高校教师普遍认为学术职业分层的根本原因体现在调动工作积极性、促进工作效率的提高及保持学术研究的持续性和竞争性，即学术职业分层制度体现出效率中心取向，更多是作为一种激励制度，发挥激励作用。而"体现不同层级教师的荣誉和社会价值""真实地反映不同层级教师的学术水平"及"促进社会对于高校教师的了解"的赞成度较低，反映出中国学术职业分层制度并不能够真实地反映不同层级教师的学术水平、体现教师的荣誉和社会对于教师地位的认同等核心问题，学术职业分层的学术属性认可度不够显著。因此，完善学术职业分层制度，保障学术职业分层本身所具有的激励作用，特别是在学术职业分层晋升过程中形成公平竞争、公开评聘、公正对待、分类考核的机制非常重要；同时，要强化学术职业分层的学术属性，改进学术职业分层评价与聘任制度，通过分层真实反映出教师的学术水平，体现不同层级教师的荣誉和社会价值，促进社会对于教师地位的理解。

5.5 从身份到契约：学术职业分层制度的演变

5.5.1 学术职业的身份

身份是指社会成员的社会地位符号，反映社会成员的先赋性和后致性以及具有价值取向的特征。其中，籍贯、性别、年限、出生家庭等属于先赋性的身份特征，职业、职位、职位等级等属于后致性的身份特征。在身份社会，社会成员获得资源主要凭借成员的身份或者身份之间的关系；身份是社会成员在社会交往过程中识别个体差异的标志和象征；身份构成了一个特定的社会结构；同时，身份是识别社会成员责任、权利和义务的标准。身份的差异性形成了人类社会的不平等。

改革开放前，我国高校教师首先是干部身份，然后是职业身份，再次表现为职位身份。干部身份反映了教师的政治身份属性，职业身份反映了教师的学术身份属性，职位身份反映了职位的等级差序。干部身份是学术身份和职位身份的前提和基础，只有在干部身份的基础上才能够获得不同级别的学术职位。除了以上两种身份以外，教师还具有单位身份，教师依附于某一高校，基本没有流动性。与社会其他阶层对单位的依附性不同的是，在高校系统中，同一阶层的教师在资源、地位、声望等方面的差异并不十分明显。在单位社会中，职业稳定性、住房和其他社会福利保障制度强化了教师单位身份属性。学术职业的身份不能根据个人意愿自由更改，教师因身份而被镶嵌在高校这个"单位"中。在身份社会中，高校教师获得收入、权力、声望首先凭借的是干部身份，如果不具有干部身份，就不能够享有干部应享受的权力和地位，可能就是"臭老九""反动学术权威"的身份。

改革开放后，高校教师的身份属性发生了变化，教师身份逐步回到其本身的职业身份属性。高校教师就是一种社会职业。这个职业的收入、权力和声望是通过和其他社会职业比较而形成的。高校教师获得专业技术职务进一步细化了其职业与职位身份属性。如教授、副教授既是一种职业、也是一种社会身份。因这种身份而形成的学术职业分层结构是一种不平等的社会结构，具有身份的等级性。

学术职业的身份制度是国家对于学术职业的控制和社会选择的共同结果。作为一种社会职业，学术职业是社会分工的产物。人类社会文明的传播和创造需要一种特定的社会职业来完成，而社会分工选择了学术职业来完成这项使命。因此，学术职业的身份是社会选择的结果。但是，教师专业技术职务作为学术系统的一种特殊资源，教师职务的结构、规模、学术标准以及因资源而带来的收入、权力和声望都是政府与院校政策共同作用、互相影响的结果。也可以说，高校学术职业的身份与一个国家政治制度，教育制度密切相关。高校教师具有多重身份属性，在不同历史环境中，学术职业的身份是不同的。

5.5.2 学术职业的契约分层

契约是人类在相互交往中产生的，是商品经济社会的必然产物。契约精神具有丰富的内涵，从政治视野来看，它主要由自由精神、平等精神、权利至上精神等要素构成。首先是自由精神。契约是建立在相互意见一致的合意基础之上的，每个人只对自己的行为负责。契约是当事人不受干预和胁迫、自由选择的结果。其次，契约隐含平等的精神。契约主体的地位是平等的，宗教、信仰、民族、身份、地位、权力、财产等均不能成为在契约关系和契约过程中否定当事人地位平等的借口和托词；契约当事人双方或多方权利义务对等。第三，契约权利至上精神。交易各方订立契约都是为了取得利益，这是他们订约、履约的出发点和归宿。契约被认为是契约当事人持有的权利证书。契约精神的三个要素是相互联系、相互影响的。[①]

---

① 杨先保. 政治视野中的契约精神 [J]. 华中科技大学学报（社会科学版），2006（3）：30-34.

1978年改革开放以来,高等教育体制改革促进了高等教育政策的重大调整,高校人事管理制度也在不断进行调整改革。一个显著的标志是1986年1月,国务院召开全国职改工作会议,正式决定改革过去的职称评定制度,实行专业技术职务聘任制。国家教委正式颁布《高等学校教师职务试行条例》,对高校各级教师职务的职责、任职条件、任职资格评审、聘任及任命等方面进行了明确规定。专业技术职务的聘任制促使中国学术职业分层结构发生了重大变化,学术职业从过去经由组织评定的职称身份开始向教师职务的岗位聘任过渡,而聘任制是用人单位通过契约确定与教师权利关系的一种教师任用方式,体现的是契约双方的共同责任、权利和义务。可以说,正是由于实行教师专业技术职务聘任制,才促进了学术职业从过去的身份制向契约制转变。这一变化促使教师更多地依靠契约来保护自己的权利,身份保护、单位保护、组织保护和部门保护的功能进一步弱化。以专业技术职务为基础的学术职业分层机制逐渐取代过去的以政治身份、行政身份和单位身份为依据的分层机制。[①] 尽管从1986年起高等学校开始试行教师专业技术职务聘任制,但是由于传统制度的惯性阻力以及相关制度配套的不完善,实行以契约为核心的教师专业技术职务聘任制举步维艰。

1991年,国家教委和人事部联合印发了《关于高等学校继续做好教师职务评聘工作的意见》,提出大学教师以聘任为重点,教师任职资格的评审和教师职务聘任工作分开,即评聘分开,以缓解改革阻力。1993年10月,《教师法》颁布,规定"国家实行教师资格、职务聘任制度",将教师职务聘任制度纳入法制化管理轨道。1998年8月29日,《高等教育法》颁布,明确规定高等学校实行教师聘任制。1999年,教育部在《关于当前深化高等学校人事分配制度改革的若干意见》中提出,高校人事制度改革的总体思想是"按需设岗、公开聘任、平等竞争、择优聘任、严格考核、合同管理"。2000年6月,中共中央组织部、人事部、教育部印发《关于深化高等学校人事制度改革的实施意见》,明确提出进一步强化竞争机制,改革固定用人制度,破除职务终身制和人才单位所有制,在高等学校工作人员中全面推行聘用(聘任)制度。这一时期高校教师聘任制的法律和政策密集出台,一方面反映了教师聘任制的极端重要性;另一方面也反映了教师聘任制实施的艰难性。从学术职业的身份分层到契约分层,走过了一条艰难道路。2007年5月,人事部和教育部出台了

---

① 张清. 从身份到契约:当代中国社会分层结构之变迁 [J]. 江苏社会科学, 2002(2): 187-192.

《指导意见》，全面启动高校教师岗位分级管理制度改革，将高校教师岗位分为四层十三级，实施分级考核，以岗定职，进一步强化以岗位设置为核心的教师分级管理制度设计。自此，我国学术职业基于聘任制的契约分层制度基本确立。

5.5.3 从身份分层到契约分层

恩格斯在《家庭、私有制和国家的起源》一书中曾讲过这样一段引人深思的话："英国的法学家享·萨·梅恩说，同以前的各个时代相比，我们的全部进步在于从身份到契约，从过去留传下来的状态进到自由契约所规定的状态，他自以为他的这种说法是一个伟大的发现，其实，这一点，就它的正确而言，在《共产党宣言》中早已说过了。"[①] 从身份分层到契约分层，实质上反映了学术职业分层制度从封闭到开放的转变，从学衔分层到职称分层再到岗位分层的转变。从教师职务的任用制到聘任制的转变，虽然只是两个字的变化，却是学术职业分层制度转型的一大步。高校作为一个社会学术组织的发展目标和工作任务，以及教师的权力和责任，都通过契约的形式来予以保障，体现了自由、平等、权利之上的契约精神。契约在学术人力资源配置过程中发挥了越来越重要的作用。同时，基于契约的学术职业分层制度对教师具有更强的"激励"作用。

改革开放以来，我国高等教育制度发生了重大变化，高等教育体制改革、高等学校办学自主权的下放、高等学校功能和职能的变化以及高等教育大众化所带来的一系列思想观念、管理制度的转变，都对学术职业分层制度提出了新的要求。学衔作为一种教师的等级身份为职称所代替。职称固然具有等级身份的属性，但是职称所反映的是教师能否胜任本职工作的能力和水平，是在学衔分层制度基础上的进步。同时，教师职称聘任制的评聘分离至少从理论上弱化了教师对"单位"的依附强度，促进了教师的流动性。全员聘任合同制的推行以及教师岗位分级制度的设计无疑极大地推动了教师的契约身份的形成。教师能上能下，能进能出，岗职匹配均以合同的形式进行约束和规定。教师从单位人回归到学术人，自由人的身份有了明确的制度保障。无论是教师专业技术职务聘任制，还是教师岗位聘任制，其核心都是契约合同。尽管契约分层已经成为了目前高校普遍采用的教师岗位分级制度的基本理念，但是，也应该看到，由于院校在契约分层过程中的强势和主导地位，教师更多处于被动地位，

---

① 张清. 从身份到契约：当代中国社会分层结构之变迁 [J]. 江苏社会科学，2002（2）：187－192.

契约合同并不真正能够充分反映教师的权利主张。因此，当代中国学术职业分层结构从身份分层到契约分层需要通过广泛的妥协和合作，建立合理的、稳定的、开放的和有活力的学术职业分层结构，建立健康有序的学术劳动力市场，完善社会保障制度，合理配置有限的资源，促进学术职业的流动性，缓解学术职业层级的矛盾冲突，激励教师的工作积极性，实现组织发展、学术进步和个体发展的"共赢"。

5.5.4 从学衔分层到岗位分层

新中国成立以来，高校教师职务不断变革的基本逻辑是从个体地位逻辑向组织效率逻辑转型。学衔体现的是教师的学术水平和学术贡献，是对教师过去已经取得的成绩的肯定和认可，作为一种身份符号表征了教师的社会地位。而职称主要体现的是教师个体学术水平和能力，作为一种从业资格，是教师个体的能力标识，表征了教师可以具备从事某种岗位工作的能力。无论是学衔还是职称，遵从的都是教师个体的地位逻辑和能力逻辑，通过对教师学术水平、贡献或者能力、资格的认定，赋予教师一种社会地位身份和资格，从而获得与之对应的收入、声望和权力。因此，学衔和职称对于高校教师职务管理来说，更多体现的是对教师身份的管理。而岗位分级管理的核心是对工作任务的管理，是以组织效率为核心进行的高校教师职务分层管理，高校按照其目标、功能和服务面向将工作细分给不同的职位，不同职位分别承担不同类型的工作，并通过设置不同的岗位，招聘适应工作需要的教师从事相关的学术工作，以实现组织发展目标的需要。岗位管理是与学校发展战略、功能和任务密切联系在一起的。高校教师职务管理从职称到岗位的转型模型如图5-7所示。

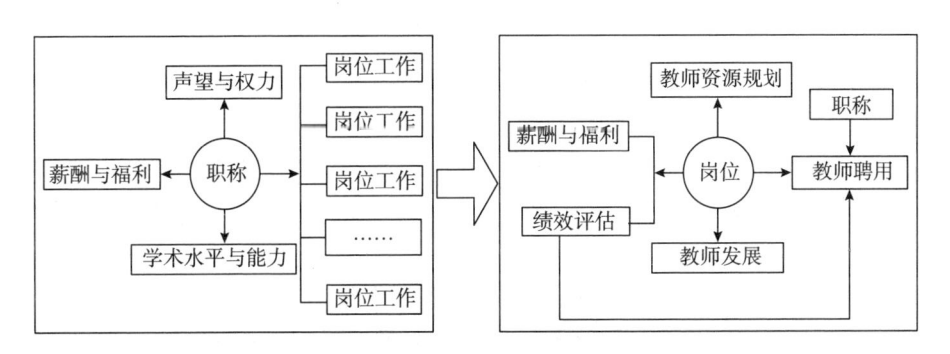

图5-7 高校教师职务管理从职称到岗位的转型模型

高等教育体制改革要求高校改革传统的教师职务管理制度，充分解放教师的生产力。过去的高校教师职务管理制度以职称为中心，通过对教师的职称评审给予教师资格或者身份认定，没有充分考虑高校的组织发展目标和具体工作任务的需要，因人设岗，人浮于事，人才能进不能出，高校教师结构僵化，已经不能够适应高等教育体制改革的需要。

从学衔到岗位，反映了学术职业分层从身份到契约的制度变迁逻辑，反映了高校以效率为中心的教师管理制度的重大转型。

5.6 中国学术职业分层的主要特征

5.6.1 从身份标识到以效率为中心

学术职业分层从一种以身份为取向的普遍主义的关系向以契约为取向的功利主义的关系演变。

新中国成立以后，我国学术职业分层延续民国时期的四级分层制度，将教师职称依次分为助教、讲师、副教授、教授四层。对教师职称的确定主要以教师的学术能力、学术水平和学术贡献、政治态度、个人资历和学历等作为重要的参考标准。职称作为一种分层依据，更多体现的是教师的一种社会身份标识，与经济收入、福利和社会声望联系在一起。1991年以后，我国全面进入高校教师职务聘任制与岗位制度改革时期，以评聘分开、聘任管理、岗位管理、合同管理为基本特征。从不同阶段的变迁轨迹来看，我国高校教师职务分层管理制度改革开始从对教师的身份管理向以提高组织效率为中心的岗位管理转变。

当代中国，效率已经成为学术职业分层的主要价值取向。社会问责以及高校本身对于学术声望的追求使得效率主义在高校中得到进一步强化，科研项目、科研经费、发表论文、专利等指标成为对教师进行学术考核的硬指标，也成为学术职业分层分级的重要依据。学术与效率之间的平衡已经被打破，效率开始主导学术生产。

这种效率主义反映在学术职业分层制度设计中，就是不断增加学术职业层级职位，通过分层分级拉开教师之间的收入差距，体现出所谓"多劳多得"的价值选择。尤其2007年试行的由政府主导的高校教师四层十三级的岗位设置制度其本质是一次大的分层制度变革，目标指向就是提高高等学校的办学效益，通过增设层级拉开不同层级岗位的地位指标，鼓励多劳多得，促进人才培养质量和效益，以及提高科研产出效益。

高校的组织特性决定了高校是一个学术组织、文化组织，和企业组织完全不同，知识生产以创新和发现为中心，人才生产以质量为中心，知识生产和人才生产都无法像企业生产物化产品一样被标准化和可计量化。在知识生产和人才生产过程中，教师个体的理想、信念、专业训练、对学术的虔诚和对教育事业的热爱、对真理的追求、对未知世界的好奇都直接影响着知识生产和人才培养的质量与水平。因此，通过学术生产的绩效量化评价来对学术职业进行分层很难反映学术生产的内在规律。况且，目前对于教师学术生产效率的评价是一种对教师前期工作的总结性评价，而不是一种对教师学术工作未来收益的过程性评价，缺乏内在的激励作用。学术职业陡峭的分层阶梯对教师发展具有很强的效率导向性，"竞争机制"使得教师陷入职位的竞争之中，在一定程度上影响到教师对知识和真理的自由追求。

无论是政府层面的制度设计还是高校内部的制度安排，我国目前的学术职业分层制度都体现出自上而下的强制性制度变迁的特征，教师作为学术工作的主体被排斥在学术职业分层制度设计之外，成为制度安排的局外人。政府和高校过分关注效率，将对学术进步、教师发展和大学的发展造成损害。

5.6.2 从职称等级到岗位分级转变

1991年以前，我国学术职业分层变迁的方式是通过评定教师的职称来实现教师的分层；1991年以后，开始实行聘任制改革，形成以岗位为中心的分层分级聘任制度，岗位分级聘任管理成为制度变迁的主要方式。2007年以后的四层十三级分层制度安排进一步强化了以岗位为中心的分层分级制度，形成了层中有级、级中有层的陡峭的学术职业阶梯。

路径依赖对制度变迁具有极强的制约作用。如果路径选择正确，制度变迁就会沿着预定的方向快速推进。目前以岗位为中心的学术职业分层分级制度进一步强化了岗位的效率取向，具有强烈的工具主义和效率主义价值导向。岗位分级管理的核心是实现因岗择人，在人与岗的互动中实现人与岗、人与人之间的最佳配合，以发挥高校学术人力资源的最大效用，提高人才培养效益、科研效益和为社会服务的效益。岗位分级管理反映出组织效率取向与教师学术自由发展之间的既成矛盾。如何消解这种矛盾、实现组织效率和教师学术自由发展的和谐统一是学术职业分层制度设计的核心问题。如果分层制度设计不能够广泛调动教师的内在学术创新的积极性，那么这种制度变迁将使教师不得不被动适应组织效率的需要，导致教师沦为制度的附庸，那么教师的自由创新精神将被束缚。同时，通过岗位分级强化和拉大教师收入差距将加剧学术职位的不公平竞争，形成群体之间的地位鸿沟，导致教师对于组织的忠诚度降低，离心力增强。

欧美国家学术职业分层制度的诱致性变迁道路值得我国借鉴。基于高校功能拓展而形成的诱致性制度变迁适应了高校的发展。尽管学术职位也具有很强的竞争性，但是本质上体现的是学术能力导向。而我国基于效率的学术职业分层分级的强制性变迁道路忽视了教师自我发展的内在需要，高校内部的分层设计又进一步强化了这种强制性制度变迁，忽视了教师学术发展的内在逻辑。因此，我国学术职业分层制度安排要在尊重学术发展的内在逻辑基础上，充分激励教师内在发展的积极性，减少学术职业分层层级，缩小各层级地位差距，以分层结构多样化促进实现学术发展与组织效率的统一。

5.6.3 阶层地位落差显著

李亚雄在研究转型期的社会分层机制与工人阶层的地位变迁过程中提出了"地位落差"和"地位差距"概念，并通过这两个概念阐述了转型期工人阶层的地位变迁状况。他认为，"地位落差"指的是与传统体制下工人阶层的地位相比，现阶段工人阶层的社会地位出现了明显的下降，形成所谓的"地位落差"。"地位落差"的形成与转型期国家体制和政策的急剧变化关系密切。传统体制下的社会分层机制是国家通过政治与行政的手段建立起来的。它规定了社会结构中不同位置上的社会成员或社会群体与社会资源的关系，从而规定了社会成员的社会地位，形成了新的身份等级制。传统体制下工人地位相对优越，但体面的社会地位既不是传统社会的社会分层机制作用的结果，也不是现代社会的社会分层机制作用的结果。它是建立在社会主义公有制基础上的国家权力所作出的制度化安排的产物。因此，传统体制下工人阶层的社会地位实际上是由国家政治权力直接规定的。重塑社会转型时期工人阶层的社会地位的力量既不是单纯的权力因素，也不是单纯的市场因素，而是权力—市场混合机制的作用。[①] 与工人阶层的地位变迁不同的是，学术职业阶层地位的形成经历了

---

① 李亚雄. 转型期的社会分层机制与工人阶层的地位变迁 [J]. 江汉论坛, 2002 (12): 81-84.

从政治权力的规定到人力资本效益主导的过程,人力资本代替政治权力和组织权力在学术职业分层过程中发挥了主导作用。以人力资本为核心的学术职业分层在促进学术发展的同时,也带来了不同学术阶层群体的地位落差。主要表现在如下几个方面:

首先,无论是教师的专业技术职位还是学术岗位,学术性是学术职业分层的根本属性。在学术职业分层过程中,人力资本发挥的效益或者潜在的效益,如教学水平、学术能力、学术水平、学术贡献、学术声望等,是学术职业分层的重要评价标准。无论是四级职称分层还是四层十三级岗位分层,抑或其他类型的分层(工资分层、声望分层、荣誉奖励分层),都是基于人力资本效益来实现的。

其次,在收入、权力、声望等的学术资源占有及分配中,获益最大者是学术精英阶层。学术精英阶层和底层高校教师的地位落差显著。

第三,地区、院校、学科分割导致学术职业分层的地位差异较为明显,学术职业同一阶层教师的收入、声望、权力等地位指标在地区、院校、学科之间落差较大。

第四,学术成就在学术职业分层过程中的作用越来越大,但社会资本在学术职业分层和阶层分化过程中仍然发挥着重要作用。

第五,学术职业分层体系的社会封闭性程度较为明显,处于底层的高校教师晋升高一级学术职位的机会越来越少。受院校分层政策的影响,学术职业分层体系的封闭性加强,阶层隔离现象呈现日益加剧的态势。

第 6 章　中国不同类型高校学术职业分层

随着近现代大学的逐步发展，我国高校学术职业也逐渐成为一个重要的职业类别。到 20 世纪中叶，我国的学术职业已渐成规模，对高等教育和学术发展发挥着重要的影响。改革开放以来，学术职业得到了持续而快速的发展。2013 年，我国普通高等学校专任教师达到 149.69 万人[①]，我国已经成为世界上拥有学术职业人数最多的国家。同时，随着学术分工和高等学校的功能分化，高校学术职业也逐渐发展成为稳定、规范、统一而又复杂、多样化的分层模式。

由于高校办学定位、目标和功能的差异，高校学术职业在任职标准、晋升要求、工资收入、权力与声望、学术自主性等几个方面都表现出不同的特点。本章以我国四种主要类型的高等学校为案例来考察不同类型高校的学术职业分层管理制度。

6.1　案例院校选择与分析框架

6.1.1　中国大学的分类方法及标准述评

中国高等教育体系中，由于学校众多，各个高校之间的历史文化背景、发展定位、经费支持模式、办学类型、学科特色都不尽相同，因此，很难用某种特定的方法标准来对我国高校进行分类。大学分类至今都难以拿出统一的分类标准。[②] 目前，我国尚缺乏与美国卡内基大学分类法同等效度和信度的大学分类方法来较为准确地描述一所大学在我国高等教育体系中的位置。尽管缺乏统一的大学分类标准，但是随着分类管理指导思想的深入和学术界对大学分类研究的日渐关注，除了简单地按照办学性质将大学分为公办（部属、省属、市

[①] 中华人民共和国教育部. 2013 年全国教育事业发展统计公报 [R]. 2014.
[②] 邬大光. 大学分类的背后 [N]. 中国教育报，2010-05-10 (005).

属)和民办以外,还陆续出现了一些具有代表性的分类方式和分类方法。

(1) 按主要学科类别来划分

按照大学的学科门类来划分,可将我国的高等学校分为综合型、多科型、单科型等,也可以按照学科设置的类别分为综合类、文科类、理工类、农林类、医药类、师范类,再加上高职高专类。包玉红在参照英国和美国相关标准的基础上,提出了较为具体的按学科门类对高等学校进行分类的方法,其分类的具体标准如表6-1所示。[①]

表6-1 高等学校按学科门类分类及其标准

学校类别	学科门类结构分类标准
综合院校	以文学、理学为主,在校生占50%以上,同时有效覆盖3个以上其他学科门类
师范院校	以文学、理学、教育学、历史学为主,在校生占70%以上,师范教育学生占50%以上,同时有效覆盖2个以上其他学科门类
政法、财经院校	以经济学、法学、管理学为主,在校生占70%以上,同时有效覆盖1个以上其他学科门类
工科院校	以工学为主,在校生占50%以上,同时有效覆盖2个以上其他学科门类
农业、林业院校	以农学为主,在校生占50%以上,同时拥有较强的机械、电工、电子、经济管理类专业
医学院校	以医学为主,在校生占80%以上,同时拥有相近学科其他专业
外语院校	以文学学科的外国语言文学类专业为主,在校生占80%以上,同时拥有相近学科其他专业
体育院校	以教育学中的体育类专业为主,在校生占90%以上,同时拥有相近学科其他专业

(2) 根据大学教学科研侧重程度来划分

1996年,马陆亭等人根据大学教学科研侧重程度,将我国大学分为四类:研究型大学、教学研究型大学、教学型本科院校、高职高专院校。这种大学分类法的分类标准和特点如表6-2所示。[②]

[①] 包玉红. 大学分类与分型标准研究 [J]. 黑龙江教育(高教研究与评估), 2009 (12): 21-22.
[②] 马陆亭, 冯厚植, 等. 关于普通高等学校分类问题的思考 [J]. 上海高教研究, 1996 (6): 63-65.

表 6-2　高等学校按教学科研比重分类标准及特点述评

学校类别	分类标准及特点述评
研究型大学	教学、科研、社会服务是这类大学的三大基本职能，因此，研究型大学也得搞教学，其本科生教学质量是大学学术声誉的基础，如，美国卡内基分类中，研究型大学的第一点即是提供全面的学士学位课程，但称研究型大学，即反映了其科研倾向与目标。这类大学明显的特征是学科综合性强，学术水平高，每年授予的博士学位数多，培养的人才层次为本科及本科以上，其中，研究生要占到20%~25%甚或更高，满足的是社会对高层次研究型人才和研究型成果的需求，主要面向全国。
教学研究型大学	这类大学的教学层次以本科生、硕士生为主，个别行业性较强的专业可招收少量的博士生，但不培养专科生。从管理学的角度来看，这类大学有点类似于"中等规模企业"，可以没有领先的垄断优势，但要有与其类似的组织结构。因此，这类大学依据其自身特点，发展战略的选择可能会多样化，主要面向国家大经济区域及部分特殊行业。
教学型大学	以本科生教学为主体，特殊情况下可培养少量硕士生或专科生。在其专业设置适应社会需要的前提下，同时满足学校规模效益和专业规模效益是这类学校提高效益的主要手段。因此，拓宽专业面、大幅度提高规模效益是这类高校发展的战略选择，主要面向本省市经济发展的需要。
高职高专院校	高等职业技术教育和高等专科教育是我国高等教育体系中同一层次下的两种不同类型，一般被人们统称为高职高专教育。适应多样化高层次职业岗位需要、满足规模效益是这类学校管理战略的基本选择。这类院校主要培养专科生，为地方经济建设服务。

这种方式依据科研的规模和培养学生的层次比例来对大学进行类别划分，在一定程度上体现了大学的主要学术工作和服务面向，分类的对象包含了我国从事高等教育的所有院校，其划分标准采取定性与定量相结合的方式，有一定的合理性，影响较大。

(3) "型+类"分类法/分型与分类相结合的分类方式

这种分类方式是中国管理科学研究院武书连提出来的。这一分类标准从学科比例和科研规模两方面入手，认为大学类型由"类"和"型"两部分组成。"类"反映大学的学科特点，按教育部对学科门类的划分和大学各学科门类的比例，将现有大学分为综合类、文理类、理科类、文科类、理学类、工学类、农学类、医学类、法学类、管理类、体育类、艺术类等13类。"型"表现大学的科研规模，按科研规模的大小将现有大学分为研究型、研究教学型、教学研究型和教学型4种。每个大学的类型由上述"类"和"型"两个部分组成，

"类"在前,"型"在后。① 例如,按学科门类,A大学属于综合类;按科研规模划分,A大学又属于研究型大学,因此可以说,A大学的类型是综合类研究型大学。

武书连"型+类"大学分类法的分类标准具有较强的可操作性,较好地兼顾了大学的学科门类发展与科研规模大小两方面的指标,且经过十几年的发展已形成较为规范的量化划分模型。我国著名的高等教育学家潘懋元先生也曾将美国的卡内基大学分类法与武书连的大学型类分类方式进行过对比,指出武书连的分类法"先按学科门类分类,再以科研规模大小代替学位高低层次,有一定的参考价值"②。但是,也有学者不认同这其中的研究教学型和教学研究型大学的提法。厦门大学副校长邬大光教授将这两个概念笑称为我国对大学分类概念的"创新",以及我国对世界大学分类的"贡献"。③ 他认为这种把研究和教学哪个词放在前面似乎包含很深学问的分类方法有些可笑,因为教学本来就应该是每所大学都具备的最基本的职能。此外,由于近年来高等学校合并步伐的加大以及高等教育规模不断扩张的影响,我国不少大学都逐步归类为综合类研究型大学,这样一来,该提法就显得缺乏有效的区分度。

(4)按政府重点建设方式进行划分

这种方法是政府按照发展选择和经费支持力度来划分大学的类别。最初,将一些办学水平较高的高校确定为重点大学予以重点建设。20世纪80年代,提出面向21世纪重点建设100所左右的大学和一批重点学科,这些大学被称为"211工程"大学;20世纪90年代,又提出在"211工程"大学基础上以建设世界一流大学为目标的"985工程"大学分类,前后共有39所大学入选"985工程"大学行列。这样就形成了39所"985工程"高校、114所"211工程"大学(含军事院校3所)、300多所省属重点高校、一般本科以及专科学校、职业技术学院,加上近几年出现的二级学院,形成一个具有等级性的高校分类台阶。④

以上的大学类型划分各有特色,但学者们基本认同现代大学是分层次分类型的,相对一致的看法是,把高校大致分为4类——研究型大学、教学研究型大学、教学型大学和高职高专院校。本书依据这个分类法进行案例院校选择。

---

① 陈厚丰. 中国高等学校分类与定位问题研究 [M]. 长沙:湖南大学出版社,2004:32-33.
② 潘懋元,吴玫. 高等学校分类与定位问题 [J]. 复旦教育论坛,2003 (3):5-9.
③ 邬大光. 大学分类的背后 [N]. 中国教育报,2010-05-10 (005).
④ 张炜. 关于中国大学分类的一点思考——一个三维一立锥分类模型的初建 [J]. 武汉职业技术学院学报,2006 (24):38-40.

需要说明的是,由于各个高校的自我定位和自我分类不同,本书所选择的院校类型并不完全反映案例院校的自我认知。

6.1.2 选择案例高校的原则 [①]

(1) 价值原则

价值原则体现在公认度、创新度和示范度几个方面。在选择案例高校过程中,要充分考虑案例高校是否能够代表某一类型高校的共同特征,即高校性质、学科布局、研究面向等是否具有公认度、创新度和示范度,体现出研究对象对于科学研究的共同价值。

(2) 平衡原则

平衡原则体现在案例高校选择过程中的高校类型平衡(案例院校既要有研究型大学,又要有教学研究型大学、教学型大学和高职高专院校)、学科领域平衡(案例高校既要有综合性大学,也应该有理工主导的大学,或者有具备学科专业特色的大学)。

(3) 独特性原则

在以上两大原则之外,还需要考虑案例高校的独特性。选择的高校在某些方面具有与其他高校不一样的做法和实践,能够从中归纳总结出一些与其他高校不同的观点。

(4) 针对性原则

针对性原则体现在案例高校对于研究的问题有明确的针对性回应,能够在不同程度上对研究的问题进行解释,或者验证,或者提出新的问题,从而有利于整个研究形成较为明显的研究结论,取得较好的研究效果。

(5) 时代性原则

时代性原则体现在选择的高校具有时代性,即反映一个特定历史阶段高校的基本政策走向。学术职业分层政策本身就具有鲜明的时代性,随着时代的发展,高校学术职业分层政策也自然会发生变革。

6.1.3 案例院校的代表性

从以上原则出发,本书分别选择了4所不同层次类型的高校的学术职业分层管理政策文本进行分析。根据社会科学研究惯例,本书对这四所大学分别用

---

① 高慧. 高校科技管理政策的绩效评价与优化研究 [D]. 武汉:武汉理工大学, 2014.

A、B、C 和 D 代表。其中，A 大学属是一所综合研究型大学，是我国"985 工程"重点建设的大学，学科门类齐全，学校科研实力强，教师结构完整，在国际上也具有较高声望；B 大学是一所理工主导的多学科的教学研究型大学，在"211 工程"大学中处于中上水平，在国内高校中具有一定的声望和影响；C 大学是一所省属地方性大学，既不是"985 工程"大学，也不是"211 工程"大学，在省属地方高校中属于特色比较突出、服务地方经济的教学主导型大学；D 职院属于一所行业背景突出、特色较为鲜明、办学质量较高的省属高等职业技术学院。

6.1.4 分析框架的解释

戈夫曼将框架定义为人们用来感知和解释社会生活经验的一种认知结构。其意指帮助人们解释并了解周围世界的大体方案，就是将个人生活经验转变为进行认知时所依据的一套规则，分析框架是在研究以前定义自身的行动计划，就是从感知的现实中挑选其中一些方面，可以帮助我们组织思路及合理分析案例的结构。[1]

就高校学术职业分层的相关政策研究来说，涉及分层的院校政策很多，但直接相关的政策主要包括分层聘任政策、分层晋升政策、薪酬分层政策。这三个方面的政策反映出高校学术职业分层政策的重要方面，从这三个方面对不同层次类型高校进行学术职业分层政策的分析，能够较为全面系统地帮助我们理解高校学术职业分层政策的基本问题，形成我们分析高校学术职业分层政策问题的基本思路，并探讨不同层次类型高校学术职业分层政策的特征。

6.2 研究型大学学术职业分层

如果假定"985 工程"大学均为研究型大学，那么研究型大学在我国高等学校总数中所占比例很小，只有 39 所，是国家重点建设的在国内外具有一定影响的大学，也是世界一流大学建设的核心力量。A 大学是一所发展得比较好的综合性研究型大学，该校的综合实力和核心竞争力较强，在研究型大学中具有较好的代表性。

---

[1] E. Goffman (1974) Framing Analysis: An Essay on the Organization of Experience. New York: Harper & Row, p. 21.

6.2.1 分层聘任标准

A 大学关于学术职业不同层级岗位的聘任条件，除符合国家政策的总体要求外，还有明确的岗位分级聘任标准。

（1）岗位设置结构

A 大学采用任务与学科综合的教师岗位设置方法，"横向切块，纵向分级"[1]，将教师岗位设置为 4 种类型、13 个级别，不同类型、不同级别的岗位均有明确的聘任条件。在岗位设置的横向方面，A 大学采用的是任务法，将教师岗位分为科研为主型、教学科研型、教学为主型、社会服务型四类，体现出研究型大学的办学职能。在纵向上，A 大学将教师这一专业技术职务的岗位评审与聘任相结合，采用学科与任务综合的方法，对教师岗位实行高低不同的级别划分，采用评聘制，评聘分开。这也就意味着，A 大学各层级教师岗位的专业技术职务评定与实际工作岗位中的岗位聘任可能存在一定的交叉现象，即具有教授职称者可能会被 A 大学聘为副教授，具有副教授职称者可能会被 A 大学聘为讲师，因为职称的评定只是对教师个人前期工作成绩的认定，只是在一定程度上反映出其工作能力。这种岗位分层评聘过程中的有限交叉在一定程度上体现出 A 大学作为研究型大学"任人唯能"[2] 的用人特点。

A 大学在教师岗位设置方面采用分类设级的方式，无论是研究为主型教师岗位还是教学科研型、教学为主型或社会服务型教师岗位，都有各自的岗位等级。这一设岗等级的差异，在很大程度上体现了我国研究型大学普遍采用的以学科建设为主线、科学研究为重点、教学为基础的政策导向与办学理念。

此外，A 大学在教师岗位数量设置方面较为灵活，采用适度限制、适量放权的方式，突出不同等级学科和不同教学单位内部的责任与权利的对应关系。例如，该校规定，A 类学科，即一级学科博士授权点（单位）和二级学科博士授权点（学科）的教授岗位一般控制在 25% 以内，副教授控制在 40% 以内，二至四级岗位的结构比例为 2∶3∶5；C 类学科，即一般学科的教授岗位一般控制在 10% 以内，且最高限额 10 个，副教授控制在 35% 以内，三至四级岗位之间的结构比例为 1∶9。对于一级学科博士学位授权点（单位）、二级学科博士学位授权点（学科）中具有博士学位的教师比例高于 50% 的，高级岗位可增

---

[1] 郎益夫，陈伟，等. 研究型大学教师岗位设置系统研究 [J]. 社会科学战线，2009 (1)：226-229.
[2] 郎益夫，陈伟，等. 研究型大学教师岗位设置系统研究 [J]. 社会科学战线，2009 (1)：226-229.

加 5%；非博士学位授权点（学科）中具有博士学位的教师比例高于 50% 的，高级岗位可增加 10%。①

（2）岗位设置指标

A 大学的各级教师岗位在设置时有极为详细的指标内容，主要包含教学、科研工作量，主持的项目及发表学术作品的数量与质量，教学及科研获奖情况等，而且不同类型、同一层级教师岗位的评聘指标内容往往有较大差异。例如，该校副教授（七级）岗位、研究为主型岗位和社会服务型岗位相比，前者要求的论文数量是后者的两倍；而与教学为主型的岗位相比，应聘教学科研型副教授岗位者每学年需完成的课堂授课学时数仅为前者的 1/3。此外，A 大学不同学科专业在教师的评聘标准上也有较大差异。如，理、工、医科（基础）教师课堂授课学时数仅需其他专业同级教师岗位要求学时数的 2/3，而对于临床医学专业的教师而言，每学年的课堂授课不少于 18 个学时即可。

6.2.2 分层晋升要求

A 大学学术职业岗位一个聘期为 4 年，各院系根据不同层级的岗位职责以及任务要求，采取年度述职和绩效评估的方式对教师进行聘期考核，考核结果作为续聘、晋升、降聘、转岗、解聘的主要依据。考核坚持民主化、公开化、程序化的原则，将年度考核与平时考核及岗位考核相结合。考核的内容包括德、能、勤、绩、廉五个方面，以考绩为主。德，是指政治、思想和道德品质（含学术道德）方面的表现；能，是指业务知识和工作能力；勤，是指工作态度和勤奋敬业的精神；绩，是指岗位工作的数量、质量、效益和贡献等完成情况；廉，是指党风廉政建设方面的表现。A 大学以学院、部、处为单位，对教师进行考核。考核程序为：①召开动员会，传达考核文件，布置考核工作。②个人述职、年度岗位目标责任制考评和民主测评。③学院、部（处）党政联席会议确定考核等次，考核结果报学校考核委员会审批。确定考核等次要结合平时考核、年度岗位目标责任制考评、群众测评、领导评价等因素综合决定，群众投票仅是决定考核等次的一个因素。④学校考核委员会审批考核结果。②

由于办学规模较大，学术职业从业人员也较多，学术职业不同层级的阶梯式划分，考核标准的差异性较大。A 大学教师在晋升更高一级岗位的时候，考核的内容一般都包括教学、科研和社会服务 3 项指标。具体指标内容及差异参

---

① A 大学关于 2010 年专业技术岗位聘任工作的通知 [R]. 2010.
② A 大学职工年度考核暂行办法 [R]. 2004.

见附件1。

6.2.3 工资待遇分层

A大学学术职业人员的薪酬包括国家规定的固定工资、绩效工资、特殊津贴等几个部分。根据A大学最新的2014年岗位绩效指标政策，该校教授、副教授、讲师、助教三至十三级的月平均绩效工资如表6-3所示；由于教授一级和教授二级岗位享受的绩效工资更高、标准更为灵活，故未给出固定标准数额。除了绩效工资以外，A大学还制定了特殊津贴制度，主要用于奖励特殊岗位的特殊人才。

表6-3　A大学专业技术系列月度奖励绩效工资标准　　（单位：元/月）

层次	教授		副教授			讲师			助教		
等级	三级	四级	五级	六级	七级	八级	九级	十级	十一级	十二级	十三级
月标准	4980	4020	2760	2520	2340	1900	1720	1540	1440	1380	1320

从表6-3中可以看出，A大学的讲师和助教两个岗位等级层级之间的月度绩效工资并未拉开很大的差距，但副教授与讲师、副教授与教授这两类岗位分别拉开了月度绩效工资差距。其中，教授层各级之间的收入差异最为明显。此外，表6-3所列出的专业技术系列岗位的月度奖励绩效工资只是全年绩效工资的一部分，还有一部分是年度绩效工资，完成年度岗位任务的教师将按表6-3列出的标准的60%获得年度绩效工资，形成绩效工资的进一步分层。

A大学还对招聘的高层级人才给予各种福利待遇，主要表现为提供安家费、住房补贴、学术进修、科研启动资金、协助安排配偶工作、解决子女入学等。不同层级的教师享受的这些福利政策差异悬殊。除基本工资、绩效工资、保险等待遇外，A大学的一名普通教师入校时仅享有10万元以内的安家费，而特聘教授则享有每人每年20万元奖金、30万~50万元年薪、120~150平方米住房一套、解决配偶工作和子女入学机会、提供科研启动经费（理工医科200万~400万元，人文社科50万~100万元），还有选聘助手和组建学术团队的权利。一般教授层的教师都拥有自己的研究团队、实验室和办公用房及设备等以开展科研工作，而助教、讲师层的教师则只有普通的公共办公室来进行备课及批改作业。

研究型大学在工资待遇方面的分层差异是一个普遍的现象。早在2004年之前，不少研究型大学就开始通过岗位津贴分级来拉开高校教师的工资收入差异。如，北京大学、清华大学、南京大学、西安交通大学等当时都有不同的岗位津贴分级标准。

2004年以前，北京大学和清华大学等研究型大学就开始按照学术职业的分层对不同岗位实行岗位津贴制度，将岗位津贴分为若干等级，按照岗位分级享受不同的津贴。北大按照不同岗位将津贴分为A1、A2、A3、B1、B2、B3、C1、C2、C3九级，最高5万元/年，最低0.3万元/年[1]。如表6-4所示。清华大学教师岗位分为5类，岗位津贴分为9级，岗位分责任教授、教学岗位、科研岗位、重点岗位和一般岗位，这些岗位类型又分为校聘和院聘两种，分别享受不同层次的岗位津贴，最高5万元/年，最低0.3万元/年[2]。如表6-5所示。浙江大学教师岗位分为一到九级，最高的岗位津贴起点4万元/年，最低0.2万元/年[3]。南京大学教师岗位分为一到九级，最高岗位津贴5万元/年，最低0.3万元/年[4]。西安交通大学教师岗位分为十二级，最高岗位津贴5万元/年，最低0.3万元/年[5]。不少高校尝试运用绩效工资/津贴拉开岗位等级收入的差异，但是总体来说，岗位绩效工资的级差不是很大。在研究型大学推行的绩效工资/津贴制度改革强化了岗位的重要性，拉开了不同岗位的津贴标准，为其他院校进行绩效工资/津贴改革提供了参照标准。2004年以后，院校大规模地实行了以岗位为中心的绩效工资改革，教师收入差异越来越大。

表6-4 北京大学岗位津贴分级标准

	A1	A2	A3	B1	B2	B3	C1	C2	C3
标准（元/年）	50000	40000	30000	25000	20000	15000	10000	6000	3000

---

[1] 刘耕年，戴长亮，金和征. 北京大学实施岗位津贴制度的实践与效果 [J]. 中国高教研究，2004（1）：49-52.

[2] 刘婉华，等. 清华大学实施岗位津贴制度的实践和效果 [J]. 中国高教研究，2004（1）：42-48.

[3] 胡方茜，盛亚东. 浙江大学实施岗位聘任津贴制度的实践和效果 [J]. 中国高教研究，2004（1）：60-64.

[4] 穆荣华，潘少明. 实行岗位津贴制度推进薪酬体制改革——南京大学实施岗位津贴制度的实践和效果 [J]. 中国高教研究，2004（1）：64-67.

[5] 陈天宁，王雅正. 对高校分配制度改革的探索与思考——西安交通大学实施岗位津贴制度的实践与效果 [J]. 中国高教研究，2004（1）：68-72.

表6－5　清华大学岗位津贴分级标准

	1	2	3	4	5	6	7	8	9
标准（元/年）	3000	5000	8000	12000	17000	23000	30000	40000	50000

6.2.4　分层特点

（1）岗位类型多样化且存在不同的分层系列

研究型大学其办学定位倾向于研究，因此，对于科研目标定位较高，在学术职业岗位设置方面也凸显出研究的特色，并不像其他类型的高校那样要求教师都必须承担教学、科研、服务社会的职能，而是将学术职业岗位进行分类，实施分类化管理，且对不同类型的学术职业岗位分别进行层级的划分。A大学的学术职业岗位类型包括教学为主型、教学研究型、科研为主型和社会服务型4类，均包含正高级、副高级、中级和初级的岗位等级分层。其中，教学为主型和教学研究型对应教授、副教授、讲师、助教4层，科研为主型则对应研究员、副研究员、助理研究员和实习研究员4层。同时，其根据学科特点的不同，提出了不同学科类型学术职业岗位的教学和科研聘任条件。

（2）各层各级岗位高层次学术人才分布密集

研究型大学的办学层次和目标决定了其所聘用的教师大部分都是其所在专业领域的精英。如：A大学就拥有8位中国科学院院士、8位中国工程院院士、3位欧亚科学院院士、9位人文社科资深教授、22人次"973"项目（含国家重大基础研究计划）首席科学家、6位"863"项目计划领域专家、5个国家创新研究群体、43位国家杰出青年科学基金获得者、15位国家级教学名师。从学术职业的分层角度来看，A大学现有的专任教师中，具有高级职称的就有2600多人，超过全体专任教师人数的70%，明显高于非研究型大学的高层级岗位等级教师比例。此外，该校规定，教授二级、三级、四级岗位之间的结构比例为2∶3∶5，而就我国高校总体而论，教授岗位等级的这一比例一般为1∶3∶6。由此可见，研究型大学高层级学术人才明显多于其他类型的大学，学术职业的各层和同层的各级岗位均表现出高层次人才密集分布的特点。

（3）岗位评聘极为重视科研成果

从A大学的岗位任职条件来看，教学条件和科研条件是分列的。根据不同类型的岗位分别提出了不同层级的岗位评聘条件，其中的成果导向非常明确。尤其是教授分级聘任条件，更加重视科研成果的奖励。如，按照受聘正高级专业技术岗位的不同年限，对晋升二级专业技术岗位的不同学术类型的教师提出了以下选择条件：①符合表1中1项条件；②受聘正高级专业技术岗位满12年，且受聘专业技术三级岗位以来符合表2中1项条件；③受聘正高级专业技术岗位满8年，且受聘专业技术三级岗位以来符合表2中2项条件；④受聘正高级专业技术岗位满4年，且受聘专业技术三级岗位以来符合表2中3项条件。其中，表1中的选择条件包括：国家"三大奖"一等奖个人排名前2名；二等奖个人排名第1名；国家基金委创新群体负责人；"973"首席科学家（包含国防类同层次）；"863"重大、重点（包含国防类同层次）项目第一负责人；国家科技支撑计划项目负责人；国家"千人计划"A类入选者；国家科技重大专项课题负责人（总经费1500万元及以上）；以第一作者或通讯作者在《Science》《Nature》期刊发表学术研究论文；"973"专家顾问组成员。对于人文社科高校教师来说，要求获得国家社会科学基金项目优秀成果奖一等奖个人排名前2名，二等奖个人排名第1名。表2和表3分别按照教学类、科研类、社会服务类列出了不同的岗位条件（见附件1中的表1、表2、表3）。从A大学专业技术岗位所列出的表1、表2、表3的条件来看，政府科学奖励系统的各级奖励等级和学术荣誉称号是主要的教授岗位分级聘任条件。

(4) 高标准和灵活性的统一

从A大学专业技术岗位的聘任条件来看，岗位等级越高，学术条件要求越高，尤其是专业技术三级和二级岗位基本上涵盖了国内最高级别的各类学术奖励等级和学术荣誉，并对学术奖励的不同等级提出了排名要求，体现了学术岗位聘任条件的高标准。同时，对于取得突出贡献的教师，也充分考虑了其越级晋升的机会。目前，A大学已拥有40岁以下的教授、副教授100余名，其中还出现了80后甚至85后的正教授。从A大学和其他研究型大学的学术职业聘任分层制度来看，其普遍制定了破格聘任教师的相关规定，对于破格聘任教师主要考查其科研水平和科研成果，如获得"全国百篇优秀博士论文"荣誉，论文被SCI、EI收录及被引频次，或在《Nature》《Science》等国际公认的权威学术期刊上发表了论文等，符合这些任选条件都可以直接聘任相应层级的学术岗位，体现出岗位聘任过程中一定的政策灵活性。总体来看，政府制定的国家层级的学术奖励系统和国家层次的学术荣誉，以及国际学术界公认的权威期刊论文和论文被引，是研究型大学教授岗位分级聘任的重要指标。

6.3 教学研究型大学学术职业分层

B大学是一所行业背景较为明显的理工主导的多科性大学，是教育部直属的全国重点大学，是首批列入国家"211工程"重点建设的高校，也是"985工程"优势学科平台高校，拥有多个博士后流动站、一级学科博士授权点和几十个一级学科硕士授权点。其无论是在教学研究型大学、研究教学型大学还是"211工程"大学中，都具有代表性。

6.3.1 分层聘用方案

B大学的专业技术人员分层聘用方案按照四层十三级岗位分级系统来进行基本设计，针对不同的岗位层级分别制定了不同的岗位聘任条件，并对教师岗位聘任所采用的分级聘用原则、聘用方式与待遇也都作出了明确的规定。

B大学教师聘用的基本原则包括：①分类管理，按岗聘用。B大学将专业技术岗位进行分类，设置了教学为主型、教学科研并重型和科研为主型3类岗位，由教师进行选择，按照岗位要求对教师进行聘任。根据二级院、系、所的教师人数和功能确定各级岗位数量，按岗位数量来聘用教师。②重心下移，分级组织。在B大学，由学校负责专业技术二、三级岗位的评审以及五、六级职员岗位的聘用组织工作，由各二级单位负责四级以下的专业技术岗位、六级以下职员的聘用组织工作，而四级教授的评聘工作实现重心下移，经院系教授会、学科评审组和校高级专业技术岗位评审委员会三级评审后聘用，充分发挥二级单位的学术权力。③条件公开，择优聘用。在核定的专业技术岗位总量和结构比例内，坚持科学设岗、公开招聘、择优聘用。以教学和科研工作量为基本依据分编，按学科或基地（平台）类别核岗，岗位设置向特色优势学科和专业、重大科研成果、高层次人才及团队等倾斜。该校依据学校公布的岗位分级聘用条件开展聘用工作，其中二、三级教授岗位由所在单位差额推荐。

B大学依据教师上一聘期和年度考核情况，对教师岗位采用不同的聘用方式，包括晋聘、续聘、降聘、转聘、缓聘、待聘、解聘等，形成了能上能下的岗位流动机制。例如，该校规定，若在2012—2013年考核为基本合格的教师，如不转聘，则可在2014年暂缓聘用，仍在本单位原岗位工作。暂缓聘用期间，基本工资、基础性绩效津贴继续按原标准发放，奖励性绩效津贴按原标准的

75%执行。暂缓聘用一年后，由所在单位按聘期考核程序再次考核，确定合格或不合格等级，并据此确定续聘、降聘、转聘或解聘，体现出岗位聘任过程中一定的灵活性。

B大学对教师岗位新入职人员进行聘任考核时，不论是哪个专业、哪一层级的岗位，主要考核指标都集中在学历背景、年龄、工作年限、行业资历、外语能力、教学能力和科研成果等几个方面，尤为重视招聘引进具有海外知名大学博士学位背景的学术人员。对于具有海外知名大学博士学位的教师候选人，根据其获得学位的学术机构在世界大学中的排名情况分别给予不同的倾斜聘任待遇，体现出教师招聘过程中鲜明的国际化特征。

教授分级聘任条件主要从学术荣誉及学术影响、教学成果、科研成果等几个方面来确定。每一个层级都分为若干个选择条件，满足条件的教师可以获得晋升高一级岗位的机会。例如，申请专业技术二级岗位者，除须满足基本的人才培养要求外，还须按照现任岗位聘任年限满足若干选择条件。有关B大学专业技术岗位评聘原则条件和岗位聘用的规定参见附件2。

总体来说，A大学和B大学的专业技术岗位聘任方案大同小异，基本程序、规则和聘任指标大体相同。A大学聘任条件要求略高，B大学聘任条件略低。A大学更加重视科研奖励和学术荣誉。B大学在聘任条件中增加了若干教学领域的选项，突出了对教学成效的考核。如，专业技术二级岗位选择条件中，涉及教学质量的有五个选项：①国家级教学成果奖一等奖前5名、二等奖前3名或省部级一等奖前2名；②国家精品教材负责人；③国家级教学质量工程项目（特色专业、品牌专业、精品课程、双语教学示范课程等）负责人；④国家级教学、科研基地（示范中心）负责人；⑤全国百篇优秀博士论文提名奖指导教师。只要在正高级岗位上任职一定年限，符合其中1项或者多项，即可满足专业技术二级岗位要求，通过竞聘获得专业技术二级岗位。专业技术三级岗位选择条件中，涉及教学质量的也有五个选项：①省级教学名师；②国家级教学成果奖一等奖前7名、二等奖前5名，或省级教学成果一等奖前3名、二等奖的第1名；③省级质量工程（品牌专业、教学团队、精品课程等）负责人；④省部级教学、科研基地（示范中心）负责人；⑤省级优秀博士论文指导教师。只要在正高级岗位上任职一定年限，符合其中1项或者多项，即满足专业技术三级岗位要求，通过竞聘获得专业技术三级岗位。

6.3.2 分层晋升程序

B大学各级教师岗位的评聘工作由教授会、学科评审组、校评审委员会组织、实施，学校和二级院系对教师岗位的设置、聘用、考评、晋升等工作均具有较大的自主权。其中，教授会由各学院（部）、科研中心（所）全体教授组成，主要负责对申报副教授和教授岗位的教师的学术水平进行评议。学科评审组按学科群组建，由相关学科在职正高岗位的教师组成，主要职责是根据学校制定的申报教师各级岗位的学术业绩要求，制定本学科群岗位学术业绩条件细则。校评审委员会从在职教授中轮流产生组成，主要职责在于对教师系列4级岗位进行审定。

B大学关于各级教师岗位的评聘申报及考核工作有十分规范的管理流程，也表现出相当大的院系自主权。评聘申报程序一般为：由人事处公布各级岗位需求数量，二级单位根据任职条件进行预审并向校职称办公室进行推荐，职称办对被推荐对象的基本情况进行初步审核，对个人提交的推荐申报综合表、相关成果原件、相关证书及证明进行集中公开展示，各学院（部）岗位聘用工作小组、教授会对全体申报人员的基本情况、政治思想、职业道德、教育教学和科学研究等全面把关，组织对申报人员的材料进行审核，评审实行记名表决，按得票数排序并推荐至学科评审组，最后通过公示者才能被聘用。专业技术四级岗位（即晋升正教授职称）的评审还须经过学校职称评定委员会投票进行差额评审，对于通过学校职称评定委员会的教师，在经过学校职称聘任领导小组审议通过后予以聘任。

B大学评审规则体现出较大程度的学术自由、教授治校的办学思想，教授在教师岗位评聘过程中发挥了较大的作用，较好地保障了岗位评聘过程中的程序公平。例如，对于教师考评工作，教授会与会教授须超过本单位全体教授人数的1/2，教授会评议方为有效。正常或破格申报教授或副教授岗位的个人，向学院教授会报告自己的代表作、研究领域、研究方向与研究进展情况并答辩，教授会对参评人员作出评价并记名表决，得同意票超过与会教授人数1/2的，按得票数排序并推荐至学科评审组。学科评审组进行评审时，与会人数必须达到学科评审组全体成员的2/3方为有效。对于申报副教授及以下级别岗位，同意票须达到学科评议组与会成员的2/3方为通过。教师对于评聘结果有异议的，可以根据程序申请复议。这样环环相扣的评聘程序有效地保障了教授治校的权利，也较好地保障了教师在岗位评聘过程中的程序公平。

6.3.3 工资待遇分层

B大学教师的工资收入包括国家工资和绩效津贴两部分。国家工资核算标准与职称挂钩，按国家相关规定统一执行。而该校的绩效津贴则由基础性和奖励性两部分构成。该校基础性绩效津贴暂按武汉市市直其他单位标准执行，具体标准如表6-6所示。符合规定的"双肩挑"人员，按"就高不就低"原则发放基础性绩效津贴。奖励性绩效津贴则主要体现工作职责和工作业绩。奖励性绩效津贴由岗位性津贴和业绩性津贴两部分构成：岗位性津贴主要体现岗位性质和工作职责的差异，包括在岗津贴、教师学术津贴、领导责任津贴；业绩性津贴主要体现完成工作的质量和数量情况，包括教学科研人员的教学津贴和非教学科研人员的效益津贴。其中，教师学术津贴和领导责任津贴不重复享受。该校教师奖励性绩效津贴标准如表6-7所示。

表6-6 B大学基础性绩效津贴标准

岗位名称	等级	标准（元/月）
教授	一级	3656
	二级	2980
	三级	2870
	四级	2779
副教授	五级	2468
	六级	2413
	七级	2376
讲师	八级	2139
	九级	2102
	十级	2065
助教	十一级	1901
	十二级	1882
	十三级	1828

表6-7 B大学奖励性绩效津贴标准　　　　（单位：元）

岗位		岗位津贴		业绩津贴	合计
等级	名称	在岗津贴	教师学术津贴	教学津贴（满工作量）	
二级	教授二级	3450	3850	1500	8800
三级	教授三级	2850	3000	1500	7350

续表

岗位		岗位津贴		业绩津贴	合计
等级	名称	在岗津贴	教师学术津贴	教学津贴（满工作量）	
四级	教授四级 II	2450	2000	1500	5950
	教授四级 I	2260	1500	1500	5260
五级	副教授一级	1990	1140	1500	4630
六级	副教授二级	1940	1060	1500	4500
七级	副教授三级 II	1860	900	1500	4260
	副教授三级 I	1720	650	1500	3870
八级	讲师一级	1470	470	1500	3440
九级	讲师二级	1420	370	1500	3290
十级	讲师三级	1370	270	1500	3140
十一级	助教一级	720	150	1500	2370
十二级	助教二级	700	100	1500	2300

注：（1）按教学科研完成情况计算奖励性绩效津贴的教师适用此标准；

（2）教授四级和副教授三级任职满3年，考核合格，可执行 II 档标准；

（3）其中的教学津贴标准为教师完成教学课时定额（满工作量）的教学津贴；超过教学课时定额的工作量，按每个编制15000元计算。

从上述绩效津贴的标准来看，B大学教师的岗位等级与其收入密切相关，不同层级岗位的绩效工资有一定的级差，其中教授层的各级之间级差较大。此外，在B大学，年度考核结果与各级教师的薪酬待遇直接挂钩。如，年度考核为基本合格的人员，下一年度奖励性绩效津贴按标准的50%执行；年度考核为不合格的和未参加年度考核的人员，下一年度奖励性绩效津贴停发。

6.3.4 分层特点

在高等教育结构体系中，教学研究型大学正好处于中间层次，起着承上启下的特殊作用，是培养高级专门人才的中坚力量。这类院校以教学工作为重心，积极开展科学研究，以本科教育为主，适度发展研究生教育，其中部分院校本科生教育和研究生教育并重[1]，因此，教学研究型大学需要教师具有较强

---

[1] 甘晖，等. 战略机遇期高等学校的定位及其分层次管理探析[J]. 中国高等教育，2004（2）：6-10.

的教学和科研能力。B 大学在学术职业分层设置方面体现出如下特点。

(1) 学术职业分层结构呈现"橄榄球"式的特征

教学研究型大学对学术职业层级结构有明确规定。如 B 大学规定该校教师岗中具有高级职称者应占全体教师的60%左右,其中教授岗位占全体教师岗位的20%左右,副教授岗位占全体教师岗位的40%左右,讲师岗位占全体教师岗位的35%左右,助教岗位占全体教师岗位的5%左右,基本呈现出一种"橄榄球"式的结构特征;处于分层两极的教授和助教岗位较少,处于中间层级的岗位较多;副教授和讲师岗位占教师岗位的75%,是学校教学和科研的主体力量。从该校网站公布的教师人数来看,教授岗位和副教授岗位略微超过规定比例,但比全国高校的平均比例高。如该校目前拥有的2800多名专任教师中,教授625人,副教授1241人,分别约占教师总数的22%和44%。而全国高等学校的全体专任教师中,具有教授和副教授高级职称的教师只占总数的40%左右,其中教授约占10%,副教授约占30%。该校还规定教授二至四级岗位之间的结构比例为 1.5∶3.2∶5.3,这一比例虽略低于研究型大学教授岗位各等级之间的比例,但也明显高于国家规定的 1∶3∶6 这一平均水平。由此可见,教学研究型大学高层级学术岗位教师的比例均高于全国高校的平均水平。

(2) 教学和科研能力并重

教学研究型大学的首要任务是培养高级专门人才,教学工作是学校各项工作的中心,科学研究工作的目标也应该是为人才培养而服务的,作为提高教育教学质量的保证性措施,其服务社会的主要方式也是向社会输送高质量的各类专门人才,并根据人才培养的需求和社会经济发展的实际需要开展科学研究。[1] 基于教学研究型大学的这一办学定位,其在对各层级教师进行评聘考核的时候,与研究型大学极为看重教师的科研能力不同,而是重点考核教师的教学和科研能力。

教学研究型大学由于本科学生人数远大于研究生人数,教学任务比较重,教师需要承担相当大的教学工作量,对科研的要求略微偏低。从 B 大学岗位聘任标准中就可以看出,即使是正教授,根据岗位的不同,每年也至少需要完成100～300个学时的教学工作量,明显高于研究型大学教师的基本教学工作量要求。除了教学工作量大以外,教学研究型大学还对教师的教学水平和教学质

---

[1] 甘晖,等. 战略机遇期高等学校的定位及其分层次管理探析 [J]. 中国高等教育,2004 (2): 6–10.

量有较高的要求,如,B大学就将"教学效果经学生和同行专家评价达到优良"作为各岗位层级考评、晋升的重要参考指标,足见该大学对教师教学能力的重视。当然,科研能力也是教学研究型大学对教师晋升考核的重要条件,只是较之研究型大学的考评条件略有放宽。

(3) 岗位评聘重视"两项能力"

除了教学和科研能力外,教学研究型大学还对教师的其他能力提出了一定的要求。B大学在教师岗位评聘过程中就明文规定了"两项能力"(工程实践能力和国际化能力)的基本要求。如:①工程实践能力。从2013年起,1970年1月1日及以后出生的教师申报副教授岗位的,工科类教师必须具有在企业(或科研机构)工作1年以上的实践经历(水上专业教师在船上实习实践1年等同于在企业实践1年),经济管理类教师必须具有在企事业单位实践1年左右的经历,理科教师必须具有在校内实验室从事实践教学(或校外实践锻炼)1年以上的经历。从2011年起,具有上述实践经历经验的教师申报副高岗位的,优先推荐评聘。②国际化能力。从2013年起,1970年1月1日及以后出生的申报教授岗位的教师至少具有1年以上的国外知名高校(一般要求为世界排名前200名的高校)或研究机构留学或工作经历(体育、艺术、人文、思政等学科除外)。从2011年起,具有在国外1年以上学习(研究)经历的教师申报正高岗位的,优先推荐评聘。

6.4 教学型大学学术职业分层

教学型大学指以本科教育为主体的全日制大学,它以招收本科层次的学生为主体,主要履行人才培养的职能,培养高水平应用型人才(即高级专门人才),拥有学士学位授予权和少量的硕士学位授予权。与研究型大学相比,我国的教学型大学的个性特征突出表现为:以本科教育为主体,主要承担高等教育大众化的任务,社会适应性强,重视应用型人才的培养,区域化优势明显,办学效益显著等。[1] C大学始建于1952年,是省重点建设高校,被省委省政府定位为在该省"高教体系中起龙头示范作用的、水平较高的骨干大学",也是华中地区办学水平较高的一所地方本科大学,具有一定的代表性。

---

① 时明德. 中国教学型大学的特征 [J]. 信阳师范学院学报(哲学社会科学版),2006 (22):60–62.

6.4.1 积分制分层

C大学的学术职业岗位分层聘任政策是根据《教师法》《高等学校教师职务试行条例》及国家和省级政府部门的相关政策制定出来的，主要依据该省《高等学校教师专业技术职务任职资格申报评审条件》（修订试行）来制定岗位评聘细则。C大学作为该省省属重点高校，其教师评聘考核标准严格依此文件执行，各级学术职业的任职标准在一定程度上体现出教学型大学的办学目标和岗位聘任特点。

（1）教师岗位类型更为多样化

作为教学型大学的C大学，教师岗位不仅包括前面A大学和B大学所划分的教学为主型、教学科研型、科研为主型教师，还包括社会服务与推广型教师，一共分为四类教师岗位，分别按照国家规定的专业技术岗位要求划分层级，实行分类管理。教师可以结合自身实际，自主选择岗位类型，原则上在同一个聘期内不得随意变更岗位类型，而各层级教师岗位的比例则遵照国家四层十三级的岗位结构比例来设定。

（2）各类教师岗位考核采用积分制

C大学各类教师岗位的工作业绩考核须核算成相应的积分，各年度考核工作业绩积分的累加即为聘期考核工作业绩积分。教师年度考核工作业绩积分最低标准如表6-8所示。

表6-8 教师年度考核工作业绩积分最低标准

岗位类别	岗位类型	教学为主型 教学分	教学为主型 研究分	教学为主型 社会分	教学科研型 教学分	教学科研型 研究分	教学科研型 社会分	科研为主型 教学分	科研为主型 研究分	科研为主型 社会分	年度考核业绩积分总分	社会服务与推广型业绩积分总分
教授	二级	105	45	36	75	75	36	35	115	36	280	364
教授	三级	105	40	36	75	70	36	35	110	36	260	338
教授	四级	105	35	36	75	65	36	35	105	36	240	312
副教授	五级	105	20	36	75	50	36	35	90	36	220	286
副教授	六级	105	15	36	75	45	36	35	85	36	210	273
副教授	七级	105	10	36	75	40	36	35	80	36	200	260

续表

岗位类别 \ 岗位类型	教学为主型 教学分	教学为主型 研究分	教学为主型 社会分	教学科研型 教学分	教学科研型 研究分	教学科研型 社会分	科研为主型 教学分	科研为主型 研究分	科研为主型 社会分	年度考核业绩积分总分	社会服务与推广型业绩积分总分
讲师 八级	95	5	30	75	25	30	35	65	30	180	234
讲师 九级	90	5	30	75	20	30	35	60	30	175	228
讲师 十级	85	5	30	75	15	30	35	55	30	170	221
助教	70	0	30	65	5	30	50	20	30	150	195

教师年度考核工作业绩积分最低标准是教师完成年度或者聘期考核的基本要求，达到基本要求年度考核和聘期考核为合格。这种积分制将教师的各项学术活动工作都进行了量化处理，便于绩效考核时的核算与对比。C大学教师考核的积分制既设置总分，又设置各种层次类型岗位在教学、科研、社会服务各项中的最低得分，便于对各种层次类型教师岗位应履行的三大职责进行有效管理，有利于实现该校的三大办学职能。从表6-8中可以看出，岗位等级越高，积分总分要求越高。对于专业技术人员二至七级岗位来说，除社会服务与推广型教师岗位外，其余三类岗位的社会分要求是一致的，都是36分。积分差异主要体现在不同类型岗位的教学和科研上，教学型教师须完成的教学分较高，科研型教师须完成的科研分较高。社会服务与推广型教师岗位的积分则来自岗位教师提供的社会服务方面，且要求的最低积分随岗位等级的提高而增加。教师年度考核工作业绩积分也是核算教师年度绩效津贴的依据。

(3) 各级教师考核标准

C大学对于各级教师的聘任和晋升考核依照国家和省级政府的相关政策文件执行，各岗位层级考核标准具体而明确，主要围绕教师的教学、科研和社会服务方面的能力及成果贡献来展开。与A大学和B大学不同的是，C大学针对任一层级教师的考评标准中均包含"积极参与各项公益服务，完成学校和学院规定的其他工作"这一基本要求，对于具有高级职称的副教授和教授而言，还需要负责或参与学科建设，积极开展学位点建设、团队建设及平台建设工作，参与或协助指导研究生、青年教师工作，并要求效果明显。

C大学教师岗位基本职责及考核暂行办法参见附件3。

6.4.2 分层晋升标准

C 大学除了部分学科专业具有高级职称评审权外，另外一部分学科专业的最终评审由省级人民政府主管部门负责组织实施，体现出政府对于地方大学专业技术岗位的管理和控制。评审是对专业技术人员能力水平进行科学评价的重要环节，评委会主要依据申报者提供的申报材料进行综合评价。总的要求是：坚持标准条件，注重能力业绩，鼓励突破创新，适当引导倾斜，力求客观公正，确保评价质量。C 大学对教师的考核聘用主要依据该校教师岗位基本职责并结合积分考核形式进行。

C 大学教师岗位基本职责主要包括教学、研究、学科建设、人才培养工作、社会服务和国际交流等方面的内容。这里主要节选二级、三级教师岗位的基本职责进行分析。

例如，教授二级岗位：在教学工作方面，需要每年承担 1 门及以上本科生课程讲授任务；每年开设 2 次前沿讲座；积极开展双语教学，主持本学科（或专业）的教材建设、课程建设，开展教学改革、编审教材和主持教学法研究，聘期内取得标志性教学成果 1 项。在科研工作方面，需要聘期内承担国家级或省级重大科研项目 2 项，每年完成学校科技处和所在学院规定的科研工作任务；聘期内以 C 大学为第一单位在专业权威期刊上发表科研（或教研）论文 12 篇及以上且其中被 SCI、EI、CSSCI 或 AHCI 收录 8 篇及以上，以第一作者出版高水平学术专著 1 部；聘期内，获得省部级科研奖励 1 项以上，争取获得国家级科研奖励 1 项。在学科建设工作方面，积极参与教师团队的建设工作，带领相关教师团队，在某一学科方向达到国内先进水平；对本学科的发展方向和研究重点提出重要建议，促进本学科跟踪国际学术前沿；制定或协助学科负责人制定并实施本学科及实验室建设规划，指导本学科的重点学科建设、学位点建设和重点实验室建设。在人才培养工作方面，根据所在学院安排负责制订本学科青年教师培养计划，担任青年教师指导教师，培养中青年学术骨干和年轻教师 3 名；积极推荐青年教师到海外访学，联系、推荐 2 名优秀青年教师出国学习、进修。在社会服务工作方面，结合本学科特色，积极推进科研成果的推广应用，有效地促进产学研结合，承担社会责任，提高服务社会的水平，促进本校社会影响力的提升。在国际合作工作方面，聘期内协助引进海内外杰出人才 1~2 名；邀请国内外著名学者来校进行学术交流；积极组织开展国际合作研究，提高本学科的国际合作交流水平。

再如，教授三级岗位：在教学工作方面，聘期内，每年承担1门以上本科生课程讲授任务，每年开设2次前沿讲座；积极开展双语教学，主持本学科（或专业）的教材建设、课程建设，开展教学改革、编审教材和主持教学法研究，聘期内取得标志性教学成果1项。在科研工作方面，聘期内承担国家级或省级重大科研课题1项，每年完成学校科技处和所在学院规定的科研工作任务；聘期内以C大学为第一单位在专业权威期刊发表科研（或教研）论文8篇及以上且其中被SCI、EI、CSSCI或AHCI收录6篇及以上，出版学术专著1部；聘期内获得省部级科研奖励1项，争取获得国家级科研奖励1项。在学科建设工作方面，积极参与教师团队的建设工作，带领相关教师团队，在某一学科方向达到省内领先水平；对本学科的发展方向和研究重点提出重要建议，促进本学科跟踪国际学术前沿；制定或协助学科负责人制定和实施本学科及实验室建设规划，指导本学科的重点学科建设、学位点建设和重点实验室建设。在人才培养工作方面，根据所在学院安排负责制订本学科青年教师培训计划，担任青年教师指导教师，培养中青年学术骨干和年轻教师2名；积极推荐青年教师到海外访学，联系、推荐1名优秀青年教师出国学习、进修。在社会服务工作方面，结合本学科特色，积极推进科研成果的推广应用，有效地促进产学研结合，承担社会责任，提高服务社会的水平，促进本校社会影响力的提升。在国际合作工作方面，聘期内协助引进海内外杰出人才1名；邀请国内外著名学者来校进行学术交流；积极组织开展国际合作研究，提高本学科国际合作交流水平。其他各层级岗位基本工作职责参见附件3。

总体来看，C大学教师岗位的基本职责定性指标较多，定量指标主要集中在科研工作方面；科研定量指标主要以论文著作和科技奖励为主，与A大学和B大学相比，科研基本要求偏低；除了教学和科研工作之外，C大学二级和三级岗位的教师还具有学科建设、培养和指导青年教师、社会服务、国际合作等方面的工作职责，体现出教学型大学的基本特点。

6.4.3 工资待遇分层

（1）各级岗位津贴差异明显

C大学学术职业人员的工资由国家工资和校内津贴两大部分组成。国家工资由岗位工资、薪级工资和国家规定的各种津贴构成，核算标准按国家相关规定执行。校内津贴由岗位津贴、业绩津贴、责任（学术）津贴和特殊津贴构成。参见附件3。

校内津贴中的岗位津贴和业绩津贴实行计分制。不同层级、类型岗位职责都被赋值为不同的分数，这个分数分为两类：一类是岗位津贴分，和任职岗位相关，不同的岗位有不同的津贴分；另一类是业绩津贴分，可以理解为绩效津贴分，与工作绩效相关。对于管理岗位、其他非教师专业技术岗位和工勤技能岗位，其业绩津贴分是固定的；对于教师岗位来说，业绩津贴分与完成的教学工作、科研工作和社会服务工作的绩效相关，是弹性的。不同教师的业绩津贴分不一样，需要进行学术工作业绩核算。岗位津贴和业绩津贴的核算与每年度的岗位（业绩）分值相关，岗位（业绩）分值（1分值多少钱）随学校当年效益情况进行相应调整。

津贴的具体计算办法为：年岗位（业绩）津贴＝岗位（业绩）分值×津贴分。

具体而言，岗位津贴为岗位分值×岗位津贴分；业绩津贴为业绩分值×业绩津贴分。两者相加，即为不同岗位的岗位津贴和业绩津贴。需要说明的是，岗位分值和业绩分值是不同的，每年在全校核算后进行调整。

责任（学术）津贴是副处级及以上管理岗位和副教授以上学术岗位人员才能够享受的津贴。如，正校级年度津贴为2万元，副校级年度津贴为1.8万元，校长助理级年度津贴为1.6万元，正处级和正教授为1.4万元，副处长和副教授为1万元。其他人员不享受责任（学术）津贴。

特殊津贴只给予那些特殊岗位和特殊人员。如，受聘到学校设立的特殊岗位者，任期内特殊津贴按相关文件规定的标准执行；博士生导师的津贴标准为8000元/年，连续享受3年；从事教学和科研工作的博士学位获得者，津贴标准为3000元/年，连续享受3年。

对于津贴的发放办法，C大学有具体明确的规定。如，机关部门等由学校发放业绩津贴的，其分值按全校教学单位总人数上年实发业绩津贴平均数的80%乘以应发总人数，再除以应发人数的总津贴分确定。教学单位上一年业绩津贴平均数，由人事处会同财务处在年底进行核算。

（2）岗位年终考核与教师津贴直接挂钩

C大学各种校内津贴的发放均与个人年终考核等次直接挂钩。平时先按津贴标准的70%逐月预发，若年终考核为A等次，除补足另外的30%外，还增发年度校内津贴的20%；若年终考核为B等次，补发另外的30%；若年终考核为C等次，则扣发这30%的津贴；若年度考核为D等次，则不发放年度津贴的30%，同时扣回预发的70%部分。这对于鼓励教师投入学术工作、激发教师的工作积极性是有利的。

6.4.4 分层特点

教学型大学不同于其他类型的大学，它以培养应用性人才为主要目标，开展的科研也以教学、应用性研究为主，同时，它主要为区域经济文化发展服务，具有较为明确的办学定位。自《中国教育改革和发展纲要》提出"实行中央和省两级办学，两级管理，以省为主的高等教育管理体制"以来，教学型大学不断增多，成为我国高等教育大众化发展阶段的重要力量。在学术职业分层方面，教学型大学学术职业分层特点也比较鲜明。

（1）岗位积分制分层考核

尽管不是所有地方本科院校都采取岗位积分制对教师进行分层考核，但这还是可以代表相当多的院校分层考核的特点。从C大学的岗位分层考核情况来看，"工分制"的量化考核体系具有积极意义。一方面，将难以测算的学术活动进行分类量化，有了一个较为统一的核算模式，体现了"多劳多得"的原则；另一方面，有利于核算不同层次类型教师的津贴，目标明确，责任明确，绩效明确。同时，这将院校发展的基本任务分解为每个教师的具体行动，有利于促进院校目标的实现，减少由于学术工作难以测量而导致的分配矛盾。其消极意义在于，不同层次类型岗位的岗位分和津贴分核算的理论依据较为缺乏，由积分制导致的不同阶层教师的地位分化现象较为明显。

（2）收入差异较为明显，教师压力较大

从C大学的津贴核算方式来看，由于岗位津贴分和业绩津贴分直接反映了不同岗位人员实际获得的津贴数额，尽管我们不是很了解C大学每年的岗位津贴分值和业绩津贴分值的具体数据，但是从岗位津贴分和业绩津贴分的积分总分差异情况也大体可以了解该校的工资待遇分层情况。单从助教十二级和教授二级的岗位津贴分来看，分别为450分和1350分，相差达到3倍。如果加上不同岗位教师的业绩津贴分（一般情况下，岗位层级越高，则业绩津贴分也越高，因为高层级的教师获得更多科研分和社会服务分的机会更多），助教十二级和教授二级岗位津贴分的差距将超过3倍。如果再加上高层级教师才能够享受的学术津贴和特殊津贴，则津贴差异更为明显。

和C大学管理岗位相比较，管理岗位的业绩津贴是固定的，如正处一级是700分，副处一级是600分，正科一级是500分；而教师岗位中的教授四级最低业绩总分是240分，副教授一级是220分，讲师一级是180分。如果把教师岗位年度最低分理解为完成本岗位的基本工作任务，与相对的正处一级岗位、副处一级岗位和正科一级岗位相比，分别有460分、380分和320分的差距，需要教师付出更多的时间和精力，通过超出额定工作量的业绩来弥补教师岗位和管理岗位的差距。

(3) 教学、科研和社会服务能力并重

研究型和教学研究型大学教师的分层分级评聘条件主要集中在教学、科研上，尤其重视科学界的奖励和学术荣誉。而教学型大学的各级教师任职条件却明显体现出向教学、科研和社会服务能力的倾斜。C大学还专门设置了社会服务和推广型教师岗位系列，鼓励教师从事社会服务和科技成果推广工作，切实服务于区域经济发展。从C大学年度考核业绩积分结构来看，主要包括教学分、科研分和社会分，并对每一类学术工作的计分提出了明确的核算方式，其针对教学、科研和社会服务的明确导向对促进C大学的发展目标的实现发挥了重要作用。

6.5 高职高专院校学术职业分层

高职（高等职业学校）和高专（高等专科学校）都是专科（大专）层次的普通高等学校，是我国实现高等教育大众化目标的主要力量，也是为社会培养专业技能型人才的主体力量。高职高专教育由省级人民政府管理，在国家宏观政策的指导下，省级政府围绕本地区经济和社会发展的实际需要，结合招生能力、就业状况等综合情况，确定年度招生计划、招生办法、专业设置、收费标准和户籍管理，颁发学历证书，指导毕业生就业，确定生均教育事业费的补贴标准等，并同时担负有保证教育质量、规范办学秩序和改善办学条件等职责。D职院已有60多年的办学历史，是部级职业教育示范院校和省示范性高等职业院校，在高职高专院校中具有一定的代表性。

6.5.1 分层结构与标准

D职院的教师岗位招聘纳入省事业单位招聘考试之中，在不违背本省高等学校教师专业技术职务任职资格申报评审条件中有关基本标准的前提下，该校各系（部）、各专业根据自身需要制定了专职教师聘任的具体办法。关于教师岗位等级职数指标，遵照上级批复的设岗岗位职数并结合学校实际情况来使用。

（1）岗位设置结构

基于高等职业教育培养专门职业技术型人才的办学宗旨，D 职院的理论和实践课程的教学工作是重中之重，因此，该校教师岗位的专业技术职称主要集中在助教、讲师、副教授 3 个层次，正教授比例较小。全校专业技术岗位中，五、六、七级之间的总体比例为 2:4:4，八、九、十级之间的总体比例为 3:4:3，十一、十二级之间的总体比例为 5:5。这与我国高职高专院校学术职业整体岗位设置结构比例是一致的。

此外，D 职院采用限制不同岗位等级最低比例的方式来保证学校的师资队伍的稳定性。如该校规定，在全校的教师岗位中，副教授五级岗位占已聘副教授总数的比例不应低于 20%，五六级岗位之和占已聘副教授总数的比例不得低于 60%；讲师八级岗位须占已聘讲师的 30% 以上，八九级岗位须占已聘讲师总数的 70% 以上。这种限制同层不同级岗位最低比例的岗位设置方式不仅可以较好地保证该校的师资水平，同时还有助于学校学术职业梯队的稳定和发展。

（2）岗位设置指标

D 职院的各级教师岗位聘用有较为明确的考核指标，这在该校的《教师岗位评议细则》中有清晰且详细的说明，主要包括资历年限、岗位职责和工作业绩、科研能力这三个方面，其中最为重要的是教师的资历年限，占考核权重的 60%，而科研能力仅占总体的 10%，另外 30% 是考查教师履行岗位职责和完成业绩的情况。不难看出，在 D 职院中，教师的资历极为重要，"论资排辈"现象比较突出，教学和科研方面的成果、贡献并未得到充分的体现。实际情况是，在正常申报教师岗位等级的时候，该校规定的基本条件完全集中在教师的资历方面，只要达到相应的任职年限，就拥有了岗位晋升的资格，而且工作时间越久，晋升的机会越大。这一指标的计算公式为：[70 +（申报者资格年限 - 基本年限）×0.5] ×60%（70 分为满足任职年限的基本分），由此可见资历在 D 职院的重要性。

然而 D 职院也非完全不重视教师的教学能力与科研成果，在教师岗位晋升时也明确了越级破格晋升的申报条件，这些条件主要集中在对教师教学和科研成果的考核上，包括重要课题项目、重要期刊论文（被 SCI、EI、ISTP 收录）、教学获奖、专利发明、精品课程建设或编写教材等。

值得一提的是，D 职院每学年、每学期都聘有不少兼职代课教师。所谓兼职教师,一般是从行业或企业聘请的拥有较为丰富经验的技术人员、管理人员、能工巧匠,或其他学校的教师、硕博在读研究生,他们主要从事某些专业或实践课的教学工作。D 职院的兼职教师不进入该校的正式教师编制,与该校只是短期雇用关系,聘用时不用参加省事业单位招聘考核,也不签订正式劳动合同,聘任条件相对较松,聘任过程也较为简单。这些兼职教师承担一定的授课任务,凭完成的课时量获得相应的报酬。

6.5.2 分层聘任依据

D 职院教师招聘属于省级事业单位统一招聘工作的一部分,按规定,应聘人员分别进行笔试和面试两种形式的考核。笔试考试内容为《综合应用能力测试A》和《基础素质测试A》两科,采用闭卷方式进行,由省人社厅统一组织阅卷评分和进行成绩排序,并按招聘岗位数1:3 的比例确定人选进入面试。然后,D 职院组织现场确认审核面试人员应试资格,通知面试的具体时间和考核安排,并自行组织面试。面试结束后,按笔试成绩30% + 面试成绩70% 计算总成绩,取总成绩最优者,按招聘岗位数1:1 的比例确定人选进行体检,然后由各系进一步考核,几方面都合格者确定为拟聘用教师,并公示 7 天,再由上级主管单位一并将备案报告、拟聘用人员名单、参加面试人员总成绩排名、考核和体检结果等报省人社厅审批,最后才签订聘用合同,完成聘用考核。

入职 D 职院的教师要获得岗位等级的晋升,须遵照国家和省关于高校教师职称评定的规定以及学校自定的专业技术岗位等级聘用管理办法等执行。作为示范性高职高专院校的 D 职院,在教师聘任过程中服从省里的标准化统一考核安排,也遵从我国单一型结构的学术职业岗位设置标准。可以说,这种聘任方式体现了行政权力在教师聘任过程中的主导地位,也反映了政府权力对学术职业分层的控制。

D 职院的具体政策文本参见附件 4。

6.5.3 工资待遇分层

由于没能够获得 D 职院教师绩效工资的相关资料,我们以另外一所同类型高职院校 E 职院的收入分配政策文本作为分析依据。这所高职院校与 D 职院具有高度相似性。E 职院收入由基本工资、保留津补贴、绩效工资三部分构成。总体来说,工资结构较为简单。前两部分根据国家规定执行。绩效工资由基础性绩效工资和奖励性绩效工资构成,占该校教师总收入的大部分。该校政策文本中的绩效工资标准均与教师的岗位等级挂钩，以十三级岗位作为确定岗位系数的基点，包含岗位系数和月基础性绩效工资标准两个指标。具体如表 6-9 所示。

表 6-9　E 职院基础性绩效工资标准

岗　位		岗位系数	月标准（元）
教授	二级	1.79	3672
	三级	1.73	3546
	四级	1.66	3405
副教授	五级	1.50	3077
	六级	1.45	2974
	七级	1.39	2851
讲师	八级	1.30	2667
	九级	1.25	2564
	十级	1.19	2441
助教	十一级	1.11	2277
	十二级	1.06	2174
	十三级	1.00	2051

注：以上金额标准数据根据省人社厅基础性绩效工资计算软件直接生成。

此外，E 职院的奖励性绩效工资与所聘职称岗位须完成的工作量和实际贡献等因素挂钩。该校奖励性绩效工资占绩效工资总量的 50%，由学校进行总体核算后，根据二级院系完成工作量和实际贡献等情况进行"工分制"核算，然后将绩效工资总量划归二级院系，由二级院系根据奖励性绩效工资核算标准计算不同岗位教师的奖励性津贴。具体如表 6-10 所示。

表 6-10　E 职院奖励性绩效工资核算标准

岗　位		岗位系数
教授	二级	4.64
	三级	3.95
	四级	3.53

续表

岗　位		岗位系数
副教授	五级	2.72
	六级	2.39
	七级	2.17
讲师	八级	1.76
	九级	1.59
	十级	1.46
助教	十一级	1.24
	十二级	1.15
	十三级	1.00

6.5.4　分层特点

高职高专院校是我国高等学校中数量最多的一种高等教育类型，是高等教育大众化的中骨力量，其学术职业分层与其他层次类型高校相比所表现出的不同特点主要有以下几点。

（1）重视教师的教学能力和实践能力

从高职高专院校培养各行业技术型实用人才的总体办学目标出发，该类院校在教师评聘过程中对教师的科研能力并不看重，而是更加重视教师的教学能力，教学过程中最为关注教师的专业技能实践能力。这一点不仅在高职高专院校教师的聘任过程中有所体现，同时也是年终考核的重要指标。在与企业合作培养高职专门人才的过程中，实践经验和能力被认为是教师考核的主要内容。实际上，围绕课程开发、实训室建设、教学改革、教学技能竞赛、校企合作等和教学密切相关的内容是对于二级院系和教师进行考核的主要指标。

（2）兼职教师比例较高

聘用兼职教师承担教学工作是高职高专类院校教师聘任方面的显著特点。兼职教师的聘用是高职高专院校发展的必然选择，可以有效控制办学成本，提高办学效益。尤其是聘用企业有经验的技术人员作为高职高专院校的兼职教师，还可以密切高职高专院校和企业的关系，了解企业需求，合作培养学生，促进教学质量的提高。教育部《关于全面提高高等职业教育教学质量的若干意见》（教高〔2006〕16号）指出："高职院校要聘请大量行业企业的专业人才和能工巧匠到学校担任兼职教师，逐步加大兼职教师的比例，逐步形成实践技能课程主要由具有相应高技能水平的兼职教师讲授的机制。"可以说，兼职教师是高职高专院校教师队伍的重要组成部分，具有不可替代的作用。高职高专院校培养实践型人才的办学目标也决定了该类院校必然需要大量的兼职代课教师，重点从事专业实践类课程的教学。D 职院的教师队伍中就有 1/4 以上教师是兼职教师。

（3）绩效薪酬分层级差较小

由于高职高专院校主要从事高级技能型专业人才的培养工作，科学研究不是高职高专院校的主要职能，院校很难在科学研究领域获得政府和社会资源，也很难通过科学研究来获得院校声望，自然也就很难通过学术声望等级来进行工资收入的分层。因此，院校主要依据教学完成情况和完成的质量来进行薪酬分配。从高职高专院校的基础性绩效工资来看，二级岗位的分层系数只是十三级岗位的 1.79 倍；而奖励性绩效工资分层系数虽然较高，但是与教师的具体工作量和实际贡献是挂钩的。从奖励性绩效工资总量来看，其只占绩效工资的50%，这也决定了不同层级教师的总体工资收入水平差距不大。

6.6 学术职业分层的比较分析

学术职业作为社会分工的产物，院校政策、学术分工以及从业者所具备的不同能力素养形成了其内部分层的机制。而我国不同层次类型高校的不同办学目标与定位决定了必须将具有不同学术能力和学术水平的教师配置到不同的学术岗位中去，从而实现组织资源配置效率的提高。不同层次类型高校教师岗位设置和聘任晋升正在重构一种凭借大学教师分流而实现的高校学术职业分层新秩序。基于前面的案例分析，可以发现我国不同层次类型大学学术职业分层表现出的共性和差异。

6.6.1 相同点

随着我国高校人事制度改革和岗位分级管理体制的推进，不同类型高校的学术职业分层表现出一些共性。

（1）普遍推行四层十三级岗位分级管理制度

虽然当代中国高校比以往具有更大的办学自主权，不同层次类型的高校对教师岗位分层管理也比以往拥有更多的话语权，但由于政府对高等教育事业依然发挥着主导作用，所以，我国无论哪一个层次类型的高等院校，基本分层制度都较大程度上受到政府政策的影响。自从2007年政府推行高校专业技术岗位分级管理制度以来，不同层次类型的院校都普遍形成了四层十三级的岗位分级管理体制，即各类大学的教师都分为基础层——助教、中间层——讲师、高级层——副教授、塔尖层——教授四个层次[①]。其中，助教层分三级，讲师层分三级，副教授层分三级，教授层分为四级。而且，我国各类高校都较为严格地执行了教师分级管理政策，并基本上按照国家确定的学术职业分层结构来确定不同层级的岗位数量比例。

虽然我国高校学术职业分层过程中行政权力仍然发挥主导性影响，政府意志对学术职业的管理与控制依然较为严格，但是随着高校办学自主权的不断扩大和落实，高校拥有了学术职业内部分层的较大权力，主要体现在教授在学术分层中的权力扩大，不同层级学术岗位的学术标准各异，最能够反映地位分层的津贴因素所发挥的资源调控能力越来越大，使得学术岗位的层级与大学教师的身份和地位密切相关。但是我们也注意到，不同层次类型高校学术职业分层的取向不同，分层标准存在很大差异，这使得四层十三级的分层制度呈现出异常复杂和多样化的个体特征。

(2) 学术职业岗位评聘普遍坚持以学术为中心

这里所指的以学术为中心，是指各类院校在学术职业分层评聘的过程中都极为重视教师的学术能力和学术贡献，都对教师的教学能力、科研能力、社会服务能力提出了不同的要求。诚然，各类高校学术职业分层评聘在学术标准上有不同的侧重，如研究型大学需要教师具有更好的科研能力和成果，获得学术界的学术奖励和学术荣誉；相对而言，教学研究型大学体现出教学和科研并重的分层特点；教学型大学则更看重教师的教学水平及社会服务能力；高职高专则更强调教师的教学能力和实践技能。但是，无论对于哪方面能力的侧重，归根结底都是对教师所具备的专业素质的考查，都是以学术为中心来进行考核评价，从而实现学术职业的多样化分层。

(3) 通过绩效薪酬差异体现"多劳多得"

我国高校教师的工资薪酬待遇主要是与其获得的学术岗位层级挂钩，一般由基本工资、岗位津贴、绩效工资和特殊津贴等几个部分构成。基本工资由政府公共政策统一规定，具有较强的刚性特征，不同地区的不同层次类型高校的

[①] 李志峰，杨开洁. 基于社会分层的高校学术职业分层分类 [J]. 华北电力大学学报（社会科学版），2011（10）：125–131.

同一岗位具有相当的基础工资水平，具有可比性。但是，岗位津贴和绩效津贴工资等则具有明显的差异性，各个高校各行其是，不断探索激励教师积极性的津贴分配模式，因而不具有可比性。在高校学术职业分层体系中，岗位津贴和绩效薪酬差异的一致性表现在：①不论是在哪一类型的院校，一般而言，教师的岗位等级层级越高，则享有的岗位津贴和绩效薪酬待遇越好；②高校教师岗位津贴和绩效薪酬呈现高度陡峭的分层阶梯特征，除了高职高专教师岗位津贴和绩效薪酬差异不是很大以外，其他类型高校教师的岗位津贴和绩效薪酬差异呈现出不断扩大的趋势；③以效率为中心，体现多劳多得的市场理念越来越深入地影响着高校学术职业分层制度。

6.6.2 不同点

高校学术职业分层不仅仅是高等教育机构功能结构变化的结果，也带来了不同层类学术职业地位、工资、声望和资源的差异，形成了学术职业不同层类的地位落差，导致了学术职业不同阶层的形成。我国不同类型高校学术职业分层表现出的差异主要可以归纳为以下几个方面。

（1）学术职业分层结构差异较大

研究型大学高层次人才密集，教授、副教授人数比例几乎达到全校专任教师总数的60%~70%，甚至更高。教学研究型大学副教授及以上岗位等级的教师人数也不断突破60%的比例。而教学型大学高级岗位的比例则普遍在30%~40%。高职高专院校的教师队伍则主要以五级及以下岗位为主，正教授比例较小，而且有相当一部分教师并非专任教师，而是外聘的兼职教师，有的高职院校的外聘兼职教师人数接近甚至超过其在校的专任教师数量。不同学术职业分层结构反映出学术工作取向的差异。显而易见的是，研究是导致学术职业分层尤其是教授分级的根本动因。教授岗位，尤其是三级以上的教授岗位，其研究成果及学术承认是教授分级的基础。同时，我们也应该看到，随着学术岗位尤其是高级岗位不断突破既有政策的藩篱，学术岗位的竞争性日益加剧，学术标准也在不断提高。

（2）分层自主权差异明显

国家和地方政府尽管对高校人事管理政策和制度转型发挥主导作用，但也将一部分权限下放到高等学校。总体而言，大学的办学层次越高，其享有的学术职业分层管理自主权也就越大。例如，研究型大学一般都有权在一定程度上扩大教授、副教授岗位设置的比例，可以自主制定针对本校发展目标的岗位评聘标准和流程，可以自主聘任各层级的教师。同时，还可以根据学科建设和发展的需要，对本校不同等级教师岗位设置比例进行适度调整。教学研究型大学和研究型大学在不同程度上拥有对教师岗位进行多样化设置的权力等。而教学型大学和高职高专院校则往往较为严格地遵照政府政策的规定对教师进行分级评聘和管理。总体来看研究型高校和教学研究型高校在学术职业分层过程中拥有较大的自主权，地方本科院校和高职高专院校拥有的自主权较小。

（3）地位差异主要通过绩效薪酬的差距体现

从马克斯·韦伯的地位理论角度进行分析，社会地位的获得有三个重要的指标——收入、声望和权力。对于当代中国学术职业分层来说，学术职业的地位差异主要源于职称分层和岗位分层，而岗位分层所带来的绩效薪酬显著差异进一步强化了岗位分层的地位效应。在高度市场化和政府宏观管理双重机制的影响下，教师的地位差异与其权力和声望并不一定完全正相关，但是一定是和其绩效薪酬正相关。以绩效薪酬为核心地位指标的学术职业分层偏离了学术发展的基本逻辑，忽视了学术发展的基本规律，导致教师获得学术岗位并非完全出于对学术的虔诚和信仰，更多地是被动适应院校效率中心主义政策的需要，体现的是所谓"多劳多得"的市场经济条件下的价值分配原则。

第 7 章 学术职位满意度与学术职业分层的影响因素

学术职业分层是教师在高校学术系统中被置于学术等级体系的不同位置的过程。在这个学术职业分层过程中，教师个体的先赋性因素和后致性因素、院校组织的权力、院校政策等都发挥着不同程度的影响。本章主要通过实证的方法研究三个方面的问题：一是研究先赋性因素和后致性因素以及学术环境对学术职位满意度的影响；二是研究学术职业分层的主要影响因素；三是探讨在院校权力因素对学术职业分层的影响。

研究数据来源于我们主持的国家社会科学基金项目《高校学术职业分层与教师岗位设置管理制度研究》的问卷调查。该调查于 2010 年进行，以全国 51 所高校教师为调查对象，采用高校分层随机抽样方式，共发放问卷 3600 份，共回收问卷 3547 份，回收率为 98.5%，折半信度系数为 0.736。其中，选取的研究型高校 8 所回收问卷共 601 份、教学研究型高校 16 所回收问卷共 941 份、教学型高校 19 所回收问卷共 1440 份、高职高专院校 8 所回收问卷共 565 份，剔除无效问卷，有效问卷共 3333 份。该问卷涉及的内容包括两部分：第一部分为调查对象的基本情况，主要包括性别、职称、年龄、学术倾向、工作岗位、学科；第二部分为专题调查，主要包括工作满意度、岗位设置合理性、教师管理制度、政府权力和学校权力对学术职业分层的影响等多方面的内容。本研究选取 SPSS16.0 进行计量分析。[①]

7.1 学术职位满意度

学术职位是指高校教师在履行学术工作职责的过程中所对应的组织位置，是高校学术组织体系的基本构成单位。也可以称为学术岗位。学术职位既反映

---

① 本书除注明外，涉及学术职业分层的数据均来源于 2010 年课题组开展的《高校学术职业分层与教师岗位设置管理制度研究》问卷调查。调查问卷见本书附件 5。

了教师的学术能力与学术水平,也反映了教师在学术职业分层体系中的地位。学术职位与岗位职责密切联系在一起,其身份符号表现为不同层级的职称或者学术岗位。对于高校教师而言,学术职位是教师个体专业发展追求的重要目标,也是教师自我价值和社会价值的重要标志。因此,高校教师对学术职位是否满意在一定程度上影响着教师的学术热情和创新能力,探讨高校教师学术职位满意度有助于我们了解目前高校教师对其学术职位的态度和影响因素,为改进学术职业分层分级管理政策提供依据。

7.1.1 概念界定

学术职位满意度与学术工作满意度和高校教师工作满意度这两个概念存在密切的联系,同时又有差异。

学术职业满意度包括学术工作满意度、工作条件满意度、学术职位满意度、收入满意度以及对未来学术工作发展的满意度等指标。从内容来看,工作满意度包含于学术职业满意度这一概念之中,它更侧重于个体对工作本身及其相关内容的满意程度,包括工作环境、工作内容、工作方式、工作状态、人际关系等;而学术职业满意度包含的内容更为广泛,它更倾向于个体对职业生涯的满意程度。因此,我们可以这样理解,学术职业满意度(Academic Profession Satisfaction)是指高校教师从事学术职业获得的价值与其应获得价值的差距,差距越小则满意度越高,主要表现为高校教师对学术职位的满意程度、对收入的满意度、对工作条件的满意度、对人际关系的满意度等多方面满意度的集合。

关于工作满意度的最早研究者是 Hoppock(1935),霍桑实验扩展了其理论,后来 Herzberg、Locke、Amold、Felmdn 对影响工作满意度的因素进行了深入的研究,工作满意度的研究被广泛运用到企业管理、学校管理等各个领域。工作满意度(Job Satisfaction)目前共有三个定义:第一类是综合性定义。这是工作满意度的传统概念,认为工作满意度是单一的概念和整体水平,并不涉及工作满意的多面性、形成原因与过程。第二类是期望差距定义,此定义是将满足的程度视为一个人在特定的工作环境中所实际获得的价值与其预期应获得的价值的差距,差距小则满意程度大,反之,差距大则满意程度小。第三类是参考架构性定义,认为工作满意度是根据其参考架构对工作特征加以解释后所得到的结果。[1]根据以上定义,本书理解高校教师工作满意度是指教师在从事

---

[1] 洪岑. 工作满意度的研究现状述评[J]. 社科纵横,2009(10):86-88.

学术工作的过程中所获得的价值与其期望的价值之间的差距。

本书重点探讨高校教师对其学术职位的满意度。职位（Position）也叫岗位，是指一个组织中由特定人员所承担的各种职责的集合[①]，也就是说承担一系列工作职责的某一任职者所对应的组织职位，它是组织的基本构成单位。根据这一定义，我们将学术职位（Academic Position）定义为高校中的教师所承担的各种职责的集合。高校教师拥有何种学术职位，即表明他具有何等学术水平，可以承担哪些具体学术工作，同时也可以反映出该教师在整个学术体系中的声望和权力。

不同国家的学术职位等级和晋升方式不同。目前我国在高校中实行的是四层十三级的教师岗位设置政策，从高到低来看，四层主要包括教授、副教授、讲师、助教四个主要层级，这四个层级主要通过职称来区分。在学术职位体系中，这四个层级的职称也可以理解为四种不同的学术职位等级。这四层不同级的职称或者职位里面还包含了不同的岗位等级，如教授职位分为四个等级，每个等级是一类岗位。因此，我们将学术职位满意度（Academic Position Satisfaction）理解为：高校教师对已经获得的学术职称/岗位与期望的学术职称/岗位之间的满意程度。学术职位满意度的影响因素很多，但具体是什么因素影响学术职位满意度？本书试图通过构建研究框架来进行实证研究。

7.1.2 相关研究述评

国内涉及高校学术职位满意度的研究较少，相关研究主要集中在高校教师工作满意度上。大多数研究主要是从心理学角度出发，集中于对高校教师工作满意度进行总体调查、高校教师工作满意度影响因素研究、高校教师工作满意度与其他因素的关系等方面。在关于工作满意度的总体调查方面，有学者（孙建萍、孙建红、安寸然，2006）经过抽样调查发现，目前高校教师的工作满意度处于中度偏上水平，不同性别、学历、群体、学科教师的工作满意度有显著性差异。[②] 还有学者（于辉，2007）也通过调查研究发现，大部分高校教师对自己的工作比较满意，工作满意度在性别、年龄、学历、职务方面有显著性差异。[③] 关于高校工作满意度影响因素的研究，冯伯麟（1996）分析发现，

[①] 马新建. 人力资源管理与开发 [M]. 北京：北京师范大学出版社，2008：403.
[②] 孙建萍，孙建红，安寸然. 高校教师工作满意度调查与分析 [J]. 教育探索，2006（9）：78–80.
[③] 于辉. 高校教师工作满意度的调查研究 [D]. 沈阳：东北大学，2007.

自我实现、工作强度、领导关系、工资收入和同事关系组成了教师工作满意度的五个维度。[1] 杨彩莲（2006）也对高校教师工作满意度的影响因素进行了探析，认为薪酬待遇、晋升进修、同事关系、学术氛围、领导与管理、工作压力、社会地位、个人因素等8个方面是影响教师工作满意度的主要因素。[2] 关于高校教师工作满意度与其他因素的关系的研究，杨秀伟等人（2005）认为，工作本身、领导管理以及人际关系是影响高校教师的主要因素，其中工作本身会导致离职。[3] 另外，张德岐等人（2011）探讨了高校教师工作满意度和焦虑、工作倦怠的关系，经过分析发现，工作满意度与工作倦怠和焦虑存在相关性。[4]

国外文献中涉及高校教师学术职位满意度的研究也较少，主要体现在工作满意度调查、影响因素等方面。有学者（Anthony R. Welch，1997）根据第一次国际学术职业调查发现，在英国，来自国外的兼职教师中有60%的人对目前工作满意，而本土教师中只有不到50%的人对工作满意；瑞典的情况刚好相反，只有37.5%的国外教师对目前的工作和所在的研究机构或学校满意，有61.5%的本土教师对工作满意。[5] 有学者（Fiona J. Lacy，Barry A. Sheehan，1997）从国际视角探讨了澳大利亚、德国、中国香港、以色列、墨西哥、瑞典等8个国家（地区）的教师的工作满意度，其中澳大利亚的数据发现，澳大利亚高校教师对学术职业工作满意和不满意的人数比例相近，并通过回归分析得出，工作环境、学术氛围、团体感以及和同事的关系是影响学术职业工作满意度的主要因素，其次是学校管理和政府。[6] 另外，有学者（Melanie E. Ward，Peter J. Sloane，1999）选取5所传统的苏格兰大学发放了900份问卷，根据调查发现，在这5所大学中，女教师对目前的工作比男教师更满意，而且女教师比男教师有更多的工作期望。研究还发现，影响学术职业工作满意度的因素主要包括罚金、工作感和薪水，其中，罚金比薪金更能影响满意度。[7]

---

[1] 冯伯麟. 教师工作满意度及其影响因素的研究 [J]. 教育研究，1996（2）：42-49.
[2] 杨彩莲. 高校教师工作满意度的影响因素探析 [J]. 高教论坛，2006（4）：178-180.
[3] 杨秀伟，李明斐，张国梁. 高校教师工作满意度及其与离职倾向关系 [J]. 大连理工大学学报（社会科学版），2005（4）：66-69.
[4] 王德岐，王鹏，高峰强. 高校教师工作满意度和焦虑工作倦怠的关系 [J]. 中国健康心理学杂志，2009（8）：943-945.
[5] Anthony R. Welch（1997）. The peripatetic profession: the internationalization of the academic profession. Higher Education, 34: 323-345.
[6] Fiona J. Lacy, Barry A. Sheenhan（1997）. Job satisfaction among academic staff: An international perspective. High Education, 34: 305-322.
[7] Melanie E. Ward, Peter J. Sloane（1999）. Job satisfaction within the Scottish Academic Profession. IZA Discussion Paper, 38.

从高校教师工作满意度的研究来看，采取的主要研究方法是实证研究，采用的统计方法包括因子分析、聚类分析、相关分析、方差分析。从已有的实证研究来看，也有一些局限。比如，大多数研究的样本都是通过局部取样，却以此来说明整个高校教师群体的工作满意度，也没有对高校层次进行区分，有盲人摸象之嫌。从研究内容来看，基本没有关于学术职位满意度的研究。基于这两个局限，本书从全国不同层次高校调查数据出发，对我国高校教师的学术职位满意度进行研究。

在20世纪四五十年代，美国哈佛大学教授戴维·麦克利兰（David McClelland）提出的成就需要理论认为，人的许多需要不是天生就有的，而是在社会上与人交往的过程中学习来的，主要来自环境、经历和培养教育等。在生存需求基本得到满足的情况下，成就需要、社交需要、权力需要是人最主要的三种需要，其中，成就需要对人的成长和发展起到特别重要的作用。对于一个高成就需要者来说，应该具备三个特点：首先，自己设定挑战性的目标，高成就动机者能够自主确定目标，不逃避困难，但也不会自不量力；其次，喜欢通过自己的努力解决问题，不依赖偶然机遇；最后，要求立即得到反馈信息，换句话说，高成就需要者喜欢通过自己的努力获得结果。人与人之间的成就需要是不同的，主要受到性别、年龄、性格、兴趣、个体受教育程度、亲属和朋友的期望、社会文化、经济状况以及工作难度的影响。

从成就需要理论来看，高校教师符合高成就需要人群的特点。高校教师所从事的职业是以高深知识为工作对象的专业化学术职业。马克斯·韦伯认为，"学术是一种物质意义的职业"[1]。这个理解表达了学术职业的两个基本特性，即学术性和物质性。沈红认为，学术职业以学术为生，以学术为业，学术的存在和发展使从业者得以生存和发展。其要素主要包括学术、精神、物质、工作、人群。[2] 后四个要素是其他职业也具备的，而"学术"这一要素正是学术职业所具有的独特要素。学术职业者具有共同的价值观、文化、态度和行为方式，科学研究、培养人才是学术职业者的具体工作，知识创造和思想的形成是学术职业者的精神追求。高校教师在探索、研究和传授知识的过程中，有多重的成就需要，既有精神上的需要，也有物质上的需要。而学术职位作为社会认同的一部分，具有很强的社会身份标签效应，体现出教师个体和社会价值，是高校教师最重要的成就需要指标，而学术职位的获得和晋升又是多重因素相互

---

[1] 马克斯·韦伯. 学术与政治 [M]. 冯克利, 译. 北京：生活·读书·新知三联书店, 2005：17.
[2] 沈红. 论学术职业的独特性 [J]. 北京大学教育评论, 2011 (7)：20.

影响的结果。

7.1.3 研究假设

根据成就需要理论和相关研究，本书把高校教师学术职位满意度的影响因素分为教师个体因素和教师成长环境因素两大方面。其中，教师个体因素分为教师的禀赋因素、后赋因素以及职业喜欢程度。性别、年龄是教师个体自然禀赋因素；后赋因素是指教师个体接受教育培训以及在工作过程中获得的依附在教师身上的社会禀赋因素，包括教师所在院校的层次类型、所属学科、教师学历、教师的工资收入、教师的学术成就等；职业喜欢程度反映的是教师对于工作的喜欢程度，是一种从事学术工作的内驱力。朱新秤等人（2005）研究发现，职业喜欢程度是影响高校教师职业满意度的内部源泉，喜欢教师这一职业的人对职业的满意度较高。[①] 休伯（1990）、约瑟夫（1978，1980）和格里德（1991）都认为，个人特征和学科出身对于人们早期的学科选择产生了非常重要的影响。[②] 宋旭红等（2008）认为，学术职位的晋升始终是一种典型的学术等级制度构成方式，在低一级向高一级的职位晋升中，要通过严格的个案审核和遴选程序，以及激烈的竞争和残酷的淘汰，在这一过程中起决定作用的是学术成就。[③]

教师职业成长环境主要考查工作条件和人际关系两个因素。工作条件的好坏影响着学术职位满意度。阎光才（2011）在对我国学术职业环境的现状的研究中发现，我国学术职业环境除需要关注高校内部教师的生活待遇、学术考核和评价制度以及激励性和保障性因素以外，还需要关注工作条件的约束性问题。[④] 我们认为，工作条件有助于教师更好地履行学术职责，完成学术工作，获得合适的学术职位，能够影响到教师学术职位满意度。良好的人际关系能够让教师身心愉悦地投入到学术工作中去，也是学术职位满意度的影响因素之一。

本书将问卷中的"对您现在的学术职位满意吗？"作为学术职位满意度的

---

① 朱新秤，卓义周. 高校青年教师职业满意度调查：分析与对策 [J]. 高等教育研究，2005 (5)：56-61.

② [英] 托尼·比彻. 学术部落及其领地——知识探索与学科文化 [M]. 唐跃勤，等译. 北京：北京大学出版社，2008：140.

③ 宋旭红，沈红. 学术职业发展中的学术声望与学术创新 [J]. 科学与科学技术管理，2008 (8)：98-103.

④ 阎光才. 我国学术职业环境的现状与问题分析 [J]. 高等教育研究，2011 (11)：1-9.

可操作性指标，即因变量。自变量包括被调查者性别、年龄、院校类型、学历、学科、收入、学术成就、职业喜欢程度、工作条件、人际关系等题项。

本研究要探讨的问题如下：一是探讨教师对于学术职位满意度的整体状况；二是探讨教师个体特征与学术职位满意度的关系，包括教师禀赋特征、后赋特征和职业喜欢程度分别对学术职位满意度的影响；三是讨论教师职业成长环境因素对学术职位满意度的影响；四是探讨所有自变量在多大程度上影响学术职位满意度。

研究假设如下：一是教师对学术职位满意度总体比较满意；二是教师个体因素和成长环境对教师的学术职位有影响；三是各自变量对学术职位满意度的影响程度不同。针对以上三个假设，本书将使用多独立样本的非参数检验对第一个和第二个假设进行验证，采用二元 Logistic 回归分析对第三个假设进行验证。

7.1.4 研究发现与分析

（1）教师对学术职位总体比较满意

从本次调查数据来看（见图 7-1），15.2% 的教师非常满意目前的学术职位，54.1% 的高校教师比较满意自己的学术职位，其中，69.3% 的教师满意自己的学术职位（包括"非常满意"和"比较满意"），认为马马虎虎过得去的教师比例占 15.8%，对自己学术职位不满意的教师比例只占 14.9%。

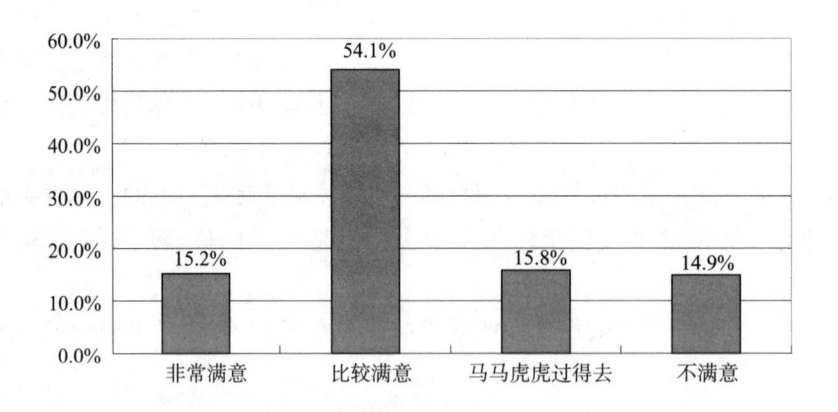

图 7-1 学术职位满意总体状况

从数据来看，我国高校教师对学术职位总体比较满意，对学术职位不满意的教师所占比例较低。数据表明：尽管教师对学术职位十分关注，媒体也有一些反映学术职位问题的报道，但是总体来说，教师对目前的学术职位还是比较满意的。

（2）学术职位满意度的影响因素

教师学术职位满意度的影响因素很多，可以从教师个体因素和教师职业成长环境两大因素归类分析。这里将教师个体因素分为禀赋特征、后赋特征以及教师的职业喜欢程度三个方面，数据表明，各因素对高校教师学术职位满意度的影响结果不同。

1）教师年龄对学术职位满意度影响显著

从性别来看，不同性别教师的学术职位满意度无显著性差异，即性别对学术职位满意度的影响不显著。但是，作为禀赋特征的年龄因素对学术职位满意度有影响，35岁以下、36~45岁、46~55岁、55岁以上四个年龄段的教师的学术职位满意度有显著性差异。

2）学历、学科对学术职位满意度影响不显著

从教师的后赋特征来看，不同类型院校教师的学术职位满意度有显著性差异。这说明，院校类型对学术职位满意度的影响显著。从教师学历指标来看，不同学历教师的学术职位满意度无显著性差异，也就是说，学历对教师学术职位满意度的影响不显著。从教师所属学科指标来看，学科对学术职位满意度的影响不显著。

3）收入对学术职位满意度的影响显著

本次调查中，把收入分为"学校工资、津贴与各类奖励""院系所各类补助和奖金""社会兼职与服务性收入"和"税前总收入"。根据1992年8月10日国家统计局发布的《〈关于职工个人收入的定义和组成内容〉的通知》规定，职工个人收入指的是职工在一定时期内从单位内外得到的全部现金和实物，工资总额和职工在工资总额以外得到的各种收入（简称职工工资外收入）组成了职工的个人收入。该工资总额是指各单位在一定时期内直接支付给本单位全部职工的劳动报酬总额，包括计时工资、计件工资、奖金、津贴和补贴、加班加点工资和特殊情况下支付的工资。[①] 根据上述定义，我们认为高校教师的收入包括工资总额和工资外收入两部分，即学校工资、津贴与各类奖励、院系所各类补助和奖金属于工资总额，社会兼职与服务性收入属于工资外收入，两项收入没有缴纳个人所得税之前的数额之和就是高校教师的税前总收入。

经过分析发现，"学校工资、津贴与各类奖励"和"社会兼职与服务性收

---

① 国家统计局.《关于职工个人收入的定义和组成内容》的通知[R].1992.

入"二者都对高校教师学术职位满意度有显著性影响,而"院系所各类补助和奖金"和"税前总收入"对学术职位满意度的影响不显著。这说明"学校工资、津贴与各类奖励"和"社会兼职与服务性收入"是影响高校教师学术职位满意度的因素。

4) 学术成就对学术职位满意度的影响显著

我们把学术成就分为"研究能力与专业成就"和"学术荣誉",从分析结果来看,这两个指标都对学术职位满意度的影响显著。

5) 学术职位满意度和职业喜欢度相关

在探讨高校教师学术职位满意度与职业喜欢度之间的关系之前,我们将问卷中这两道题目的答案选项进行变量合并。首先,将学术职位满意度的"非常满意""比较满意""马马虎虎过得去""不满意"四个选项进行合并:将"非常满意"和"比较满意"合并为"满意",且设置为"1";将"马马虎虎过得去"和"不满意"合并为"不满意",且设置为0。同理,将对职业喜欢程度的"非常喜欢""喜欢""无所谓喜欢不喜欢""不喜欢"四个选项进行合并:将"非常喜欢"和"喜欢"合并为"喜欢",且设置为"1";将"无所谓喜欢不喜欢"和"不喜欢"合并,且设置为"0"。经分析发现,高校教师的职业喜欢程度对学术职位满意度有显著性影响,即高校教师学术职位满意度和职业喜欢程度相关。

6) 工作条件对学术职位满意度的影响显著

在本次调查中,我们将工作条件分为六类:有独立的实验室或者工作室(学校提供经费)、有和同事共同拥有的实验室和工作室(学校提供经费)、有独立的实验室或者工作室(学校不提供经费)、有和同事共同拥有的实验室和工作室(学校不提供经费)、没有实验室或者工作室、其他情况,分别用1、2、3、4、5、6来表示。经分析发现,工作条件与学术职位满意度相关,也就是说,工作条件对学术职位满意度有显著性影响。

7) 人际关系对学术职位满意度的影响显著

我们将"您认为人际关系重要吗?"这道题目作为"人际关系"的可操作性指标。首先,将非常重要、重要、一般重要、不重要、非常不重要进行合并:将前三项合并为"重要",且设置为1;将后两项合并为"不重要",且设置为0。结果显示,人际关系与学术职位满意度有关,即人际关系对学术职位满意度的影响显著。

各因素对学术职位满意度的影响的卡方表如表7-1所示。

表7-1 各因素对学术职位满意度的影响的卡方表结果

禀赋与环境	指标	影响因素		S.E.	卡方值	Sig.
教师个体特征	禀赋特征	性别		0.008	1.889	0.059
		年龄		0.014	48.43	0.000***
	后赋特征	院校类型		0.016	18.244	0.000***
		学历		0.013	7.691	0.053
		学科		0.049	17.349	0.067
		收入	学校工资	0.075	1.35E2	0.021*
			院系所补助	0.033	55.351	0.247
			社会兼职收入	0.056	66.523	0.020*
			税前总收入	0.1	1.378E2	0.653
		学术成就	研究能力与专业成就	0.005	8.253	0.000***
			学术荣誉	0.006	14.527	0.000***
	职业喜欢程度			0.006	16.44E3	0.000***
教师职业成长环境	工作条件			0.026	18.800	0.000***
	人际关系			0.019	9.115	0.003**

注：①"*"表示在0.05水平显著；"**"表示在0.01水平显著；"***"表示在0.001水平显著。②"学校工资"指学校工资、津贴与各类奖励；"院系所补助"指院系所各类补助和奖金；"社会兼职收入"指社会兼职与服务性收入；"税前总收入"指高校教师前3项收入没有缴纳个人所得税前的数额之和。

（3）学术职位满意度的Logistic回归分析

我们将学术职位满意度进行回归分析并建立模型。学术职位满意度的模型中，因变量为对学术职位是否满意，用虚拟变量表示，将"满意"（设置为1）作为一类，"不满意"（设置为0）作为另一类，将"不满意"作为参考类。自变量包括院校类型、学历、性别、年龄、学科、职业喜欢程度、工作条件及人际关系。模型的拟合优度为74.5%，说明该Logistic回归模型有一定的解释力。

如表7-2所示，用教师性别、年龄、院校类型、学历、学科、职业喜欢程度、当前工作条件和人际关系来预测高校教师对学术职位是否满意是有效的。

表7-2 高校教师学术职位满意度的 Logistic 回归分析

	B	Sig.	S. E.	Exp (B)		B	Sig.	S. E.	Exp (B)
性别	-0.064	0.521	0.099	0.938	哲学	-0.147	0.753	0.469	0.863
35岁以下	-0.203	0.518	0.314	0.817	法学	0.101	0.818	0.441	1.107
36~45岁	-0.587	0.055	0.306	0.556	农学	0.882	0.076	0.498	2.415
46~55岁	-0.715	0.020*	0.307	0.489	医学	0.388	0.472	0.539	1.474
"985工程"高校	-0.889	0.000***	0.170	0.411	教育学	0.306	0.534	0.493	1.358
"211工程"高校	-0.503	0.004**	0.169	0.605	职业喜欢程度	-1.696	0.000***	0.131	0.183
一般本科院校	-0.353	0.018*	0.147	0.703	研究能力与专业成就	0.034	0.844	0.171	1.034
博士	-0.508	0.206	0.401	0.602	独立实验室+经费	1.674	0.058	0.722	5.336
硕士	-0.209	0.589	0.387	0.811	同事共用+经费	1.369	0.077	0.728	3.932
学士	-0.595	0.126	0.388	0.552	独立实验室无经费	1.286	0.132	0.722	3.617
工学	-0.215	0.582	0.390	0.807	同事共用无经费	1.088	0.339	0.718	2.969
理学	-0.102	0.800	0.400	0.903	无实验室或者工作室	0.687	0.339	0.718	1.989
文学艺术	-0.224	0.585	0.410	0.799	学术荣誉	-0.015	0.928	0.167	0.985
经济学	0.273	0.526	0.430	1.314	人际关系	-0.257	0.040*	0.125	0.773
管理学	-0.050	0.903	0.410	0.951	常数项	20.218	1.000	4.011	6.036

Hosmer and Lemeshow Test: Chi-square: 18.503; df: 8 ; Sig.: 0.018; -2 Log likelihood: 2637.363*; Cox & Snell R Square: .151; Nagelkerke R Square: 0.216

注:①"*"表示在0.05水平显著;"**"表示在0.01水平显著;"***"表示在0.001水平显著。②"独立实验室+经费"代表有独立的实验室或者工作室（学校提供经费）;"同事共用+经费"代表有和同事共同拥有的实验室和工作室（学校提供经费）;"独立实验室无经费"代表有独立的实验室或者工作室（学校不提供经费）;"同事共用无经费"代表有和同事共同拥有的实验室和工作室（学校不提供经费）;"无实验室或者工作室"代表没有实验室或者工作室。

以男性教师为参照,女教师对学术职位满意的发生比(Odds Ratio)[①]是男性教师的0.938倍,这说明女教师与男教师相比,女教师对自己的学术职位更倾向于满意。

从年龄来看,以"55岁以上"为参照,35岁以下、36~45岁以及46~55岁教师的学术职位满意度分别是55岁以上教师的0.817、0.556、0.489倍。由此可以看出,35岁以下教师对学术职位满意的发生比高于其他年龄段的教师,即:与其他年龄段相比,35岁以下教师更倾向于满意自己的学术职位。

从院校层次类型来看,以高职高专院校为参照,"985工程"高校教师对学术职位满意的发生比是高职高专院校教师的0.411倍,"211工程"高校教师对学术职位满意的发生比是高职高专院校的0.605倍,一般本科院校教师对学术职位满意的发生比是高职高专院校教师的0.703倍,且都在0.05水平显著。由此可知,一般本科院校教师对学术职位满意的发生比分别高于"211工程"高校和"985工程"高校,也就是说,一般本科院校的教师对学术职位更倾向于满意。

从学历来看,如果以"大学专科及以下"为参照,博士、硕士及学士学历的教师对学术职位满意的发生比分别是学历为"大学专科及以下"教师的0.602、0.811、0.552倍,也就是说,与其他学历的教师相比,学历为硕士的教师对自己的学术职位更倾向于满意。

从学科来看,以历史学为参照,工学、理学、文学艺术、经济学、管理学的教师对学术职位满意的发生比分别是历史学的0.807、0.903、0.799、1.314、0.951倍,哲学、法学、农学、医学及教育学的教师对学术职位满意的发生比分别是历史学的0.863、1.107、2.415、1.474、1.358倍。从具体数据来看,农学专业教师对学术职位满意的发生比高于其他学科,由此说明农学专业教师对学术职位更倾向于满意。

关于职业喜欢程度,以不喜欢为参照,喜欢教师这一职业的教师对学术职位满意的发生比是不喜欢教师这一职业的0.183倍,由此可知,与不喜欢教师职业的教师相比,喜欢教师这一职业的教师对学术职位更倾向于满意。

从工作条件来看,以"其他情况"为参照,有独立的实验室或者工作室(学校提供经费)、有和同事共同拥有的实验室和工作室(学校提供经费)、有独立的实验室或者工作室(学校不提供经费)、有和同事共同拥有的实验室和

[①] 发生比(Odds Ratio),也叫作优势比,指事件发生与不发生的概率之比,一定为正值。这里的发生比指高校教师对学术职位满意与不满意的概率之比。

工作室（学校不提供经费）、没有实验室或者工作室的教师对学术职位满意的发生比分别是工作条件为"其他情况"的教师的 5.336、3.932、3.617、2.969、1.989 倍，由此可知，有独立的实验室或者工作室（学校提供经费）的教师对学术职位更倾向于满意。

从学术成就来看，以不重要为参照，认为学术荣誉重要的教师对学术职位满意的发生比是认为学术荣誉不重要的教师的 0.985 倍，也就是说，认为学术荣誉重要的教师对学术职位更倾向于满意；认为研究能力与专业成就重要的教师对学术职位满意的发生比是认为研究能力与专业成就不重要的教师的 1.034 倍，因此，认为研究能力与专业成就重要的教师对学术职位更倾向于满意。

从人际关系来看，以不重要为参照，认为人际关系重要的教师与认为人际关系不重要的教师相比，前者对学术职位满意的发生比是后者的 0.773 倍，因此，认为人际关系重要的教师对学术职位更倾向于满意。

7.1.5 结论与启示

从以上数据分析可以得出以下结论：

①大部分教师满意自己目前的学术职位。尽管学术界对学术职位的设置、评审条件和程序有不同的理解，但是研究结果表明，大部分高校教师对于自己的学术职位是较为满意的。这说明，高校教师的学术职位在一定程度上能够较为真实地反映我国不同层次高校教师的学术工作和体现其劳动价值。

②研究表明，教师个体特征中，年龄、院校类型、学校工资、津贴与各类奖励、社会兼职收入、学术成就、教师职业喜欢程度对学术职位满意度的影响显著；教师职业成长环境因素中，工作条件和人际关系对学术职位满意度的影响显著。

③各自变量对学术职位满意度的影响程度不同，结果显示：与其他类别相比，对学术职位更倾向于满意的教师群体包括："一般本科"高校的教师、学历为硕士的教师、女性教师、35 岁以下的教师、农学专业的教师、喜欢自己职业的教师、认为研究能力与专业成就重要的教师、认为学术荣誉重要的教师、有独立的实验室或者工作室的教师、认为人际关系重要的教师。

结合以上数据分析结果，有以下启示：

①从后赋特征因素来看，院校类型、学校工资、津贴与各类奖励、社会兼职收入、学术成就、教师职业喜欢程度对学术职位满意度的影响显著。尽管教师所在的院校类型影响学术职位的满意度，但是院校类型是一个不可控变量，

和教师当初的职业选择有关。而教师的工资收入是不同高校教师学术职位满意度共同关注的关键问题，这说明我国高校教师的收入水平和教师的目标值仍然有较大的差距，迫切需要采取措施不断提高不同学术职位教师的工资收入水平，缩小国际间、地区间的教师工资收入差距，进一步完善教师收入结构，形成科学合理的工资结构，增强教师的组织向心力，激发教师的学术创新力。此外，教师的学术成就和对于学术职业的喜欢程度也对学术职位满意度产生重要影响，这就需要我们在工作过程中激发教师的学术成就感，对于教师的学术成就要进行强激励，形成学术至上、学术卓越的学术文化氛围；同时，将那些真正愿意从事学术职业，把学术职业作为生命职业的学术人选聘到教师岗位上来，增强教师的职业荣誉感，不断提高学术职业的社会地位。

②工作条件是教师从事学术工作的基础，是教师追求学术卓越的前提。正如伯顿·克拉克所说，教师对于学科的忠诚要远大于对于院校的忠诚，没有必需的工作条件，教师就很难做出一流的学术工作成绩，就很难实现教师崇尚学术、追求真理的梦想，也就很难对院校忠诚，很难对学术职位满意。优越的工作条件可以提高教师的工作效率，增加教师对学校的忠诚，使其更好地为学校服务，为学术发展服务。而人际关系是在教师交往过程中形成的一种相互影响、相互依存的关系。良好的人际关系有利于教师交流信息、提供信用机制、交换社会资源、增强学校的凝聚力，有助于教师心情愉快地投入到学术工作中去。因此，加强条件建设、形成和谐的同僚关系和营造学术至上的文化氛围是提高教师学术职位满意度的重要举措。

③教师的工作压力，尤其是研究主导的男教师的工作压力较大在本研究中得到进一步验证。一般本科院校的教师以教学为主导工作，研究压力相比于研究型大学教师略轻。具有硕士学位的教师相比于具有博士学位的教师更满意其学术职位，这也说明具有博士学位的教师的研究压力可能要大于具有硕士学位的教师，具有博士学位的教师对学术职位有更高的期望。而女性教师的学术职位满意度较男性教师高，可能说明部分女教师在遭遇学术职位晋升的"玻璃天花板"的过程中，更能够满足于现有的学术职位。35岁以下年轻教师的学术职位满意度高于其他年龄段的教师，这个结论似乎有些意外，但是从对部分年轻教师的访谈来看，结论得到了验证。可能说明，学术职业的地位在不断提高，学术职业对年青的学术人员具有较强的吸引力。

年轻教师虽然学术职位普遍较低，但是正处于学术发展的高峰期，学术热情高，有正常顺畅的学术职位晋升渠道，对未来学术的发展充满希望，他们并非对自己的学术职位不满,而更多地是对学术职位所对应的工资收入水平偏低不满,这种不满是由于其承担的生活压力较大导致的。意外的是,普遍不看好的农学专业教师的学术职位满意度相对较高。对此,我们认为,相关学术职位的晋升与其学术成就和贡献程度密切相关,农学专业教师在服务于农业人才培养和开展农业科技研究的过程中缺少其他学科尤其是工科专业教师的市场干预,更能够潜心学问,作出有效的学术工作成绩,更能够得到学术职位的晋升机会。研究结论的启示在于,不同类型院校应根据自身具体情况分析不同学术职位的教师需求,进一步完善教师利益诉求表达机制,及时、合理地处理教师反映的问题,有针对性地提高教师的学术职位满意度,促进学校的和谐发展。

④教师的学术职位通过获得相应职称或者不同层级的岗位来体现。在职称或者岗位评聘过程中,要有科学、严谨的学术评价体系和方法,要有顺畅的学术职位晋升渠道,要有公开、公平、公正的评聘程序,让每个教师都能够看到学术职业阶梯的具体目标,能够通过自己不懈的学术追求,在一个宽松自由的学术环境中自由探索,不断提高自己的学术水平,不断作出学术成就,实现自己的人生价值和目标。这就需要进一步完善高校教师的学术职位评聘制度,通过制度创新提高教师学术职位满意度,激发教师献身于学术事业的热情。

7.2 攀登学术职业阶梯:影响因素

7.2.1 影响因素的四个维度

突破阶层的界限和实现向上流动是建构和谐有序的学术职业分层结构的基础,促进学术职业阶层流动的因素主要分为外部因素和内部因素。外部因素包括公共政策、高校发展愿景、市场机制、院校权力、学科等;内部因素主要包括教育文化资本(学历、资历、海外学习背景)、学术能力、学术水平、学术贡献、人际关系等。同时,这些因素是突破阶层边界的基础力量和实现向上流动的关键因素。对这些因素的现实作用、作用的范围、作用的效应等进行分析,可以发现这些关键因素对学术职业分层的影响机理,包括对不同类型层次或者不同任务取向的高校学术职业分层的影响作用。如果将影响高校学术职业分层的因素归纳起来,大体可以分为个体因素、社会因素、组织因素和学科因素几个方面。

（1）个体因素

从个体因素来看，教育背景、学术资历、学术贡献与荣誉、经济收入、学术权力、政治态度和学术伦理对学术职业分层产生主要影响。如果从人力资本的角度来理解，受教育程度（文凭）体现的是教师的人力资本存量，是进行知识生产的基础性资本，也是从事知识生产工作的专业资格；学术资历是人力资本价值的积累，从事学术工作的年限越长，则获得的知识生产的经验越多；学术贡献是人力资本增量价值的体现，学术贡献越大，人力资本增量价值也就越大，对社会的贡献也就越大；学术荣誉是社会对人力资本增量价值的外在认可和评价；经济收入反映出人力资本价格，收入越高，则人力资本价格越高；学术权力是在学术事务过程中影响和控制资源的能力；而政治态度和不同历史时期的意识形态相关，是能否从事学术工作的前提；学术伦理是学术共同体共同的行为准则，违反学术伦理将受到学术界和组织的处罚，会直接影响教师的职业声望；而声望作为学术界的硬通货，决定着一个教师在高校学术职业内部的分层分级。

除了学历是个非常明确的符号之外，学术能力、学术水平和学术贡献，学术声望在不同层级的岗位等级中都难以测量。此外，任职资历也是学术职业分层体系中非常重要的指标。尤其是在中国，资历代表任职的年限，其作为一个重要的指标直接影响着学术岗位的等级晋升。

（2）社会因素

从社会因素来看，公共政策、社会认同也对高校学术职业分层产生重要影响。政府公共政策对学术职业分层的影响根据政府对于高校学术职业的控制程度而定。统治型政府通过制定学术职业准入制度、工资制度、流动制度、社会保障制度以及确定高校学术职业内部分层结构等主导高校学术职业分层；而治理型政府更多地通过政策引导高校学术职业内部分层。如，政府通过制定政策开展院士遴选、政府奖励、授予各类荣誉称号等都可以极大地影响学术职业分层。公共政策同时对社会认同产生重要的导向作用，社会尊师重教，教师的社会地位就高，反之就低。如，我国"文化大革命"时期教师被认为是"臭老九"，实际上就是对教师地位在整个职业体系中进行分层，在社会九个主体职业排序中，教师排在最后一位，而且政治地位还很"臭"，这就是当时社会对于教师职业的分层。

（3）组织因素

从组织因素来看，高校声望、高校内部职位分级系统对高校学术职业分层的影响主要表现在高校声望与学术职业声望正相关，高校声望越高，学术职业在学术共同体中的声望也就越高，学术职业的地位也就越高。以声望作为分层依据来看，名牌大学教授的地位比一般大学教授高。而高校声望又和学术职业分层结构与职位分级系统正相关，高校声望越高，学术职业分层结构教授比例就越高，职位分级系统对于不同职位的遴选和聘任标准就越高，反过来又促进了高校声望的提高。此外，组织所进行的制度设计实现和强化了高校学术职业分层，其中，通过职称或者不同层级的岗位来实现学术职业分层是高校最基本的也是最核心的制度分层设计。

（4）学科因素

从学科因素来看，不同历史时期的学科地位影响着学术职业分层。中世纪，神学地位最高，神学教授的社会地位也就最高。默顿认为，在概念化程度高的学科中开展研究，得到承认的可能性更大，学科地位也就越高，教师的地位也就越高。[1] 市场和学术共同体对于学科地位的认识是存在差异的，学术共同体偏好那些概念化程度较高的传统学科或者对人类发展更重要的新兴学科，这些学科的学术贡献越大，则地位越高；反之，一些学科，如人文社会科学，由于概念化程度不高，其学术贡献主观性较强，不容易被学术系统承认。而市场对于学科地位的判断则依据学科对于经济生活的贡献程度，市场化程度高的学科更容易获得资源并产生实际的经济效益，因而更受青睐，教师所获得的经济收益相对较高，因而相比于其他学科教师，其经济地位较高。

学术职业分层的静态表现形式是一种下宽上窄的学术职业阶梯，其动态过程表现为教师学术职位的晋升，教师学术职位的晋升过程是教师攀登学术职业阶梯的过程。教师学术职位的考核晋升是高校人事管理的重要工作，不仅关系到教师发展，还关系到高校内部人才优化战略。从长远战略发展来看，教师对高校发展起着至关重要的作用，而教师的发展主要通过学术职位的晋升得以体现。研究型高校、教学研究型高校、教学型高校以及高职高专院校这四类高校在办学定位和办学目标上存在差异，四类高校教师在攀登学术职业阶梯过程中的影响因素也会存在差异。因此，有必要对不同高校教师职位晋升的影响因素进行研究，这样才能为不同类型高校教师职位晋升制度改革提供理论依据。

7.2.2 国内外研究述评

从查阅国内外文献资料的情况来看，关于高校教师职位晋升影响因素的研

---

[1] R. K. 默顿. 科学社会学（上）[M]. 鲁旭东, 林聚任, 译. 北京：商务印书馆, 2010: 125-126.

究不多，国内研究认为影响高校教师职务晋升的因素很多，较为典型的有：缪榕楠（2008）总结当代高校教师职务晋升的影响因素包括科学研究的水平、人才培养的能力、学术界的地位、学历（学位）、同事关系。[1] 另外，徐璟（2009）通过实证的方法，验证了职称量化评估对高校科研绩效总体具有正向影响，另外还证明了职称量化测评制度内部存在不均衡性。[2] 换句话说，科研绩效是影响高校教师职务晋升的因素之一。国内研究认为，科学研究水平、人才培养能力、学术界地位、学历、同事关系以及职称量化测评制度是教师职务晋升主要的影响因素。

有学者（David S. P. Hopkins，1974）使用马尔科夫链分析指出，当前美国实行的终身制、"非升即走"制度以及"提前退休计划"都对大学教师的职务晋升有影响。[3] 也有学者（Robert Perrucci，Kathleen O'Flaherty and Harvey Marshall，1983）选取美国高校317名大学教师，通过实证分析发现，在美国，全职教授的晋升受市场影响，因为全职教授需要大量出版书籍和专著；助理教授和副教授的晋升依靠学术产量，他们主要依靠参与短期项目和高影响力的学术会议来提高自己的学术产量。[4] 此外，中国杨茂庆（2011）对美国研究型高校教师的流动进行了研究，结果发现，美国研究型大学制定了一套独立的大学晋升考核和审查标准，主要包括课堂教学水平、科研成果的数量和质量、社会服务。[5] 从中发现，美国学者把高校教师职务晋升的影响因素分为外部因素和内部因素，外部因素包括国家的政策、学术劳动力市场的影响，内部因素包括学校内部的考核制度，其中又分为科研产量和质量、教学质量以及社会服务的相关内容。

根据已有研究，我们发现以下几个问题：首先，从研究内容来看，目前我国关于高校教师职务晋升的影响因素的研究甚少，尤其是针对不同类型层次高校的探讨较为缺乏。其次，从研究方法来看，大多数研究使用了文献研究法，得出的研究结果是基于对以往资料的梳理和总结，通过取样调查后进行实证分

---

[1] 缪榕楠. 学术组织中的人 [M]. 南京：南京师范大学出版社，2008：121 - 132.

[2] 徐璟. 高校教师职称聘任制度中引入量化方法的实证研究——以某医科大学为例 [D]. 重庆：重庆医科大学，2009.

[3] David S. P. Hopkins. Analysis of Faculty Appointment, Promotion, and Retirement Policies [J]. Higher Education. 1974 (3)：397 - 418.

[4] Robert Perrucci, Kathleen O'Flaherty and Harvey Marshall. Market Conditions, Productivity, and Promotion Among University Faculty [J]. Research in Higher Education. 1983 (4)：431 - 449.

[5] 杨茂庆. 美国研究型大学的教师流动研究 [D]. 重庆：西南大学，2011.

析的研究较少。基于上述两个方面的问题，我们认为有必要对不同类型高校教师职务晋升的影响因素进行比较研究。

7.2.3 分析框架与假设

（1）分析框架

1975 年，美国学者伯格威斯特（William H. Bergquist）和菲利普斯（Steven R. Phillips）发表了一篇名为《有效大学教师发展项目的组成部分》（Components of an Effective Faculty Development Program）的文章，提出了大学教师发展理论的概念化综合模型。两位学者认为，大学教师发展的内涵包括教学发展（Instructional Level）、个人发展（Personal Development）、组织发展（Organizational Development），三个部分分别与过程、态度和结构相对应。教学发展包括教师的课程开发、教学评价和师资培训；个人发展包括个人交往能力的训练和职业生涯的指导；组织发展主要指学术人员提供良好的教学环境和决策环境。① 在这个模型中，教学是核心，三者共同发展，缺一不可。到 1977 年，两位学者在概念化综合模型的基础上重新对理论进行了修正。首先，在大学教师发展三部分的基础上，将三者综合到一起，即：教学发展不仅影响到过程层次，也影响到结构和态度层次，而教学发展包含在专业发展之中，个人发展和共同发展都关注教师个体的利益，每个教师个体追求的目标又有所侧重。② 其次，伯格威斯特和菲利普斯认为，所有大学教师发展的过程都是在一定的制度环境中进行的。

根据伯格威斯特和菲利普斯重新修正的大学教师发展理论，我们认为，高校教师的职务晋升是在国家、社会和高校三个大的制度环境中形成的结果，而职务晋升不仅代表了教师的地位、声望和影响力的提升，还是高校教师发展的主要途径。其一，高校教师职务晋升是教师专业发展的主要标志，我国实行的"层中有级"的教师职务制度，目的在于通过职务层级区分教师的专业技术能力水平，而教师的专业技术能力主要包括教学能力、科研能力、社会服务的能力。其二，教授层级是所有教师都想达到的学术职业顶峰。因此，高校教师通过职务晋升的过程体现了教师个体职业发展的愿望和对自身职业生涯的规划；只是不同教师个体优势存在差别，有的教师擅长教学，有的教师擅长研究。其三，教师职务晋升是高校发展的要求。教师是高校内部重要的学术人力资源，

---

① 郭晓佳. 英国大学教师发展研究 [D]. 长春：东北师范大学，2010.
② 林杰，李玲. 美国大学教师发展的三种理论模型 [J]. 现代大学教育，2007（1）：62 – 65.

每一个教师的努力都关系到高校的整体发展。因此，我们认为，在高校人事制度改革的背景下，教师的职务晋升是个人因素和晋升制度共同作用的结果，而科研、教学、社会服务是晋升的主要指标。

（2）研究假设

由于职务晋升是学术职业分层的外部表现形式，因此，研究问题就转化为：探讨不同类型高校教师职务晋升的影响因素。

根据提出的问题，我们的研究假设是：不同类型高校教师职务晋升的影响因素有显著差异。基于研究假设，我们把研究分为三部分：第一部分，比较不同类型高校教师对学术职业分层过程中的影响因素重要性的看法；第二部分，通过使用聚类分析自变量比较不同类型高校教师职务晋升的影响结果；第三部分，使用列联表分析进一步验证不同类型高校教师的个体因素、研究、教学、服务、管理、资历、人际关系对教师职务晋升的影响有何不同。

本研究的因变量是职称（1 教授、2 副教授、3 讲师、4 助教、5 未定职称），自变量包括教师个体因素（性别、年龄、学历）、教学工作量、教学质量、教学成果、指导学科建设、纵向研究项目与经费、横向合作研究项目与经费、研究能力、学术荣誉、社会学术兼职、公共服务活动、参加学校管理工作、工作态度、资历（资历指任职年限）、人际关系。通过对这些自变量的研究，分析自变量在学术职业分层过程中的影响。

7.2.4 实证结果与分析

（1）影响因素的重要性

1）教学

我们把教学工作量、教学质量、学科建设和教学成果归纳到学术职业分层过程中的教学内容指标之中。如图 7-2 样本结果显示，研究型高校中有 86.1%、教学研究型高校中有 78.3%、教学型高校中有 81.4%、高职高专院校中有 86.6% 的教师认为教学工作量在学术职业分层中重要；在研究型高校、教学研究型高校、教学型高校、高职高专院校中，分别有 87.3%、79.8%、85.3%、91.9% 的教师认为教学质量重要；另外，分别有 86.7%、82.5%、85.9%、90.1% 的教师认为参与学科建设重要；认为教学成果在学术职业分层中重要的比例中，研究型高校有 86.3%，教学研究型高校有 61.4%，教学型高校有 89.5%，高职高专院校有 93.3%。这说明，在四类高校中，大多数教师认为教学工作量、教学质量、参与学科建设、教学成果在学术职业分层中是重要的影响因素，不同类型高校的教师认为教学内容中各变量重要比例相差不大。

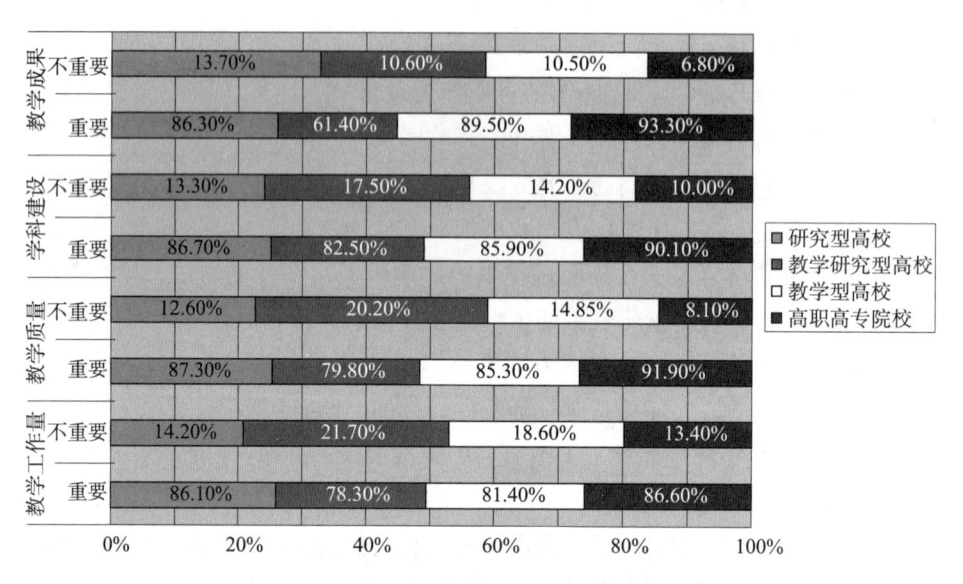

图 7-2 学术职业分层中的教学重要性

2) 科研

学术职业分层中的科研主要包括纵向研究项目、横向研究项目、研究能力、学术荣誉四个方面。不同类型高校教师对学术职业分层中科研重要性的看法如图 7-3 所示。样本结果显示，在研究型高校、教学研究型高校、教学型

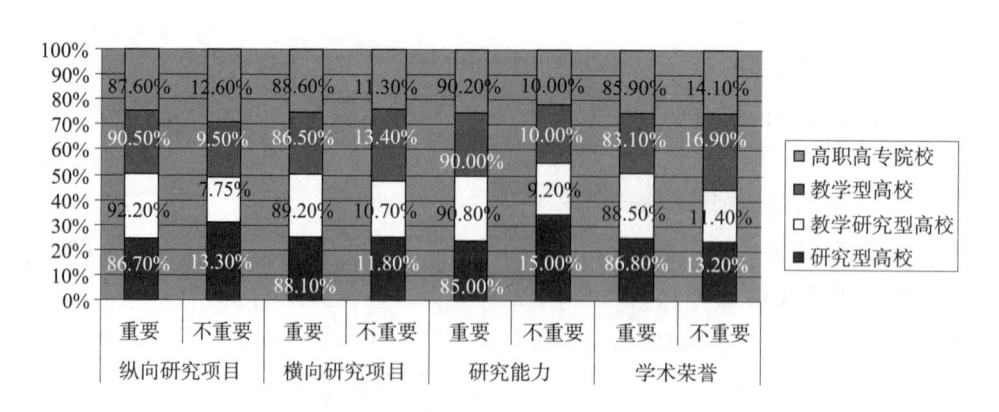

图 7-3 学术职业分层中的科研重要性

高校、高职高专院校中，认为纵向研究项目对学术职业分层重要的教师分别占 86.7%、92.2%、90.5%、87.6%，认为横向研究重要的教师比例分别为 88.1%、89.2%、86.5%、88.6%；在四类院校中，研究型高校有 85%、教学研究型高校有 90.8%、教学型高校有 90%、高职高专院校有 90.2% 的教师分别认为研究能力在学术职业分层中重要；此外，在研究型高校、教学研究型高校、教学型高校、高职高专院校中，分别有 86.8%、88.5%、83.1%、85.9% 的教师认为学术荣誉在学术职业分层中重要。由此看来，四类高校教师中，超过 80% 的教师都认为纵向研究项目、横向研究项目、研究能力和学术荣誉在学术职业分层中重要。

3）社会兼职、服务、管理、工作态度

如图 7-4 反映的是四类高校教师对学术职业分层中社会兼职、公共服务、学校管理、工作态度的看法。从样本结果来看，研究型高校、教学研究型高校、教学型高校和高职高专院校分别有 69.8%、72.7%、70.8%、78.7% 的教师认为社会兼职在学术职业分层中重要；分别有 67.5%、65.8%、64.8%、77.2% 的教师认为公共服务在学术职业分层中重要；另外，认为参与学校管理对学术职业分层重要的教师比例分别为研究型高校 70.7%、教学研究型高校 74.4%、教学型高校 70.9%、高职高专院校 81.2%；此外，研究型高校有 77.8%、教学研究型高校有 79.1%、教学型高校有 81.9%、高职高专院校有 81.5% 的教师认为工作态度在学术职业分层中重要。总体来看，四类高校中，大多数教师认为社会兼职、公共服务、学校管理、工作态度在学术职业分层中重要。

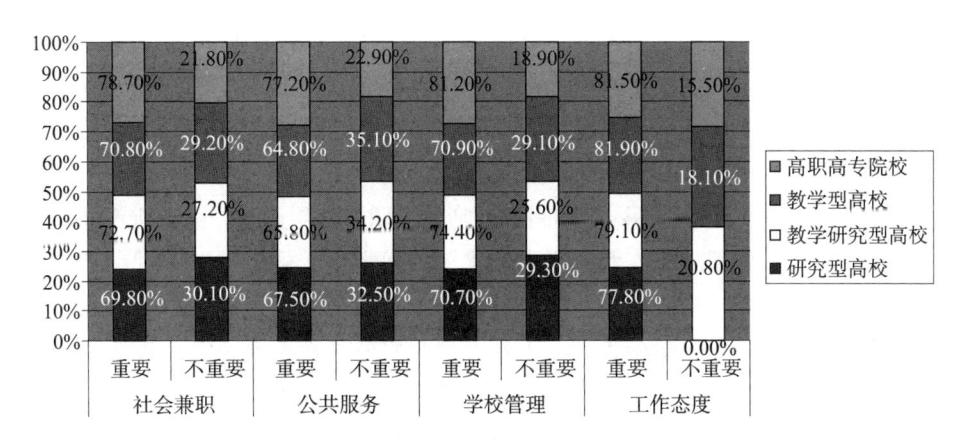

图 7-4 学术职业分层中的社会兼职、服务、管理、工作态度

4) 资历、学术越轨行为和人际关系

如图 7-5 反映的是不同类型高校教师对学术职业分层中资历、学术越轨行为和人际关系的看法。从样本数据来看，研究型高校、教学研究型高校、教学型高校、高职高专院校分别有 80.8%、83.3%、78.55%、86.6% 的教师认为资历在学术职业分层中重要；分别有 84.4%、82.4%、77.4%、17.8% 的教师认为学术越轨行为在学术职业分层中重要，其中，高职高专院校教师认为重要的教师人数最少；另外，认为人际关系在学术职业分层中重要的教师在研究型高校有 81.4%、教学研究型高校有 83%、教学型高校有 78.3%、高职高专院校有 83.1%。

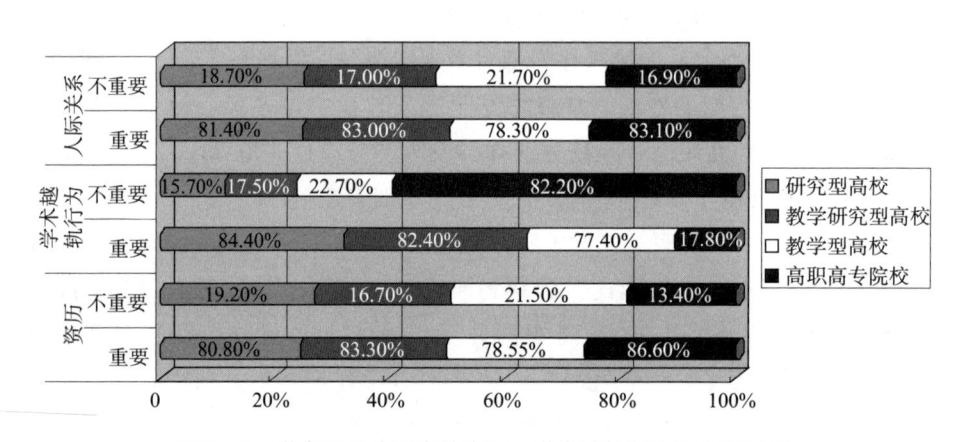

图 7-5 学术职业分层中的资历、学术越轨行为和人际关系

(2) 学术职业分层影响因素的聚类分析

除了教师的个体因素（性别、年龄、学历）以外，我们分别把四类高校的学术职业分层影响因素进行聚类分析，这些变量包括：教学工作量、教学质量、学科建设、教学成果、纵向研究项目、横向研究项目、研究能力、学术荣誉、社会兼职、公共服务、学校管理、工作态度、资历、学术越轨行为、人际关系。通过聚类分析可见，不同类型高校教师学术职业分层影响因素有所不同。

其一，从研究型高校来看，教学因素包括教学工作量、教学质量、参与学科建设；纵向研究、横向研究、研究能力、学术荣誉为研究因素；社会兼职为一类因素；公共服务、学校管理、工作态度为服务管理态度因素；教学成果和资历为资历因素；学术越轨行为和人际关系各为一类因素。

其二，从教学研究型高校来看，教学研究型高校中，教学工作量、教学质量与能力和参与学科建设属于教学因素；教学成果、纵向研究项目、横向研究项目、研究能力、学术荣誉属于研究因素；社会兼职和公共服务活动属于服务因素；参与学校管理与工作态度属于管理态度因素；资历因素为一类；学术越轨行为、人际关系各为一类因素。

其三，从教学型高校来看，教学因素包括教学工作量、教学质量与能力和参与学科建设；教学成果、纵向研究项目、横向研究项目、研究能力、学术荣誉属于研究因素；社会兼职、公共服务、参与学校管理为服务管理因素；工作态度、资历、学术越轨行为、人际关系各为一类因素。

其四，从高职高专院校来看，教学工作量为一类因素；教学质量、学科建设、教学成果、纵向研究为教学能力为研究因素；横向研究为一类因素；研究能力因素包括研究能力、学术荣誉；社会兼职、公共服务、学校管理、工作态度、资历为服务管理与态度资历因素；学术越轨行为和人际关系各为一类因素。

（3）不同类型高校教师职务晋升的影响因素

表7-3的结果显示，不同类型高校教师职务晋升的影响因素有所差异。在研究型高校中，个体因素（性别、年龄、学历）、教学工作量、教学质量、参与学科建设、教学成果、纵向研究项目、横向研究项目、研究能力、学术荣誉、公共服务、学校管理、资历、学术越轨行为、人际关系对教师的职务晋升有影响，都分别通过了0.001、0.01和0.05显著水平的检验。

表7-3 不同类型高校教师职务晋升的影响因素

	职 称								
	研究型高校	教学研究型高校	教学型高校	高职高专院校		研究型高校	教学研究型高校	教学型高校	高职高专院校
性别	18.953 **	45.547 ***	32.302 ***	11.013 *	研究能力	25.890 *	15.608 **	15.169 **	11.355 *
年龄	2.471E2 **	5.351E2 ***	7.364E2 ***	2.121E2 ***	学术荣誉	10.881 *	4.278	5.000	2.693
学历	1.520E2 **	1.738E2 ***	3.182E2 ***	61.840 ***	社会兼职	13.301	8.016	4.426	19.563 **
教学工作量	10.986 *	11.315 *	6.659	6.260	公共服务	6.591 **	17.917 **	3.315	7.651
教学质量	20.900 **	12.147 *	0.242	9.417	学校管理	35.246 **	1.597	6.972	17.303 **

续表

	职　　称								
	研究型高校	教学研究型高校	教学型高校	高职高专院校		研究型高校	教学研究型高校	教学型高校	高职高专院校
学科建设	12.566*	10.623*	0.777	3.852	工作态度	16.615	9.488	3.117	6.953
教学成果	17.750**	6.464	13.419**	1.236	资历	9.002*	1.656	2.686	4.654
纵向研究项目	9.969*	17.922**	11.535*	4.897	学术越轨行为	20.567**	8.016	4.769	11.688*
横向研究项目	10.717**	8.380	11.110	12.221*	人际关系	16.233**	7.350	2.948	13.039*

注："*"表示在0.05水平显著；"**"表示在0.01水平显著；"***"表示在0.001水平显著

在教学研究型高校中，对教师职务晋升有影响的因素包括个体因素（性别、年龄、学历）、教学工作量、教学质量、学科建设、纵向研究项目、研究能力、公共服务，都分别通过了0.001、0.01和0.05显著水平的检验。

在教学型高校中，个体因素（性别、年龄、学历）、教学成果、纵向研究项目、研究能力对教师职务晋升有影响，也分别通过了0.001、0.01和0.05显著水平的检验。

在高职高专院校，影响教师职务晋升的因素包括个体因素（性别、年龄、学历）、横向研究项目、研究能力、社会兼职、学校管理、学术越轨行为、人际关系，且都分别通过了0.001、0.01和0.05显著水平的检验。

7.2.5　结论与讨论

从以上数据的分析结果可以得出下列结论：

①研究型高校、教学研究型高校、教学型高校和高职高专院校的大多数教师都认为教学工作量、教学质量、参与学科建设、教学成果、纵向研究项目、横向研究项目、研究能力、学术荣誉、社会兼职、公共服务、学校管理、工作态度、资历、学术越轨行为、人际关系在学术职业分层中重要。

②在不同类型高校，教师学术职业分层的影响因素不同。

③不同类型高校教师职务晋升的影响因素有显著差异。其中，研究型高校中，教师个体因素、教学、科研、服务、管理、教师资历、学术越轨行为、人

际关系是教师职务晋升的重要影响因素。在教学研究型高校，教师个体因素、教学、纵向研究项目、研究能力、服务能力对教师职务晋升有重要影响。在教学型高校，对教师职务晋升有重要影响的因素包括个体因素、教学成果、纵向研究项目和研究能力。在高职高专院校，教师个体因素、横向研究项目、研究能力、社会兼职、学校管理、学术越轨行为、人际关系对教师职务晋升有重要影响。

从以上分析结果来看，对于学术职业分层的政策启示有以下几点：

①根据高校职能侧重点，制定不同的教师职务晋升的标准。研究型高校、教学研究型高校、教学型高校、高职高专院校的大多数教师都认为教学、科研、服务、管理、学术越轨行为、资历、人际关系在学术职业分层中重要。经进一步证实发现，纵向研究项目、横向研究项目、研究能力、学术荣誉分别对教学研究型高校、教学型高校以及高职高专院校的教师职务晋升有重要影响。这样看来，科研项目及其经费被所有类型高校视为教师职务晋升的重要指标，这与我们高校分类的初衷相悖。教师职务晋升是高校内部学术人力资源分配的重要方式，对高校的发展起到至关重要的作用，但是，同质化的发展让高校分类成为摆设。另外，过分把科研作为衡量教师晋升的标准，会增加教师压力，以致无暇顾及教学和服务工作。因此，不同类型高校应根据自身的职能侧重点，制定符合自身发展的教师职务晋升标准，以确保教师发展能够有效促进高校发展目标的实现。

②避免人际关系对高校教师职务晋升的影响。研究发现，所取四类高校的样本中，大多数教师都认为人际关系是学术职业分层中重要的影响因素。另外，研究型高校、教学研究型高校、教学型高校以及高职高专院校都在聚类分析时把人际关系分为一类。经进一步研究发现，人际关系对研究型高校和高职高专院校的教师职务晋升有显著影响；教学研究型高校和教学型高校的数据显示不显著并不能说明在这两类高校中，人际关系就一定不会影响到教师职务晋升。因此，不良的人际关系不但使高校教师职务晋升过程有失公平、公正，而且还可能导致学术文化的异化。这就需要营造学术活动中和谐、合作、宽容的工作氛围，建立良好的人际关系。

7.3 权力与学术职业分层

本节探讨高校组织权力与学术职业分层的关系，继而探讨学校行政权力和学术权力对于高校教师职务晋升的影响机理，试图通过实证研究探讨以下问题：不同高校学术权力、行政权力是否对学术职业分层有影响？高校学术权力、行政权力对学术职业分层的影响程度如何？[1]

权力（Power）指的是一定的社会主体（个人或组织）为达到自身目的，通过一定方式支配或制约客体的现实能力。[2] 在高校内部存在行政权力、学术权力、党委权力、工会权力、学生权力等多种权力类型，对高校事务发挥不同的影响。

与本研究密切相关的文献主要集中在以下几个方面：一是我国高校的权力构成研究，二是高校学术权力和行政权力的关系研究，三是学术职业权力、权威与声望研究。在高校权力构成研究方面，有的学者（林荣日，2005）将高等学校权力构成分为行政权力、学术权力、学生权力、政党权力以及外部权力。[3] 还有的学者（张卫东、董慧，2006）认为，我国高校权力主要包括学术权力、行政权力和其他权力，其中学术权力、行政权力是核心。[4] 在高校学术权力、行政权力关系的研究方面，钟秉林（2005）等人认为，当前及今后我国高校管理结构要解决的重大问题之一就是协调高校行政权力与学术权力的关系。[5] 沈小强、袁利平（2010）也认为，随着市场化对高校的影响，中国高校呈现出"行政权力政治化""学术权力行政化"和"市场权力边缘化"的权力结构特征，造成的后果就是"高校行政化"，使得高校不像学术机构，而越来越像政府机构。[6] 关于学术职业的权力、权威和声望的探讨，李志峰、龚春芬（2008年）认为，学术职业的权力、权威和声望都是基于高深知识而形成的，它们存在正向联系，学术权力越大，就越容易获得权威和形成声望；反过来，学术职业声望越高，就越容易形成权威并获得权力。[7]

国外研究表明，行政权力、学术权力与高校组织结构存在密切关系，两种权力存在分治结构、协调结构和行政主导结构几种模式，分别对高校事务产生不同的影响。有学者（Ted Tapper, David Palfreyman, 2010）认为，欧洲传统的高等教育组织模式中，由于拿破仑模式和洪堡模式都将大学置于政府控制之

---

[1] 李志峰，浦文轩，刘进. 权力与学术职业分层：学校权力对高校教师职务晋升影响的实证研究[J]. 高等教育研究，2013（7）：28-34.
[2] 宋定国. 新编政治学[M]. 北京：中国人民公安大学出版社，1990：201.
[3] 林荣日. 论高校内部权力[J]. 现代大学教育，2005（2）：69-74.
[4] 张卫东，董慧. 高等学校权力结构分析[J]. 辽宁教育研究，2006（1）：14-16.
[5] 钟秉林，张斌贤，李子江. 高校如何协调学术权力与行政权力[N]. 中国教育报，2005-02-04.
[6] 沈小强，袁利平. 高校权力结构的反思与重构——兼论我国高校"去行政化"[J]. 教育发展研究，2010（23）：29-32.
[7] 李志峰，龚春芬. 论学术职业的权力、权威与声望[J]. 清华大学教育研究，2008（4）：12-17.

下，因此，学术权力对于行政权力有一种强烈的屈服感。例如，与学院管理模式相比，当教授建立个人研究领域时，要以强有力的行政权力为基础。[1] 也有学者（Murray G. Ross，1972）研究了加拿大高等教育系统中学术权力与行政权力的关系，从双重权力系统（参议会和董事会）共同管理学校发展到由学校自主管理并建立评估体系，这一过程中校内行政决策力加强，社会评估体系作用增大，学术权力呈减弱趋势。[2] 也有学者（Rhode 1999）认为，美国大学实行的董事会、教授会和校长三级管理模式削弱了学术权力和教师的权威。[3] 由此可见，高校行政权力、学术权力对于高校学术事务的影响存在国别差异。

从已有文献来看，讨论高校行政权力、学术权力制衡与影响的文献较多，也有一些文献探讨了高校内部权力对高校发展的影响，但关于行政权力和学术权力对学术职业分层的影响的研究甚少，且缺乏实证研究。

7.3.1 理论基础与假设

（1）理论基础

美国学者伯顿·R. 克拉克认为，在高等教育系统中存在三种权力。一是扎根于学术的权力，即学术权力，这种权力来自教授个人或者教授团体。[4] 学术权力保证教授研究和教学自由，没有学术权力，高等教育系统就不能有效运转。[5] 二是来自学校行政管理层的高校权力，这种权力主要依据在院校中行政权力的位置，并在不同层次的院校中以不同方式行事。[6] 三是系统权力，它来自政府，也叫政府权力。政府权力处于这三类权力的顶层，院校的合法性极大地有赖于官方的等级制度。[7]

---

[1] Ted Tapper, David Palfreyman. The Collegial Tradition in the Age of Mass Higher Education [M]. Springer Verlag Press, 2010: 135－154.

[2] Murray G·Ross. The Dilution of Academic Power in Canada: The University of Toronto Act [J]. Minerva, 1972 (2): 242－258.

[3] Rhodes, F. H. T. Challenges Facing Higher Education at the Millennium. American Council on Education [M]. Oryx Press, 1999: 167－174.

[4] [美] 伯顿·R. 克拉克. 高等教育系统：学术组织的跨国研究 [M]. 杭州：杭州大学出版社，1994: 124.

[5] [美] 伯顿·R. 克拉克. 高等教育系统：学术组织的跨国研究 [M]. 杭州：杭州大学出版社，1994: 125.

[6] [美] 伯顿·R. 克拉克. 高等教育系统：学术组织的跨国研究 [M]. 杭州：杭州大学出版社，1994: 131.

[7] [美] 伯顿·R. 克拉克. 高等教育系统：学术组织的跨国研究 [M]. 杭州：杭州大学出版社，1994: 132－134.

在我国，高等教育宏观管理体制决定了政府权力对于高校工作包括学术工作有着重要影响。行政权力和学术权力是学校权力的重要组成部分。所谓行政权力，是指依靠包括国家法律、政府意志、社会要求、学校规章等强制手段形成的影响和支配大学内部成员和机构的一种权力形式，具有强制性，其主体为大学行政管理人员及其机关。[1] 行政权力为高校管理提供了保障，高校行政权力的行使主体是各部门的行政管理人员，自上而下的科层管理形式可以有效地保证高校工作有序进行，有利于学校管理效率的提高。所谓学术权力，是根据学术事务、学术活动及学术关系等特点和规律对其施加的影响和干预的力量，是学科规训和管理技术的组合，是为了实现高等教育的目标而对其特定的管理对象所进行的组织、协调和控制的权力。[2] 高校学术职业分层是组织内部的学术事务，有可能更多地受高校内部权力的影响，尤其是受学术权力的影响。

随着高校办学自主权的不断回归，政府权力对于高校教师职务晋升的影响逐步减小，院校内部行政权力和学术权力的影响不断增强。我国对于不同层次类型高校教师的职务晋升采取院校分级授权管理制度，行政权力主要通过学校领导、学院或系领导、学校职能管理部门来表达；学术权力主要通过学校、院系学术委员会、教授会来表达。学术权力与行政权力一样，是一个权力结构体系，通过这个体系实现对学术事务的影响。本研究将行政权力的表达主体分为学校领导、院系领导、人事部门三类，将学术权力的表达主体分为校学术委员会、院系学术委员会、院系教授会三个层级。[3] 通过行政权力和学术权力的不同表达主体来观察权力对于教师职务晋升的影响。

(2) 研究假设

本研究的假设是：学校权力（行政权力与学术权力）对不同层次院校学术职业分层的影响显著；学校权力对不同层级高校教师学术职业分层的影响程度差异显著。根据假设，本研究的实证分析包含两个部分：第一部分，检验行政权力和学术权力对不同类型院校教师学术职业分层的影响是否显著，根据数据类型和研究问题的性质，这部分我们采用非参数检验中的卡方检验多重列联表来进行分析。第二部分，探讨行政权力和学术权力对高校学术职业分层的影

---

[1] 谭志合. 当代中国高等学校学术权力与行政权力的关系 [J]. 理工高教研究，2002 (4)：22-24.
[2] 颜丙峰. 论高等学校学术权力的实施保障及扩张限度 [J]. 黑龙江高教研究，2004 (2)：8-10.
[3] 目前，高校学术权力的组织表达形式多样多样，依据学术工作性质的不同，分设了多种不同层级的学术权力组织，如，教师职称评审有院系教授会、学科评议组、校职称评定委员会、校级和二级学院学术委员会、校级和二级学院教学咨询委员会、校级和二级学院学科专业设置委员会、校级和二级学院学位评定置委员会等。各类不同层级学术权力组织职责不清，各自为政，交叉重叠现象比较突出。

响程度，这部分使用多分类 Logistic 分析，分别建立行政权力和学术权力对高校学术职业分层影响的回归模型。

7.3.2 实证结果与分析

（1）行政权力对不同类型院校学术职业分层的影响

我们将"学校领导"和"学校人事部门"看作校级学术权力的表达主体，将"院系领导"看作院级学术权力的表达主体，确定行政权力的自变量为学校领导、院系领导、学校人事部门，他们在学术职业分层中的影响以 1 和 2 表示（影响大为 1，影响小为 2），将院校层次（1 为"985 工程"高校，2 为"211 工程"高校，3 为地方本科院校，4 为高职高专院校）作为控制变量，因变量为教师职务（1 为教授，2 为副教授，3 为讲师，4 为助教，5 为未定职称），以此来探讨行政权力对不同类型院校学术职业分层的影响。分析结果如表 7－4 所示。

表 7－4　行政权力对不同类型高校学术职业分层的影响

	行政权力表达主体	教师职务		
		卡方值	自由度	Sig. 值（双尾）
"985 工程"高校	学校领导	10.094	4	0.039*
	院系领导	6.233	4	0.182
	人事部门	11.490	4	0.022*
"211 工程"高校	学校领导	18.114	4	0.001**
	院系领导	10.086	4	0.039*
	人事部门	1.151	4	0.886
地方本科院校	学校领导	2.581	4	0.630
	院系领导	2.676	4	0.613
	人事部门	2.241	4	0.692
高职高专院校	学校领导	3.729	4	0.444
	院系领导	2.551	4	0.636
	人事部门	6.408	4	0.171

注："***""**""*"分别表示通过 0.001、0.01 和 0.05 显著性水平。

数据显示：在"985 工程"高校中，学校领导和人事部门对教师职务晋升的影响显著，且都通过了 0.05 水平的显著性检验。而院系领导对教师职务晋升的影响不显著。在"211 工程"高校中，学校领导和院系领导对教师职务晋升的影响显著，分别通过了 0.01 和 0.05 水平的显著性检验；人事部门对教师职务晋升的影响不显著。在"地方本科"和"高职高专"院校，学校领导、人事部门对教师职务晋升的影响都不显著。上述结果表明，行政权力对不同类型院校学术职业分层的影响不同。

（2）学术权力对不同类型院校学术职业分层的影响

我们将"校学术委员会"看作校级学术权力的表达主体，将"院系学术委员会"和"院系教授会"看作院级学术权力的表达主体，确定学术权力的自变量为"校学术委员会""院系学术委员会""院系教授会"，其对学术职业分层的影响分别以 1 和 2 表示（影响大为 1，影响小为 2），将院校层次（1 为"985 工程"高校，2 为"211 工程"高校，3 为地方本科院校，4 为高职高专院校）作为控制变量，因变量为教师职务（1 为教授，2 为副教授，3 为讲师，4 为助教，5 为未定职称），以此来探讨学术权力对不同类型院校学术职业分层的影响。分析结果如表 7-5 所示。

表 7-5 学术权力对不同类型院校学术职业分层的影响

	学术权力表达主体	教师职务		
		卡方值	自由度	Sig. 值（双尾）
"985 工程"高校	校学术委员会	10.931	4	0.027*
	院系学术委员会	17.983	4	0.001**
	院系教授会	5.729	4	0.22
"211 工程"高校	校学术委员会	9.336	4	0.053
	院系学术委员会	15.818	4	0.003**
	院系教授会	4.152	4	0.386
地方本科院校	校学术委员会	4.449	4	0.349
	院系学术委员会	5.239	4	0.264
	院系教授会	15.847	4	0.003**
高职高专院校	校学术委员会	1.063	4	0.9
	院系学术委员会	6.846	4	0.144
	院系教授会	11.398	4	0.022*

注："***""**""*"分别表示通过 0.001、0.01 和 0.05 显著性水平。

数据显示："985 工程"高校中，校学术委员会和院系学术委员会对教师职务晋升的影响显著，且分别通过了 0.05 和 0.01 水平的显著性检验；"211

工程"高校中，院系学术委员会对教师职务晋升在0.01水平有显著影响；院系教授会对"地方本科"和"高职高专"院校的教师职务晋升有影响，且分别通过了0.01和0.05水平的显著性检验。由此可以看出，在"985工程"高校中，校学术委员会和院系学术委员会对教师职务晋升都有影响；在"211工程"高校中，院系学术委员会对教师职务晋升有影响；而在地方本科院校和高职高专院校中，院系教授会对教师职务晋升有影响。

（3）学校权力对高校学术职业分层的影响程度

为了进一步了解学校权力对高校学术职业分层的影响程度，我们根据数据类型分别建立了学校行政权力和学术权力对高校学术职业分层影响的多分类Logistic回归模型。建立模型之前，我们对两个模型的自变量分别作了多重共线性诊断，这有利于判断各自变量之间是否存在高度相关关系而导致模型估计失败。经过共线性诊断后发现，行政权力的模型中，学校领导、院系领导和人事部门三个自变量不存在共线性；学术权力的模型中，校学术委员会、院系学术委员会、院系教授会三个自变量也不存在共线性。

1）行政权力对高校学术职业分层的影响程度

首先，在学校行政权力的模型中，将学校领导、院系领导、学校人事管理部门在学术职业分层过程中的影响作为行政权力在学术职业分层过程中影响的操作性指标。因变量为教师职务（1为教授，2为副教授，3为讲师，4为助教，5为未定职称），自变量为学校领导、院系领导、学校人事部门分别在学术职业分层中影响的大小（影响大为1，影响小为2），以"未定职称"为参照，"影响小"为基准变量。该模型拟合信息中，卡方值为39.840，Sig值为0.001，说明模型成立。另外，伪R^2统计量中，Cox and SnellR^2为0.107，NagelkerkeR^2为0.110，-2对数似然统计量为188.862，说明模型能够解释一定的结果，由此所得的多分类Logistic回归如表7-6所示。

表7-6 行政权力对学术职业分层的多分类Logistic回归

行政权力	B	Std. Error	Sig.	Exp（B）	95% Confidence Interval for Exp（B）	
教授						
截距	0.031	0.305	0.000*			
学校领导	0.896	0.295	0.002**	2.450	1.374	4.371
院系领导	0.660	0.242	0.006**	0.517	0.322	0.830
人事部门	0.189	0.228	0.407	1.208	0.773	1.888

续表

行政权力	B	Std. Error	Sig.	Exp（B）	95% Confidence Interval for Exp（B）		
副教授							
截距	1.248	0.246	0.000*				
学校领导	0.506	0.232	0.029*	1.291	1.053		2.611
院系领导	0.305	0.217	0.016*	1.052	0.418		1.128
人事部门	0.006	0.195	0.058	1.062	0.724		1.588
讲师							
截距	1.420	0.157	0.000*				
学校领导	0.287	0.226	0.003**	1.333	0.875		2.074
院系领导	0.305	0.215	0.016*	0.737	0.483		1.125
人事部门	0.240	0.195	0.218	1.271	0.868		1.862
助教							
截距	0.205	0.293	0.000				
学校领导	0.125	0.275	0.048*	1.134	0.661		1.943
院系领导	0.007	0.263	0.076	0.925	0.553		1.549
人事部门	0.019	0.235	0.006**	0.982	0.619		1.556

注："***""**""*"分别表示通过0.001、0.01和0.05显著性水平。

上述结果显示，教授、副教授、讲师、助教相对于未定职称教师来说，前者认为学校领导在晋升中影响大的发生比（Odds Ratio）[①] 分别是后者的2.450、1.291、1.333、1.134倍，且都分别通过了0.05和0.01水平的显著性检验，这说明学校领导对副教授晋升为教授的影响最大，其次是助教晋升为讲师、讲师晋升为副教授、未定职称者晋升为助教；教授、副教授、讲师、助教认为院系领导在晋升中影响大的发生比分别是未定职称教师的0.517、1.052、0.737、0.925倍，教授、副教授、讲师分别在0.01和0.05水平显著，这说明院系领导对教授、副教授、讲师的晋升有显著影响，其中对讲师晋升为副教授的影响最大，其次是助教晋升为讲师、副教授晋升为教授；教授、副教授、讲师、助教认为学校人事部门在晋升中影响大的发生比分别是未定职称教师的1.208、1.062、1.271、0.982倍，只有助教通过了0.01水平的显著性

---

① 这里的发生比指不同职称教师与未定职称教师认为具有行政权力或学术权力的各类机构在职务晋升过程中影响大之比。

检验。

由此可以发现，学校行政权力对高校教师职务晋升有着重要影响。学校领导对所有教师的职务晋升都有显著影响，尤其对正高级职务（副教授晋升为教授）的影响最大；院系领导不仅对副高级职务（讲师晋升为副教授）晋升有显著影响，还对中级职务（助教晋升为讲师）晋升有影响，其中，对副高级职务的影响最大，学校人事部门只对教师初级职务（未定职称者晋升为助教）晋升有影响。

2）学术权力对高校学术职业分层的影响程度

在学术权力的模型中，将校学术委员会、院系学术委员会、院系教授会在学术职业分层过程中的影响作为学术权力在学术职业分层过程中影响的操作性指标。因变量为教师职称（1为教授，2为副教授，3为讲师，4为助教，5为未定职称），自变量为校学术委员会、院系学术委员会、院系教授会分别在学术职业分层中的影响大小（影响大为1，影响小为2）。以"未定职称"为参照，以"影响小"为基准变量，建立学校学术权力对高校学术职业分层影响的多类结果 Logistic 回归模型。在模型拟合信息中，卡方值为18.743，Sig. 值为0.000，说明模型成立。另外，伪 R^2 统计量中，Cox and SnellR^2 为0.100，NagelkerkeR^2 为0.107，-2 对数似然统计量为165.802，说明模型能够解释一定的结果，由此所得的多类结果 Logistic 回归模型如表7-7所示。

表7-7 学术权力对学术职业分层的多分类 Logistic 回归

学术权力	B Std.	Error Sig.	Exp（B）	95% Confidence Interval for Exp（B）		
教授						
截距	0.872	0.284	0.002*			
校学术委员会	0.204	0.325	0.032*	0.816	0.431	1.544
院系学术委员会	0.467	0.254	0.006**	1.595	0.970	2.623
院系教授会	-0.561	0.254	0.010*	0.570	0.372	0.876
副教授						
截距	1.890	0.253	0.000*			
校学术委员会	0.221	0.289	0.045*	0.802	0.445	1.412
院系学术委员会	0.068	0.245	0.082	1.070	0.662	1.730
院系教授会	-0.330	0.219	0.001**	0.719	0.490	1.054

续表

学术权力	B Std.	Error Sig.	Exp（B）	95% Confidence Interval for Exp（B）		
讲师						
截距	2.046	0.250	0.000*			
校学术委员会	-0.313	0.286	0.073	0.792	0.418	1.280
院系学术委员会	-0.131	0.242	0.094	0.878	0.546	1.410
院系教授会	0.041	0.195	0.035*	0.960	0.655	1.408
助教						
截距	0.530	0.298	0.005*			
校学术委员会	-0.233	0.256	0.496	0.731	0.405	1.549
院系学术委员会	-0.030	0.294	0.018*	0.970	0.545	1.727
院系教授会	0.065	0.237	0.043*	0.937	0.589	1.490

注："***""**""*"分别表示通过0.001、0.01和0.05显著性水平。

由此可以发现，教授、副教授、讲师、助教相对于未定职称教师来说，前者认为校学术委员会在晋升中影响大的发生比（Odds Ratio）分别是后者的0.816、0.802、0.792、0.731倍，教授、副教授在0.05水平统计学意义上显著，从具体数值来看，校学术委员会的比值幅度随着教师职务层级的提高而逐渐增大；院系学术委员会的影响中，教授、副教授、讲师、助教分别是未定职称教师的1.595、1.070、0.878、0.970倍，教授和助教分别通过了0.01和0.05水平的检验，院系学术委员会对副教授晋升为教授的影响最大，其次是未定职称者晋升为助教；院系教授会中，教授、副教授、讲师、助教分别是未定职称教师的0.570、0.719、0.960、0.937倍，其中，所有职称教师分别在0.01和0.05水平显著。数据显示，职务晋升层级越低，则受院系教授会的影响越大。

由此可以发现，学术权力对于不同教师学术职业分层的影响程度不同。教师职务晋升层级越高，则受校学术委员会的影响越大；院系学术委员会分别对正高级职务（副教授晋升为教授）和初级职务（未定职称教师晋升为助教）有显著影响，其中对正高级职务晋升的影响最大；院系教授会的影响随着教师职务层级的升高而逐渐减小。

7.3.3 结论与讨论

本研究通过讨论学校行政权力和学术权力对高校学术职业分层的影响，得出以下结论：

①校级和院级行政权力的表达主体影响"985 工程"高校和"211 工程"高校中不同层级教师的学术职业分层。发现校级行政权力和院级行政权力对地方本科和高职高专院校的教师职务晋升有显著影响。对于学术权力来说，校学术委员会和院系学术委员会共同影响了"985 工程"高校教师的职务晋升；对于"211 工程"高校、"地方本科"和"高职高专"三类院校，院系学术委员会和院系教授会分别对教师职务晋升有影响。

②学校行政权力对高校教师职务晋升有重要影响，而且对于不同层级教师的职务晋升有不同的影响。学校领导更倾向于影响正高级职务（副教授晋升为教授）的晋升；院系领导同时影响副高级职务（讲师晋升为副教授）和中级职务（助教晋升为讲师）晋升；只有初级职务（未定职称者晋升为助教）晋升受学校人事部门的影响。学校行政权力参与高校教师职务晋升，削弱了学术权力在职务晋升中的作用。

③学校学术权力对不同层级教师职务晋升的影响不同。晋升的职务层次越高，则越容易受到校学术委员会的影响；正高级职务（副教授晋升为教授）和初级职务（未定职称者晋升为助教）晋升受到院系学术委员会的影响，其中对正高级职务晋升的影响最大；另外，院系教授会对教师职务晋升的影响程度与晋升次序相反。

上述研究表明，学校行政权力和学术权力都在不同程度地影响高校学术职业分层，尤其是学校行政权力对于教授晋升的影响较大，说明教授职务更易受到校级行政权力的影响。讲师、副教授处于学术职业分层的中间位置，二者处于学术职业生涯的重要转折阶段，其晋升受院级行政权力的影响相对较大。

学术职业分层属于学术权力范畴，行政权力对于学术权力的干预会直接影响学术评价的公平和公正，使得学术职业分层形成行政主导的逻辑，一定程度影响教师的学术积极性，削弱学术职业吸引力和声望。在学术职业分层过程中，分层的依据主要是教师的学历、资历、教学和科研能力等。学术权力理应在分层过程中发挥更大的作用。从助教到教授，是教师知识、教学与科研能力、财富、声望、社会影响力不断积累和提升的过程。高校教师职务层级越高，就越需要更加权威、公信度高的学术组织和同行专家来进行评判，而评判的标准主要依据教师的教学能力、科研能力和水平，包括论文发表、申请项目的能力以及取得的科研成果等。这就要求进一步强化学术权力的作用，明晰学术权力和行政权力的表达界限，发挥学术权力独立的学术评价功能。

同时，学校各层级学术委员会作为学术权力的表达和执行组织，应由本学科的教师构成。然而在中国，校下设的或者学院下设的学术委员会并不完全是由学术同行组成的学术权力机构，而是为学校行政管理服务的咨询和评审机构，是学校行政权力在学术领域的延伸。[1] 学校或院系学术委员会的一些成员既是学校或院系的领导，又是担任学术工作的教师。这样的制度安排也在一定程度上强化了行政权力对于学术职业分层的影响。由此可见，学术委员会所代表的是学术权力还是行政权力界限不明确，在对教师进行学术评价的过程中很难做到专业化和独立性。因此，学校各级学术委员会由本学科学术同行构成，有利于祛除行政权力对于学术事务的干预，彰显学术权力。一些高校的校领导退出学术委员会及其他学术组织，无疑是很好的尝试。更重要的是，要从制度上对于各级行政权力的表达范畴进行约束，保障学术权力的公正、客观表达。

尽管中国已经处于全球化学术竞争的历史进程之中，但是，行政主导的高校管理模式并没有发生根本变化，行政权力总是通过不同方式渗透到学术事务中来，影响着学术权力的发挥。因此，高校应进一步强化学术权力在学术职业分层中的作用，明确行政权力和学术权力在学术职业分层中的权力界限，保障高校各级学术委员会独立行使学术职业分层的权力，充分发挥学术同行的评议和决策权力。同时，还需要进一步促进学术权力下移，由学院或者系一级学术委员会充分行使学术评价的权力。只有这样，才能够更好地促进高校学术职业科学、公平、公正分层。

---

[1] 郭丽君. 学术职业管理的问题与对策研究 [J]. 高等工程教育研究，2006 (3): 86-89.

第 8 章　学术职业分层：流动性、收入与阶层地位

学术职业分层必然带来教师流动性、收入和阶层地位的变化。学术职业分层地位的变化，是由一种具有正向或者负向的流动所带来的。学术职业流动尤其是向上流动对于教师而言具有正向激励的意义，但是缺乏负向流动将使得学术职业阶层固化，阻碍向上流动机会。学术职业流动性能反映出社会结构的开放性，反映出学术职业阶层在突破各自阶层边界上的容易度。不仅如此，学术职业分层必然带来不同学术阶层的收入差异，收入差异反映出学术分层系统的不平等，这种不平等是必要的，但是由于收入差异悬殊而导致的阶层分裂和共同价值观的离散需要引起关注。此外，由于学术职业分层的流动性、收入差异等导致的阶层地位和声望落差可能进一步促使学术职业阶层矛盾激化，消解学术职业共同文化。本章主要就学术职业分层导致的可能后果进行研究。

8.1　学术职业流动性

社会流动是一个社会学概念，可以被理解为个人或社会对象或价值——被人类活动创造的或修改的任何变化——从一个社会位置到另一个位置的任何转变。[1]其包含两种基本类型，即水平流动和垂直流动。垂直流动指的是从一个阶层移动到另一个阶层，根据移动方向分为向上流动（如职务升迁）和向下流动（如解职和降职）；水平流动指的是个人从一个社会群体转到位于同一层次的另一个群体中。[2]其中，人才流动作为水平流动的一种特殊形式，指人才在不同地区、部门及单位之间发生的转移或变动。[3]而这种变动是以个人利益

---

① [美]戴维·格伦斯基. 社会分层[M]. 北京：华夏出版社，2005：264.
② [俄]弗·伊·多博林科夫，阿·伊·克拉夫琴科. 社会学[M]. 北京：社会科学文献出版社，2006：358-359.
③ 马和民. 新编教育社会学[M]. 上海：华东师范大学出版社，2009：340.

与所在单位实现其能力之间的不一致或者矛盾为基础的,流动性过高会导致劳动集体的不稳定性;而流动性太低会导致劳动集体老化,进而阻碍有水平的人才或劳动力质量的更新。① 学术职业内部分层的流动属于垂直流动,即学术职位向上或者向下流动的现象表现为教师从某一学术位置向另一个位置的变动现象,或者说表现为从一个阶层向另一个阶层流动的现象。随着学术位置的变化,财富、权力和社会声望也随之变化,其个体的社会地位和社会角色也随之发生变化。本节主要探讨学术职业分层对大学教师的水平流动即人才流动有无影响?影响程度如何?分层对于不同层级教师的流动性有什么差异?从而进一步探讨学术职业分层对于教师流动性的影响机理。

8.1.1 相关研究述评

关于学术职业分层对大学教师流动性的影响的实证研究较少,与本研究相关的文献主要集中在对大学教师流动性影响因素的分析。在大学教师流动性影响因素研究方面,大体可以分为两种类型,即思辨研究与实证研究。

思辨性研究主要集中在以下几个方面:①温海峰(2000)认为导致高校人才流失的原因分为内外环境诱因两个部分,分别为学校外部环境诱因(经济待遇)以及学校内部环境诱因(经济收入增长缓慢、住房问题、夫妻分居)。② 李志峰、谢家建(2007)认为,从职业分工角度来看,教师所从事的职业就是学术职业,而教师的流动就是一种学术性流动,内外部因素影响学术职业流动。其中,市场经济体制初步建立、教师评价制度不完善、学校发展差异是导致学术职业流动的外部因素,而对于学术的追求、对物质生活环境和对良好的工作环境的需求、对实现自身价值的追求是导致学术职业流动的内部因素。③ ②周定、赵美兰(2006)认为,学校之间待遇差异、校园软环境以及教师自身三个方面是导致大学教师流动的主要原因。④ ③潘奇、唐玉光(2008)从教师所从事的学术职业角度认为,需要在学术工作的环境、学术工作的性质、学术工作招聘的方式及学术职业群体的特征等情况下分析和研究学术职业流动

---

① [俄]弗·伊·多博林科夫,阿·伊·克拉夫琴科.社会学[M].北京:社会科学文献出版社,2006:398-399.
② 温海峰.高等学校人才流失实证分析[J].郑州航空工业学院学报,2000(2):59-62.
③ 李志峰,谢家建.中国学术职业流动的内外部因素分析[J].大连理工大学学报,2007(4):72-76.
④ 周定,赵美兰.教师流动的原因与对策分析[J].教育与现代化,2006(1):38-43.

现象。①

在教师流动性影响因素的实证分析中，有学者将影响学术职业流动的因素作了进一步归类。如谷志远（2010）通过对学术职业流动影响因素的实证分析，将影响学术职业流动的因素归为人口统计学特征（年龄、性别、婚姻状况）、个性特征（职称、学历、学科、大学层次）、工作满意度、工作压力和收入几个方面；并进一步得出人口统计学特征、个性特征对教师流动有显著性影响，而所在学校声望高低、工作压力和教师收入对教师流动的影响并不显著等研究结论。②肖玮玮（2011）以个体变量、工作满意度、组织承诺为自变量，以教师流动意向为因变量，分析了北京林业大学教师流动的影响因素，认为领导管理与支持、情感承诺和规范承诺是影响教师流动意向的显著因素，不同人口统计变量在流动意向上没有显著差异，工作满意度和组织承诺在人口统计变量上存在显著差异。③

国外关于教师流动性的影响因素的研究也有不少。其中，斯迈特（Smart）认为可将影响因素归为几种：一是个人属性，包含人口统计学资料（如性别、婚姻状态、薪水）、人力资本（如工作年限）；二是工作表现因素，包含研究时间、教学时间、研究生产力；三是组织相关因素，包含组织衰退、大学管理、管理参与、管理的影响；四是认知变量，包含组织满意度、薪水满意度以及职业满意度。④

8.1.2 理论基础与方法选择

（1）理论基础

本研究主要采取的理论是大学教师发展理论，该理论是伯格威斯特使用层次分析法试图建立起来的一个概念化的综合模型（Comprehensive Model）。这个模型建立在这样的假设基础之上：大学教师发展是在态度、过程和结构三个层次上展开的。如果仅仅注重一个层次的变化，教师发展的项目便难以获得成功。⑤前面已经论述，伯格威斯特认为大学教师发展是由个人发展（态度）、

---

① 潘奇，唐玉光. 学术职业的流动域及其特征探析 [J]. 黑龙江高教，2011 (8)：24-27.
② 谷志远. 我国学术职业流动影响因素的实证研究——基于"学术职业的变革·中国大陆"问卷调查 [J]. 清华大学教育研究，2010 (3)：73-80.
③ 肖玮玮. 北京林业大学教师流动影响因素分析 [D]. 北京：北京林业大学，2011.
④ 陈玉芬. 美国学术职业流动行为和影响因素研究评述 [J]. 比较教育研究，2013 (1)：68-71.
⑤ Bergquist, W. H. &S. R. Phillips. Components of an Effective Faculty Development Program [J]. The Journal of Higher Education. 1975, 46 (2)：181-182.

教学发展（过程）和组织发展（结构）三部分相关的活动组成。组织结构发展，主要指教师所处的受学术与行政权力影响的高校组织，其组织效能得到提高，能够保障教师的个人发展和教学发展。

尽管大学教师发展理论是针对大学教师教学能力提升的理论，但同样可以用来分析教师的流动性。教师处于学校这个组织机构之中，想要获得全面的发展，必须处理好个人、教学、组织三个层次的关系，特别是受到学术和行政权力影响的高校组织对于教师发展的态度及其专业能力的提高有重要影响。而学术职业分层是学校组织里学术权力与行政权力相互影响的产物，学术职业分层所带来的教师工作职责和地位的变化影响教师的个人发展及教学发展。由于原有社会分层结构被打破，学术职业分层所形成的新的分层结构将对教师流动性产生影响。当学术职业分层可以提高组织绩效，继而保障和促进教师的个人发展和教学发展时，教师流动意愿和动机就弱。然而当学术职业分层无法保障或者促进教师个人发展和教学发展时，教师就会产生流动意愿和动机。

（2）方法选择

本研究主要采取定量研究方法，采用 SPSS17.0 进行数据分析。具体的统计方法为描述性统计分析和 Logistic 回归分析。第一部分描述统计主要揭示学术职业分层对大学教师流动性的影响。为了系统地揭示学术职业分层对大学教师流动性的影响，本研究第二部分采用 Logistic 回归分析方法，探讨和预测学术职业分层对大学教师流动性的影响程度。

本研究通过实证研究探讨以下问题：①学术职业分层对于教师流动有何影响？②学术职业分层对不同类型高校教师流动有何影响？③学术职业分层对教师流动的影响程度如何？

8.1.3 实证结果与分析

（1）大学教师流动性影响的描述性分析

1）学术职业分层促进大学教师职业流动

如图 8-1 描述的是学术职业分层对大学教师流动性影响的整体情况。我们将学术职业分层对大学教师流动性的影响分为三个层次：学术职业分层促进大学教师职业稳定；学术职业分层促进大学教师职业流动；学术职业分层与大学教师职业没有必然联系。数据显示，认为学术职业分层促进大学教师职业流动的比例最高，为46%；其次是认为没有必然关系的比例，为30.8%；最后是认为学术职业分层促进教师职业稳定的比例，为23.3%。因此，可以从初步的数据得出结论,即学术职业分层对大学教师流动性有影响,学术职业分层促进了大学教师流动。

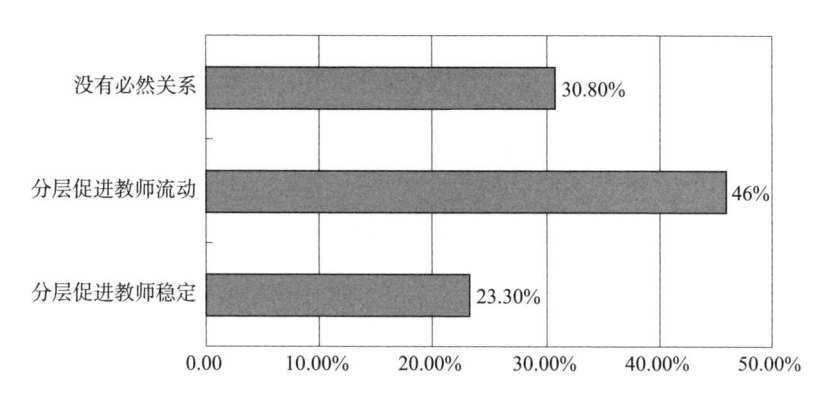

图 8-1 学术职业分层对教师流动性影响的整体情况

2)不同层级教师的态度

进一步分析不同层级教师对学术职业分层促进教师流动性影响的差异,如图 8-2 所示。首先,总体来看,不同层级教师认为学术职业分层促进大学教师职业流动的比例较高,进一步说明学术职业分层对于大学教师流动性存在促进作用。其次,不同层级教师认为学术职业分层对教师流动性的影响存在差异。其中,助教群体中,认为学术职业分层促进教师职业流动的比例最高,达到 57.20%;讲师和副教授群体中,认为学术职业分层促进教师流动的比例相

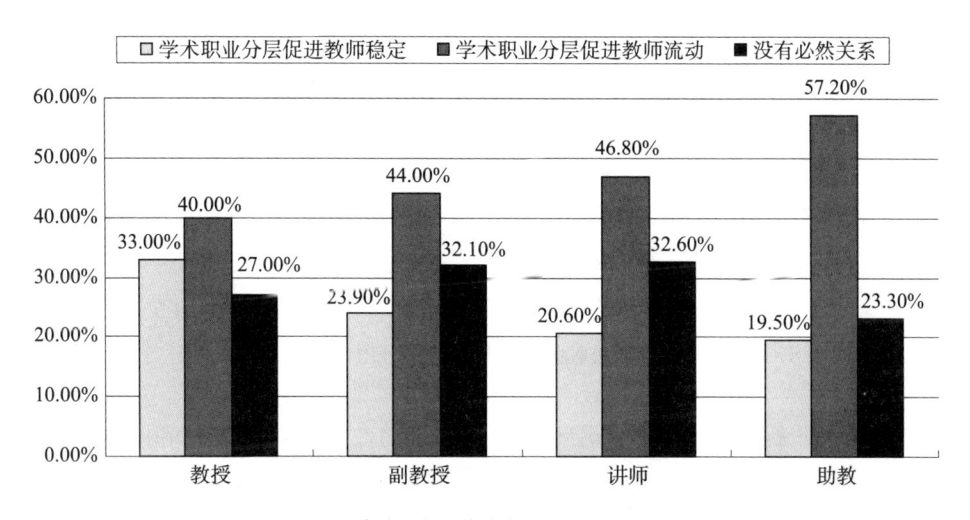

图 8-2 不同层级教师对于学术职业分层促进教师流动的态度

当，分别为46.8%和44%，而认为学术职业分层与教师流动性没有必然关系的比例较高；教授群体中，认为学术职业分层促进教师流动的比例最低，为40%，而认为学术职业分层促进教师稳定性的比例最高。统计意义上的显著性分析进一步显示，学术职业分层对大学教师流动性有显著性影响（卡方值为45.423，Sig. 值为0.000，P<0.05）。

3) 不同类型高校教师的态度

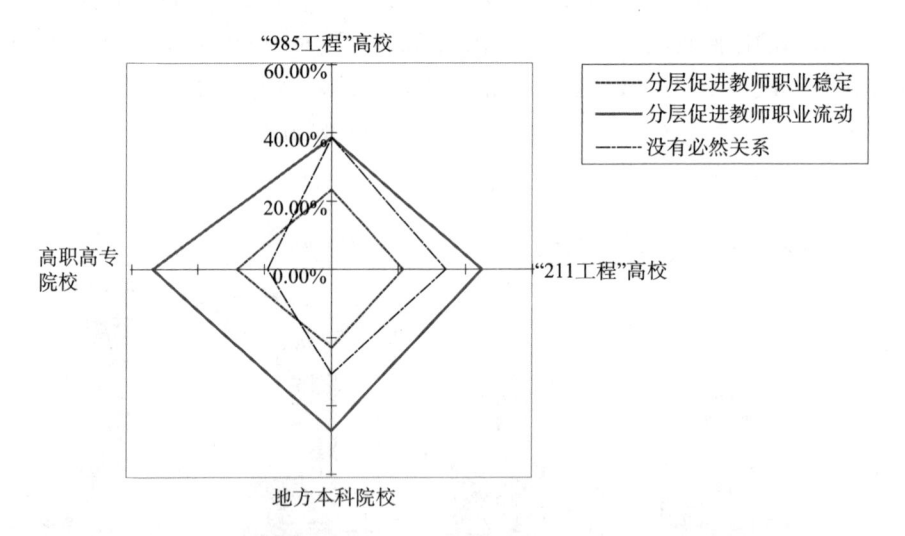

如图8-3描述的是不同类型高校教师对于学术职业分层促进教师流动的影响。首先，总体来看，不同类型的高校教师认为学术职业分层促进大学教师职业流动的比例较高，基本都在38%以上。其次，不同类型高校教师的态度也存在差异，其中，高职高专院校的教师群体认为学术职业分层促进大学教师职业流动的比例最高，达53.2%；地方本科院校与"211工程"高校的比例相当，分别为46.9%和44.6%；而"985工程"高校的比例最低，为38.3%。而统计学意义上的显著性分析进一步显示，不同类型高校教师对于学术职业分层与教师流动性关系的认识存在显著差异（卡方值为56.153，Sig. 值为0.000，P<0.05）。

图8-3 不同类型高校教师对于学术职业分层促进教师流动的态度

为进一步探讨学术职业分层对高校教师流动性的影响，本研究引入院校层次作为控制变量，讨论学术职业分层对大学教师流动性的影响，如图8-4所示。在四种类型院校的四个层次的教师群体中，关于学术职业分层对教师流动

第8章 学术职业分层：流动性、收入与阶层地位

性影响的认识又呈现一定的差异。

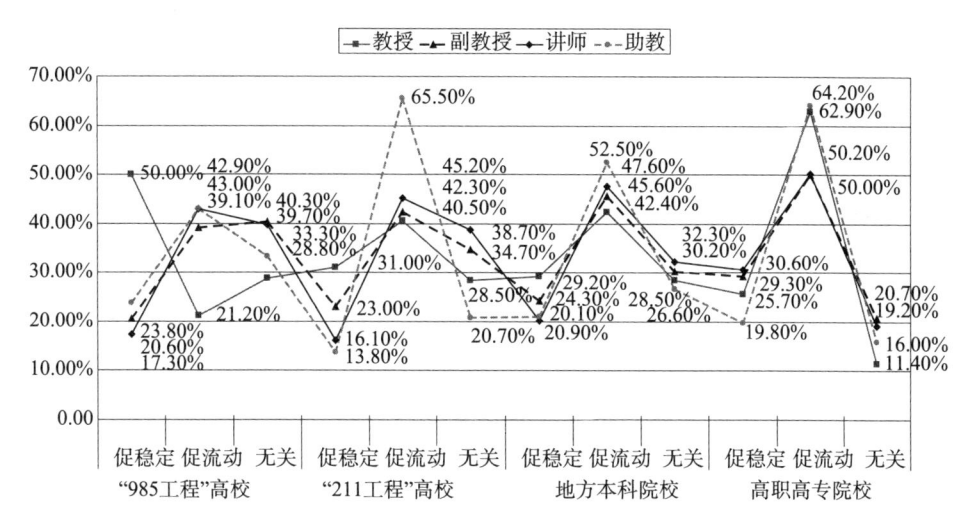

图8-4 学术职业分层对教师流动性的影响（院校层次）

首先，在"985工程"高校四个职称阶段的教师中，关于学术职业分层对教师流动性影响的认识呈现出明显的差异。讲师和助教群体中，认为学术职业分层促进教师流动的比例较高，分别为43%和42.9%；副教授群体中，认为学术职业分层与教师流动没有必然关系的比例较高，为40.3%；而教授群体中，认为学术职业分层促进教师稳定的比例最高，为50%。

其次，在"211工程"高校中，虽然四个职称阶段的教师群体都认为学术职业分层促进教师流动，但是也呈现出差异。其中，助教群体认为学术职业分层促进教师流动的比例最高，为65.5%，其次为讲师、副教授、教授。在认为学术职业分层促进教师稳定性的教师群体中，教授群体中的认同比例较其他职称教师高。讲师群体中，认为学术职业分层与教师流动没有必然关系的比例最高。

再次，在地方本科院校中，四个职称阶段的教师群体认为学术职业分层促进教师流动的比例较高，且基本在42%以上；其中，助教群体中的比例最高，为52.5%。认为学术职业分层与教师流动没有关系的比例也大于认为学术职业分层促进教师稳定性的比例。

虽然高职高专院校的教师群体认为学术职业分层促进教师职业流动的比例明显较高，基本都在50%以上，但是具体到四个职称阶段的教师群体中可以发现，高职高专院校的教授群体认为学术职业分层促进教师流动的比例较高，

· 243 ·

仅次于助教群体；同时，副教授与讲师群体中认为学术职业分层促进教师职业稳定性的比例也高于其他三个层次的院校。

通过显著性分析显示，"985 工程"高校和"211 工程"高校不同层次的教师关于学术职业分层对教师流动性影响的认识存在显著差异（P<0.01）。特别是"985 工程"高校教师对学术职业分层与教师流动性影响的认识，差异非常显著（P=0.000）。这进一步说明学术职业分层对不同类型高校教师流动性的影响显著。

（2）Logistic 回归分析

描述性统计只是将原始数据整理成有用的形式方法，在进行全面完整的统计分析中还存在缺陷，因而本研究采用 Logistic 回归分析，对于学术职业分层对大学教师流动性的影响进行系统的检验和预测。在回归分析中，将因变量设为学术职业分层是否促进教师流动性，用虚拟变量表示；将认为学术职业分层促进教师职业流动性的（设置为1）作为一类；将认为学术职业分层促进职业稳定性以及没有必然联系的两者合并为不促进教师流动性（设置为0）来作为一类，并将此类作为参照类。自变量为教师的职称。如表 8-1 所示为自变量的基本统计信息（均值和方差），并注明了其中虚拟变量的参照类。

表 8-1 自变量的平均值、标准差和虚拟变量参照类

自变量	均值	方差
副教授（参照=教授）	0.44	0.247
讲师	0.47	0.249
助教	0.57	0.246

如表 8-2 所示，用教师的职称来预测学术职业分层是否促进教师流动是有效的，并且通过了 Hosmer – Lemeshow 检验结果，Sig. =0.000，说明模型的拟合结果很好。以教授层级的教师群体为参照，副教授层级教师认为学术职业分层促进教师流动的发生比[1]是教授层级教师的 0.786 倍，讲师层级教师认为学术职业分层促进教师流动的发生比是教授层级教师的 0.881 倍，助教层级教师认为学术职业分层促进教师流动的发生比是教授层级教师的 1.338 倍；其中，副教授在 0.001 水平显著，讲师在 0.05 水平显著，助教在 0.01 水平显著。由此可以认为，助教层级的教师比其他层级的教师更倾向于认为学术职业

---

[1] 这里的发生比指学术职业分层促进大学教师流动与不促进大学教师流动之比。

分层促进流动。

表 8-2　学术职业分层与教师职业流动性的 Logistic 回归分析

	Sig.	B	S. E.	Exp（B）
副教授	0.000***	-0.241	0.059	0.786
讲师	0.024*	-0.127	0.056	0.881
助教	0.01**	0.291	0.113	1.338

卡方值为 28.772，自由度为 3，Sig. 值 0.000

-2 Log likelihood：4372.713；Cox & Snell R Square：0.009；Nagelkerke R Square：0.012

注：①"*"表示在 0.05 水平显著；"**"表示在 0.01 水平显著；"***"表示在 0.001 水平显著。

8.1.4　结论与讨论

（1）结论

通过描述性统计分析和 Logistic 回归分析，在学术职业分层对大学教师流动性影响的研究中，得出以下结论：

第一，通过不同教师群体关于学术职业分层对教师流动性影响的认识的数据直方图可以发现，学术职业分层促进大学教师职业流动的比例＞没有必然关系＞促进大学教师职业稳定。这意味着学术职业分层对于大学教师流动性有影响，并且更多地表现为促进大学教师流动。

第二，不同层次教师认为学术职业分层促进教师职业流动的具体情况为：助教＞讲师＞副教授＞教授。这意味着在四个层次的学术职业分层中，助教群体的流动性最高，其次为讲师与副教授，教授的流动性最低。

第三，在不同类型高校中的教师群体关于学术职业分层对大学教师流动性影响的认识中，认为学术职业分层促进教师职业流动性的比例较高，但又存在差异。基本倾向是：高职高专院校＞地方本科院校＞"211 工程"高校＞"985 工程"高校。这意味着由于院校类型的不同，学术职业分层对教师流动性的影响程度不同。

第四，不同类型高校中不同职称的教师群体关于学术职业分层促进大学教师流动的认识也存在差异。总体而言，助教层次的教师群体比例最高，教授群体的比例最低。其中,"985工程"高校中四种职称的教师群体认为学术职业分层促进教师职业流动的基本倾向是:讲师＞助教＞副教授＞教授,这意味着"985工程"高校中,讲师层次的教师群体流动性最高,接下来依次为助教、副教授、教授;"211工程"高校和地方本科院校均为助教＞讲师＞副教授＞教授,这意味着在地方本科院校和"211工程"高校中,助教层次的教师群体流动性最高,依次为讲师、副教授、教授;高职高专院校的情况为助教＞教授＞讲师＞副教授,这意味着在高职高专院校中,助教层次的教师群体流动性最高,值得注意的是,教授群体的流动性排在第二位,并且从数据分布可知,其与助教群体的流动性基本相当,而讲师和副教授的流动性也基本一致。

(2) 讨论

通过学术职业分层对大学教师流动性影响的实证研究可以看出,学术职业分层对大学教师职业流动性影响显著,且不同学术职业层级之间也存在显著差异。大学教师流动一般有两个方面的原因:一是现有的学术职业层级的地位指标无法满足教师个体的需要,促进教师向其他高校流动,或者直接放弃教师职位而流向其他职业;二是由于学术职业层级晋升中的压力而选择流向低一层级的学校。通过实证分析,我们认为,保持学术职业相对稳定性要从以下几个方面进行政策改进。

①总体提高学术职业不同层级教师的福利待遇,这是保障师资队伍稳定的基础。从学术职业分层对大学教师流动性的影响的分析中可知,四个层级的教师都认为学术职业分层促进了教师职业流动。一般而言,导致教师流动性的主要因素包括经济待遇、学术权力以及社会地位,而学术职业分层将教师划分为不同层级,与其直接挂钩的就是经济待遇、学术权力以及社会地位。为了获得更加丰厚的经济待遇、更高的学术权力以及社会地位,由于学术职业分层导致的不同层级的教师流动性就会增加。因此,总体提高学术职业不同层级的福利待遇是保障各个层级教师队伍稳定的基础。

②需要大幅度提高低层级教师的收入水平,保障青年教师队伍稳定。在学术职业不同层级的教师中,助教层级中认为学术职业分层促进教师职业流动的教师所占比例最高。可能与助教群体是刚刚进入学术职业分层体系中的青年教师,其获得的学术权力以及经济报酬相对较低,但所需要面对的生活压力相对于其他层级的教师较大有关,这容易导致助教群体迫于生活压力而选择流动。相反,教授群体已经处于学术职业分层体系中的最高层级,其所获得的学术权

力、经济待遇以及社会地位都比较高,加上教授阶段的教师从事教师职业的时间长,对职业的认同感也较高,流动意愿不如青年教师强烈。因此,需要较大幅度地提高助教群体的收入水平,以缓解生活压力。

③针对不同类型高校教师流动性特点,采取差异化的应对策略。学术职业分层对不同类型高校教师流动的影响存在显著差异,特别是高职高专院校,其教师群体中认为学术职业分层促进教师流动性的比例明显高于其他院校,并且其教授群体的流动性仅次于助教群体也较其他院校差异明显,这是由于学术职业的分层体现在院校类型上的差异,使得高职高专院校教师的流动性较高。因此,要提高高职高专院校教师的社会地位,促进教师对于所从事的学术职业的认同度,稳定高职高专院校的青年教师和教授队伍;而对地方本科院校和"211工程"高校学术职业分层促进教师流动性较高的状况,可以通过提高福利待遇等方法来稳定高校教师队伍。

④完善学术职业分层中的晋升制度,保障教师队伍稳定发展。约翰·罗尔斯明确指出:在一个公正的社会中,"那些有着类似能力或才干的人也应当有类似的生活机会,具体来说,假定有一种自然禀赋的分配,那些处在才干和能力的同一水平、有着使用它们的同样愿望的人,应当有同样的成功前景,不管他们在社会体系中的最初位置是什么"①。学术职业分层是学校组织中学术权力和行政权力相互影响的产物,伴随学术职业分层的是教师经济待遇、学术权力和社会地位的差异,如果学术职业分层中的晋升制度出现问题,将对教师流动性产生重大影响。当教师无法通过职称晋升来实现个体价值和社会价值时,流动意愿就非常强烈。因此,完善学术职业分层中的晋升制度,优化公平竞争、公开评聘、公正对待、分类考核的机制是促进教师稳定性的关键。

⑤学术职业阶层之间的流动和开放是建立公正和谐阶层结构的重要保障。学术职业向上流动频度越高,就意味着能够为教师提供更多的晋升机会;学术职业向上流动频度越低,学术职业阶层的边界就越来越僵化和封闭。因此,增加学术职业向上流动的机会,打破阶层边界的封闭性,既是实现学术职业阶层和谐发展的基础,也是学术职业稳定性的前提。在我国学术职业分层体系中,一个难以解决的问题是:尽管普遍存在向上流动的机制,但是向下流动的机制很难取得明显成效,能上不能下的流动机制在保障既得利益群体地位的同时,

---

① [美]约翰·罗尔斯. 正义论[M]. 北京:中国社会科学出版社,2001:56.

限制了下层学术人员向上流动的机会，将一些学术贡献突出的教师排斥在学术职业较高阶层之外，导致这些教师产生强烈的流动意愿和动机。因此，必须改变学术职业分层过程中先入者的制度和社会壁垒，突显教师后致性因素的作用，促进学术职业分层的双向流动，使得教师能够有平等的机会实现满足提升自我地位的需求，从而实现学术职业的稳定性。

⑥促进学术职业正向流动和负向流动均衡发展。学术职业流动率可以分为正向流动率和负向流动率。正向流动率反映的是晋升高一级学术职位的人数占同级学术职位人数的比率，负向流动率反映的是教师退出学术职位的人数占该层级人数的比率。正向流动率反映的是学术职位的向上晋升率，负向流动率反映的是学术职位的向下或者退出率。在一个相对稳定的学术职业分层结构中，正向流动率和负向流动率应大致相当。在一个不断发展的学术职业分层结构中，正向流动率应略大于负向流动率。学术职业流动率与高校学术评价标准和所拥有的学术岗位数量相关，同时，学术职业流动机会和学术职业结构密切相关。在一个社会结构中，如果学术职业向上流动的机会越来越少，这必然导致院校在岗位资源有限的状况下不断调整学术评价标准，通过设置制度壁垒阻碍处于底层的教师向上流动。这样，这个分层结构是不稳定的，教师的流动性将会增加。因此，形成向上向下双向流动机制，对于保持学术职业必要的流动性，有利于促进学术职业分层结构更加合理和稳定。

8.2 学术职业分层中的收入差异

随着高校收入来源多元化和高校办学自主权的不断扩大，高校调整内部收入分配制度的权力也在不断扩大。高校通过增设各类津贴、设计教学和科研奖励政策来调整不同岗位人员的收入，形成了各具特色的多元化的收入分配格局。"按劳分配""多劳多得"成为高校教师收入分配的基本原则。这种收入分配原则在一定程度上有效激励了教师的工作积极性，提高了教师工作效率，但是过分强调"效率优先"导致教师在教学和科研工作中注重数量、忽略质量，拉大了教师之间的收入差距，造成高校内部教师收入分配不公平，形成了教师之间较大的地位差异。

改革开放以来，我国高校教师工资制度一直在不断调整。1985年的工资制度改革中，事业单位和国家机关一样，实行以职务工资为主的结构工资制，到 1993 年，国家把事业单位工资制度与国家机关脱钩，在事业单位实行职务工资加津贴。[①] 1999 年后的高校工资制度改革主要是针对校内津贴制度的改革，2006 年，人事部、财政部先后下发了《关于印发事业单位工作人员收入分配制度改革方案的通知》等一系列文件，在全国高校又卷起了新一轮以岗位绩效工资为主体的工资制度改革热潮。[②] 这一次的工资改革主要以岗位绩效工资制度为主要内容，包括岗位工资、薪级工资、绩效工资和津贴工资四部分，其中岗位工资、薪级工资为基本工资。本研究主要探讨的学校工资、院系各类补助和资金、社会兼职与服务性收入三部分的收入差异。学校工资部分包括岗位工资、薪级工资、绩效工资、津贴和各类奖励，这是第一部分收入；院系所发放的各类补助和奖金是第二部分收入；而社会兼职与服务性收入属于工资外收入，这是第三部分收入。未缴纳个人所得税前的三部分之和的收入就是高校教师的税前总收入。

本研究通过问卷调查的方法，通过对 2010 年不同类型高校教师收入的调查，分析我国高校教师收入分配的状况，研究我国高校教师收入分配过程中存在的问题并提出相关对策，为我国高校教师收入分配制度改革提供理论依据。

8.2.1 相关研究述评

我国高校教师收入问题一直是教育领域的热点问题。从高校教师的收入构成来看，国家规定的工资收入是基础性的工资，但是仅仅靠国家规定的工资收入，高校教师的工资收入待遇就太低了。从对全球大学教师的比较来看，中国高校教师工资收入总体处于相当低的水平，并且由于实行了不同的津贴和奖励制度，不同类型高校教师的收入水平也存在差异。

周金城等人（2011）通过考察各国高校教师的薪酬水平，比较了 20 个国家高校教师的月薪，发现人均 GDP 较高的国家，高校教师的月薪一般也较高，印度、新加坡、以色列、美国等国高校教师的薪酬在该国各职业群体中处于较高水平，而中国高校教师的薪酬水平低于其他国家，也低于本国其他知识密集型行业。[③] 陈乐一等人（2012）把高校教师工资与软件、证券计算机等行业的

[①] 乔锦忠. 高校教师工资制度的改革研究 [J]. 教育与经济, 2006 (4): 23-25.
[②] 周思当. 高校教师工资制度改革研究与对策 [J]. 教育与经济, 2008 (3): 66-68.
[③] 周金城, 陈乐一, 魏紫. 高校教师薪酬水平的国际比较 [J]. 中国高教研究, 2011 (4): 41-43.

工资进行比较发现,目前我国高校工资处于中等偏下水平,这会影响高校教师的工作努力程度,也会导致知识失业和人才流失,高校教师工资低还会迫使教师外出兼职,不能安心从事教学与科研活动。①

关于高校教师收入制度的研究,刘婉华等人(2004)通过把我国高校教师工资制度与美国、日本、印度、中国香港的工资制度和工资管理制度进行比较后认为,我国工资制度属于政府主导、市场调节型,即:国家分配和高校分配相结合,这种类型的工资制度与其他人事制度之间缺乏协调。② 刘芳(2010)认为,目前我国高校教师收入分配制度中存在的问题主要包括:高校岗位制度不完善导致任职条件难以实现量化,缺乏科学、健全的考核指标体系,现有分配机制激励作用不明显,教师保障制度发展滞后。③

国外研究者关于高校教师收入的研究主要集中在高校教师收入状况和高校教师收入差异两方面。有学者研究了2000年俄罗斯学术职业收入发现,俄罗斯高等教育系统的月平均工资为1226卢比,低于制造业,也低于俄罗斯当年平均工资的两倍;同年,对莫斯科大学的一项调查发现,莫斯科大学有28%的教师在校外兼职以补贴生活,其中,37%的教师在其他研究机构工作,18%的教师从事其他兼职工作。从公立和私立高校的角度来看,私立高校教师的收入高于公立高校教师的收入,公立高校教师的工资不能维持正常的生活开支。④ 西班牙学者发现,西班牙的大学教师介于公务员与市场人之间,对于终身制学术人员的收入来说,他们的工资由职称决定,终身制的教授在获得肯定评价的前提下,每五年可享受一次教学业绩奖励,属于永久性地增加工资,其额度由职称决定:A类教授年薪2000美元,B类教授年薪1600美元,C类教授年薪1400美元,而非终身制人员(兼职教师和助理)的工资取决于他们的合同。⑤ 从西班牙的情况来看,高校教师收入的高低由教师获得的学术职位决定。

在高校教师收入差异方面,有学者对美国社会学专业教师的收入进行了一

---

① 陈乐一,周金城,刘碧玉. 我国高校教师工资低的危害及政策建议[J]. 当代教育论坛,2012(2):24-28.

② 刘婉华,袁汝海,裴兆宏,等. 高校教师工资待遇国际比较与思考[J]. 清华大学学报(哲学社会科学版),2004(6):86-91.

③ 刘芳. 我国高校教师收入分配制度配套改革探讨[J]. 高校教育管理,2010(6):59-62.

④ Anna Smolentseva (2003). Challenges To The Russian Academic Profession. Higher Education, 45:391-424.

⑤ JOSÉ-GINÉS MORA (2001). The Academic Profession in Spain: Between The Civil Service And The Market. Higher Education, 41:131-155.

项全国调查并发现，不同职称教师的收入不同，具有不同学历同时具有不同职称教师的收入也不相同；职称相同的教师，私立高校的教师收入高于公立高校，东部地区高校教师的收入高于其他地区，坐落在城市的高校教师的收入高于坐落在非城市的高校；高校教师工资的差异主要体现在院校类型（公立和私立）上，但教师学历的差异不显著。同时，作者还分析了50年来高校教师的工资增长率，发现高校教师工资被削减是一个长期存在的问题。[1] 学者詹姆士·苏门答腊（James G. Sumatran，2000）发现，高校教师收入的差异表现在职称、资历以及经验上，另外，男性和女性教师工资有显著性差别。[2] 除此之外，其他一些学者也发现了在高校中男性教师和女性教师的收入有差别，男教师的收入比女教师的收入高20.7%，原因是性别歧视。[3]

从相关研究来看，现有的研究大多集中在对收入分配制度层面的探讨，难以反映高校教师收入分配的具体情况。从研究方法来看，定性分析的研究居多，缺少大范围调查的实证研究。基于上述研究局限，我们采用分层抽样的方法来分析研究我国高校教师收入差异和公平分配问题。

8.2.2 理论基础及方法选取

（1）理论基础

收入差异问题本质上是社会公平问题。本研究选择由美国心理学家约翰·斯塔希·亚当斯（John Stacey Adams）于1965年提出的公平理论作为理论基础。公平理论又称社会比较理论。亚当斯认为：公平是激励的动力。员工的激励程度来源于对自己和参照对象的报酬和投入的比例的主观比较感觉。当一个员工作出了成绩并取得了报酬以后，他不仅关心自己所得报酬的绝对量，还关心自己所得报酬的相对量。因此，他往往通过比较来确定自己所获报酬是否合理。

根据亚当斯的公平理论，我们发现，高校教师群体中在收入方面存在横向比较和纵向比较两种情况。一方面，进入高校工作后的教师，会把目前的收入与同事或与同等学历、同一类型的其他院校教师以及与其他行业员工的收入进行比较，这属于横向比较。另一方面，从教师个体成长来看，分为两种情况：

---

[1] A. Gary Doworkin (1990). The Salary Structure of Sociology Department. The American Sociologist/Spring, 48-58.

[2] James G. Strathman (2000). Consistent Estimation of Faculty Rank Effects in Academic Salary Models. Research In Higher Education, 2: 237-249.

[3] Debra A. Barbezat, James W. Hughes (2005). Salary Structure Effects and the Gender Pay Gap in Academia. Research in Higher Education, 6: 621-639.

一种是在获得学历而成为教师之前，他们除了要有毅力坚持学习、忍受寂寞，在承担一定的经济压力的同时还不得不放弃自身的一些发展机遇，那么在入职时就会把目前的收入状况与自己多年所耗费的时间、精力以及所投入的财力的价值进行比较，即计算机会成本；另外一种情况是在工作一段时间以后，教师会把当前收入与在工作中投入的时间、精力的价值相比较，以上两种情况属于纵向比较。无论是横向比较还是纵向比较，当教师发现目前收入与比较对象不相符时，就会产生不公平感。

从社会学角度来看，影响收入分配、资源配置的因素可以区分为"先赋因素"与"自获因素"。前者指一个人与生俱来的因素，如家庭、血统、年龄、性别等；后者指一个人因后天努力而获得的因素，如教育文凭、专业证书、成绩、成就等。[①] 本研究把影响高校教师收入的因素分为"先赋因素"和"自获因素"。其中，"先赋因素"包括高校教师的年龄、性别，"自获因素"包括院校类型、学历、职称、学术倾向、工作岗位、学科，从这些影响因素中了解不同性别、年龄、院校类型、学历、职称、学术倾向、工作岗位、学科教师的收入差异。

（2）方法选择

本研究要探讨的问题主要包括：一是探讨我国高校教师收入级差比例及合理性问题；二是探讨我国不同性别、年龄、院校类型、学历、职称、学术倾向性、工作岗位、学科教师的各项收入状况；三是验证我国高校教师收入在性别、年龄、院校类型、学历、职称、学术倾向、工作岗位、学科方面存在显著性差异。本研究的假设是：我国高校教师收入在性别、年龄、院校类型、学历、职称、学科、教师岗位、学术倾向上差异显著并存在不公平分配。

根据研究问题，本研究共分为三个部分：第一部分总体分析我国高校教师对收入级差以及收入来源的态度；第二部分通过数据呈现我国高校教师各项收入状况；第三部分使用多独立样本非参数检验验证高校教师收入的差异。这里需要说明的是，第一部分使用总体数据的百分比分析；第二部分从性别、年龄、院校类型、学历、职称、学术倾向性、工作岗位、学科八个方面分别进行分类研究；第三部分将问卷中的"学校工资""院系所奖金""社会兼职收入"和"税前总收入"作为因变量，以性别、年龄、院校类型、学历、职称、不同人群、教师岗位、学术倾向作为自变量，以此来检验本研究的假设。

---

① 李强. 社会分层与社会空间领域的公平、公正 [J]. 新华文摘, 2012 (12): 12 – 15.

本次调查以 2008 年的高校教师工资收入情况作为统计数据，被调查的教师分别在"学校工资、津贴与各类奖励""院系所各类补助和奖金""社会兼职与服务性收入"里填入一个具体的年收入数值，未缴纳个人所得税的三者之和的现金收入为税前总收入。

8.2.3 实证结果与分析

（1）教师收入级差与收入结构

本次调查涉及教师收入方面的题项主要包括"高校教师各职务层级之间的收入级差比应是多少？"和"以教授层的不同分级岗位为例，四级、三级、二级、一级教授之间的收入级差比较合适的比例是多少？"两个问题。通过上述两个问题，了解目前高校教师对收入级差的态度。

1）教师对各职务层级收入级差的态度

本研究中使用的收入级差来源于工资级差一词。收入级差（Income Differentials），指用来衡量收入等级中相邻两级收入标准之间，高级别收入标准与低级别收入标准的相差数额。高校教师收入级差包括教师在学校内的收入部分和校外收入部分的级差。

目前，我国高校实行四层十三级的岗位分级制度，高校教师的收入随着岗位层级的高低而形成不同的收入级差。图 8-5 中反映的是高校教师对于助教到教授四层收入级差的态度。被调查教师对目前高校教师职称四个层级之间的收入级差的态度是：35.5% 的教师认为收入级差比例应为 1:1.5:2:2.5，31.3% 的教师认为收入级差比例应为 1:2:3:4，认为比例为 1:2.5:4:6 的教师占

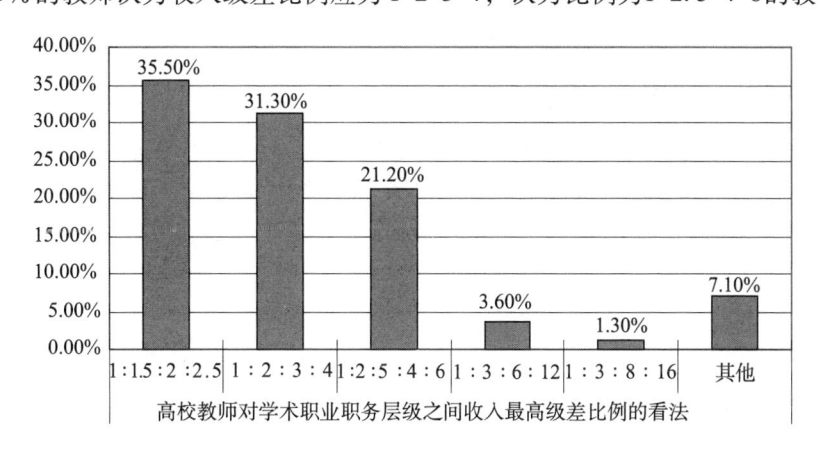

图 8-5 对助教、讲师、副教授、教授工资级差比例的看法

21.2%，认为比例为1:3:6:12的教师占3.6%，只有1.3%的教师认为收入级差比例应该为1:3:8:16。该结果显示，66.8%的教师认为，教授和助教之间的收入级差应该在4倍以内，其中有35.5%的教师赞成在2.5倍以内。

2）对教授分级岗位收入级差的看法

高校教师对教授层的不同分级岗位之间的收入级差的看法如图8-6所示。样本中，27.9%的教师认为教授层不同岗位的收入级差在1:1.1:1.2:1.3较合适，36.2%的教师认为比例在1:1.2:1.4:1.6较合适，12.7%的教师认为级差在1:1.3:1.6:1.9较合适。另外，分别有3.8%、7.8%及3.6%的教师认为级差比例1:1.4:1.8:2.2、1:1.5:2:2.5、1:1.8:2.6:3.4比较合适。从结果来看，76.8%的教师认为四级、三级、二级、一级教授之间的收入级差比例不超过2倍，只有15.2%的教师认为四级教授与一级教授的收入级差比例超过2倍。

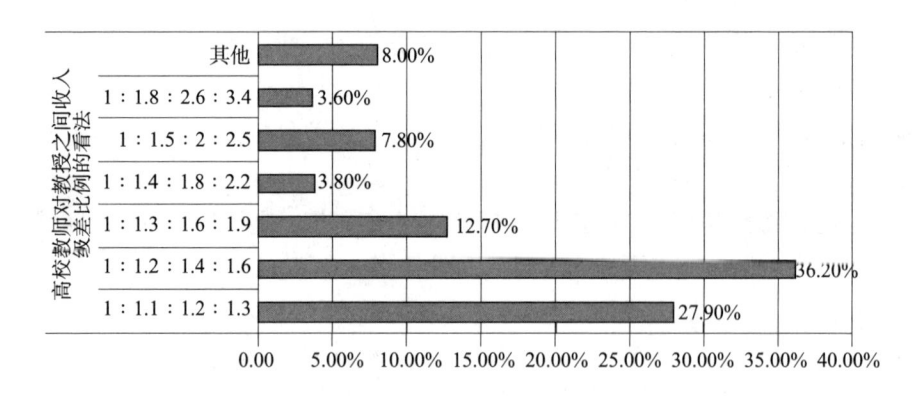

图8-6 对不同岗位的教授工资级差比例的态度

3）对收入来源多样化的态度

从高校教师收入来源的调查中发现，64%的教师认为应该保持多元化的收入结构；34.4%的教师认为应该实行年薪制，分月给付；1.6%的教师认为应该采用其他方式（见图8-7）。这一结果显示，绝大多数高校教师认可收入来源的多元化。

（2）高校教师平均收入状况

我们将调查样本得到的教师"学校工资""院系所奖金""社会兼职收入"和"税前总收入"数据进行平均值分析（见表8-3），通过对税前总收入的分析来评估高校教师收入情况。

表8-3 高校教师各项收入平均值　　　　　　　　　　（单位：万元）

		学校工资	院系所奖金	社会兼职	总收入			学校工资	院系所奖金	社会兼职	总收入
性别	男	4.41	0.97	0.79	5.61	学术职务	教授	5.96	1.48	1.99	8.21
	女	3.99	0.79	0.41	4.86		副教授	4.57	0.91	0.44	5.47
年龄	35以下	3.47	0.75	0.54	4.40		讲师	3.73	0.71	0.27	4.51
	36~45	4.59	0.87	0.71	6.17		助教	2.78	0.52	0.25	3.55
	46~55	4.96	1.17	1.36	6.48		未定职称	3.72	1.16	1.20	5.52
	55以上	6.14	1.80	2.03	8.04						
院校类型	研究型高校	4.86	1.69	1.71	6.23	工作岗位	管理人员	4.18	0.89	0.55	5.19
	教学研究型高校	4.10	0.93	0.87	5.61		双肩挑	4.58	0.95	1.21	5.89
	教学型本科院校	3.79	0.65	0.29	4.59		教师	3.73	0.85	0.31	4.64
	高职高专院校	4.07	0.98	0.93	5.47	学术倾向	倾向教学	4.29	0.87	0.59	5.21
学历	博士	4.83	1.11	1.09	6.43		倾向科研	4.31	0.87	0.66	5.47
	硕士	4.07	0.88	0.72	5.67		科研主导	4.84	1.37	1.76	7.20
	本科	3.83	0.81	0.66	5.3		教学主导	4.29	0.99	0.67	5.23
	大专	3.65	0.71	0.30	4.66	学科	法学	3.83	0.75	0.38	4.62
学科	工学	4.34	1.02	0.99	5.59		农学	2.93	0.57	0.53	4.09
	理学	4.05	0.86	0.43	5.09		医学	3.02	1.08	0.30	3.93
	文学艺术	4.18	0.88	0.41	4.83		教育学	4.28	0.47	0.45	5.20
	经济学	4.46	0.80	0.72	5.52		历史学	4.16	0.35	0.24	4.81
	管理学	4.67	1.12	0.66	5.81		—	—	—	—	—
	哲学	3.63	0.69	0.26	4.18						

注：①"学校工资"代表"学校工资、津贴与各类奖励"，"院系所奖金"代表"院系所各类补助和奖金"，"社会兼职"代表"社会兼职与服务性收入"；②"双肩挑"指的是承担管理工作，同时承担教学科研工作的人员；③"倾向教学"代表教学与研究但倾向于教学，"倾向研究"代表教学与研究但倾向于研究；④"人群"代表在学校属于哪类人群，如专职管理人员、专任教学与科研人员、"双肩挑"人员（承担管理工作，同时承担教学科研工作）；⑤"工作兴趣"代表对学术工作的兴趣，如主要是教学、教学与研究但倾向于教学、教学与研究但倾向于研究、主要是研究；⑥本调查中以教师2008年的年收入为对象，单位：万元。本数据反映的是高校教师2008年度的四项收入。

必要的不平等：高校学术职业分层

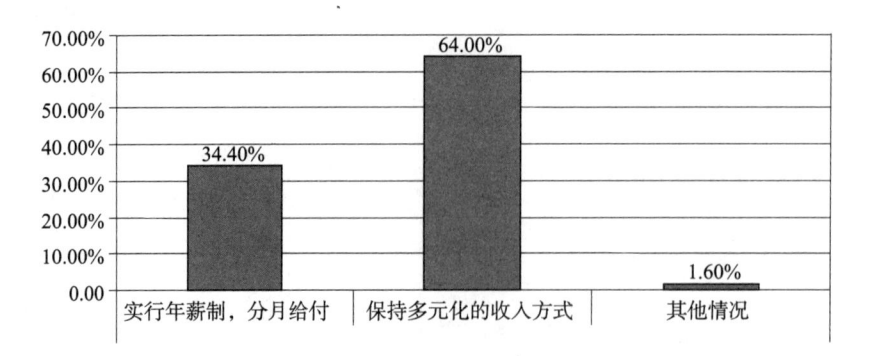

图 8-7　教师对收入来源的态度

1）男性教师的平均收入高于女性教师

在样本中，男性教师的各项收入都高于女教师。其中，男教师的工资、院系所奖金、社会兼职收入以及税前总收入分别比女教师多 0.42 万元、0.18 万元、0.38 万元、0.75 万元；从税前总收入来看，男教师比女教师高 13.37%。这一结果与 James G. Strathman（2000）和 Debra A. Barbezat、James W. Hughes（2005）两位研究者的研究结果相一致，即男教师的收入比女教师高，性别角色决定了男性教师在社会上占有更多的资源。

2）年龄大的教师平均收入较高

从年龄来看，35 岁以下教师的工资与其他年龄段的教师相差不大，但与 55 岁以上教师相差 2.67 万元，36~45 岁与 46~55 岁的教师分别与 55 岁以上教师的工资相差 1.55 万元和 1.18 万元；55 岁以上教师的院系所奖金分别比 35 岁以下、36~45 岁、46~55 岁的教师多 1.05 万元、0.93 万元、0.63 万元，社会兼职收入也分别比其他三个年龄段的教师多 1.49 万元、1.32 万元、0.67 万元；55 岁以上教师的总收入比 35 岁以下、36~45 岁、46~55 岁的教师多 3.64 万元、1.87 万元、1.56 万元。各项收入中，35 岁以下与 55 岁以上教师的差距最大，36~45 岁与 55 岁以上教师的收入差距次之，46~55 岁与 55 岁以上教师的收入相对较小。抽样结果显示，教师年龄越大收入越高，各年龄段教师的收入差距随着教师年龄的增长而扩大。

3）研究型高校教师的平均收入高于其他类型院校教师

我们把高校类型划分为研究型高校、教学研究型高校、教学型本科院校、高职高专院校，分别选取"985 工程""211 工程"、地方高校和高职高专院校这四类高校作为对应的高校类型进行调查分析。从样本结果来看，无论哪项收入，研究型高校教师都最高，其次是教学研究型高校。院校类型与工资、院系所奖金、社会兼职收入以及税前总收入的相关系数分别为 0.068、0.179、0.220、0.135，且都通过了 0.01 水平的显著性检验。研究型高校教师的学校工资比"211 工程"高校多 0.76 万元，比教学型本科院校多 1.07 万元，比高职高专院校多 0.79 万元；研究型高校教师的院系所奖金分别比教学研究型高校、教学型本科院校和高职高专院校多 0.76 万元、1.04 万元、0.71 万元；另外，研究型高校教师的社会兼职收入分别比其他三类院校多 0.84 万元、1.42 万元、0.78 万元；研究型高校教师的总收入分别比教学研究型高校、教学型本科院校和高职高专院校高约 0.62 万元、1.64 万元、0.76 万元。由此可以发现，一般而言，院校层次越高，则教师的各项收入也越高。但有意思的是，我国教学型本科院校教师的各项收入都低于其他类型院校，包括低于高职高专院校教师的各项收入。

4）博士学位教师的平均收入高于其他学历的教师

从样本情况来看，具有博士学位的教师的各项收入都高于其他学历的教师。由相关分析发现，教师学历与学校工资、院系所奖金、社会兼职收入以及税前总收入的相关系数分别为 0.093、0.129、0.117、0.157，且都通过了 0.01 水平的显著性检验。博士学位教师的学校工资分别比学历为硕士研究生、本科和专科的教师多 0.76 万元、1.0 万元、1.18 万元；院系所奖金也分别比学历为硕士研究生、本科和专科的教师多 0.23 万元、0.30 万元、0.40 万元；社会兼职收入也分别比后三种学历教师多 0.37 万元、0.43 万元、0.79 万元，而博士教师的税前总收入分别比其他学历的教师高出 0.76 万元、1.13 万元、1.77 万元。由此可以发现，教师的学历越高，则其各项收入也越高，不同学历教师的各项收入差距随着教师学历层次的提高而加大。

5）教授的平均收入高于其他职务教师

从职称来看，样本中教授的各项收入都高于其他职务教师。教授位于职务等级的顶端，其所拥有的学术水平、学术声望、学术权力以及社会资源多于其他职务教师。根据相关分析发现，教师的职务与工资、院系所奖金、社会兼职收入以及税前总收入的相关系数分别为 0.355、0.112、0.189、0.364，且都通过了 0.01 水平的显著性检验。除去未定职称的教师，教授的平均学校工资分别比副教授、讲师、助教多 1.39 万元、2.23 万元、3.18 万元；院系所奖金分别比副教授、讲师、助教多 0.57 万元、0.77 万元、0.96 万元；社会服务收入也分别比具有其他三类职称的教师多 1.55 万元、1.72 万元、1.74 万元；税前总收入也比副教授、讲师、助教多 2.74 万元、3.70 万元、4.66 万元。结果表明，教师职务层级越高，则收入越高，教师的各项收入差距随着教师职务层级的增加而扩大。

6)"双肩挑"人员的平均收入高于专任教师

从教师岗位来看，样本中的教师和专职管理人员的各项平均收入都低于"双肩挑"人员的收入。教师工作岗位与学校工资、院系所奖金、社会兼职收入以及税前总收入的相关系数分别为 0.084、0.059、0.179、0.087，且都通过了 0.01 水平的显著性检验。"双肩挑"人员的学校工资分别比教师和专职管理人员多 0.85 万元和 0.40 万元；院系所奖金分别比教师和专职管理人员多 0.10 万元和 0.06 万元；社会兼职收入分别比教师和专职管理人员多 0.9 万元和 0.66 万元；税前总收入也分别比教师和专职教师多 1.25 万元和 0.7 万元；并且，"双肩挑"人员的总收入比教师和专职管理人员分别高 21.22%、11.89%。结果显示，岗位的双重性拉大了其与专职管理人员、专职教师之间的收入差距。

7)科研主导的教师平均收入高于教学主导的教师

从学术倾向性来看，样本中以科研为主导的教师各项收入分别高于教学主导、倾向教学和倾向科研的教师。它们的差异主要体现在，以科研为主导的教师工资分别比教学主导、倾向教学、倾向科研的教师多 0.55 万元、0.55 万元和 0.53 万元；院系所奖金也分别比教学主导、倾向教学、倾向研究的教师多 0.38 万元、0.5 万元和 0.5 万元；社会兼职收入也分别比教学主导、倾向教学、倾向研究的教师多 1.09 万元、1.17 万元、1.10 万元；税前总收入分别比教学主导、倾向教学、倾向研究的教师多 1.97 万元、1.99 万元和 1.73 万元。其中，以科研为主导的教师税前总收入是教学主导教师的 1.38 倍，是倾向教学教师的 1.38 倍，是倾向研究教师的 1.32 倍。对比教学主导、倾向教学和倾向科研的教师，三者之间的各项收入差距不大。样本结果显示，学术倾向导致了教师收入差距。

8)不同学科教师的平均收入不同

从学科来看，样本中工科教师的学校工资最高，农学最低，二者相差 1.41 万元；管理学教师的院系奖金最高，历史学教师最低，二者相差 0.77 万元；经济学教师的社会兼职收入最高，哲学教师最低，二者相差 0.46 万元；管理学教师的总收入最高，医学专业的教师最低，二者相差 1.88 万元。由此说明，样本中不同学科教师的各项收入差别较大。

(3) 高校教师的平均收入差异状况

为了更进一步验证先前提出的假设，我们首选方差分析的方法，但经分析发现院校类型、职称、年龄段以及学科四个变量的方差不齐，说明不能使用该方法。根据数据的特点，我们使用多独立样本非参数检验的方法验证了样本中的高校教师收入因性别、年龄、院校类型、学历、职称、学术倾向、工作岗位、学科在统计学上存在显著差异，见表8-4所示。

表8-4 高校教师收入差异多独立样本非参数检验

卡方值和 Sig. 值

	学校工资	Sig.	院系所奖金	Sig.	社会兼职	Sig.	税前总收入	Sig.
性别	24.016	0.000***	18.921	0.000***	23.104	0.000***	35.121	0.000***
年龄段	231.747	0.000***	35.496	0.000***	35.099	0.000***	207.718	0.000***
院校类型	66.587	0.000***	165.897	0.000***	341.202	0.000***	77.270	0.000***
学历	82.486	0.000***	21.015	0.000***	53.239	0.000***	118.761	0.000***
职称	348.584	0.000***	53.611	0.000***	117.506	0.000***	388.772	0.000***
工作岗位	12.040	0.039*	9.972	0.015*	10.585	0.022*	15.576	0.043*
学术倾向	18.489	0.000***	6.284	0.043*	53.736	0.000***	19.644	0.000***
学科	1.199E3	0.000***	5.921E2	0.003**	3.658E2	0.035*	1.659E3	0.000***

注：①"*"表示在0.05水平显著，"**"表示在0.01水平显著，"***"表示在0.001水平显著；②"学校工资"代表"学校工资、津贴与各类奖励"；"院系所补助"代表"院系所各类补助和奖金"；"社会兼职"代表"社会兼职与服务性收入"。

1）高校教师收入在性别、年龄上有显著差异

数据分析表明，高校教师的学校工资、院系所奖金、社会兼职收入和税前总收入在性别上有显著性差异，且都通过了0.001显著水平的检验。同时，不同年龄段教师的学校工资、院系所奖金、社会兼职收入和税前总收入也在0.001显著水平有差异。由此可以说明，高校教师的收入在性别、年龄上的差异显著。统计学上的显著差异更进一步证实了男性教师和女性教师以及各年龄段教师的收入有差异。

2）院校类型、学历、职务、学术倾向、工作岗位、学科差异导致高校教师收入差异显著

数据分析发现，高校教师的各项收入在院校类型、学历、职称、学术倾向上差异显著，且都分别通过了0.001显著水平的检验，高校教师各项收入在教师岗位上也差异显著，且分别通过了0.05显著水平的检验。此外，高校教师的学校工资、院系所奖金、社会兼职以及税前总收入都在学科上有显著性差

异，且分别通过了 0.001 和 0.05 显著水平的检验。统计检验的结果显示，高校教师收入差异因院校类型、学历层次、职务层级、学术倾向、岗位、学科不同而存在。

8.2.4 结论和讨论

本研究通过以上数据分析，得出以下结论：

①高校教师普遍认为不同职务层级以及教授分级岗位之间的收入应存在级差，但大多数教师认为二者的级差不宜过大，多数教师赞成多元化的工资收入方式。

②从先赋因素来看，男教师的学校工资、院系所奖金、社会兼职收入以及税前总收入都高于女教师，不同年龄段教师的各项收入也存在差异。自获因素中，研究型高校教师的学校工资、院系所奖金、社会兼职收入以及税前总收入都高于其他院校，教学型高校教师的各类收入都最低；教师收入在不同学历、职务层级上的差异随着学历的提高、职务层级的增加而加大；"双肩挑"人员职位的双重性拉大了其与教师和专职管理人员各项收入的差距；科研主导的教师各类收入高于教学主导的教师；工科与农学专业教师的学校工资、管理学与历史学专业教师的院系所奖金、经济学与哲学专业教师的社会兼职收入、管理学与医学专业教师的税前总收入的差距较大。

③通过进一步验证发现，先赋因素中，高校教师的学校工资、院系所奖金、社会兼职收入以及税前总收入在性别和年龄上有显著差异；自获因素中，高校教师的学校工资、院系所奖金、社会兼职收入以及税前总收入在院校类型、学历层次、职务层次、学术倾向、工作岗位以及学科上有显著差异。

从数据分析来看，我们可以得出以下政策建议：

（1）建立合理的收入分配制度，缩小高校教师收入差距

在学术职业分层过程中，基于能力和贡献的原则而设计的薪酬体系可以让胜任的人和职位相互匹配，从而提高学术效率。收入级差主要依据不同岗位设置及其劳动复杂和熟练程度来设置，其目的在于区别不同工作业绩的差别。一定的级差能够反映出职务层级的高低，激励教师工作的积极性。然而过大的工资级差会导致教师不公平感的出现。从国际比较的视角来看，根据美国教授协会（American Association of University Professors）于 2012 年对 1251 所高校（包括公立和私立高校）的全职教师薪资进行的调查，正教授平均年薪 11.3176 万美元，副教授 7.8565 万美元，助理教授 6.6564 万美元，讲师 4.7847 万美元，

正教授比副教授多 3.4611 万美元,副教授比助理教授多 1.2001 万美元,助理教授比讲师多 1.8717 万美元。① 至少从数据比较情况证明与美国相比,我国高校教授与讲师(相当于美国助理教授)的收入比为 182.04%,和美国教授与助理教授的收入比 170.03% 相比,差距不大。

近几年来,不少高校进一步强化效率取向,不断扩大教师之间的收入差距,尤其是通过增加绩效性奖励工资的方法拉开了教师之间,尤其是精英教授与普通教师之间的收入差距,值得关注。因此,缩小不同职务级别教师的收入差距有助于高校内部的稳定,增进阶层理解和团结。

(2) 在整体提高高校教师工资基础上实行"限高提低"

刚刚提及的 2012 年美国全职教师薪资数据也较为全面地反映了美国高校教师的薪酬状态。如果进行横向比较,我国高校教师的工资收入水平相比很低,需要较大幅度提高。从高校内部来看,研究型高校、学历高、职务为教授、"双肩挑"、科研主导的教师收入都高于其他教师。这说明目前我国高校内部因院校类型、学历、职务、岗位以及学术工作倾向的差异而导致教师收入差异较为明显。因此,应在整体提高教师工资收入水平的基础上,适当限制高工资收入水平教师的收入水平,提高低工资水平教师的待遇,保证高校内部的教师收入相对公平。

(3) 按照学术发展规律完善高校教师收入分配制度

目前,高校进一步强化绩效工资制度,将学术工作成效与绩效工资直接挂钩,成为了高校教师绩效管理的重要而且是主要的方式,引发了学术界的广泛争议。但是,"按劳分配""绩效工资制"不完全符合高校教师的工作特点。"多劳多得"作为市场经济的分配原则,"绩效工资制"作为现行的高校收入分配基本制度,有利于提高职工工作的积极性,在一定程度上避免了"大锅饭"带来的弊端。然而高校内部以"多劳多得"为分配原则,通过"绩效工资制"来反映高校教师从事学术工作绩效是否能够体现学术发展规律值得怀疑。高校与企业的根本差别在于,高校教师从事的是学术职业,是以知识和学生为主要工作对象的特殊职业,知识创新、人才培养和社会服务的工作效能的高低难以定量评价,低职务级别教师的科研成果价值不一定就小,其人才培养的效果也不一定必然就比高职务级别的教师差,而且科研成果和人才培养的价值无法在短时间内显现。由于学术成果和人才培养工作难以科学量化评价,绩

---

① 2012 年全美高校教师薪资调查 [OL]. http://www.jyb.cn/world/gjgc/201204/t20120423_489764.html.

效管理制度也就不完全适合高校教师劳动的特殊性。因此，需要按照学术工作的特殊性，按照学术发展规律来进一步完善高校教师收入分配制度。

（4）规范高校教师多元化的收入来源

多元化的收入方式可以改善教师的生活条件，但是也可能会导致收入差距进一步扩大，因此，设计适合高校教师职业特性的收入分配制度，从制度源头规范教师收入来源，使得不同院校类型、不同学科的教师收入分配更为合理，是高校教师收入分配制度改革的目标。

8.3 学术职业的阶层地位差异

学术职业阶层之间的流动是建立公正和谐的学术职业阶层结构的重要保障。在我国学术职业分层体系中，一个难以解决的问题是：尽管普遍存在向上流动的机制，但是向下流动的机制很难取得明显成效，能上不能下的流动机制在保障既得利益群体地位的同时，限制了低层教师向上流动的机会，将一些学术贡献突出的教师排斥在学术职业较高阶层之外。因此，必须改变学术职业分层过程中先入者的制度和社会壁垒，突显教师后致性因素的作用，促进学术职业分层的双向流动，使得教师能够有平等的机会实现自我价值的需求。

8.3.1 阶层地位差异

作为一个相对公平的学术等级体系，就应该让教师具有相同的晋升机会。张宛丽认为，目前存在三种社会资源配置关系——权力授予关系、市场交换关系和社会关系网络，分别反映了两种形态的地位获得机制，即制度安排机制（权力授予关系、市场交换关系）和非制度安排机制（社会关系网络）；非制度因素在中国社会群体成员地位获得中具有独特功能，并导致成员地位评价上的二元标准——身份标志上被动的"就范"与地位获得上主动的"自我实现"。因此，静态分层不再具有重要意义，而应从社会结构诸要素的相互关系和社会文化特性中揭示社会地位分配机制及其根源。[1] 学术职业阶层地位落差不断扩大是高校以效率为中心的制度设计所导致的必然结果，在形成不断扩大

---

[1] 张宛丽. 非制度因素与地位获得［J］. 社会学研究，1996（1）：64-73.

化的学术职业分层体系的过程中,由于表达机制缺失,教师价值观念多元,难以形成较为集中的学术职业阶层利益诉求,这在一定程度上制约了学术职业阶层利益诉求的实现,形成了较为明显的阶层地位差异。

8.3.2 学术职业分层对阶层地位差异的影响

(1) 对教师阶层地位和阶层差异存在较为明显的影响

通过调查高校教师学术职业分层对教师不同阶层地位差异的影响发现,总体来看,高校学术职业分层对教师不同阶层及地位差异的影响较明显,如图 8-8 所示。其中,83.4% 的高校教师认为高校学术职业分层带来不同层级教师群体之间的阶层差异,78.9% 的高校教师认为高校学术职业分层形成了不同层级教师群体之间的地位差异。具体来看,高校教师中有 15.2% 的人认为高校学术职业分层带来的不同层级教师群体之间的阶层差异非常明显,有 34.1% 的高校教师认为这种影响明显。高校教师中有 14% 的人认为高校学术职业分层带来的不同层级教师群体之间的地位差异非常明显,有 32.7% 的高校教师认为这种影响明显。有意思的是,将这两种影响对比来看可以发现,高校学术职业分层对教师阶层差异的影响稍大于对于地位差异的影响。

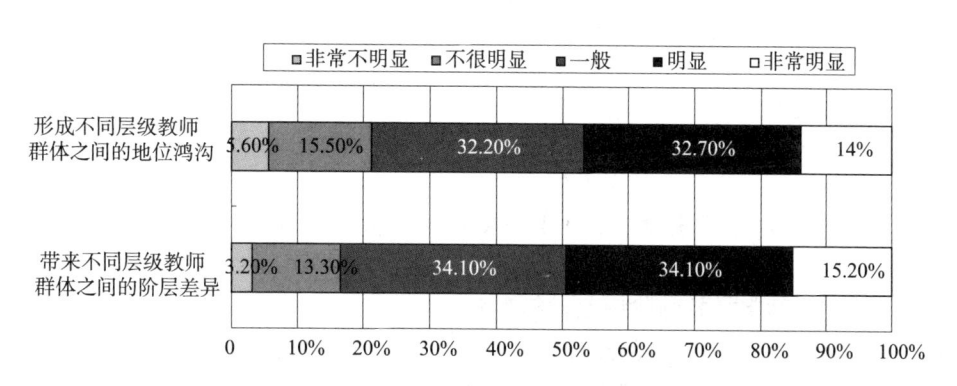

图 8-8 对教师阶层地位及阶层差异的总体影响

为了进一步探讨高校学术职业分层对高校教师阶层差异的影响,我们将院校类型及学科作为控制变量,分析不同院校类型及不同学科高校学术职业分层对形成不同教师阶层地位差异的影响。其中,院校分为四种,即"985 工程"高校、"211 工程"高校、地方本科院校、高职高专院校;学科划分为四种类型,包括理学、工学、人文学科类(文学与艺术、哲学及历史学)、社会学科(经济学、管理学、教育学及法学)。

1) 对不同院校类型教师阶层差异的影响

总体来看，四种院校类型高校教师总体上认为学术职业分层对形成教师阶层差异有较为明显的影响，其比例基本在 80% 以上，呈现出高职高专院校＞地方本科院校＞"211 工程"高校＞"985 工程"高校（包括一般、明显及非常明显）的趋势，即院校类型越向学术型靠拢，学术职业分层带给教师阶层差异的影响越小。具体来看，四种院校类型高校教师的看法又存在差异，在高校学术职业分层对形成教师阶层差异的影响非常明显的院校中，地方本科院校占比最高，达 17.3%，呈现出地方本科院校＞"985 工程"高校＞高职高专院校＞"211 工程"高校的趋势。通过统计学意义上的显著性分析发现，学术职业分层对不同类型高校教师阶层差异存在显著性影响（卡方值为 27.121，Sig. 值为 0.007，$P<0.05$）。如图 8-9 所示。

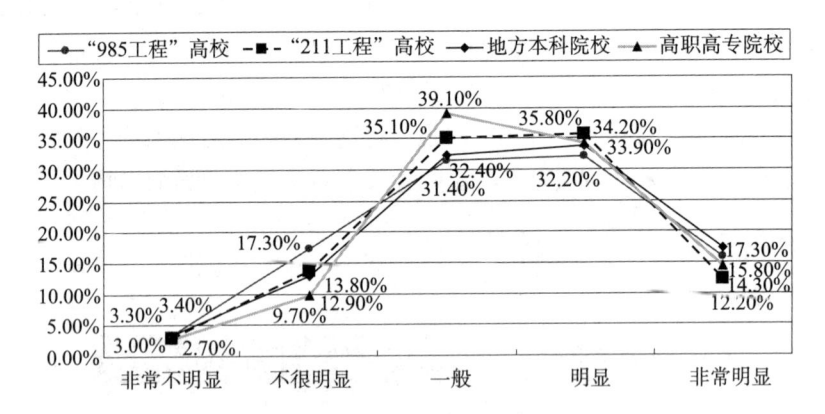

图 8-9　对不同院校类型教师阶层差异的影响

2) 对不同学科教师阶层差异的影响

总体而言，四类学科的高校教师都认为高校学术职业分层对教师阶层差异存在较为明显的影响，呈现出理学＞工学＞人文学科＞社会学科的趋势，占比分别达 84.8%、84.2%、83.6%、81.8%（包括一般、明显及非常明显）。通过进一步具体分析发现，在认为影响非常明显的情况中，呈现出理学＞人文学科＞工学＞社会学科的趋势。其中，理学高达 17.3%；而社会学科最低，仅为 13.6%。综合两者可以发现，理学类高校教师认为高校学术职业分层对形成不同层级教师阶层差异的影响较其他三类学科较明显。有意思的是，社会学科类的高校教师认为学术职业分层对形成教师阶层差异的影响明显的比较其他三类学科而言最低。虽然不同学科类型高校教师的看法存在差异，但是通过统

第 8 章 学术职业分层：流动性、收入与阶层地位

计学意义上的显著性分析可以发现其并不显著（卡方值为 15.618，Sig. 值为 0.209，P＞0.05）。如图 8-10 所示。

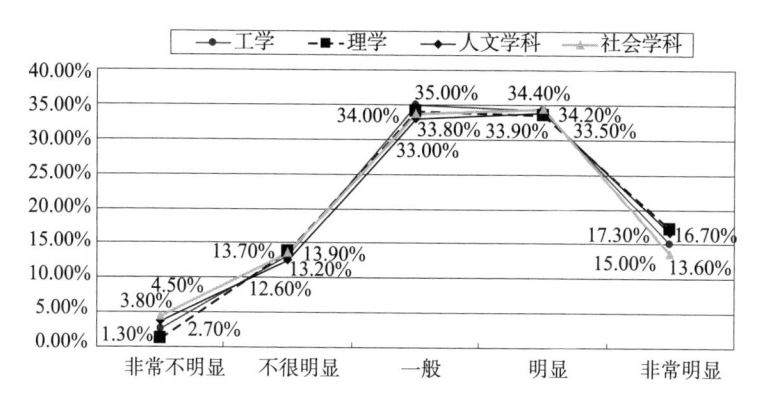

图 8-10 对不同学科类型教师阶层差异的影响

3）对不同院校类型的不同学科教师阶层差异的影响

进一步探讨不同院校类型中的不同学科教师学术职业分层对形成教师阶层差异的影响的看法可以发现，不同院校类型体现出差异性。总体来看，四种院校类型中的四种学科教师都认为学术职业分层对形成教师阶层差异有较为明显的影响。如图 8-11 所示。

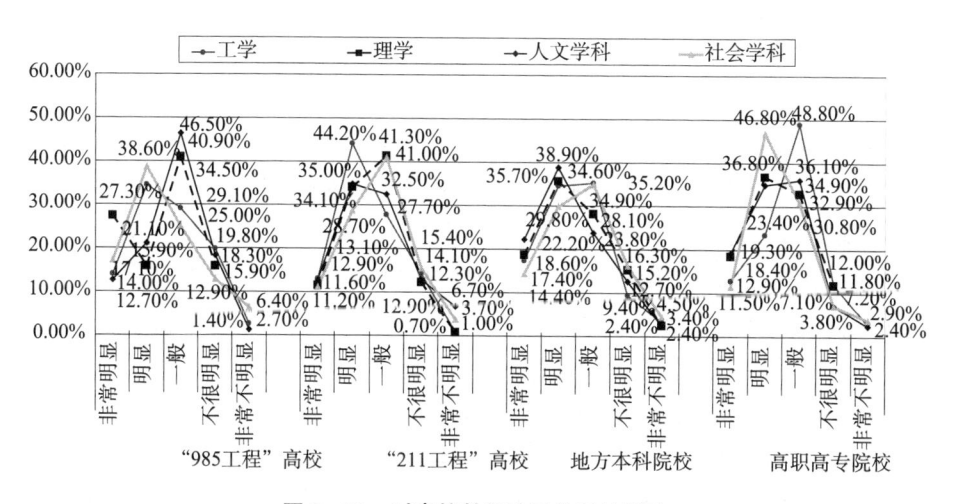

图 8-11 对高校教师阶层差异的影响

具体来看，"985 工程"高校中，理学与人文学科的教师认为学术职业分

层对形成教师阶层差异的影响一般的比例较高，均在40%以上，特别是人文学科高达46.5%。工学与社会学科的教师认为其影响明显的占比较高，均在30%以上，特别是社会学科高达38.6%。就影响非常明显的情况来看，呈现出理学＞社会学科＞工学＞人文学科的趋势。其中，理学占比达27.8%，明显高于其他三类学科；其次为社会学科；而人文学科占比仅为12.7%。综合来看，"985工程"高校教师认为分层对于学科教师阶层差异影响的趋势为理学＞社会学科＞人文学科＞工学。

就"211工程"高校而言，理学与社会学科的教师分层对阶层差异影响一般的占比都为41%左右；而工学与人文学科的教师则认为影响明显，其中工学高达44.2%。就影响非常明显的情况而言，呈现出工学＞人文学科＞理学＞社会学科的趋势，但差异较小。综合来看，"211工程"高校教师认为分层对学科教师阶层差异影响呈现出理学＞工学＞社会学科＞人文学科的趋势。

就地方本科院校而言，工学与社会学科教师认为分层对阶层差异影响一般的占比为35%左右；人文学科类教师认为学术职业分层对形成不同层级教师之间阶层差异的影响明显的比例最高，达38.9%，呈现出人文学科＞理学＞工学＞社会学科的趋势；就影响非常明显的情况而言，人文学科教师的占比最高，达22.2%，呈现出人文学科＞理学＞工学＞社会学科的趋势。总体而言，在地方本科院校教师认为分层对学科教师阶层差异影响呈现出工学＞人文学科＞理学＞社会学科的趋势。

就高职高专院校而言，工学类教师及人文学科类教师较多认为分层对阶层差异影响一般，特别是工学类教师，占比高达48.8%；而社会学科及理学类教师较多认为影响明显，尤其是社会学科类，高达46.8%，呈现出社会学科＞理学＞人文学科＞工学的趋势。就影响非常明显的情况而言，呈现出人文学科＞理学＞工学＞社会学科的趋势，其中，人文学科占比最高，为19.3%。总体而言，在高职高专院校教师认为分层对学科教师阶层差异影响呈现出人文学科＞社会学科＞理学＞工学的趋势。

（2）学术职业分层对教师地位差异的影响

1）对不同类型高校教师地位差异的影响

如图8－12所示。不同院校类型学术职业分层对形成教师地位差异的看法，总体来看，四种院校类型高校教师总体上认为学术职业分层对形成教师地位差异有较为明显的影响，其比例基本在70%以上，呈现出"985工程"高校＞高职高专院校＞地方本科院校＞"211工程"高校的趋势（包括一般、明显及非常明显）。值得注意的是，与分层对形成教师阶层差异的情况不同，在分层对形成教师地位差异方面，以学术研究为主的"985 工程"高校的相对占比最高，高职高专院校次之。具体来看，四种院校类型教师的看法又存在差异性，在认为高校学术职业分层对形成教师地位差异非常明显的院校中，"985 工程"高校占比最高，达 16.5%，而"211 工程"高校仅为 9.9%，呈现出"985 工程"高校＞地方本科院校＞高职高专院校＞"211 工程"高校的趋势。通过统计学意义上的显著性分析可以发现，学术职业分层对不同类型高校教师地位差异存在显著性影响（卡方值为 30.575，Sig. 值为 0.002，P＜0.05）。

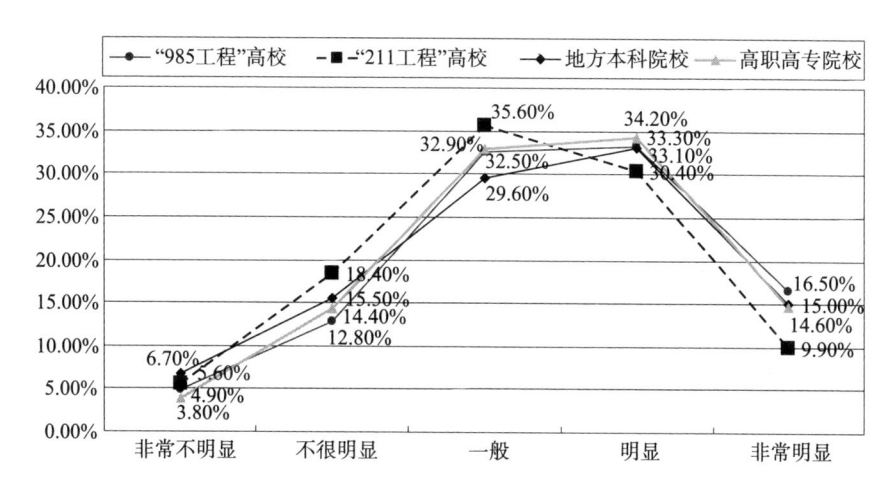

图 8-12　对不同院校类型教师地位差异的影响

2）对不同学科高校教师地位差异的影响

如图 8-13 所示。总体而言，四类学科的高校教师都认为学术职业分层对教师地位差异存在较为明显的影响，呈现出工学＞人文学科＞理学＞社会学科的趋势，占比分别达 81.6%、79.9%、77.9%、75.2%（包括一般、明显及非常明显）。进一步具体分析可以发现，在认为影响非常明显的学科中，呈现出理学＞人文学科＞社会学科＞工学的趋势，其中，理学高达 16.8%，工学最低，仅为 12.9%。两者比较来看，总体上认为影响明显与非常明显的情况存在较大差异，特别是工学，其总体情况占比最高，但在影响非常明显的情况中占比最低。通过统计学意义上的显著性分析可以发现，学术职业分层对不同学科教师地位差异存在显著性影响（卡方值为 24.544，Sig. 值为 0.017，P＜0.05）。

必要的不平等：高校学术职业分层

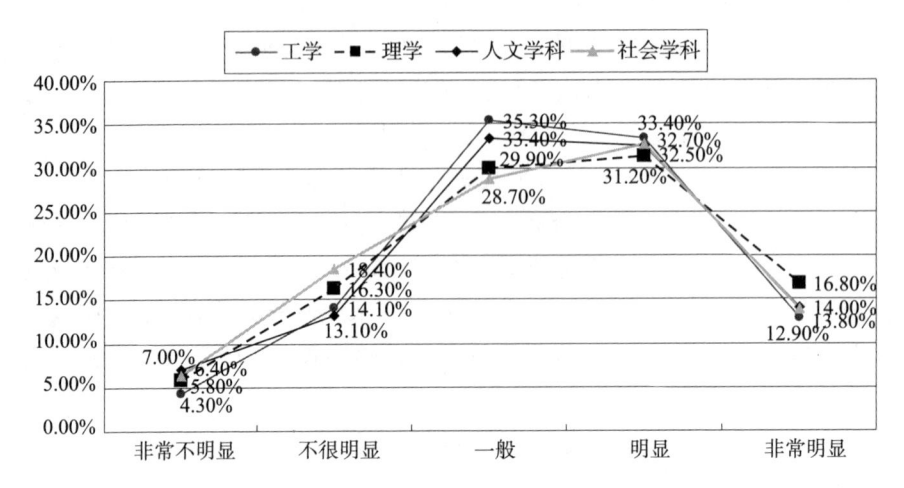

图 8－13 对不同学科类型教师地位差异的影响

3) 对不同院校类型的不同学科高校教师地位差异的影响

进一步探讨不同院校类型中不同学科教师学术职业分层对形成教师地位差异的影响可以发现，不同院校类型的高校体现出差异性。总体来看，四种院校类型中的四种学科教师都较为认同学术职业分层对形成教师地位差异有较为明显的影响。如图 8－14 所示。

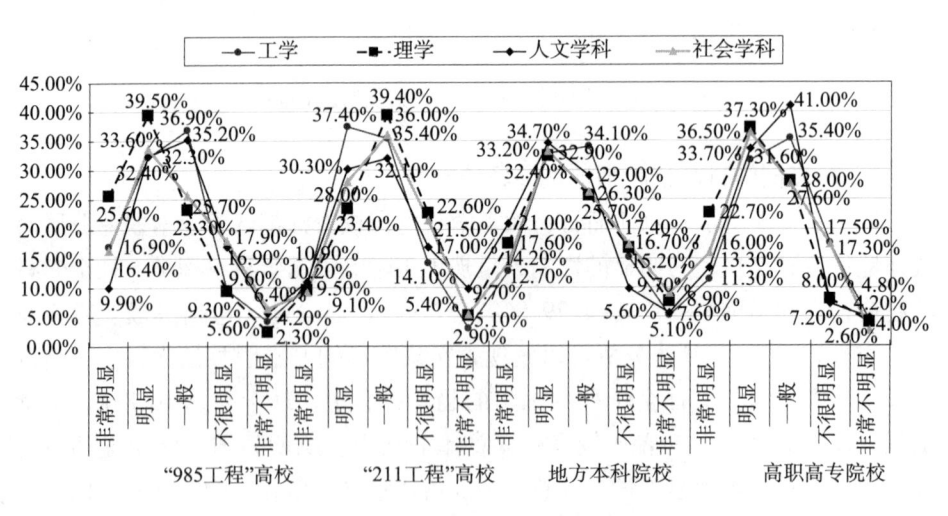

图 8－14 对高校教师地位差异的影响

具体来看，"985 工程"高校中，工学与人文学科的教师认为学术职业分层对形成教师地位差异的影响一般的比例较高，均在 35% 以上，特别是工学高达

· 268 ·

36.9%。理学与社会学科的教师认为其影响明显的占比较高，呈现出理学＞社会学科＞人文学科＞工学的趋势，其中理学高达 39.5%。就影响非常明显的情况来看，呈现出理学＞工学＞社会学科＞人文学科的趋势。其中，理学占比达 25.6%，明显高于其他三类学科；其次为社会学科；而人文学科占比仅为 9.9%。总体而言，"985 工程"高校教师认为分层对学科教师地位差异影响呈现出理学＞工学＞人文学科＞社会学科的趋势。

就"211 工程"高校而言，理学、社会学科及人文学科的教师较多认为影响一般，占比都为 32%以上；而工学的教师则较多认为影响明显，占比高达 37.4%。就影响非常明显的情况而言，呈现出人文学科＞工学＞理学＞社会学科的趋势，但差异较小。综合来看，"211 工程"高校教师认为分层对学科教师地位差异影响呈现出工学＞人文学科＞社会学科＞理学的趋势。

就地方本科院校而言，工学类教师较多认为影响一般，占比达 34.1%；理学、人文学科及社会学科类教师认为学术职业分层对形成不同层级教师之间地位差异的影响明显，占比均在 32%以上，呈现出人文学科＞社会学科＞工学＞理学的趋势；就影响非常明显而言，人文学科教师的占比最高，达 21%，呈现出人文学科＞社会学科＞理学＞工学的趋势。总体而言，地方本科院校教师认为分层对学科教师地位差异影响呈现出人文学科＞工学＞理学＞社会学科的趋势。

就高职高专院校而言，人文学科及工学类教师较多认为影响一般，特别是人文学科类教师，占比高达 41%。而社会学科及理学类教师较多认为影响明显，占比均高于 36%，呈现出理学＞社会学科＞人文学科＞工学的趋势。就影响非常明显的情况而言，呈现出理学＞社会学科＞人文学科＞工学的趋势，其中理学占比最高，为 22.7%。总体而言，高职高专院校教师认为分层对学科教师地位差异影响呈现出理学＞人文学科＞社会学科＞工学的趋势。

8.3.3 结论与讨论

通过分析学术职业分层对教师不同阶层地位和阶层差异的影响，可以得出以下结论：

第一，总体而言，学术职业分层对高校教师阶层地位和阶层差异的影响较明显，有意思的是，将这两种影响对比来看可以发现，学术职业分层对教师阶层差异的影响稍大于对地位差异的影响。

第二，我们将院校类型与学科作为控制变量，进一步探讨学术职业分层对形成不同层级教师之间阶层差异的影响发现：①就院校类型而言，呈现出高职高专院校＞地方本科院校＞"211 工程"高校＞"985 工程"高校的趋势，即院校类型越向学术型靠拢，其学术职业分层带给教师阶层差异的影响越小；并且通过统计学意义上的显著性分析发现，学术职业分层对不同类型高校教师阶层差异存在显著性影响。②就学科类型而言，呈现出理学＞工学＞人文学科＞社会学科的趋势，但是通过统计学意义上的显著性分析发现，其并不显著，即学术职业分层对于不同学科类型的不同层级教师之间的阶层差异的影响不显著。③就同一院校类型的不同学科而言，"985 工程"高校中的情况为理学＞社会学科＞人文学科＞工学；"211 工程"高校中呈现出理学＞工学＞社会学科＞人文学科的趋势；在地方本科院校中，呈现出工学＞人文学科＞理学＞社会学科的趋势；在高职高专院校中，呈现出人文学科＞社会学科＞理学＞工学的趋势。从中可以发现，学术职业分层对形成不同层级教师阶层差异的看法也存在不同。

第三，我们将院校类型与学科作为控制变量，进一步探讨学术职业分层对形成不同层级教师之间地位差异的影响发现：①就院校类型而言，呈现出"985 工程"高校＞高职高专院校＞地方本科院校＞"211 工程"高校的趋势，通过统计学意义上的显著性分析发现，学术职业分层对不同类型高校教师地位差异存在显著性影响。②就学科而言，呈现出工学＞人文学科＞理学＞社会学科的趋势，通过统计学意义上的显著性分析发现，学术职业分层对不同学科教师地位差异存在显著性影响。③就同一院校类型的不同学科而言，"985 工程"高校中呈现出理学＞工学＞人文学科＞社会学科的趋势；"211 工程"高校中呈现出工学＞人文学科＞社会学科＞理学的趋势；地方本科院校中呈现出人文学科＞工学＞理学＞社会学科的趋势；高职高专院校中呈现出理学＞人文学科＞社会学科＞工学的趋势。

通过分析学术职业分层对教师阶层地位差异的影响可以发现，高校教师普遍认为学术职业分层对形成不同层级教师之间阶层地位的差异存在较为明显的影响，并且不同的院校类型及学科体现出不同的差异性。

从学术职业分层所导致的阶层地位和阶层差异来看，消解阶层和地位差异所造成的阶层分裂和矛盾要从以下几个方面着手。

（1）消解阶层地位固化的制度壁垒

从社会分层形成的一般规律来看，职业地位一旦形成，就会呈现出凝固化现象并出现马太效应。学术职业分层也呈现出类似的特征，学术职业分层所形成的阶层地位不仅出现凝固化现象，而且同样呈现马太效应，对于资源、报酬、权力、声望的拥有和控制程度不断加强。之所以出现这种现象，既和学术研究工作的特点有关，也和组织制度的强化有关。一方面，学术研究工作具有累积优势，高级职务由于其本身就具有的声望优势，更容易获得资源和学术同行的信赖，也更容易发表研究成果、累积其成果的优势，从而带来地位的提高；另一方面，高校为了保持学校声望优势，实现高校发展目标，也通过制度进一步保障高层学术人员尤其是学术精英的地位，避免其因为收入、资源等比较优势丧失而流动。在教师累积优势和院校政策保护下，学术职业阶层地位就被镶嵌在特定的地位等级结构之中，形成阶层的地位认同，固化学术职业的不同阶层地位并不断扩大不同阶层教师的地位差异。因此，应打通学术职业分层流动壁垒，通过促进学术人员双向流动机制的形成来消解阶层地位凝固化的现象。

（2）对学术职业阶层地位差异保持高度警觉

社会分层研究者对于职业地位等级的测量方法主要有两种：一是通过职业的社会经济指标来进行测量，二是通过从具有代表性的样本中获得职业的一般地位指标和声望等级指标来进行测量。这两种方法对学术职业分层和岗位分级后的地位测量具有一定解释力。正如科学界的分层研究结论一样，学术职业声望等级被证明具有高度可行性和稳定性，因为学术职业声望等级依赖的是学术共同体的学术荣誉奖励制度。一般来说，不同等级的岗位所具有的社会经济指标应该是大体相同的，如教育背景、经济收入、学术声望、资源获得性、学术权力、学术产出的社会认可和贡献等。然而也应清楚的是，学术产出的认可和贡献很难测量，同时具有滞后效应，因此，对于学术职业等级地位的测量很难进行准确评估，其具有模糊性特征。对于学术职业分层来说，高校或者学术共同体需要对教师的学术能力、学术水平和学术贡献进行评估，由于学术发现本来就是对未知领域的探索，对未知领域的成果进行测量和评估，显然风险要大很多。而且，学科差异也将使得声望测量难以统一，不同层级的学术职业声望的细微差别非专业人员可以掌握。因此，对于以学术工作作为工作对象、以学术成就作为主要评价指标的学术职业分层以及对于不同阶层地位指标的分配就要更加慎重。

（3）保持学术职业各阶层薪酬结构的合适比例

学术职业分层以学术水平和岗位职责为核心来划分岗位层级，其每个层级所对应的学术权力、经济待遇和社会地位也各不相同，由此形成了不同层级之间的阶层地位差异。而学术职业阶层地位的获得是高校教师凭借其学术活动的成果获得更多资源、获得更高职位、赢得更大声望、获得更大职业自主性和职业尊重的过程。在所有地位获得指标中，除了职位带来的社会声望以外，最重要的就是收入水平。教师的收入水平无疑是反映学术职业分层结构中不同层级人群地位的最显性指标。事实上，大部分的院校政策都是基于工资、津贴水平以及其他薪酬形式来设定不同学术职业阶层的地位等级。因此，保持不同学术职位薪酬水平的合适差距是消解阶层矛盾的关键。对此，我们认为，通过完善学校内部考核制度、制定科学合理的分配制度，可以在一定程度上缩小不同层级教师之间的阶层地位差异，使其保持合理差距。学校在进行岗位考核时，应依据多样化的学术考核标准、履行公平公正的考核程序，形成科学合理的教师薪酬体系，确立优劳优酬的分配制度，特别是学术资源及学术权力的分配制度，充分发挥学术职业分层的激励和促进阶层团结的作用。

第9章　中国学术职业分层制度：反思与批判

在当今学术界，没有哪一件事能够像职称晋升和岗位分级那样牵动着每一位教师的心。职称和岗位争夺战的故事每天都在学术系统演绎着不同的桥段，职称或者岗位的指挥棒引领着众多学术人员前赴后继奔赴"学术战场"，为了职称或者岗位拼得头破血流、你死我活。由于科研项目、高水平论文、专利、学术奖励等是职称/岗位晋级路上的"必备武器"，因此，围绕这些"必备武器"而展开的资源争夺催生了大规模的论文买卖市场，一条灰色产业链隐现在学术系统之中，并逐渐形成了一个巨大的利益寻租群体。学术评价标准的急功近利，不断标准化、量化的学术评价指标，使得部分教师对待学问的态度发生了转变，十年磨一剑不如一年磨几把小刀来得更快捷，由此丢掉了对学术的尊重，导致层出不穷的学术不端行为，违背了学术发展内在规律，损害了学术职业的声望。这些都反映出中国学术职业分层制度已经不能够适应当代学术进步和发展的需要，不能够适应高等教育发展的需要，迫切需要制度创新。

9.1　学术职业分层结构的合理性分析

学术职业分层是学术系统中的一种重要的社会现象和客观存在。作为一种必要的不平等的学术等级制度，我们需要对学术职业分层结构进行解释，对学术职业分层结构的合理性进行分析。

9.1.1　合理性的理论阐释

（1）合理性的内涵

"合理性"概念是古典社会学家韦伯继承和发扬黑格尔哲学中关于"理性"（Rationality）是事物的本质和内在规律的思想后所得出的用以分析人类行为和社会的一个重要社会学概念。韦伯也因此开创了从社会行动和社会组织理性化以及从资本主义与理性主义关系的角度展开对资本主义社会经济现实和权力结构进行批判的先例。[①]

韦伯将人的社会行为分为合理性和非合理性两大类。非合理性行为包括传统行为和情感行为。其中，情感行为是由行动者特殊的情感和感情状态所决定的行为，它没有经过有意识的考虑和反省，不符合逻辑思维或其他合理性的标准。传统行为不是出于有意识的理解和思考，而是由根深蒂固的习惯和传统决定的行为。而合理性行为又包括工具—目的合理性行为和价值合理性行为。[②]

所谓工具—目的合理性行为（或目的合理性行为），就是一种以数学形式进行量化和预测后果，强调手段的合适性和有效性而不论目的是否恰当的行为，它把对外界对象以及他人行为的期待作为达到目的的手段，并以最为有效的途径达到目的和取得成效。而所谓价值合理性行为，则是一种关注道德、宗教、政治上的义务责任而不以成败得失和功用效益为取舍准则的行为，表现为对纯粹自身行为本身绝对价值所持的自觉信仰，无论这种价值是表现在伦理上、美学上、宗教上，还是表现在其他方面，这种行为并不考虑有无实现的成效。[③] 工具合理性拒斥价值判断而主张价值中立，强调手段对目的的绝对性。而价值合理性则把价值关怀置于判断的中心，强调目的绝对性。在韦伯看来，目的合理性与价值合理性处于一种不相容的对立关系中。[④] 从价值合理性的角度来看，工具合理性也是不合理的，因为工具合理性仅仅为追求功利的目的所驱使，必然漠视人的情感和精神价值，导致行为方式的例行化。[⑤]

（2）形式合理性与实质合理性

韦伯围绕合理性提出了形式合理性与实质合理性这对范畴。[⑥] 形式合理性是指从不同事实之间的因果关系判断，它指涉事实，属客观的合理性，以普遍的、抽象的规则和可计算的程序为依据，在追求目标的过程中作出合理安排，主要表现为在技术上可能的计算和内在真正应用的计算程度。[⑦] 形式合理性是

[①] 李素艳. 合理性理论上的"对话"——哈贝马斯对韦伯合理性理论的改造 [J]. 理论探讨, 2006（4）：44 - 47.

[②] 李素艳. 合理性理论上的"对话"——哈贝马斯对韦伯合理性理论的改造 [J]. 理论探讨, 2006（4）：44 - 47.

[③] 童星. 发展社会学与中国现代化 [M]. 北京：社会科学文献出版社，2005：31.

[④] 艾四林，车税敏. 超越意识哲学——哈贝马斯批判理论的交往理论转向 [J]. 北方论丛，1997（3）：90.

[⑤] 李素艳. 合理性理论上的"对话"——哈贝马斯对韦伯合理性理论的改造 [J]. 理论探讨, 2006（4）：44 - 47.

[⑥] 江必新. 论形式合理性与实质合理性的关系 [J]. 法治研究，2013（4）：3 - 10.

[⑦] 马克斯·韦伯. 经济与社会 [M]. 林荣远，译. 北京：商务印书馆，1997：106.

独立于其他价值的,即价值中立的。实质合理性是关于不同价值之间关系的判断,属主观的合理性,它以某种特定的终极立场或方向为归依,不考虑通过行动来实现可以预见的结果,而仅仅出于对义务、尊严、美、宗教等的信仰。

韦伯的所谓"形式合理性"和"实质合理性"的分类,同他上述的工具—目的合理性(或目的合理性)和价值合理性的分类基本上是相通的。其实,韦伯在使用合理性概念时,并没有对其内涵作出过精确的概括,由于使用领域的不同,其内涵也不尽相同。"合理性"概念从根本上说是一个关系概念,表达的是人对事情的一种态度范型,从属于使用它的人的价值取向,具有主观性,所以,合理性不等同于合乎理性。[①]

(3) 合理性理论的发展

韦伯和哈贝马斯都以合理性概念为中心发展了各自的社会理论。但在他们的社会理论中,合理性概念的意义和性质各不相同。韦伯的合理性概念只是分析近代社会的叙述工具,即价值中立的理想型工具。而哈贝马斯要从合理性概念中寻觅克服现代危机的线索或钥匙,即交往合理性。这也说明了他们对社会研究的不同看法和态度。韦伯为了对近代西方社会历史进程进行社会科学分析而提出合理性概念,为了进行经验分析而把合理性概念具体化为作为理论机制的合理化理论。换句话说,这意味着从哲学的"理性"范式转换到社会科学的"合理性"范式。[②]

9.1.2 学术职业分层结构的合理性

同任何社会行为一样,学术职业分层也存在合理性行为和非合理性行为。以职称或者岗位作为学术职业分层的依据,学术职业分层结构的合理性行为符合工具—目的合理性和价值合理性。

就工具—目的合理性来说,其含有"合事实、合规律与合逻辑"的含义。学术职业分层应合乎社会分工的基本规律,合乎高等教育发展的基本规律,合乎学术和大学发展的基本逻辑。学术职业分层尽管是一种不平等的等级秩序,但是由于合乎高等教育、知识发展的基本规律和逻辑,因而是合理的,具有历史的合理性。

[①] 李素艳. 合理性理论上的"对话"——哈贝马斯对韦伯合理性理论的改造[J]. 理论探讨, 2006 (4): 44-47.

[②] [韩] 金钟珉. 关于韦伯与哈贝马斯的合理性概念的比较[J]. 复旦学报(社会科学版), 1999 (4): 67-71.

(1) 分层结构合理性的解释

从学术职业分层结构来看，对政府主导的不同类型高校教师职称/岗位结构是否具有合理性需要进行历史分析。我国高校教师中助教、讲师、副教授、教授的数量比例是由政府通过政策确定的，大体呈现金字塔型的结构——助教比例大，教授比例小。不同类型高校职称结构的比例略有差异，但是总体上是下大上小的结构。而随着我国高等教育的快速发展，以及实行高等教育体制改革以后，我国高等教育整体结构发生了翻天覆地的变化，高等学校分层分类办学已经成为我国高等教育的具体实践，高等学校办学使命、办学定位、发展目标和具体职能任务各不相同，用一个政策去指导纷繁多样的高等学校的实践，不符合高等教育发展的实际，也很难说符合高等教育发展的基本规律，和高等院校的内在发展逻辑也不一定吻合。这个政策是否有效，能否实现大学和知识发展的基本目标，值得商榷。因此，可以这样理解，传统的高校教师职称结构的政策实践过去在特定历史条件下可能是合理性的行为，但是随着历史的发展和环境的变化，传统的政策行为可能成为根深蒂固的习惯，不能够适应时代发展后的学术职业分层结构的需要而成为一种非合理性的行为。同理，岗位结构是否合理同样需要进行分析。

从价值合理性来说，合理性含有"合目的、合理想、合原则"及"是应该的"含义。学术职业分层的目标是激发教师的内在需要，满足教师追求真理、崇尚学术、实现自我人生目标和生命价值的需要。从学术职业分层的价值合理性角度来看，学术职业分层结构要合乎教师自我实现的价值目标，合乎人类发展的理想，合乎教师探索真理的基本原则，给予教师不断攀登科学高峰的环境。但是，如果缺乏流动性，教师向上流动的机会缺乏，不能有效激励教师发展的内在需要，教师内在的学术追求和实现价值的愿望难以体现，那么这种学术职业分层政策就可能不符合价值合理性的要求。就现行的学术职业分层实践来看，功利化的分层制度设计使得教师在从事学术活动过程中偏离了价值合理性的基本原则。

(2) 分层结构合理性的三个维度

学术职业分层合理性必须满足目的合理性与价值合理性这两方面的要求，既要体现事物发展的基本规律和逻辑，又要充分体现其价值的最大化，实现两个方面的有机结合。从这个角度来看，高校学术职业分层结构的合理性体现在三个维度：第一，体现学术职业分层的科学与价值及二者的统一；第二，体现学术职业分层的历史与现实的统一；第三，体现学术职业分层的个体发展目标与组织发展的统一。

从学术职业分层的形式合理性来看,学术职业分层政策由政府公共政策和院校政策共同构成,互相补充,既具有宏观约束性,也具有院校的自主性。从涉及学术职业分层的政策来看,其形式是合理的,政策条理清楚,程序合理,过程可操作。总体来看,学术职业分层政策体现了制度理性和制度伦理,通过学术职业分层政策来实现学术系统结果的相对公平在形式上是合理的。

所谓学术职业分层的实质合理性,是指实质方面的合理。学术职业分层的实质合理性大致有以下几个判断标准:第一,学术职业分层政策是否符合院校发展和学术人员自身发展的双重需要,应以什么样的标准来判断不同层次类型学术职业分层结构是否真实反映了高校学术系统的实践。从若干案例院校的调查数据来看,高校教师的职称结构已经突破了公共政策界限,说明院校学术职业分层结构的实质合理性已经超越了其形式合理性。此外,不同层次类型的高校由于办学使命、功能、定位不一样,高校的办学理念、价值取向不仅是多元的,而且具有一定的不确定性,这使得学术职业分层政策更多依据的是院校实践逻辑而非公共政策逻辑,因此,很难判断院校自主政策的是非曲直。第二,学术职业分层政策是否符合学术发展的需要,是否能够有效促进学术进步和发展,是否促进了院校目标的实现。学术职业分层的目的是构建一个和谐的、开放的、有序的、公平的、能够激发教师献身学术工作的等级结构。如果现有学术职业分层政策不能够更有效地实现学术发展的目标和学校发展目标,那么学术职业分层的实质合理性就会受到质疑。第三,现有学术职业分层政策是否符合历史和现实的统一,也即是否充分考虑到一个学校学术职业分层的历史形成逻辑与是否满足高校的现实需要的统一。第四,学术职业分层是否体现出分层本身的工具属性和价值属性,也即学术职业分层是否有效地促进了劳动分工,院校学术效率的提高,学术职业各阶层的团结,以及教师对于学术的尊重和价值观的认同。

与法律合理性以形式合理性为主而纯粹追求实质合理性不同的是,实质合理性不是一个绝对坏的东西,但它是一种价值判断,是与人的感情因素联系在一起的,是与个人的偏好联系在一起的,所以,判断一个事物,决定一个案件完全按照实质合理性来进行就可能面临危险。[1] 但是,学术职业分层的政策合理性则需要以实质合理性为基础,这是因为学术职业分层是高等学校内部学术

---

[1] 江必新. 论形式合理性与实质合理性的关系 [J]. 法治研究, 2013 (4): 3-10.

工作分化的实践，高校是具有独立办学权的社会法人，面向社会自主办学，这就决定了学术职业分层需要以院校具体实践为基础来思考分层结构的合理性，从院校具体实践中形成学术职业分层政策，而这种基于学术职业分层政策的调整也是形式合理性的基础。

形式合理性和实质合理性是相容的分立关系，而不是不相容的对立关系，形式合理性本身就是为实现实质合理性而存在的，因而任何政策制度本身都包含实质合理性和形式合理性两种元素。价值判断问题固然是多元的、主观的、不确定的，但是仍然具有一定的共同性；形式合理性本身是一种整合性伦理，而整合性伦理本身就是各种价值相互妥协和让步的结果。在符合条件的场合下，不管是实质合理性还是形式合理性，有一个共同点就是都包含合理性的成分在内。合理性就是两者的公约数，实质合理性和形式合理性是合理性存在的两种形态，两者之间还具有一种依存性，实质合理性往往是目的，而形式合理性是手段。[1] 学术职业分层结构的合理性也是如此。从院校角度来讨论学术职业分层结构的合理性，既包括了形式合理性，也包括了实质合理性。形式合理性来源于实质合理性，形式合理性是随着院校发展而不断发展的。因此，学术职业分层结构应充分发挥人类理性的能力，尽可能地体现和反映学术职业分层的实质合理性，最大限度地将实质合理性转化为形式合理性；同时，要尽可能地借助于学术职业分层的形式合理性去实现其实质合理性；当学术职业分层的形式合理性与实质合理性发生冲突的时候，可以在院校实践过程中不断探索，以期形成形式合理性和实质合理性的最大公约数。

9.1.3 学术职业分层制度合理性的反思

学术职业分层结构的形成是一个持续动态的过程，总是处于不断地建构过程中。在学术职业分层结构的建构过程中，通过职称提升，岗位职级晋升，获得奖励和荣誉称号是显性的制度建构，通过社会服务提高收入水平和获得社会资本是隐性的非制度建构。显性的制度建构和隐性的非制度建构共同形成学术职业分层结构的动态过程。

在学术职业分层结构的动态形成过程中，需要对分层制度的合理性进行分析。总体来说，学术职业分层制度的不断完善体现了教师职称/岗位分级管理政策的形式相对合理性。这种形式相对合理性从新中国成立以来的历次政策修

---

[1] 江必新. 论形式合理性与实质合理性的关系 [J]. 法治研究, 2013 (4)：3-10.

正和改进中得到了较为充分的体现，对于我国高校教师职务提升、教师职务聘任以及岗位分级管理的制度化，对于指导高校学术职业分层的实践，发挥了重要作用。但是我们也应该看到，我国高校教师管理的相关制度还不能够适应学术的发展，适应高校的发展，也不能够适应教师地位获得的需要，从实质合理性来说还存在不少问题，主要体现在以下几个方面。

(1) 分层结构不合理

涂尔干以社会分工为研究视角，把社会结构分成两种不同的类型：一种是以低度分工为基础、以强烈的集体意识为纽带结成的社会关系整合形式，他称之为"机械团结"类型；另一种是以高度分工和广泛的相互依赖为基础构成的社会关系整合形式，属于"有机团结"类型。他认为，在机械团结类型中，分工的形式界限不是非常明显，群体的集体意识较为强烈；在有机团结类型中，人们会以更多分工的形式活动并归属于更多的团体。这将造成共同观念和情感的约束程度降低，社会整合的需求会自然引出新一轮的约束形式。涂尔干显然是把社会结构看作社会关系的组合形式，而且他认为，对社会结构的分析是理解一切社会现象的出发点。从涂尔干的思想出发，我们可以把学术职业分层理解为一种社会结构，从职称到岗位的学术职业分层结构反映了从"机械团结"类型向"有机团结"类型的转变。从助教到教授的四级分层是一种低度分工模式，而从1级岗位到13级岗位乃至更多岗位的分层是一种高度分工模式。在有机团结类型中，不同层级岗位的共同价值观更加多样化，反映出更为复杂的社会关系。

原有的学术职业分层结构由助教—讲师—副教授—教授四个层级构成，是一种以强烈的集体意识为纽带结成的社会关系整合形式，学术分工比较模糊；现有的四层十三级岗位分级结构中，学术职位的劳动分工更为具体、明确，同时具有更强的等级性，不同阶层群体的价值观离散状态较为明显，不同层次类型的学术阶层具有各自不同的学术取向。在这种类型转换过程中，目前高等学校存在较为显著的学术职业分层结构特点：

一是学术职业的自然结构不合理。总体来看，表现在具有博士学位的教师比例较小；年龄结构不合理，大部分教师都是近年直接从院校获得博士或者硕士学位而进入学术职业领域的年青教师；学术带头人严重缺乏；学缘结构不合理，"近亲繁殖"现象严重，导致学术发展缺乏创新动力；高级岗位的教师所占比例偏低，等等。

二是教师职务等级结构不合理。表现在学术工作的任务并不明确，学术工作和岗位设置不匹配,缺乏对学术工作任务的系统分析。目前已有的教师职务等级结构是由政府宏观控制的,院校根据政府的比例结构进行分解,限制了院校自主设置岗位的权力。如,山东省高等学校教师职务结构比例指导标准规定:1)研究生培养规模较大、教学与科研任务并重的高等学校,教授、副教授占教师定编总数的比例一般控制在35%~53%,教授占正、副教授的比例可控制在25%~40%,讲师比例可控制在40%~45%。2)其他省属本科院校,教授、副教授占教师定编总数的比例一般控制在30%~45%。其中,招收少量研究生、承担一定的科学研究任务、师资力量较强的高等学校,教授占正、副教授总数的比例可控制在20%~30%;以本科生教学为主的高等学校,教授占正、副教授总数的比例可控制在15%~25%。讲师比例可控制在40%~50%。3)高等专科学校和职业技术学院,教授、副教授占教师定编总数的比例一般控制在20%~35%,教授占正、副教授的比例可控制在15%~20%,讲师比例可控制在50%~60%。4)教师以外其他系列高级专业技术职务结构比例暂按同类别学校教师高级职务结构比例降低10~15个百分点确定,正高级职务比例应低于本校教授占正、副教授总数比例的下限。中级职务结构比例原则上按同类别学校讲师的比例确定。① 尽管政府在确定高校教师职务结构比例的过程中充分考虑地方的具体情况,也有一定的灵活性,在计划经济时代对高等教育的发展具有一定的积极作用,但是在高等教育大众化时期高校的办学自主性不断增强,高等学校层次类型不断发生变化的时代背景下,以一套标准来划分高校教师职务结构不一定能够适应学术分工多样化的需要,因而实质上是不合理的。

学术职业结构的不合理还体现在学术职业分层的工具理性与价值理性的不统一上。体现在两个方面:一方面,学术职业分层伴随大学的发展及大学职能的扩大而产生,职业分工是逐渐细化的,应符合社会分工的内在规律。同时,学术职业分层的目的是适应高校学术分工的需要,继而提高高校学术活动的效率,应体现学术职业分层的工具理性;另一方面,学术职业分层的价值体现为对于学术的追求和真理的探索,促进学术进步和发展,以及学术职业阶层地位的相对公平。显然,目前的学术职业分层结构还不能够和不断细化的、多样化的学术分工相适应,也不能够有效促进教师献身学术的价值精神,学术职业的阶层地位差异过大也不利于促进社会和谐。因而,学术职业分层的工具理性和

---

① [OL]. http://www.jiaodong.net/examin/system/2006/05/24/000089644.html.

价值理性是不统一的。

(2) 分层程序不合理

首先,对于高校学术职业分层来说,分层属于高校内部事务,理应由院校自决,充分体现大学自治、教授治学的精神。一所学校,一个学院,一个系需要多少教师,需要什么层级的教师,设置哪些学术岗位只有院校自身最了解。我国长期以来在国家"大一统"的管理政策环境下,政府对高校学术职业分层的干预过大,从教师结构比例到学术标准和评价方式,都有较为严格的制度规定。我国政府与高校、高校与教师之间仍是命令与执行、决策与服从、强制与被强制的行政法律关系,学术权力依附于行政权力的现象还普遍存在。

其次,在高校内部,教师职务或者岗位聘任的主要决定权应在院系、学科一级。院系是多学科组织的集合,只有学科教师才能理解学科的学术工作,才能够对学术工作进行划分,因此,学科和院系是学者的共同体,应在学术职业分层过程中发挥主导作用。但是,当前高校学术职业分层实践并没有充分体现不同学科的特点,也没有充分发挥学术共同体在学术职业分层中的作用。尽管有些院校设立了一些诸如教授会等学术评议组织,但是这些组织的功能主要是咨询或者提出初步意见,最后还是要由多学科专家组成的委员会来"民主投票"决定。地方高校教师高级职务评聘和岗位聘任还需要通过省一级政府来组织评价和聘任。

第三,在教师职务/岗位聘任过程中,一些高校还没有能够实现聘任过程的公开、透明,存在"暗箱操作""人情关系""权力干预"等现象。

(3) 地位分配机制不合理

学术职位分层体系也是一个地位分配体系。职称或者岗位具有地位的属性,不同层级的职位拥有不同的收入、权力和声望,形成的是学术职业地位等级结构。学术职业分层地位分配机制不合理主要体现在以下几个方面:

一是收入分配问题。我国的工资制度经历了多次变革,先后实行了供给制待遇、工资制、工资+奖金制、工资+附加工资制、结构工资制、事业单位工资制、岗位绩效工资制等工资制度改革。2006年人事部、财政部发布的《关于印发事业单位工作人员收入分配制度改革方案的通知》(国人部发〔2006〕56号)是目前高校收入分配制度的基准性文件。该通知规定:要改革事业单位工资制度,建立符合事业单位特点、体现岗位绩效和分级分类管理的收入分配制度,完善工资正常调整机制,健全宏观调控机制,逐步实现事业单位收入分配的科学化和规范化;建立与岗位职责、工作业绩、实际贡献紧密联系和鼓励创新创造的分配激励机制，适应事业单位聘用制改革和岗位管理的要求，以岗定薪，岗变薪变，加大向优秀人才和关键岗位的倾斜力度；建立体现事业单位特点的工资正常调整机制，使事业单位工作人员收入与经济社会发展水平相适应；坚持搞活事业单位内部分配，进一步增强事业单位活力；同时，实行分级分类管理，加强宏观调控，规范分配秩序，理顺分配关系。这次工资制度改革的基本内容主要包括建立岗位绩效工资制度、实行工资分类管理和完善工资正常调整机制等几个方面。其中，规定事业单位实行岗位绩效工资制度。岗位绩效工资由岗位工资、薪级工资、绩效工资和津贴补贴四部分组成，其中岗位工资和薪级工资为基本工资。绩效工资主要体现工作人员的实绩和贡献。事业单位在核定的绩效工资总量内，按照规范的程序和要求自主分配。津贴补贴主要用来适时调整艰苦边远地区津贴标准和特殊岗位津贴补贴标准。依据这个政策，高校纷纷建立了各具特色的绩效工资和津补贴制度，并在这个政策的基础上拓展了收入范围，如对教学、科研项目和成果进行单独奖励、院系收入提成奖励等。因此，高校教师收入来源非常多元化。而目前高校教师收入差异及其收入的主要矛盾主要体现在绩效工资和津补贴制度以及院系奖励不平等上。这种不平等主要表现在四个方面：首先，高校教师从事的是学术工作，然而学术工作的绩效如何测算缺乏科学依据；其次，津补贴主要包括哪些内容不清晰；再次，院系之间的收入奖励导致院系之间的不平衡；最后，岗位绩效工资和津补贴的差距过大。

高校教师的薪酬存在两种功能：一是作为对其所提供劳动的回报；二是调动其积极性以确保工作质量的提高。我国高校薪酬分配制度现存的最大问题是"以岗定薪"无法得到有效落实，与学术职业岗位分层相对应的薪酬阶梯无法形成，这也使得高校教师聘任制失去了意义。[①] 我国高校对教师岗位长期采用的是身份管理体制，工资津贴分配忽视岗位而直接与人或身份挂钩，形成了同岗却不同津贴的局面，导致有些教师丧失了岗位责任感和竞争压力，学术人力资源难以得到优化配置。

二是声望分配问题。学术职业的声望与院校学科重要性密切相关。如果属于国家重点学科，或者是学校优先发展的学科，其教师在院校中的声望就高，反之就低，由此导致了不同学科中同一职位教师的地位存在差异。

三是权力分配问题。不同层级的教师在权力资源的配置上也存在不合理的

---

① 刘献君．中国高校教师聘任制研究——基于学术职业管理的视角［M］．北京：科学出版社，2009：119．

分配，高层级的教师拥有学术评价、参与院校管理、制定学术政策的权力，而低层级的教师拥有的权力较小，形成了权力分配中的等级主义，形成了低层级教师对于高层级教师的权力依附。

这些不合理的阶层地位分配机制体现了学术职业分层的个体发展目标与组织发展目标的不统一。

9.2 学术评价制度科学性的质疑

9.2.1 学术评价制度与学术职业分层

学术职业分层并非仅仅是对教师在分层过程中社会位置的分类和分层，其主要任务是探讨学术职业分层结构和学术系统中的主要学术实践模式之间的关系，或者简单地说研究的是学术职业"结构和行动"之间的关系，即学术职位结构与相应学术活动模式之间的关系。显然，学术评价作为一种学术活动模式，与学术职业分层存在密切的关系。学术职业分层的合理性依赖于学术评价制度的科学性，而学术评价制度为学术职业提供分层的依据。

学术评价制度是影响大学发展和高校学术职业分层的基本制度，涉及高校学术工作的方方面面，与高校各类资源的配置、教师学术成果的评价密切相关。学术评价结论既是衡量高校办学水平的重要指标，也是对高校教师进行科研业绩考核、职称晋升、岗位聘任、津贴分配的基本标准和主要依据。

（1）学术评价制度的内涵

关于学术评价制度的研究有很多，对何谓学术评价制度也各执一词。大多数研究将学术评价制度局限于针对科研成果、科研水平、科研贡献进行评论、判断和鉴别的一种学术管理制度，其实这些观点缺乏对于"学术"的准确理解。学术评价不仅仅是对科研工作进行评价，还涉及教学工作、学术应用工作。依据博耶的说法，学术包括发现的学术、综合的学术、应用的学术和教学的学术四个方面，因此，学术评价应包含四个方面的内容。我们认为，学术评价制度是对学术活动及其结果进行客观、科学评价以促进学术进步和发展的正式规则或者非正式规则的总称。学术评价制度具有以下共性特征：一是评价的对象是各种学术活动及其结果；二是评价的目的是促进学术进步和发展；三是评价以客观、公正、科学为价值取向；四是评价程序规范；五是拥有学术共同体成员共同遵守的规则体系。简而言之,学术评价制度是指对有关学术目标、学术活动、学术成果、学术伦理道德等进行客观评价的制度安排。

"制度的真正基础是制度实践而不是制度的观念,人们之间的交往实践不仅产生了制度的需求,不仅是制度供给的主要渠道,还是制度实现其价值的基本途径,也是制度获得修正、渐趋合理的基本方式。"[1] 因此,我们可以说,学术评价制度总是和学术评价的实践活动联系在一起的,制度的设计就是为了解决学术评价实践活动中的具体问题。学术评价制度作为学术系统的基本制度之一,不仅直接关系到学术评价自身的公正性与合理性,而且对整个学术事业的发展也具有举足轻重的影响。

(2) 学术评价制度的作用

高校教师是开展学术活动的主体,教师学术工作的好坏、学术水平的高低决定了这所高校的学术声望。高校学术性和科层性的组织属性决定了高校的组织结构特征和制度选择,自然也影响着学术职业分层制度的形成。高校教师聘任与晋升作为学术职业分层制度的实践,必然需要学术评价制度来确认和保障。高校教师聘任与职务/岗位晋升制度是大学录用、续聘和提拔教师的一项基本制度,是在大学教师聘任、晋升过程中所应遵守的规则。大学教师聘任与晋升制度规定了大学教师聘任、晋升的标准、程序和相关原则。作为大学教师管理体制的重要组成部分,大学教师聘任与晋升制度合理与否事关一所大学师资队伍的建设和发展。在大学教师聘任与晋升制度中,常常包含对大学教师学术能力、水平和成果评价的规定。

一般而言,在大学教师的聘任与晋升中,不仅要考查教师的教学能力,更多地还要评价教师的科研水平。以2004年北京大学审议通过的《北京大学教师聘任和职务晋升(暂行)规定》为例,该规定指出,实行学术评审和行政审核相结合的机制确定教师的聘任和职务晋升,其中学术评审的主体是各级学术委员会;同时,在职务晋升中,引入"教授会议"评议机制。北京大学对教师的聘任有着严格的学历和资历要求,对学术能力、学术水平和学术贡献等方面要进行全面、科学的评价。这些要求既有对学术评价结果的运用,还有关于学术评价方式的规定,其最终目的是把对教师的学术评价作为其聘任和职称晋升的根本标准与依据。[2] 由此可见,学术评价的结果直接决定着学术职业的分层。

---

[1] 邹吉忠. 自由与秩序—制度价值研究 [M]. 北京:北京师范大学出版社,2003:6.
[2] 徐斯雄. 民国大学学术评价制度研究 [D]. 重庆:西南大学,2011:27-33.

学术评价制度之所以在学术职业分层中发挥着重要的、不可替代的作用,是和高校的绩效管理、问责制与大学追求卓越声望的发展目标密切相关的。

9.2.2 从工具理性到价值理性

袁同成系统研究了我国学术评价制度的变迁逻辑。他认为,学术评价制度是学术场域与权力场域互构的结果。改革开放以前,政府实行总体性支配,学术场域的自主性较小,政府依赖以政治评价为中心的学术评价制度维系意识形态的合法性,两者都服膺价值理性;及至改革开放初的政府治理模式转型期间,学术场域自主性趋强,学术评价制度转以行政评议与同行评议相结合为主要特色;随着政府技术性治理模式的确立,学术场域量化考评模式开始盛行,政府治理与学术管理双双进入工具理性的牢笼。只有通过社会管理创新,增加政府治理中的多元参与和多方互动,同时在学术评价制度中扩大参与和对话,增强学术场域的自主性,才能够在权力场域与学术场域中用沟通理性取代工具理性,以超越工具理性的桎梏。[①]

(1) 政府主导学术评价

在我国高校学术职业分层过程中,政府发挥了重要作用。政府发挥作用的方式主要是通过公共政策规定教师职务的职责及不同教师职务任职的基本学术要求、学术考核方式和教师职务评聘的制度安排,来直接影响高校学术职业分层。在学术职业分层过程中,公共政策对学术评价方式方法进行了规定,体现了政府对学术职业分层从高度控制到宏观管理再到宏观治理的模式转换。高校在不断争取办学自主权的过程中逐渐摆脱政府公共权力的掣肘,高校学术职业分层的自主性也在逐步增强。

从中国学术职业分层的历史发展和制度变迁中可知,1949年以后我国高校学术职业分层受高度集权体制的严重影响,基本上是由政府直接进行控制和管理,高等学校没有自主权,一切为政府"红头文件"马首是瞻。从高校教师学衔(教师职务)提升的思想政治要求到学术标准、方式方法、考核晋升程序等都有"明文规定",高校遵照执行就可以了,体现出政府高度控制学术职业分层的制度特征。"文化大革命"时期,高校教师职称提升工作基本停止。1978年,我国开始恢复职称评定。1979年,教育部颁布的《关于高等学校教师职责及考核的暂行规定》要求对高校教师科研工作采取平时考核和定

---

① 袁同成. 我国学术评价制度的变迁逻辑考察:基于学术场域与权力场域互构的视角[J]. 华中科技大学学报(社会科学版), 2012 (5): 112-117.

期考核相结合的办法；1982年6月，国家教育委员会颁布的《高等学校教师职务试行条例》则进一步细化了高校教师任职中的学术条件要求；1986年3月，中央职称改革工作领导小组《关于转发国家教育委员会〈高等学校教师职务试行条例〉等的文件的通知》要求对教师的业务水平进行考核，将考核结果作为提职、调薪、奖惩和能否续聘或继续任命的依据；1988年3月，中央职称改革工作领导小组颁布的《关于完善专业技术职务聘任制度的原则意见》则首次在正式文件中提出对科研人员的考核应坚持定量与定性相结合，但是这一阶段的学术评价仍以定性考核为主。[①] 可以说，一直到20世纪80年代，我国学术职业分层依然是政府高度控制的管理模式。

（2）学术评价的工具理性

20世纪80年代以后，高等教育体制改革拉开序幕，高校办学自主权逐渐回归，高校学术职业分层的自主性也在逐步增强，欧美高等教育发达国家的一些制度如同行评议制度、教师聘任制度、终身教职制度被介绍到我国，促进了我国高校人事管理制度的不断改革。一些新的教师管理制度开始在一些院校试点，并对全国高校改革产生了深刻影响，如，北京大学教师聘任制改革、中山大学教师聘任制改革等都在全国引起了广泛讨论和关注。总体来看，高校教师管理制度的最大制度改革和实践虽然说不尽人意，不够理想，但是对于促进政府公共政策调整和院校制度改进仍然发挥了不可替代的作用。这些改革之所以没有达到预期的目标，其中很重要的原因在于中国高等教育管理体制还没有发生根本变革，与高等教育制度相配套的收入分配制度、社会保障制度也没有及时跟进，政府的宏观管理依然支配着高校的改革实践，改革禁区难以突破，高校教师管理制度改革困难重重。中央和省级政府分级管理高校教师职务的制度仍然控制着学术职业分层制度的基本走向。

在高等学校内部，随着资源的竞争性获得和追求学术声望的需要，科层化的管理模式得以强化，学术评价受控于科层化的管理，行政权力支配学术权力。在欧美高等教育发展中被广泛运用的同行评议制度由于受到行政权力以及成本控制的双重影响，只在部分院校试行，效果也不太理想。这为便于操作的、有一定科学性的量化评价的兴起奠定了基础。量化评价方法与20世纪80年代逐步兴起的科学主义管理方法一脉相承，量化考评制度有了其理论基础，成为高校学术职业分层制度设计广受推崇的主流学术评价制度。

[①] 袁同成. 我国学术评价制度的变迁逻辑考察：基于学术场域与权力场域互构的视角 [J]. 华中科技大学学报（社会科学版），2012（5）：112-117.

（3）价值理性的缺失

20 世纪 90 年代以后，随着高等教育体制改革的不断深入以及高等教育大众化时代的到来，高等学校办学自主权不断扩大，政府对于高等学校的宏观管理开始向宏观治理转型，建立现代大学制度的客观要求也迫使政府和高校必须思考高校人事管理制度的改革，以适应社会经济发展的需要。在高校教师的学术职务评聘方面，1991 年 4 月国家教委、人事部下发的《〈关于高等学校继续做好教师职务评聘工作的意见〉的通知》再次强调评聘工作应将定性考核与定量考核相结合；1992 年国家教委印发的《〈关于国家教委直属高校内部管理体制改革的若干意见〉的通知》也规定高校考评应采取定性考核与定量考核相结合的考评办法；1999 年 9 月教育部《关于当前深化高等学校人事分配制度改革的若干意见》则规定：推行高等学校教师聘任制和全员聘用合同制，将对科研与教学的考核结果与职称晋升和收入获得相挂钩；2002 年国务院办公厅转发的《〈关于在事业单位试行人员聘用制度的意见〉的通知》进一步要求事业单位全面实行聘用制，并细化了对定量考核的要求；2003 年以来，教育部开始实施高校人事制度改革，推行全员聘用制和岗位津贴制度；2007 年，人事部《关于印发高等学校、义务教育学校、中等职业学校等教育事业单位岗位设置管理的三个指导意见的通知》发布以后，全国高校开始全面推行高校教师岗位分级管理制度。这些关于高校教师职务和岗位聘任与考核的制度都直接关乎学术职业的稳定和安全，关乎教师的收入、权力、声望，促使对学术职业分层发挥关键作用的学术评价制度受到每一个教师的高度关注。

正是由于学术评价制度对政府实现其政治功能和对院校实现效率功能的巨大作用，学术评价制度"功利性"的工具理性也被不断放大，学术性作为学术评价制度的基本价值理性被掩盖和控制，学术评价制度促进教师潜心向学、追求真理，促进人才培养质量的提高以及学术进步与发展的基本目的无法得到价值实现。

9.2.3 对学术评价制度科学性的批判

（1）量化评价制度的局限性

实现学术职业分层合理性的价值目标，就需要大学学术评价制度合理性与之配合。没有学术评价制度的合理性，也就没有学术职业分层制度的合理性。

目前，我国政府治理模式与学术评价制度所内嵌的工具理性正遭遇前所未有的危机。在政府治理方面，以科层化为特征的管理由于缺乏多元社会主体的主动参与而导致的僵硬性、单调性已难以适应日益分化的学术系统多样化发展的需要，而学术界的量化考评制度虽在一定程度上克服了以往政治评价的荒谬和人情评价的无序，但是也使教师陷入疲于应付、学风浮躁、低水平重复生产等困境。随着高校教师职务评聘、利益分配、项目资助与管理等学术活动的日益增多，学术评价机制已经从对学术本身的评价转变为学术场域重要的学术职业分层工具，从而导致了量化考评办法的普遍采用，而量化考评也的确改变了行政评议与同行评议相结合的制度实施中论资排辈较多等现象，使一批年轻学术知识分子脱颖而出。量化考评虽然简化了评价中的主观性，体现出一定的科学性，带来了表面上的公平，但也带来了许多令人头疼的问题，如垃圾泡沫学术横行、抄袭剽窃现象屡禁不止等，引起了学术场域的反思，提出了许多改良的建议，然而目前学术场域依然深陷量化考评构筑的工具理性牢笼之内而难以自拔。[1]

（2）定量评价和定性评价的弊端

目前，大学学术评价主要采用定量评价和定性评价的方法来开展学术评价。定量评价法主要有指标量化评价和科研计量评价。指标量化评价的特点是根据定性和定量、科学性和可行性、模糊与精确相结合的原则，针对不同的评价对象制定不同的评价指标，并给各指标赋予不同权重，最后将各指标的不同等级得分与其权重系数相乘而得出该指标的最后得分。科研计量评价是根据发表科研论文的数量和被引用次数，依据不同的评价要求采用对应的细化指标，运用综合集成的方法求得分值，用以衡量科研机构、科学个体的科研贡献和学术水平所达到的程度。定性评价法最常见的是同行评议法。其最大的优点在于评价专家都是圈内知名专家，熟知这一学科领域前沿知识和国内外发展动态，评价结果具有权威性。但是这种评价方法也会受一些学术和非学术因素的影响，如专家学术视野、学术偏好、人情关系以及长官意识等因素的干扰，从而影响学术评价的科学性和公正性。[2] 基于"科学性"和可操作性的定量评价和定性评价相结合的学术评价制度的盛行，是大学效率中心主义大学学术评价制度的外在表现。

（3）学术评价制度的异化

大学学术评价制度的异化是指学术评价制度的发展违背了其推动学术发展、繁荣和创新的初衷，成为一种外在于大学教师和大学等学术机构的支配

---

[1] 袁同成. 我国学术评价制度的变迁逻辑考察：基于学术场域与权力场域互构的视角 [J]. 华中科技大学学报（社会科学版），2012（5）：112-117.

[2] 邓毅. 完善学术评价制度有待深化细化 [J]. 中国高等教育，2007（13-14）：49-51.

第9章 中国学术职业分层制度：反思与批判

力，从而在一定程度上阻碍了学术的发展、繁荣和创新进步。高军认为，我国大学学术评价制度的异化体现在以下几个方面。[①]

①制度价值观出现严重偏差。大学学术评价制度的价值在于促进学术进步和发展，体现的是价值合理性而非科学性的基本评价原则。对于学校声望的追求和资源的获得并非大学学术评价制度的必然目标。以量化为手段、以学术效率为目标的大学学术评价取向必然导致学术工作偏离其价值轨道。

②评价方式不科学。首先，学科发展和学术研究有其特殊的规律，如探索性、创新性、长期性和研究成果价值显现的滞后性。近年来，我国高校普遍采用量化考核的方式导致学术研究重量轻质，这是政策价值观扭曲的必然结果。其次，不同学科的学术研究具有各自的独特性，以同一种评价制度来统一评价不同学科的研究成果，难以实现评价的客观、公平和公正。第三，由于评价制度不健全和量化考核的引导，轻教学而重科研已成为普遍现象。[②]

③学术评价制度的政策过程不科学。我国高校广大教师民主参与学术管理的学术权力缺乏基本的、必要的制度保障。学术管理主要由行政机构主导政策制定过程，教师民主参与学术事务管理的学术权力没有得到应有的、充分的尊重，他们始终处于被管理、被评价的地位。教师作为学术人员，对学术评价制度的构建具有当然的发言权，缺少教师的充分参与，缺少专家的周密论证，这种评价制度自然会漏洞百出，不符合科学研究活动的规律，以此来评价广大教师，必然导致教学和科研活动的异化。[③] 王晓明等认为，越来越趋于数字化和等级化的评价尺度及其将评价的等级和指标最终落实为教师个人的物质生活条件，必然会对教师的治学态度和灵魂产生巨大的摧毁作用，而且更为严重的是会导致学术神圣性的丧失及其功利化。[④]

④学术岗位绩效考核功利化。我国高校教师四层十三级的岗位设置是一个陡峭的学术职业分层阶梯，每一层级都代表一定的学术地位、声望、薪酬待遇，也对应有一定的责任和使命。这种每一层级拥有各自学术标准及与之对应的地位待遇的模式，体现的是一种效率中心主义的价值取向。[⑤] 在量化的评聘标准下，学术职业地位指标与岗位等级进行匹配，教师为了获得更高职位，以量化指标为指挥棒开展学术研究工作，对那些研究周期短、见效快的研究趋之

---

① 高军. 我国大学教师学术评价制度研究［D］. 南京：南京师范大学，2008.
② 苏宝利，吕贵. 高校教师学术评价制度：问题与对策［J］. 江苏高教，2003（6）：118－120.
③ 苏宝利，吕贵. 高校教师学术评价制度：问题与对策［J］. 江苏高教，2003（6）：118－120.
④ 王晓明，钱理群，等. 中国大学的问题与改革［M］. 天津：天津人民出版社，2003：331.
⑤ 易静. 美国不同层类高校学术职业的分层研究［D］. 武汉：武汉理工大学，2010：71.

若鹜，开展原创性研究的动力不足，难以体会学术职业带来的精神愉悦感和职业满足感。这种明显具有功利化倾向的学术评价制度违背了学术职业的内在精神，也背离了学术职业分层的内在规律，难以实现学术进步的崇高目标。

9.3 学术职业分层制度的主要矛盾

学术职业分层制度的主要矛盾表现在三个方面：一是高校教师个体地位获得与院校地位资源供给之间的矛盾；二是阶层之间的地位落差矛盾；三是学术职业分层程序公平与结果公平的矛盾。

9.3.1 地位获得与地位资源供给的矛盾

学术职业的地位获得可以理解为教师为了获得收入、声望和权力等社会经济地位的回报而对资源进行投资的过程。对于教师来说，最希望获得的资源就是职称或者岗位，或者称为职位，职位就是一种地位资源。职位是学术系统中一种具有确定价值的资源，尤其高级职位更是一种稀缺资源，需要通过教师的人力资本投资才能够获得，如获得学位以及在教学、科研等学术活动中的人力资本投入等。地位资源供给可以理解为学术系统提供的职称/岗位等地位资源的供给状况，具体表现为学术系统为教师提供的职位数量和类型。地位资源供给受诸多因素的影响，其中，学术系统提供的学术职位以及职位附带的工资收入、声望与权力是最基本的因素，和院校学术工作的分工以及院校财政密切相关。学校声望、学科条件、职业稳定性、学科文化和环境等非工资因素的影响也是存在的。

从学术劳动力市场的供给情况来看，随着学术职业社会声望的不断提高，越来越多的学术人才期望进入高校从事学术职业。学术劳动力市场的日渐完善也为高校提供了丰富的学术劳动力供给。我国自20世纪80年代恢复招收研究生以来，研究生招生规模持续扩大。根据教育部发布的2013年全国教育事业发展统计公报的统计：2013年全国研究生招生61.14万人，比上年增加2.17万人，增长3.68%；其中，博士生招生7.05万人，硕士生招生54.09万人。在学研究生179.40万人，比上年增加7.41万人，增长4.31%；其中，在学博士生29.83万人，在学硕士生149.57万人。毕业研究生51.36万人，比上年增加2.72万人，增长5.59%；其中，毕业博士生5.31万人，毕业硕士生

46.05万人。① 从这些毕业研究生的就业意愿来看,大批具有博士、硕士学位的毕业研究生希望进入高校从事学术职业,加上出国留学人员陆续归国,为学术职业提供了较为充足的学术劳动力保障。

从高校学术职位供给情况来看,随着高等教育规模的继续扩大、高校提高教育质量和院校声望的需要以及一些出生在20世纪50年代的教师相继退休,应该说,在未来一段时间内高校学术劳动力需求依然旺盛,高校对于教师的需求依然呈现不断增加的趋势,高校的学术职位总量将继续增加,这意味着学术职业的职位资源供给总体来说是增长的。

从学术劳动力市场的供给与需求状况分析,供给与需求结构不匹配的现象较为突出。一方面,基于提高院校声望的需要,院校不断提高教师的准入标准和晋升标准,加大对学术精英的引进力度,对于教师具有高度的选择性;另一方面,相当多的教师由于对学科专业结构的不适应以及对院校层次类型、声望、收入、地域、学术环境等因素的选择,难以进入高校从事学术职业。因此,学术劳动力市场的供需之间的矛盾较为突出。

从我国高校教师职位的设置情况来看,我国高校教师的岗位设置,总量及各级职称结构的比例都是由政府行政部门来规定和审批的。尤其是自2006年试行事业单位岗位设置管理制度以来,政府行政部门对高校教师岗位总量及结构比例的控制更加严格,要求高校必须按照在上级主管部门核定的总量和比例设置岗位。具体规定为:①岗位总量按照一定的师生比来确定,不同类型的学校师生比不同。②各级职务结构比例因学校层次、水平不同,由教育主管部门分别下达。③同一级职务之间的岗位等级比例由国家统一确定。根据规定,一级岗位由国家统一控制,主要用于聘任两院院士等在自然科学和社会科学领域作出重大贡献的高层次人才;正高级二至四级岗位比例为1:3:6,副高级五至七级岗位比例为2:4:4,中级八至十级岗位比例为3:4:3,初级十一至十二级岗位比例为5:5。④学校根据岗位总量、各级职务结构比例和同一级职务内各级岗位等级比例,测算出学校各级岗位数额。② 又如,《湖北省事业单位岗位设置管理试行意见》(鄂办发〔2008〕1号)规定,湖北省专业技术高级、中级、初级岗位之间的结构比例,根据地区经济、社会事业发展水平和行业特点,以及事业单位的功能、规格、隶属关系和专业技术水平,实行不同的结构比例控制。专业技术高级、中级、初级岗位之间的结构比例,全省总体控制目

---

① [OL]. http://www.gov.cn/xinwen/2014-07/04/content_2712435.htm.
② 人事部. 事业单位试行岗位设置管理的试行意见[R].〔2006〕70号.

标为1:3:6。各市、州、直管市、神农架林区直属事业单位专业技术岗位结构比例总体控制目标应控制在1:3:6的范围内。事业单位专业技术高级岗位所占比例，最高应控制在专业技术岗位总量的35%以内。[①] 由此可见，湖北省专业技术岗位结构比例呈现金字塔结构，其中事业单位正高和副高所占比例不能够超过35%。

相比较而言，我国实行的依然是政府对学术职业分层结构进行宏观控制的政策，政府宏观控制的优势在于保证了专业技术岗位与社会经济发展水平的总体协调；不足之处在于不同院校情况复杂，针对性不够，在一定程度上抑制了高等教育事业的发展。刚性化的分层结构已经不能适应快速发展的高等教育需要。如研究导向的大学，新进教师大多是国内外知名大学毕业的博士或者博士后，初任职称就是讲师，并在较短时间内即可以晋升为副教授，但是在现行的教师职称结构政策中，助教还有相当大的比例。我们通过对部分"985工程"和"211工程"高校院系教师职称结构进行分析发现，不少院系已经没有助教职位，讲师比例也很少，70%以上的教师都是教授和副教授。由于职位结构是刚性的，高级职位所占比例本来就少，加上院校都要留下部分高级职位用于引进高层次人才，这必然进一步加剧高级职位的竞争性，进一步激化教师获得职业地位和地位资源供给之间的矛盾。

9.3.2 阶层之间地位落差的矛盾

在高校内部，不同学科的发展所需要的学术劳动力的层次类型随着学术工作的分化也在不断发生变化，学术分工越来越细，岗位设置越来越多样化，岗位附带的收入、声望和权力差异越来越大，进一步强化了教师对于高级职位的需求，也形成了由于职位的变化而导致的学术职业阶层地位落差的矛盾。

在学术职业地位的形成过程中，工资收入无疑是一个显性的地位指标，是形成学术阶层的最重要标志，对于观察学术职业不同阶层群体的地位具有量化比较的优势。从我们对不同层次类型高校学术职业分层的调查情况来看，高校教师工资收入呈现整体收入低、多元化、差距大以及"双肩挑"教师的工资收入高于专任教师的特征，由此引发学术职业各阶层教师之间的矛盾和冲突。

一方面，高校教师整体收入较低。2010年，华中科技大学校长李培根的一个发言引发了社会的广泛关注和争论，他说："仅仅靠国家规定的工资收

[①] 中共湖北省委办公厅，湖北省人民政府办公厅．关于印发《湖北省事业单位岗位设置管理试行意见》的通知[J]．湖北省人民政府公报，2008（3）：27-32．

入,高校教师的待遇就太差了。"此言一出,立即在网络上掀起一场口水大仗:一部分人认为言之有理,中国高校现行的工资制度确有改革的必要;另一部分则冷嘲热讽,说高校教师是站着说话不腰疼,相比于那些低收入阶层来说,高校教师的收入已经不算低了,甚至算得上是高收入阶层。[1] 就网络上"晒工资"的情况分析,应该说,高校教师的平均工资收入是比较低的,从我们开展的学术职业分层问卷调查的分析中也可以看出,高校教师的工资收入不高。从国际比较的角度来看,中国高校教师收入排在世界各国的后面;从社会职业的横向比较来看,其排序也不在前头。

另一方面,高校教师收入差异较大。一是与市场接轨的学科专业的教师工资收入普遍高于其他学科专业教师,少数明星教师以及一些能够从项目研究和社会服务中获得奖励或者报酬的教师收入较高。从对一些院校的调研来看,一些知名教授的收入是低层教师的几十倍,如果把知名教授的社会服务收入(讲学、咨询、企业合作服务、出版)计算在内,收入差异最大可能达到上百倍。二是"双肩挑"教师收入高于专任教师。三是地区收入差异明显,沿海地区普遍高于中西部地区。四是同一院校不同学科专业的教师收入差异较大。随着高等学校对于卓越声望的追求,教师不同职位之间的收入差异呈现进一步扩大的趋势。学术精英与底层教师地位的鸿沟逐步形成,不仅收入差距扩大,声望等级也在进一步扩大。高校岗位设置制度的功利化,导致大学教师不得不为了自己的工资收入、声望和权力地位等去应付科研和教学,因此,高校教师的工资收入差异已经危及学术职业分层结构的稳定,直接影响到学术工作完成的质量。与经济收入乃至社会地位密切联系在一起的学术职位等级制度体系,体现了分层与"效益"密切结合的制度特点,可能导致教师偏离学术工作的本质。

从权力等级来看,高级教授直接影响着高校内部的资源配置权,其拥有的社会资本将导致地位差异更加明显。由于学术职业以高深知识为工作对象,学术性作为学术职业的基本属性,在探索、传授、应用和综合高深知识的过程中不存在明显的责任差异。至少从理论上说,各阶层在学术资源的拥有上,在参与学术管理过程中,应有相对平等的权利。各阶层在收入、声望、权利等方面的差异不宜过大[2],高校制度设计应体现高校学术职业分层的这种学术特性。

---

[1] 乐云. 高校教师工资收入真相揭秘 [N]. 华声在线, 2010 - 11 - 10.
[2] 李志峰,廖志琼. 当代中国高校学术职业分层及特征分析 [J]. 中国高教研究, 2013 (8): 20 - 25.

9.3.3 教学与科研的矛盾

建构学术职业分层制度的最终目的是促进学术进步与发展，具体来说，主要就是要进一步促进科研学术和教学学术质量的提高。科研学术与教学学术是学术领域的核心工作，也是学术职业的基本职能。

关于教学与科研之间的矛盾，已经有很多论述。在这里，我们不想去讨论教学和科研哪一个更重要以及如何处理教学与科研的关系问题，而是就教学和科研如何形成学术职业分层的机制加以分析。

（1）对教学与科研地位的理解不准确

教学工作是每一个教师的基本工作职责，传道、授业、解惑是教师的基本使命，也是对高校教师能否成为合格教师的基本要求，教学对于任何一所高校来说都应居于首要地位，没有高质量的教学，就没有高质量的学生，也就没有高质量的高等教育，对教学地位怎么评价都不为过。因此，教学条件是聘任合格教师的基本条件，教学不合格的教师不仅不能够担任教师职务，更不能够晋升教师职务。相对来说，科研并非所有院校教师担任教师职位的必要条件，而是一种选择条件。

正如前面已经论述的那样，学术职业由于处理高深知识方式的不同而具有不同的学术职业类型，有研究型学术职业、教学研究型学术职业、教学型学术职业和应用型学术职业等几种类型，每种类型都有各自的学术工作内容和学术分工的特点，无论是哪种学术职业类型，教学都是其基本要求。但是对于选择研究型学术职业以及教学科研型学术职业的教师来说，科研工作是对教师进行学术评价的第二个重要条件。

从世界各国学术职业分层的发展情况来看，教授职位无疑是一种科研主导型的职位，教授职位不可避免地要承担教学和科研两个领域的工作。教授职位在社会领域具有崇高的社会声望和地位，必须通过对于知识的创造创新活动来获得，学术成就是评聘教授职位的核心依据。科学界的社会分层研究认为，学术成就是获得声望、地位和进行社会分层的唯一依据。也就是说，担任教授职位，或者评价教授能否担任不同等级岗位的学术工作，必须以学术业绩为依据。对于科研主导的教师来说，缺乏学术共同体承认的学术成就是不能够晋升教授职务的。

教学工作和科研工作并非处于同一层次，也并非同一类型的学术工作，对教学和科研工作作出非此即彼的分析甚至将两者对立起来，显然是不合适的。

目前，高等教育界对教学和科研工作存在一些理解上的误区，主要表现在对重科研、轻教学的学术评价制度的认识上，批评教师重科研轻教学，把大部分时间用在科学研究中，忽视教学质量，以科研成果作为岗位层级晋升的重要依据；认为"科研不仅被看作大学存在的支柱，更是教师的生命，科研对于教师是得之一荣俱荣，失之一损俱损。尽管不排除少数教师对学术的探索有着执著的追求，但更多的教师则是为科研而科研，完全超越了科学研究活动本身的价值和意义，异化为对职称、声望、金钱的追求"①。其实，这些对于教学和科研工作的关系的理解存在两个假设误区：一是认为重视科研必然导致教学工作质量不高；二是在学术评价上重视科研必然导致科研的异化，必然导致学术泡沫。从本质上说，科研做得好的教师才能够成为一个优秀的教师，因为好的教学需要以好的科研作为基础，提高教学质量需要具有创新能力和学术成就的教授进入课堂，传授最新的学术成果，高等教育的专业性特征必须要求教师具有专业领域的造诣，而不仅仅是传授教材中已有的知识。此外，重视科研并非必然导致学术泡沫，学术泡沫的产生是学术评价制度的不完善导致的，科学的评价制度不仅能够有效地防止学术泡沫，而且能够有效地促进学术进步和发展。

对于教学研究型学术职业或者研究型学术职业来说，高校教师职务晋升必须以科研成果为基础，只有发表了让学术界认可的作品，才能够晋升更高一级学术职务。教学是对所有教师从事学术工作的基本要求，教学工作和科研工作并非学术工作的两极，自然不会出现学术天平倾斜的现象。科研是在教学条件基础上针对教学科研型学术职业、科研型学术职业的基础和必备条件。

教学质量的提高与许多因素相关，除了教师的专业研究以外，还包括教学方法、院校和学生对于教学过程的评估政策，以及对于教学工作的投入和问责制度等许多方面，是对所有教师的基本要求。在欧洲中世纪和美国大学学术职业的最初形成过程中，作为一种学术岗位而非学衔的"教授"，其主体工作就是教学，教学是考查"教授"②能否胜任工作职责的关键依据。

（2）缺乏不同教师岗位的分类体系

正是由于缺乏对教学和科研的关系的准确理解，目前学术职业分层机制体现的是单一系列教师岗位等级体系，所有教师都沿着教学科研型学术职业轨道

---

① 毛洪涛. 高校教师教学能力提升的机制探索［J］. 中国高等教育, 2011 (23): 35-37.
② 需要说明的是，那个时候的"教授"只是一种职业称谓，而非一种学术职业分级后的学术头衔。科研职能是美国学术职业分层分化的重要诱因。

发展，认为所有教师都必须从事教学和科研工作，没有充分考虑到现代高等学校的发展对于学术分工的具体要求，也缺乏对于学术工作的具体分类。设置学术岗位与评价指标时，未充分考虑学科专业的特点和教师的个人特性和职业兴趣。高校教师聘任制度用同一学术标准体系来对高校教师进行评价，将导致教师的职业选择与岗位设置之间的矛盾。

从大学教师所从事的学术职业的特征来分析，"学术性"是学术职业的本质属性。这种以"学术"作为天职的工作，由于现代学术分工的日益细化而呈现多样化的特点，也与学术分工导致的学术分层等级制度密切相关。马克斯·韦伯在"以学术为业"的著名演讲中指出，学术生活中的层级制度令人不安："你是否真诚地相信，你能日复一日地忍受，平庸的人一个个爬到你的前面，不感觉怨恨，不感觉悲哀吗？"在他看来，学术职业中起重要作用的"是运气或机遇而不是才干"，制度磨灭了学术职业天职中所要求的灵感、直觉、激情等，这些学术性的体现在层级制度中没有多少用武之地。[①] 马克斯·韦伯对于学术层级制度的批评并非对学术层级制度本身的批评，而是对于学术层级制度中的不公平现象的激烈反应。高深知识的多样化发展以及学术分工的细化使得学术职业分层成为一种社会选择，高深知识处理方式不同必然导致学术职业类型的地位等级差异，因此需要依据学术工作的特点来进行分层。

循着高等教育的历史线索考察可以发现，教学和科学研究的对象、活动方式及成果本质是不同的。教学是传授人类已知的或基本已知的知识成果，教学的对象是学生，本质是为了培养出优秀人才；科学研究是为了发展科学，从而对未知的知识进行探索和创新，其本质是面对问题并解决问题。这两者从性质和对象来看都很不相同。这就决定了在学术系统中存在不同类型的学术职业，研究型学术职业以及教学研究型学术职业要以研究主导来进行分层，教学型学术职业和应用型学术职业的主要工作是教学，应以教学为主导来进行分层，这是由不同类型高校的办学目标和不同类型学术职业的工作性质决定的。当然，在教学型大学或者应用型大学，也有一些教师选择教学和科研作为其主要工作任务；在教学研究型大学或者研究型大学，也有一些学术工作属于纯粹的教学工作，如，公共外语、体育、通识课程等都是以教学为主的学术工作。因此，选择哪种学术工作类型，就决定了教师选择哪种学术岗位，不同岗位类型应有不同的学术评价标准，有不同的学术头衔或者职业称谓，就可以按照不同职业

[①] [德] 马克斯·韦伯. 学术与政治[M]. 冯克利, 译. 北京: 生活·读书·新知·三联书店, 1998: 158 – 163.

类型的标准进行考核、评价和聘任晋升。

教师职务岗位的设置也是实行教师职务聘任制的基础,科学设岗是完善教师职务聘任制的前提和重要原则。高校教师岗位设置管理工作的重点和难点则是教师岗位的分级设置管理。① 高校教师的岗位分层设置管理,就是要根据高等学校的规模、类型和层次、承担的任务、发展的目标、教学科研的水平,以及师资队伍的素质、结构和教师个体职业选择的实际状况等进行设置,本着优化与高效的原则确定各级教师岗位数量,根据院校发展需要和学术工作分工来设置各级教师职务岗位,并按岗位设置情况来对教师进行分类评聘。②

9.4 学术职业分层制度异化的诱因

9.4.1 制度与制度异化

(1) 制度

不同学科对于制度都有各自的解释。社会学家雷安平认为:"社会制度是一种规范化的体系,是为了满足人类的基本生存需要或解决各种社会问题的需要而出现的。"③ 制度经济学家康芒斯认为,实际经济绩效主要取决于作为集体行动模式的制度,在他看来,制度即是"集体行动控制个人行动。"④ 尽管不同学科对于制度的理解不一样,但是对于"制度"内涵的理解,在以下三个方面很容易达成一致:1) 制度是人类适应环境的结果,它是一种人工产品,旨在减少不确定性;2) 制度的主要特征在于其具有强制性或约束力,并主要通过法律法规、组织安排和政策而达到控制自然力和人本身的目的;3) 这种人工产品具有物的自然属性。物的属性必然会与人的意志产生矛盾,这就是制度内在的二重性矛盾。制度内在二重性矛盾主要表现在三个方面,分别是效率与公平的矛盾、秩序与自由的矛盾以及目的与规律的矛盾。⑤

制度的目的性决定了制度不可能是价值中立的,它决定了制度的性质,规定了制度运动和发展的方向。制度反映着人与自然的关系,反映着人与人的关

---

① 唐骏. 高校教授岗位分级设置管理的实践与思考 [J]. 中国高校师资研究, 2007 (1): 16-21.
② 易静. 美国不同层类高校学术职业的分层研究 [D]. 武汉: 武汉理工大学, 2010: 67.
③ 雷安平. 社会学概论 [M]. 长沙: 湖南师范大学出版社, 2002: 280.
④ 康芒斯. 制度经济学(上册) [M]. 北京: 商务印书馆, 1983: 97.
⑤ 张文显. 法理学 [M]. 北京: 高等教育出版社, 1999: 233.

系，反映着人的社会生活关系及由它产生的文化。制度要发挥它的作用和效率，就必须适应一定的文化和价值活动模式。制度设计者的价值观、意志、思维习惯必然渗入制度的设计环节。制度在伦理上绝不是中性的，它是具有主体价值诉求的，游移在善恶之间。制度的发生有两种模式，因而也就产生了两种不同的制度。一种是经过原始演变，由人们的经验、风俗、道德的发展自然生成的；另一种是人们总结以往的生活经验，根据一定的理论原则和生活理想，选择相应的规则来制定相应的制度，并使之以条文化、组织化的形式固定下来，形成一定的现实制度。前者就是自然生发的制度，后者即人为构建的制度。①

（2）学术职业分层的制度异化

何谓制度异化？制度异化是指在制度的实施过程中，由于制度本身的结构、属性、功能发生变化，导致制度构建的主体最初寄托的价值负向实现，制度实施和运行的结果与制度构建的原初目的相背离，并且有可能导致制度客体反过来控制和操纵主体的现象。制度异化是一个主观性的描述概念，它反映的是制度构建的主体的价值实现问题；而制度变迁则纯粹是一个客观性的描述概念，它反映的是制度本身变化的客观性，不涉及主体价值问题。制度异化反映了制度变化的消极方面，即背离了构建主体的价值目的；而制度变迁则无所谓好坏，制度变迁是客观的历史现象，有积极的变迁方向，也有消极的变迁方向，有进步的变迁，也有倒退的变迁。②制度异化最终是关于制度主体的异化，这是制度异化的主体性根源。由于主体的价值观存在失当，这必然会影响到制度的设计和实施甚至是制度的最终评价。对制度异化主体的价值失当进行分析，可以分为两类：一是制度创造主体的价值观失当，二是制度应用主体的价值观失当。一些制度的天然缺陷是由于制度设计构造主体的缺陷造成的，这些主体包括个人、群体、国家、人类等，不同境况中的人对一个制度的认识程度是不同的，将一个制度付诸实践的社会技术能力也有很大不同。而一开始就有重大缺陷的制度，其运行必然会导致严重的异化，甚至完全背离主体的初衷。③

学术职业分层的制度异化是指由于各自原因的影响而使得学术职业分层制度的结构、属性、功能发生变化，使得政府、院校或者学术共同体制度构建的预期价值目的和意愿未能够充分实现，甚至背离了制度设计的初衷的现象。这

---

① 贺培育. 制度学：走向文明与理性的必然审视 [M]. 长沙：湖南人民出版社，2004：93.
② 贺培育. 制度学：走向文明与理性的必然审视 [M]. 长沙：湖南人民出版社，2004：93.
③ 徐世民. 社会技术哲学视域下的制度异化研究 [D]. 武汉：华中科技大学，2009.

种现象的产生有两个方面的原因：一是政府和院校在设计学术职业分层制度时的价值观和学术发展的基本规律不相适应，制度本身存在缺陷；二是在制度实施过程中，受外界诱因的影响而偏离了既定的目标。除了以上两种主要原因之外，在学术职业分层制度的异化过程中，还存在以下几个方面的诱因。

9.4.2 权力寻租和社会资本寻租

（1）寻租行为

"寻租"作为一个经济学概念，产生至今不过30多年，然而却以它特有的解释力渗透到经济学的各个分支，并为社会学、政治学、法学和公共管理学等其他社会科学提供了新的研究思路。在关于寻租问题的文献中，"寻租"有多种定义，大体可以分为"狭义寻租"和"广义寻租"两类。狭义和广义的区别，在于对寻租中"租"的设定范围不同。①

广义的寻租指一切寻求利益的活动。"寻租"一词中的"租"，或称"经济租""租金"，在经济学中的原意是某种生产要素所有者获得的超过该要素机会成本的剩余。狭义寻租可以将"租"定义在政治与社会领域。也就是说，寻租现象的出现不是由于人与人之间本性的差异，而是由于人们所处的制度背景存在问题，是制度因素造成了寻租与寻利的差异。布坎南的"寻租"着重强调在制度环境下，寻租对社会造成了损失的结果。从本质上讲，寻租行为是一种非生产性活动，它在追求个人利益的同时并不创造社会利益，相反却会给社会造成多个方面的资源浪费。② 与经济学上"租金"的概念相比，学术职业分层寻租还包括其他形式的租金，如获得高级职位、获得项目和奖励、获得荣誉和声望等。

对于寻租的成因，学界的研究一般可分为两类：宏观影响因素的分析和微观影响因素的分析。③ 在宏观影响因素的分析方面，受新制度经济学的影响，人们认为寻租行为是制度作用的结果。在寻租的微观影响因素方面，同样受新制度经济学的影响，认为制度能够影响主体的行为取向是通过建立在成本—收益基础上的激励机制实现的。制度是行为主体博弈的均衡解，界定了经济中行为主体的选择域。④

---

① 赵娟. 寻租与寻租理论 [J]. 经济界，2006（2）：78-84.
② 钱小平，魏昌东. "寻租型"职务犯罪控制机制创新 [J]. 新疆社会科学，2008（6）：80-85.
③ [美] 道格拉斯·C. 诺思. 制度、意识形态和经济绩效 [A] //Dorn. J. A., Hanke. S. H., Walters. A. 发展经济学的革命. 黄祖辉，蒋文华，译. 上海：上海人民出版社，2000：110.
④ 严密. 引入制度变量的信息福利函数分析 [J]. 图书与情报，2009（3）：41-45.

(2) 权力寻租

在学术职业分层过程中，行政权力与学术权力总是处于一种博弈之中。尤其是在高等教育集权管理体制下，院校处于被控制的地位，外界行政权力通过其在院校的代理人对高校教师职务和岗位评审过程施加权力影响，从而让不具有竞争力的高校教师获得职称或者岗位，这种行为就是一种权力寻租行为。在高校获得一定办学自主权之后，在院校内部也存在行政权力对学术权力施加影响以让某些不具备竞争力的高校教师获得职称和岗位的行为。一些行政管理人员比专任教师更容易获得学术职位，这也是一种权力寻租行为。权力，尤其是行政权力，对于学术职业分层的影响已经在本书第 7 章的实证研究中被证实，这里不再展开论述。

在学术领域之所以出现权力寻租现象，主要成因表现在以下几个方面：一是行政权力能够控制或者影响学术权力，学术权力缺乏独立的表达渠道；二是对于行政权力的监督制约机制缺失；三是制度本身存在缺陷；四是一些高校教师或者管理人员存在特权思想。

(3) 社会资本寻租

有学者提出了社会资本的五种解释：第一种，把社会资本定义为一种社会网络。第二种，把社会资本定义为一种规则。联合国开发计划署（UNDP）把社会资本视为一种自觉形成的社会规则，这种规则体现于社会各组成部分的关系之中，体现于人与人的关系之中。第三种，把社会资本定义为网络规范与信任。第四种，把社会资本定义为便利于行动者的嵌于社会结构之中的资源。第五种定义是我国学者程民选提出的，他认为社会资本是人际合作性互动中形成和积累起来并能够产生收入流的一类资源。[①] 从以上界定可以总结出社会资本的一些特征：首先，社会资本存在于社会结构之中，单个个体不存在社会资本的问题，其一旦形成就存在于社会网络之中，具有嵌入性。其次，社会资本具有长期累积性和路径依赖性。社会资本是历史演进的结果，通过长期的交互作用和学习过程而积聚。再次，社会资本具有不可让渡性和独特性。个人或组织的地位和具体的社会交往状况决定了其所拥有的社会资本的种类及数量。[②] 社会资本具有正外部性和负外部性的双重作用。社会资本的正外部性体现在可以促进组织的完美和社会的进步，负外部性体现在对组织有消极作用。同时，社

[①] 程民选. 论社会资本的性质与类型 [J]. 学术月刊, 2007 (10): 62-68.
[②] 杨超. 社会资本视角下科学共同体中的马太效应 [J]. 科技情报开发与经济, 2008 (8): 146-163.

会资本具有层次性，这种层次性可能会成为不平等和社会排斥出现的原因。一方面，体现在不同共同体中的社会资本的存量不同，扩展度不同；另一方面，体现在个人由于所处的地位不同，拥有的资源不同（不仅包括经济资源，而且包括权力资源、继承资源以及社会文化资源等），控制的社会资本也有所不同。① "社会资本总是与具体的个人或组织结合在一起，绝对不可让渡。"② 当社会资本介入社会组织生活并向他人让渡以获得不当利益为目的时，社会的不平等和社会排斥现象等负效应就会产生。

学术职业分层过程中的社会资本寻租行为的负向影响效应主要表现为通过学术权力操控资源分配政策和利用社会资本介入各类资源分配，为寻租者获得非竞争性的学术职位的行为。这些寻租行为虽然对寻租者个人是一种正和博弈，但从整个社会来看则是在不完全竞争条件下的负和博弈，具有负的外部效应。③ 这种社会资本寻租行为具体表现在通过嵌入学术系统中的关系网络获得科研项目、科技奖励、发表论文以及获得非竞争性的学术职务。社会资本寻租行为消解了学术职位评聘过程中的"能者上，庸者下"的激励机制，从而影响到整个学术系统和学术职业分层结构的有序发展。

在学术职业分层过程中，社会资本的关系网络主要包括血缘关系、学缘关系、上下级关系、同事关系、邻里关系、社会资本交互关系。在这些社会网络关系中，还存在强弱关系之分。互惠强度高、关系强度大就形成了社会资本互相交换的"核心圈子"。社会资本寻租能力的大小是社会关系网络规模、关系强度所形成的"核心圈子"的函数。传统高校是一个存在多种关系网络的相对封闭系统，为社会资本的寻租行为提供了较好的土壤。之所以出现社会资本寻租，核心成因还在于制度的不完善和制度执行程序的不规范，以及与利益相关者的自律精神缺乏，等等。

9.4.3 分层封闭与分层流动壁垒

学术职业分层是一个必要的不平等的学术系统，就学术职业分层本身而言，强调的是不同阶层的垂直等级关系。在这个垂直等级关系中，具有相同或者相似地位的高层级学术阶层的高校教师在资源有限的背景下具有保护自我权

---

① 杨雪冬. 社会资本：对一种新解释范式的探索 [J]. 马克思主义与现实, 1999 (3): 52-60.
② 朱国宏. 经济社会学 [M]. 上海：复旦大学出版社, 2003: 113.
③ 毛良虎, 蔡瑞林. 科技人力资源共享中的寻租行为实证研究 [J]. 上海经济研究, 2013 (11): 76-84.

力和地位不受影响并不断扩大收益的倾向,我们认为这是学术职业分层过程中的一种社会封闭现象。简单地说,学术职业的分层封闭就是高层级的学术群体通过影响政策让具备资格的一些人获取更多资源和机会,从而实现报酬最大化的社会过程。职称或者岗位分级是实现学术职业分层封闭的手段。

学术职业分层封闭源于对高深知识的垄断和控制,通过对高深知识的垄断和控制来获得对专业领域的话语权,通过对政策的影响来对高校教师的学术道德和学术标准实施密切的控制,以维护职业阶层的收益和荣誉。如提高学术职业的准入门槛,对学术职位的供给数量实施限制,并通过更为严格的学术考核标准来考查候选人的个人能力和学术贡献等。

学术职业的分层封闭是建构在学术伦理基础之上的,通过建立起特定知识和能力的垄断标准、获得院校政策的支持来促进分层封闭的合法化的过程。学术伦理包括两个方面:一是教师伦理,二是学者伦理。教师伦理反映的是教师和学生的关系,学者伦理反映的是学者和高深知识的关系。教师伦理表现为作为教师所应具备的学术伦理,如教师投入到教学过程中的工作量和教学效果、对于人才培养的贡献等;学者伦理表现为作为学者所应具备的学术伦理,如学术诚信、对于学术的贡献等。教师伦理和学者伦理两者互为联系,但并不完全一致。作为高校学术职业人员,一般具有教学和科研两个方面的学术职责,因此,应具备教师和学者两个方面的学术伦理。

学术职业的分层封闭必然带来学术职业的分层排斥。学术职业分层排斥的过程可以看成高校教师的收入、声望和权力再分配的过程,通过排斥其他人的进入来保障自己的特权和社会地位。投票权是学术职业分层过程中实现社会排斥的一种重要手段。在广泛实行学术民主、体现学术权力的高校,一些"先到先得"的高校教师拥有对他人学术岗位晋升的投票权,他们决定着院校学术职业分层政策,并决定着谁可以获得学术晋升的"门票"。学术职业分层排斥必然导致学术职业分层过程中社会壁垒的形成,通过设置较高的"学术篱笆"或者通过集体性的行动——集体投票制——形成封闭的壁垒,拒绝或者排斥那些具备晋升资格的教师获得晋升,以保护学术职业特定阶层的群体利益。这样就使得学术职业向上流动的机会越来越少,形成了学术职业流动机会的固化现象。学术职业流动机会固化可能导致学术职业分层结构因此成为一个封闭的、凝固化的社会结构,严重影响了高校教师的工作积极性。这是学术职业分层制度异化的重要表现形式。

合理的学术职业分层体系是一个流动的、开放的学术体系。既要让胜任的人和主要的职位相互匹配以促进高校教师向上流动，同时还要让不胜任职位的人向下流动，形成双向流动机制。学术职业分层中的向上流动机会和向下流动频率是观察学术职业分层体系是否存在过度不合理的重要标志。事实上，在高校学术职业分层过程中，不少高校都不同程度地存在学术职业分层的社会封闭、社会排斥现象，学术职业分层的社会壁垒严重影响了高校教师献身于学术的内在动力，值得我们高度关注。

9.4.4 学术精英的统治与底层教师的边缘化

（1）不同学术阶层的特点

如果简单地进行层级划分，学术职业分层体系可划分为学术精英阶层、上层阶层、中层阶层和底层阶层。学术精英阶层处于学术职业分层体系的顶端，底层阶层处于学术职业分层体系的最下端。从学术职业分层导致的不同层级群体的地位一致性程度来看，我国学术职业阶层呈现出学术精英阶层群体地位定型化、中高层群体地位多样化和下层群体地位边缘化等基本特征。处于学术职业分层金字塔顶端的学术精英阶层拥有最多的资源、最丰厚的经济收入和崇高的学术声望，只要成为学术精英，其地位在学术系统中基本是稳定的，很难改变；而处于学术职业分层结构中高层的群体，由于高校、学科、个人能力等方面的差异，群体地位呈现多样化的特点，比较普遍的现象是处于学术职业分层结构底端的高校教师获得的资源和收入最少，承担的学术工作也较为繁重。

（2）学术精英阶层

在学术系统中，学术精英处于学术职业分层结构的顶端，学术精英阶层掌控着大部分的学术话语权和资源配置权。学术精英的地位使他们独立于普通教师的生存和发展环境。他们对学术决策具有重要影响，控制着学术职业的等级秩序和学术组织的运行，引领院校学术战略发展，形成了学术精英阶层对于学术系统的统治。学术精英由于处于学术阶梯的顶端，可以有效地获得权力、资源、财富和声望。学术精英阶层主要通过良好的教育背景、持续的研究、学术共同体对其学术成果的承认等方面的因素而产生，依赖于其对高深知识的累积效应及适当的机遇。一旦成为学术精英，其地位通过一系列制度得以固化。如果不是出现学术不端行为，其地位将随着年龄而不断得到巩固。

（3）学术精英的统治

一般来说，学术精英是通过行使学术权力和发挥其学术权威来影响和控制学术系统的。在特定环境中，学术精英也与政治精英合作来对学术系统进行统治。学术权力是高校教师在学术活动中独立表达和能够强行实现自己愿望的一种可能性；而学术权威是由于所获得的社会位置或者角色赋予的影响和控制他人的权力。学术权力是一种个体与学术工作之间的客观事实的关系，而学术权威是一种关于支配和服从的合法性关系。学术精英对于学术系统的统治源于两个方面的原因：一是学术遵从，二是制度保障。

学术遵从反映了不同层级高校教师的关系，表现为在学术职业分层体系中，地位层级较低的高校教师对于学术精英的价值和尊严高度承认，自愿接受并顺从学术精英的思想。由于学术遵从是在对他人和自我的评估基础上产生的行为，因此，对学术精英的学术遵从从程度上来分析有一定差异，包括完全遵从和部分遵从、压力遵从和自愿遵从几种。学术遵从通过对学术精英授予学术界共同承认的荣誉称号而得到确认和强化，这些荣誉称号包括院士、"长江学者"和"千人计划"等。

制度保障反映了政府和院校与学术精英的关系，表现为权力部门通过一系列的政策保障学术精英统治的合法性的行为。例如，通过授予高校教师荣誉称号，给予高校教师崇高的社会经济地位，以及对资源配置权力的授予，来保障学术精英统治的合法性。制度安排对学术职业阶层分化有显著影响，阶层之间的冲突实质上是收入、声望、权力和地位的冲突和博弈。在利益博弈的背景下，不同学术职业阶层之间通过各自的行动表达和强化自身的利益诉求。

学术精英的再生产具有马太效应和羊群效应，学术精英往往产生于学术精英群体之中。学术精英对于学术活动的统治，一方面能够保证学术职业分层结构的稳定性；另一方面，学术精英的权威有可能压制非学术精英的学术创造性，通过学术精英的权力控制和社会排斥阻止其他教师进入更高的学术职业阶层。

（4）底层教师的边缘化

学术精英的统治与底层教师的边缘化是学术职业分层社会排斥导致的结果，也是学术职业阶层地位落差越来越大的重要表现。在院校追求效率与声望的背景下，院校通过制度设计进一步强化了学术精英的统治，使得底层教师边缘化的现象越来越明显，底层教师逐渐沦为学术系统的弱势群体。在若干地位指标上，底层教师收入较低，住房补贴少，生活负担重，处于学术系统中的声望底层，存在缺乏必要的学术资源、学校管理的参与度低、工作责任重、晋升机会少、学术竞争力大、合同聘任使得职业稳定性降低等一系列问题。以资源占有作为标准进行分析，底层教师具有弱势、下层和边缘等相似特征。底层教师群体是构成学术职业结构不可或缺的组成部分,问题的关键在于底层教师群体正在朝着底层阶层乃至底层社会的形态凝聚,或者说底层在逐渐实现由群体底层化向社会底层化方向转移,底层教师群体逐渐丧失最重要的向上流动的机会,而朝着群体凝固化的趋势发展。底层教师的边缘化通过学术系统的稀缺资源的再分配以及"地位再造"不断累积与传递,日益成为丧失学术创新动力的群体。稀缺资源的再分配以及"地位再造"主要受学术职业细分、多样化的分层结构、政府和院校政策以及学术精英统治等因素的影响,使得学术职业流动率越来越低。

作为社会群体的重要组成部分,底层群体作为社会转型的利益受损群体,对于转型后果的主动反抗则是利益博弈的最好体现,而其博弈的武器则是底层的各种抗争行为。[①] 底层教师的抗争行为已经成为高校院校矛盾、阶层矛盾中的一个突出问题,其主要表现形式分为保障阶层利益的群体性行动和个体行动两种,通过QQ群等现代通信手段进行联络、对触及阶层利益的行为举行集体抗议属于群体性行为,如罢课、静坐、阻碍交通、谈判、拒不执行院校决议等是群体性行动的主要方式;教师个体投诉、找院系领导反映情况则属于个体行动。从目前院校实践来看,学术精英的统治与底层教师的边缘化所导致的一系列问题越来越突出,这也是学术职业分层制度异化的重要诱因。衡量一个学术职业分层结构是否合理的重要标准在于确立一个稳定有序、开放自由且良性运行的学术职业分层结构,其中一个重要的标准则在于对待学术职业分层中的底层教师在收入、权力和声望等地位指标的态度。激励和发挥学术职业底层群体的作用,不但决定了学术职业分层结构的合理性和稳定性,也决定了中国高等教育发展方向和进程。因此,妥善解决不同阶层成员之间的冲突和摩擦,合理调节不同阶层高校教师地位不一致的状态,就要求建立互惠互利、地位落差较小、流动性较强的阶层关系,为底层高校教师提供合理的向上流动机会,提高底层阶层成员的地位,建立一个公正、合理、开放的学术职业阶层结构。

9.4.5 学术职业阶层分化

学术职业阶层分化是社会排斥作用的结果,也是学术职业分层制度异化的重要诱因。学术职业分层导致的学术系统不平等的状况使得地位相同或相似的高校教师形成同一阶层,不同的学术阶层构成了一个学术职位等级系列。同一

[①] 罗峰,文军.转型期中国的底层群体研究[J].社会科学研究,2014(2):101-107.

等级层次的人一般有着共同的利益和追求；这些利益和追求与另一社会层次的人的利益和追求相异，有时会发生冲突。① 高校学术系统的和谐发展，某种程度上就是学术职业各阶层之间的利益诉求处于可协调且大体平衡的状态，大多数高校教师的预期目标能够与院校目标协调发展。

（1）学术职业阶层化过程

在学术职业分层结构和行动之间，存在一系列的中间过程和条件。这些过程本质上是一个结构化过程，也可以称为"阶层化"过程。由于学术活动的高深性和复杂性，学术职业分层结构在资源、收入、声望、权力、自我认同和社会身份等领域产生的后果和影响更为复杂。在学术职业阶层化分析中，经济收入、资源获得、权力与声望、社会交往、社会身份认同是五个呈递进关系的分析维度，构成衡量学术职业阶层化的层次结构。

经济收入是学术职业阶层分化的客观且可测量的纬度，也是一种导致学术职业阶层化的重要机制。不同学术职业阶层的高校教师，由于处于不同等级岗位而获得差异化的经济收入，同一阶层的高校教师经济收入大体相当，形成了大致相似的生活方式和地位认同。

资源获得反映出不同学术阶层的高校教师获得资源的能力。资源是高校教师从事学术活动的保障，也是获得权力和声望的基础，阶层等级越高的高校教师越容易获得科研项目、科研经费、信息、实验室、设备、人员等从事学术再生产的各类资源，形成大致相同的学术生活方式，更容易产生学术成果和获得学术共同体承认。

权力和声望来源于学术等级结构的差异，资源获得使得阶层等级较高的高校教师更容易参与学术咨询和决策，在学术活动中拥有较大的话语权；资源获得的累积效应使得高校教师能够便捷地获得学术声望。

社会交往反映在学术职业领域，体现为高校教师的学术交往更多地是在处于社会地位相当且有着相似的学习研究经验、学术态度和价值观的同行间进行，在通过社会交往促进学术交流的同时，也强化了阶层身份。

社会身份认同属于精神领域的阶层等级结构，强调学术群体的最本质、最内在精神需要。在获得学术共同体广泛承认的同时，满足同一阶层学术群体共有的价值观和生活风格，形成基于不同阶层的地位境遇所产生的阶层认同和阶层意识。

---

① 章惠峰. 阶层利益论——社会和谐的政治经济学分析［D］. 复旦大学，2009.

(2) 阶层分化的动力

由学术职业分层结构导致的阶层地位的不一致是分层的自然结果，也是一种较为合理的学术职业分层结构模式。地位不一致体现了一种差异性和矛盾性，这种矛盾性成为高校教师实现自我价值和促进大学发展的内在动力。学术职业阶层所反映的不仅仅是生活机遇的差异，还包括学术声望和权力的差异。社会阶层所描述的是人们在资源分配上所形成的阶梯式的不平等，在这些阶梯的不同水平上，处于高位的人有较多的机会分享社会财富，而处于低位的人则只有较少或没有机会分享这些财富。[①] 尽管学术职业分层所导致的学术阶层的分化是必然的，但是过度的阶层地位分化伤害了学术职业分层结构的有序性和稳定性。学术职业分层导致不同学术阶层群体的生活境遇不同，社会地位不同，学术声望不同。处于学术分层阶梯顶端的学术精英所获得的社会地位、收入、声望和处于低端的学术"青椒"一族之间分化严重。

从学术职业阶层分化的动力因素来看，高等教育系统分层分类的多样化发展、高等学校的资源配置方式、市场机制的作用、高校追求卓越和声望的目标是促进学术职业阶层分化的主要外部动力，地位和声望是促进学术职业阶层分化的主要内在驱动力。从学术职业阶层分化的过程来看，当代中国学术职业阶层分化是一个从"解"构到"结"构、从"身份"到"契约"的分层过程；从学术职业的阶层构成来看，学术职业阶层结构呈现多元化、层级化的特征。当代中国学术职业阶层分化的"结"构过程，也就是学术职业分层后的不同阶层群体通过"再度同质化"逐步聚合成新的学术职业阶层，进而形成新型学术职业阶层结构的过程。如果说"同质异化"意味着一种学术职业分层导致的离散状态，那么"再度同质化"则是一种新的学术职业分层的聚合，即阶层界线较为清晰、有着比较一致的阶层认同。[②] 由于学术工作性质本身并没有太多差异，不论处于哪个层级的高校教师，从事的都是教学和科研等学术工作，具有同质性，只是具体岗位的学术分工和职责有一定差异，应该说，"同质异化"的特征不显著才有利于学术职业分层结构的形成。因此，出现这种"同质异化"现象对于学术进步和发展是不利的。

(3) 主要特征

"阶层定型化"是一个富有社会学想象力的概念。孙立平认为，阶层结构

---

① 刘欣. 当前中国社会阶层分化的制度基础 [J]. 社会学研究, 2005 (5): 1-25.
② 盛晔, 张彬. 当代中国社会阶层分化: 动力、过程和结构 [J]. 内蒙古大学学报 (人文社会科学版), 2006: 4-43.

的定型化包括三个方面：阶层之间的边界开始形成；内部认同形成；阶层之间的流动开始减少。① 因此，分析中国学术职业阶层的定型化可以根据这三个方面来具体测量。当前中国学术职业阶层分化的主要特性是：以职称或者岗位分化为基础的阶层分化的边界较为清晰，各阶层的内部认同较为统一，阶层之间的向上流动机会越来越少，向下流动频率非常低。由此可以作出判断，我国学术职业阶层分化处于定型化的过程之中。

学术职业各阶层之间是否和谐，取决于它们之间的利益关系（收入、声望、权力、地位等）能否协调，即在同一阶层内部其利益是否具有一致性，在不同的阶层之间，其利益是否具有共生性、相对公平性和动态发展性。高校学术系统和谐发展的关键在于努力协调好学术职业各阶层之间的利益关系，为此，要建立有效的利益制衡和平衡机制。其着眼点在于对学术精英阶层的利益攫取能力要有所规制，对学术职业中下阶层的利益保护能力要有所加强并提供更多向上流动的均等机会。

在一个相对稳定的社会里，阶级/阶层分化的程度可能会相当显著，但未必导致明确的阶级/阶层意识；而在一个急剧变动的社会里，人们的社会经济地位的相对变化，使之敏感于自己的得失，更有可能导致明确的阶级/阶层意识的产生。② 在高等学校不断面向社会自主办学的时代，学术系统处于急剧变动之中，学术职业分层体系也正在不断变革之中，新的层级不断产生，新的职位在院校不断被设置，新的收入分配体系、声望和权力分配体系不断被建立，不断地打破原有学术阶层的地位体系，学术职业阶层意识不断被强化，导致的各种阶层矛盾日益尖锐。因此，解决学术职业分层所带来的阶层矛盾，根本出路在于在不断获得更多社会资源的基础上优化学术职业分层结构，健全学术职业分层制度，避免学术职业分层后的两极分化和不同学术阶层矛盾的激化，形成良性的学术职业分层稳定机制和运行机制。

---

① 孙立平. 中国社会结构的定型化 [EB/OL]. http：//www.21ccom.net/articles/zgyj/gqmq/2011/1115/48816.html，2005-12-15.

② 刘欣. 转型期中国城市居民的阶层意识 [A] //李培林，等. 中国学术职业分层. 北京：社会科学文献出版社，2004：220-221.

第 10 章 中国学术职业分层：制度创新策略

理想的学术职业分层结构是一个整体的、均衡的、开放的、相互支持的系统，学术职业分层结构内的各层级都对系统整体功能发挥作用；同时，通过不断的学术职业分层分化与分层整合，维持系统整体动态的、和谐的、差异化的均衡秩序。高校学术职业分层制度是对高校教师所从事的职业进行职位设置和等级排序，以体现不同层级教师的学术贡献与其相应职位的经济收入、权力和社会声望等地位指标的对应关系的一种规则体系。高校学术职业分层制度对高校声望、学术进步以及教师个体职业发展都具有重要影响。因此，促进学术职业分层制度创新对于我国正在试行的高校教师分层与岗位设置制度改革具有重要的理论价值。[①]

10.1 学术人假设：学术职业分层的合理性解释

关于人性的说法，古今中外颇多。中国有"人之初，性本善"之说，西方现代文明中有"人性不完善"的假设，基督教认为人是有罪的，佛说人生是苦的，等等。人性，英文表示为"Human Nature"，表达了人性是人类本质或最自然的一种状态。不同的人性假设对于管理制度的形成有着重要的导向作用。美国管理心理学家道格拉斯·麦格雷戈（Dougl ~ . M McGregor, 1906—1964）在 1960 年出版的《管理理论 X 或 Y 的抉择——企业中的人性方面》一书中指出："每项管理的决策与措施，都是依据有关人性与其行为的假设。"

---

① 本章部分内容引自：李志峰. 高校学术职业分层制度的变迁逻辑 [J]. 清华大学教育研究, 2012 (4): 110 – 124; 李志峰, 廖志琼. 当代中国高校学术职业分层及特征分析 [J]. 中国高教研究, 2013 (8): 20 – 25; 李志峰, 杨开洁. 基于社会分工的高校学术职业分层分类 [J]. 华北电力大学学报（社会科学版）, 2011 (05): 125 – 131; 李志峰, 易静. 美国高校学术职业分层的历史变迁与制度安排 [J]. 高教发展与评估, 2010 (3): 92 – 100, 123 – 124; 杨开洁. 中国高校学术职业的分层研究 [D]. 武汉：武汉理工大学, 2010; 易静. 美国不同层类高校学术职业的分层研究 [D]. 武汉：武汉理工大学, 2010; 李志锋. 从学衔到岗位：高校教师职务管理的内在逻辑 [J]. 教育研究, 2013 (5): 79 – 86.

麦格雷戈首次提出"人性假设"概念，对社会发展影响深远。在人类推动其自身和社会发展前进的过程中，在每种制度和措施背后，都隐藏着某些关于人性及其本质的基本看法，即人性假设。人性假设总是和人的需要紧密结合在一起。

高校教师聘任制度从职称分层到岗位分级，也和人性假设有着密切联系。学术职业分层的功能与大学的功能密切相连，高校教师具有与一般人共性的特征，也具有个性的特征，对高校教师共性和个性特征的分析就是在人性假设基础上进行的。人性假设直接关系到学术职业分层制度设计的基本方向和路径，也直接影响着大学功能的发挥。通过人性假设分析学术职业分层制度，有助于我们进一步理解学术职业分层的本质，对建立合理的分层结构具有积极意义。

10.1.1 "经济人"假设下的学术职业分层

"经济人"（Rational-economic Man），也叫"唯利人"或"实利人"。这种假设起源于亚当·斯密（Adam Smith，1723—1790）关于劳动市场交换的经济理论。它认为人的一切行为都是为了最大限度地满足自己的物质需要，人的本性是争取自身最大的经济利益。美国组织心理学家沙因认为，"经济人"的特征主要包括几点：①人是由经济诱因引发工作动机的，并为了谋求最大的经济利益而行动、工作。②人是被动地接受组织的操纵、激发和控制而工作的。③人的感情是非理性的，因此必须加以防范，必须善于干涉其所追求的私欲。④组织设计与管理必须设法控制个人的情感。[1]

如果把高校教师假设为经济人，那么，学术职业分层制度设计的基础就是最大程度满足教师的经济需要。当经济因素成为学术职业者追求自身利益的内在动力，高校教师的工作就是一种经济行为，学术职业就成为一种纯粹的"经济人"职业。以经济人假设为基础的学术职业是一种只需要通过经济利益交换就可以从事的职业。那么，按劳分配，以学术工作绩效作为重要的分配原则体现的就是"经济人"假设。高校教师"经济人"假设的总是去寻找那些可满足其经济需求的组织，当无法满足他们最大的经济利益需要时，教师就会产生强烈的流动动机，寻找工资待遇更高的工作，或从事收益更高的职业。因此，在进行学术职业分层制度设计时，经济因素是制度设计的基础，也是激励教师工作积极性的源泉。

---

[1] 沙因. 组织心理学 [M]. 北京：经济管理出版社，1987：114-116.

以经济人假设为基础的学术职业分层制度具有如下特征：一是"工分制"管理。将教师所有学术工作折算成工分，通过完成工分定额实现职称或者岗位分层；二是"绩效工资"制。将学术工作完成的质和量核算为单位绩效，超额奖励，未完成处罚，工作向绩效看齐；三是教师为"学术打工仔"，按组织意愿办事，缺乏独立性。应该说，目前中国部分高校学术职业发展制度的设计的基本思想就是基于"经济人"假设的。

10.1.2 "社会人"假设下的学术职业分层

1927年美国哈佛大学教授梅奥基于"霍桑实验"提出了"社会人"的人性假设。梅奥认为，人除了物质需要之外，社会需要和自我尊重的需要也是提高工作效率的关键因素。"社会人"的特征主要包括以下几点：①人不是孤立存在的，是作为群体的一员，必须有社会认同感和归属感；②人具有社会性的需求，人际关系和对组织的归属感比经济报酬更重要；③除了物质需要以外，在工作中还需要得到友谊、安全和尊重；④非正式组织的作用在组织中较为明显。

如果把高校教师假设为社会人，学术职业分层制度设计的基础就是满足教师的社会性需要。当学术职业把自我社会需求的满意与否看作决定他们工作效率高低或是否与他们的岗位相匹配的关键因素时，他们就满足了"社会人"假设。作为"社会人"的学术职业者渴望组织群体能尊重和满足他们的社会需要，重视组织内部人际关系对于提高组织效率的影响，重视获得职业地位的需要，把自我的社会需要看作他们工作行为的基本激励因素。学术职业分层制度重在营造良好的人际关系环境，促进教师积极参与院校决策管理，培养教师的组织归属感和对大学文化的认同，在此基础上促进教师地位的不断提高，满足其作为社会人的需要。

10.1.3 学术人假设：学术职业分层的制度创新基础

高等教育的任务是培养高层次人才，创新知识和为社会服务，高等院校是学术性组织，高校学术职业是以学术为主要工作对象的社会职业。从"经济人"和"社会人"角度去分析高校学术职业分层具有一定的合理性，但是这两种人性假说的理论忽视了学术职业区别于其他职业的本质特征——学术性和教育性，因此，存在着一定的局限性。

(1) "学术人"——学术职业的理想状态

1942年美国学者洛根·威尔森（Logan Wilson）出版了《学术人》（The Academic Man）一书，对学术人作了一个界定。他认为大学教师从事的是以学术服务于社会的学术职业，学术是他们从事学术工作的前提和标准，作为学术人的大学教师应具有学术地位，并应该为学术的发展作出自身的贡献，体现学术职业的价值。[①]

虽然LoganWilson没有明确提出"学术人"假设，但我们仍然可以通过其有关论述推断出"学术人"的基本特征，主要有以下几点：①以追求高深知识为理想。②在特定的学术文化背景下，有坚定的学术立场和严谨的治学态度。③具有良好的学术人格。④有渊博的知识和学术能力，并运用知识发展学术。⑤具有学术权力，有良好的学术道德。⑥通过保持探究和传播高深知识，不断突破学术成长中的限制，在从事学术工作过程中有崇高的精神追求和精神满足感，有自我实现的强烈愿望，并用学术为人类福祉服务。

(2) 学术职业分层的学术性

学术性既是大学的本质属性，也是学术职业的本质属性。布鲁贝克认为，学者乃是献身于学术并主动地以自己的学术去关注现实、影响社会的人，这是学术职业与其他职业的根本区别。因此，在学术职业分层制度设计过程中应充分体现学术职业的本质属性，充分反映学术职业发展的基本规律和学术发展的基本逻辑，鼓励教师献身于学术并运用学术为人类发展和进步服务。

追求学术，以学术服务于社会是大学教师的天职。因此，大学教师从事的是"学术"职业。从"学术人"从事的职业来说，学术职业分层设计的基础应是"学术人"假设，必须充分尊重学术活动的本质特点来设计学术职业分层制度，但是，从一些院校学术职业分层的政策文本来看，高校教师岗位分级制度设计并没有充分体现学术人假设，在一定程度下影响了学术人的工作热情。

(3) 学术人假设：学术职业分层制度的立足点

由于高校层次类型的不同，学术职业层次类型也是多种多样的。"学术人"假设是学术职业的一种理想状态，可以说，"学术人"的人性假设是对学术职业本质的理解。以此基础来设计学术职业分层制度能够充分体现学术职业的工作特征，能够体现学术职业分层的多样性特征，对于促进学术进步和实现

---

① Logan Wilson. The Academic Man [M]. New Brunswick (U.S.A) and London (U.K.) 1995: 15-243.

分层秩序的和谐具有重要的理论和现实意义。

学术职业分层制度是一个不平等的学术制度，这个学术制度的必要性或者说其合理性的基础在于能够促进学术进步与发展，完成大学作为一个学术组织的功能，促进人类文明的传承和发展。学术职位是对高校教师学术能力、学术水平和学术贡献的承认，也是对于工作职责的具体规定，学术职位所带来的收入、权力、资源、自主性以及声望是镶嵌在学术职业分层结构之内的，但这不是获得学术职位的根本目的。而学术职业分层的根本目的在于追求高深知识、追求科学真理、促进人类福祉，这既是学术职业分层制度设计的基础，也是制度设计的最终目标。在攀登学术职业分层阶梯的过程中，高校教师只能够凭借其对于高深知识的掌握和运用以及对于学术的贡献。对于学术职业分层制度中存在的问题，也必须坚持"学术人"的人性假设来进一步完善。在进行学术职业分层制度创新过程中必须坚持学术职业的"学术人"假设。

10.2 学术职业分层的制度修正与创新

社会学家认为，一个良好的制度能保证社会结构的合理化，协调社会各个组织内部的关系，促进社会和谐发展。布坎南等学者对寻租成因的制度性阐释认为，制度创新是抑制寻租活动的关键所在。[①] 从中美两国学术职业分层制度的形成和发展可以看出，中国高校学术职业分层制度尽管在不断走向成熟，但毋庸置疑的是，中国高校学术职业分层制度也存在一些寻租现象以及制度异化问题，需要对学术职业分层制度进行修改和创新。

10.2.1 建立多轨制分层体制，促进学术职业的流动性

当今中国大学正在经历一场划时代的重大转折，从政府的附属机构到面向社会自主办学的法人组织，从非功利性组织到具有市场意识的学术文化组织，从教师职称评审到教师岗位聘任制度改革等，都在发生着深刻变革。在新的时代背景下，尤其是高等教育后大众化时期，教师个体与学校组织、学术自由与社会制度、学术价值与市场价值之间的冲突和矛盾日益加剧，学术职业分层制度面临重大制度创新。

---

① 刘汉霞，我国权力寻租的影响因素研究 [D]. 广州：华南理工大学，2010.

教师岗位设置是教师聘任制度的基础，科学设岗又是完善教师聘任制度的前提，合理的岗位设置必须把合适的教师配置到合适的工作岗位上，充分发挥不同教师的工作积极性。同时，还需要认真分析岗位的特点，按照不同专业、不同学科、不同层次岗位的特点确定各级岗位的合理结构，对教师进行分层分类管理。从我国高校的岗位聘任制度来看，岗位设置还不足以体现院校学术工作的多样性和复杂性，也无法满足不同层次类型教师对于学术工作的需求。对于高等教育大众化阶段的学术职业分层来说，学术岗位结构应具有多样性，既要有以教学为主的岗位，也要有教学和科研并重的岗位，还要有以为社会服务为主的岗位，不同的岗位具有不同的工作职责。除了这种大类岗位结构以外，还可以根据学术工作的特点将学术岗位划分为基础研究岗位、产学研合作岗位、应用研究岗位；或者按照学科学术工作相似的程度分为人文学科岗位、社会科学岗位、理学岗位、工科岗位等。这就要求高校在学术人力资源配置过程中对不同层次类型的学术工作的特点进行准确把握，区别对待，形成多样化的学术职业分层结构，这样才更有利于发挥高校教师的积极性。目前，部分高校学术职业分层制度是一种单轨制的学术职业发展制度，其岗位设置具有较高的同一性，忽视了学术工作多样性的特点，难以满足教师对于不同层次类型的学术岗位的选择，从而难以实现教师追求学术，运用学术服务于社会的目标。

建立多轨制学术职业发展阶梯是高校学术职业分层制度的重要制度创新，这种制度创新的优势表现在如下几个方面：一是改变了原有的单一岗位配置方式，实现了从单一岗位配置方式向多样化岗位配置方式的转变；二是多轨制学术职业分层体系满足了学术工作多样化和复杂化的要求，有利于提高学术工作的效率；三是教师职务聘任选择更具有针对性，能够满足教师的不同岗位需求。按照教师对高深知识的掌握和处理方式的类型和层次设置岗位，可以根据教师不同的职业意向、兴趣、学术基础和学术能力对教师进行不同岗位安排，合理地配置学术人力资源，实现"定岗、定责"的目标。在"定岗"过程中体现层次性、多样性的特点，不同学科和专业的学术人力资源配置均衡，制定岗位职责时充分考虑不同类型岗位的工作任务，教师一经聘任或上岗，就要履行相应的岗位职务职责。

尽管一些高校开始尝试对教师专业技术岗位实行岗位分类管理制度，如将岗位划分为教学为主的岗位、教学科研岗位、科研岗位、产业与社会服务岗位，不同岗位侧重的学术工作有所不同，这种岗位分类管理制度在实践中已经取得了初步成效，但是在学术评价制度的设计中并没有完全体现不同类型学术工作的特点，总体来说，还是在教学科研岗位评价指标的基础上进行加减，同一岗位不同学术工作类型的区分度不大，本质上还是单一轨道制。多轨制必须明确不同教师的岗位类型，进行岗位工作分析并按照岗位的特点和职责确定不同的学术评价标准，并授予不同的学术职务头衔或者称谓。具体来说，教学岗位系列设置助教、讲师、高级讲师职位体系，主要任务是教学工作。教学工作是学校的基础性工作，也是人才培养质量的保证，教师凭借教学质量晋升；教学科研岗位和科研岗位系列设置助理教授、副教授、教授职位体系，主要任务是教学和科学研究，以科学研究为主，在考查教学质量的基础上凭借学术成就晋升，教学质量作为基础性而非必备性晋升条件；产业与社会服务岗位系列设置助理工程师、工程师、高级工程师、教授级工程师职位体系，主要任务是实现知识产业化和市场化，主要依据知识产业化成果指标晋升职务。特别需要指出的是，教学工作是院校的基础性工作，是院校的基本任务，地位很重要，但是教学工作具有高度模糊性特征，教学质量难以评价。教学工作和研究工作相比，知识处理的方式较为简单，教学成果很难获得学术共同体的普遍认同，在教学科研型和研究型学术职位晋升评价的过程中不宜作为必备条件。科学界的分层理论明确指出，学术成就与荣誉奖励制度是学术共同体具有普遍意义的等级评价体系，因此，教学工作在教学科研岗位与科研岗位系列中应是充分但不是必要的条件。

在多轨制学术职业分层体系中，应建立互通立交桥，促进教师自由转轨，保障教师的职业发展权利。

与此同时，学术职业分层结构需要保持一种柔性而非刚性的设计，充分尊重不同高校学术职业结构的特点，学术职业分层晋升由院校自主。学术职业分层过程的流动频率是体现科学、合理学术职业分层结构的重要观测指标。刚性的学术职业分层结构是一种凝固化的结构，缺少流动机会，并促使阶层固化。因此，必须打破学术职业分层体系的刚性结构，通过学术职位的流出和流入机制解构固化的学术职业分层结构，促进学术职业的流动性，提高学术职业的相对流动频率，给予高校教师更多的向上晋升的机会。

10.2.2　形成多元化、开放式的分层聘任制度

（1）形成多元化、开放式的聘任机制

高等教育系统是一个有机的、开放的系统，其内部与外部的资源必须充分相互交换，才能保证系统自身的平衡和稳定。如果系统内外部资源的交换停滞，系统结构就会发生危机。对于学术职业分层系统来说，也是如此。因此，

在学术职业分层聘任过程中应形成多元化和开放式的聘任方式。

①公开招聘与直接选聘相结合。公开招聘是面向国际学术界或者社会各领域公开招聘符合岗位需求的教师，即面向学术劳动力市场招聘和聘任教师，以开放、竞争的聘任方式在世界范围内择优招聘教师。直接选聘是以本校教师为基础选聘符合岗位需要的教师。这两种方式各有利弊，前者的优势在于招聘的人才具有国际化视野，学术竞争力较强，但公开招聘与聘后培养成本较高，不一定能够很快适应学校文化；直接选聘的优势在于高校教师熟悉学校文化和学科文化，对院校文化认同性较高，能够很快进入角色，聘用成本较低，不足之处在于容易导致"近亲繁殖"，形成社会关系网络，形成学术壁垒，阻碍学术发展。因此，公开招聘与直接选聘相结合的方式将进一步完善高校教师岗位设置与聘任制度。

②内部聘任与外部聘任相结合。所谓内部聘任，是指遴选从学术机构获得高级学位然后直接进入高校从事学术工作的高校教师；而外部聘任是指获得高级学位后进入工业界从事几年后的专业技术人员到高校从事学术工作。从学术界内部直接遴选高校教师，其优势在于学术基础较为扎实，能够从事相关课程的理论教学工作，可以开展相关领域的理论研究工作；劣势在于对于社会、企业的发展情况缺乏深入了解。从工业界遴选教师，其优势在于教师了解工业界发展状况，培养工业界人才更具针对性。尤其是工科教师，必须从工业界的专业技术人员中选聘，这对于培养工业界所需要的人才、针对工业界的需求开展科学研究极具意义。目前，一些高校在人事制度改革中要求教师具备实践能力，派出教师去工业界实习锻炼，但效果并不明显，蜻蜓点水式的锻炼很难掌握工业界的具体情况。如果直接从工业界遴选教师，则可以切实解决高校和企业在人才培养和科学研究过程中的"两张皮"的问题，既有利于为工业界培养卓越人才，也可以从工业界获得科研的课题，对于高校人才培养和科学研究都具有现实意义。外部聘任不仅仅适用于高职高专院校，对于教学研究型大学、研究型大学的工程教师的选聘也同样适用。从工业界聘任教师困难在于，由于工业界的收入可能会比高校高，高校可能难以从工业界吸引优秀专业技术人才。这就需要不断提高高校教师的社会地位。只有学术职业成为了社会高度尊重的职业，才能够吸引工业界的优秀专业技术人员进入高校从事学术职业。

③终身轨与非终身轨相结合。尽管我国正在大力推进高校教师岗位聘任制改革，但是到目前为止这种聘任制还不能算是一种成熟的聘任制，教师聘任制的一些基本问题尚未解决。尽管在形式上高校和教师签订了合同，但是由于历

史的原因和现行政策的不完善，以契约为核心的聘任制难以得到充分的落实。一方面，原有老教师是由体制内的"干部"转化而来的，是属于有编制的教师，享有体制内的各种福利待遇，是事实上的无限期的"终身教师"，具有高度的职业稳定性。如果将这部分高校教师全部转为聘任制的教师，就意味着他们的职业稳定性将被解构，在整个社会保障体系尚不完善的情况下，必然引起这部分教师与高校之间激烈的矛盾冲突，不利于学术系统和社会系统的稳定。另一方面，根据"老人老办法，新人新办法"的传统惯习，新聘任的教师实行岗位聘任制，将必然导致新教师和老教师的阶层矛盾。因此，形成终身轨和非终身轨相结合的教师聘任制度，能够有效缓解这种矛盾。具体方案如下：一是所有教师都转为聘任合同制教师，即所有教师需要和院校就其工作和权利签订合同，充分体现聘任制度的公平性；二是对于新任教师，给予两个聘期的合同，在两个聘期结束后通过考核评价决定是否转为终身轨教师；三是老教师通过聘任合同制确定其岗位职责和权利，能够满足岗位需要并且能够完成连续两个聘期的工作职务即自动转为终身教职。不能够完成聘期工作任务的教师转为非终身轨教师或改任其他非教师岗位职务，保障其职业的稳定性。现阶段，高校特别是研究型或研究教学型高校，更应该对学术成就优秀的教师实施教职终身聘任制，提供终身教职岗位，而非实施看似更加市场化的教职聘任合同制。研究型高校实行终身教职聘任制有利于减少"学术寻租"的出现，因而优于聘任合同制。[1]

④专兼职教师相结合。从世界范围的高校教师聘任来看，专职和兼职相结合的教师聘任方式是大势所趋，能够有效缓解高校面临的财政压力。对于不同类型的高校而言，可以根据其学术工作的性质确定专兼职教师的结构比例。专职教师主要从事专业化程度较高的课程教学和科学研究；兼职教师主要从事公共课的教学任务，按课时给予薪酬。随着我国学术劳动力市场的日益完善，公共课教学从学术劳动力市场中选聘兼职教师已具备条件。兼职教师不仅仅能够缓解高校财政压力，而且运用市场机制选聘的教师具有竞争性，教学效果可能更好，能够保证和促进高校教学水平的持续提高。对于优秀的兼职教师可以转任为专职终身轨教师。给予兼职教师职业发展空间，可以激励兼职教师更好地从事教学工作。对于兼职教师的教学资历和教学表现可以实行分层聘任，授予不同的、具有层级性的职称头衔。专兼职教师相结合的教师聘任方式可以保障高校学术职业分层的灵活性和针对性，优化学术职业分层结构。

---

[1] 张光磊，廖建桥，金鑫. 社会资本、学术寻租与教职终身制——高校科研工作者教职聘任制模式研究 [J]. 高等教育研究，2008（12）：28-34.

⑤ 设置助理教授职位。我国高校设置的从助教到教授的分层结构在一定历史条件下促进了大学的发展。在最初的学术职业分层制度的设计中，助教职位只是教授的助手，协助教授处理较为简单的教学和科研工作，其功能是协助性的，在教学和科研中不发挥主体作用，后来逐步演化为可以独立开展学术工作的职业。在学术劳动力市场不完善的时期，助教作为教师分层的一个独立阶层是具有其特定价值的。然而随着学术劳动力市场的完善，在大部分本科院校，博士学位已经成为学术职业的基础门槛，他们作为高校教师的候选人已经具备一定的教学和科研能力，能够独立从事教学和科研工作，从世界各国高校学术职业分层实践来看，博士入职一经聘任即为讲师或助理教授职位。因此，助教这一职位在高校学术职业结构中的合理性就受到了质疑。随着大批具有博士学位的学术人进入高校从事学术职业，在本科院校中应初步取消助教职位，设立助理教授职位成为了一种必然的趋势。助教承担的学术辅助性工作交给研究生来承担，一方面，可以减轻助教入职后继续培养的成本；另一方面，通过增设助理教授职位，可以增加学术职业的必要层级，形成助理教授、副教授、教授的分层结构，适应学术工作多样性和复杂性的需要。

（2）保障聘任程序公平

保障教师岗位聘任程序公平是缓解学术职业阶层矛盾的关键。目前，高校教师岗位评聘晋升矛盾最大、意见最多的是在教师分层聘任过程中寻租行为等不公平现象。应该说，高校教师岗位聘任政策充分体现了聘任程序的公平，高校通过在教师岗位聘任过程中的种种政策规定来试图实现聘任过程中的公平，然而在中国这个人情社会所形成的"差序格局"①仍然深刻影响着岗位评聘过程。因此，坚持学术标准第一以及公开、公正、公平和择优原则，体现聘任过程中的程序公平就非常重要。

首先，评聘制度要充分体现公平。一是在设岗过程中要体现公平，优势学科或者优先发展学科设置的高级岗位比例可以大一些，同时也要兼顾其他学科的高级岗位设置；二是在评聘程序上要体现公平，改革职称评审和岗位晋升等过程中的"大评委"②制度，充分发挥本学科专家在评审过程中的作用，只有本学科的同行专家才能够对本学科教师的学术能力、学术水平、学术成就作出较为准确的评价。"大评委"制度是衍生"差序格局"的根源。

---

① "差序格局"是社会学家费孝通先生提出的概念，旨在描述亲疏远近的人际格局，按离自己距离的远近来划分亲疏。

② "大评委"是指学校各学科知名学者共同组成的具有最终决定权的学术评价组织。

其次，保障评聘过程中的公平。从职位设置到职位申请，再到评审专家的遴选，以至最后的评审结论，每一个环节都要充分考虑公平，避免外界力量对学术评审过程的影响。职位设置要科学，职位申请要规范，评审专家实行不定期轮换制，评审结论的公示和复议等都需要充分透明，充分尊重教师参与职位评审的作用。

再次，广泛采取校外同行评价制度。校外同行虽然不能够完全杜绝但能够比较有效地缓解"差序格局"带来的影响，能够较为准确、公正地对高校教师进行学术评价。

最后，充分发挥高校教师在评审过程中的监督作用。教授会、学科评议组以及其他学术评价组织应充分吸收高校教师参加，形成分工合理、相互督促、相互制约的机制。

（3）形成多样化的弹性评价考核体系

一是当代学术分工越来越细，学术工作也越来越复杂，高校教师对高深知识的处理方式越来越多样化，不同学科之间的考核评价差异越来越明显。因此，高校应基于教师对高深知识的不同处理方式对教师学术工作进行价值评价，统一的、刚性的评价体系不能够适应学术职业岗位层类化、多样化的要求。设置多样化的岗位考核评价体系，可以充分体现教师所从事的学术工作类型的不同特点，有利于充分反映教师在教学、科研和其他能力方面的差异。

二是实行聘期考核制。学术工作既具有复杂性的特点，也具有长期性的特点，学术成果的产生需要一定的时间周期。过于频繁的学术考核并不能够充分反映高校教师的学术工作特点，和学术工作的基本规律相悖，因此，应取消年度考核制，实行严格的聘期考核制，对连续两个聘期考核不合格的高校教师实行缓聘、低聘、转聘的政策，促进学术职业分层结构的流动性。

10.2.3 建立合理的地位分层体系

从经济人的角度出发，学术职业合理阶层结构的建构客观要求形成公正合理的资源配置和地位获得机制。忽视高校教师地位分层的差异性和多样性，必然阻碍学术发展和进步。约翰·罗尔斯认为，"应该认可社会不平等和经济不平等，这些不平等在现代国家中对于工业经济运行是必需的或是能够极大提高效率的"[1]。作为社会不平等的特殊类型的学术职业分层结构对于学术进步和

---

[1] [美]约翰·罗尔斯. 作为公平的正义——正义新论[M]. 姚大志，译. 上海：三联出版社，2002：125.

提高高校运行效率和实现组织目标是必要的。关键的问题是如何建立合理的学术资源配置制度，培育机会平等的地位获得机制，按照高校教师的贡献给予相应的社会地位。

在学术职业地位分层体系形成过程中，流动无疑是重要的机制，教师晋升高一级学术职务或往更高层次院校的各种横纵向流动是实现地位分层的途径。正如密西根大学校长安吉尔（James B. Angel）所说："以前很少有教授在院校之间流动，而现在这已成为寻常之事。"[1] 学术职业的流动是建立在规范的学术劳动力市场基础之上的。学术职业的流动保障了教师应有的地位和权力，促进了教师地位分层结构的形成；反之，学术职业的分层又促进了其合理的流动。流动与分层密不可分，它们相互结合、相互促进。

从职业发展和地位获得的角度来看，学术职业主要通过专业知识和技能以及市场机制的作用寻求在大学中的职业保障，如良好的受雇条件和待遇、职业发展的美好前景等，而大学则通过提供必要的雇用和职业发展条件有效地选拔、保持、培养符合大学发展目标和办学理念、具有高度竞争力的教师。因此，学术职业分层制度使得教师与大学有着统一的利益基础。一个合理的学术职业分层制度对不同层次教师的地位认可和大学教师的学术劳动保障都是必需的。

职称和岗位晋升等都是学术职业分层的表现形式，分层伴随着流动。无论是教师的向上流动还是向下流动，抑或是从高校流进或者流出，都意味着教师在地位体系中的变化。职称和岗位作为社会地位指标深刻地影响着学术职业各阶层的社会关系。如果阶层之间的地位落差太大，则必然导致阶层价值观的离散，促成阶层之间的分裂，导致学术职业结构处于无序状态，将极大地影响高校教师的工作积极性。因此，建立一个合理的学术职业地位分层体系尤为重要。

社会经济指标是反映社会分层后各阶层地位的重要依据。在社会分层中，收入和职业声望无疑是两个重要的地位指数。阶层之间收入差距过大是促进社会阶层分化的最根本诱因，也是社会不平等的最核心影响因素；职业声望作为另一个重要指数，也和地位密切相关。在经济社会，收入和职业声望呈现正相关关系。在学术界，声望则是硬通货，可以变现为更高的收入。学术职业的工作对象是高深知识，高深知识的价值评价的模糊性、长久性、后发性等特征决

---

[1] Roger L. Geiger. To Advance Knowledge: The Growth of American Research Universities, 1900–1940 [M]. New York & Oxford: Oxford University Press, 1986: 11–12.

定了学术职业的地位主要通过其学术声望而非工资收入来获得,这就决定了学术职业分层后的阶层地位差异不能由工资收入差异来形成。从世界各国的经验来看,形成工资级差较小的学术职业分层地位体系已经成为世界各国学术职业地位体系设计的一个基本准则。所以说,通过所谓"绩效"不断拉开高校教师的收入级差来强化不同岗位的地位等级不符合学术职业发展的基本规律。

不平等的学术职业分层地位体系的潜在功能能够保证有效率的劳动分工,但是过度的不平等也能够使劳动分工变得更无效率。由于学术工作的难以测量,学术工作绩效难以准确评估,那么,过度的地位不平等必然激化了劳资双方以及阶层之间的矛盾,导致不同阶层的教师之间产生群体矛盾,影响阶层之间的团结。

10.3 学术职业分层制度创新的策略选择

政策选择的合理性实际上包括两层含义:一是制定什么样的政策才是合理的;二是怎样制定和实施政策才是合理的。二者相辅相成,是一个问题的两个方面。在政策选择的四个维度——利益表达、利益综合、政策制定、政策实施的整个过程中,能否充分兼顾各阶层的合理利益和正当诉求,制定公平合理的政策,并保证不折不扣、不偏不倚地执行这些政策,协调各阶层、各方面的利益关系,关键就在于能否保证政策制定的公平和政策实施的公正。这也是衡量政策选择是否合理的重要标准。要使政策制定公平,尤其要注重强化弱势群体的利益表达能力,优化政策过程机制。这是政策制定公平最重要、最关键的制度保障,也是民主决策、科学决策的必然要求。在公共选择过程中,各社会阶层和集团之间的权力和影响是不平等的,有些利益集团(主要是强势群体)拥有明显的优势,他们的行动对政策选择产生重大影响,而有些利益集团(主要是弱势群体)可能在政治机器这个庞然大物面前表现得束手无策。政策制定公平还意味着政策制定不能歧视任何一个阶层的合法利益和正当诉求。政策不仅是利益的分配和调整,有些还具有利益确认和保护的功能[①]。

理想的学术职业分层结构必须适应不同高校的使命和目标,必须和高校的办学定位相对应。对于研究型大学来说,理想的学术职业分层结构是一种倒金

---

① 韦朝烈. 社会阶层的新变化与政策选择的合理性分析[J]. 广西社会科学, 2006 (8): 172-175.

字塔型结构，即上大下小、以教授和副教授阶层为主体的学术职业分层结构，这种分层结构有利于实现研究型高校研究主导的办学目标。对于教学研究型大学来说，理想的学术职业分层结构是一种上下两层小、以副教授阶层为主体的学术职业分层结构，这种分层结构有利于实现教学研究型大学教学和研究兼顾的办学目标。对于教学型和应用型大学来说，理想的学术职业分层结构是一种金字塔型结构，即上小下大，以副教授、助理教授、讲师阶层为主体的学术职业分层结构，这种分层结构有利于实现教学型和应用型高校教学主导的办学目标。

之所以形成这样的学术职业分层结构体系，是与高校的发展使命和目标密切相关的。第一，教授是学术职业分层结构中的上层阶层，主要承担高深知识的创新和发现任务；副教授作为学术职业分层结构的中上阶层，主要承担高深知识的创新和传授任务；助理教授作为学术职业分层结构的中间阶层，主要承担高深知识的创新和传授任务；讲师作为学术职业分层结构的中下阶层，主要承担高深知识的传授和应用任务；助教作为学术职业分层结构的下层阶层，主要承担高深知识的传授和应用任务，同时担任教授、副教授的教学和科研助手。明确不同阶层教师的主要工作任务，对于实现高校的不同学术使命和工作任务更具意义。第二，缓和学术职业分层结构体系不同层级教师的矛盾与冲突，形成较为稳定的学术等级秩序，关键在于避免收入分配和资源占有中的严重两极分化现象。第三，教学工作是教师的基本工作职责，但并非学术职业分层的依据。教学工作质量很难科学测量，同时教学工作质量的高低与高校的教学理念、教学投入、教学文化、教学方法方式、考核方式、教学制度等都存在密切的关系，是一个系统工程。第四，学术精英阶层的主流价值观念和意识形态对学术职业分层结构的稳定性发挥着重要作用。第五，流动性是保持学术职业分层秩序的核心要素，保障不同阶层教师的横向和纵向的向上和向下流动有利于激发不同阶层教师的学术积极性，能够有效地缓和不同阶层之间的矛盾。因此，学术职业分层政策作为制度的一种具体安排，必须充分考虑高校的发展目标定位，充分兼顾不同学术阶层的合理利益和正当诉求。

10.3.1 学术职业分层制度创新的基本原则

（1）坚持以学术为中心

学术职业是以学术工作为对象的特定社会职业，因此，对于学术职业的分层必须坚持以学术为中心。在高校教师学术评价体系的设计过程中，应充分考虑不同高校学术工作的特殊性,形成以学术为中心的多样化的学术评价体系。特别需要指出的是,教学能力是所有教师必须具有的基本能力,是成为合格教师的基本资格,对于研究型大学和教学研究型大学来说,尤其是研究主导型的学术职业职称和岗位晋升,把教学类项目和成果作为学术职业分层过程中进行学术评价的必要条件是不合适的。对于高校普遍存在的"双肩挑"人员,要明确其学术岗位职责并进行学术评价。

高深知识是高校学术职业分层的基础。学术职业分层分级是以高校教师所拥有的高深知识以及对于社会贡献的程度来划分,并依此形成不同层级的学术标准。教师具备相应层级的学术标准,才可以通过一定的程序评聘相应的学术职业岗位,承担相应的责任和义务,并享有与其层级相对应的学术权力和地位。因此,坚持学术性就不能够以行政评价代替学术评价,必然要求保持学术评价的纯洁性。

(2) 坚持以公平为导向

目前,我国高校一种较为普遍的现象是,高校学术职业层级越来越多,越来越复杂,逐步形成了窄幅、陡峭的学术职业发展阶梯,与之相对应的学术职业地位鸿沟越来越明显。单就工资收入来说,一些高校处于学术职业顶端的精英人才的收入可能是处于学术职业底层的教师的十几倍甚至几十倍,体现的是高校普遍存在的强烈的以"效率"为中心的价值取向。这种价值取向在一定程度上必然导致学术的功利化和浮躁学风的形成。效率化的学术评价是基于对教师过去学术工作的评价,在一定程度上消解了教师继续探索高深知识的动力,拉大了不同层级教师之间的地位鸿沟,形成了不同学术职业阶层的地位壁垒。从高校教师四个层级的职务设计到四层十三级的岗位设置,拉开了不同岗位层次教师的地位差异。一些高校在这个分层分级体系基础上又进行了细分,形成了更为复杂的、多样化的分层岗位体系,其岗位体系的科学性还有待进一步观察和验证。基于对学术职业分层学术性的理解,在高校学术职业分层制度设计过程中,要逐步实现从效率向公平的转向,营造一个自由开展学术工作的良好氛围。

(3) 坚持以同行评价为依据

高校学术职业分层导致了地位的差异,合理的差异有利于形成教师内在的自我激励机制。因此,如何相对准确地对教师的学术工作和贡献进行评价尤为重要。高校学术职业分层本质上依据的是对教师学术水平和学术成果的评价,是对教师高深知识存量和价值增量的评价。但是学术的价值体现在许多方面,包括科学价值、经济价值、人文价值、政治价值等不同方面，很难形成统一的标准化的评价结论；而且，学术成果对于社会的价值还体现出长期性和模糊性的特征，无论年度考核还是聘期考核，都很难准确测定。总体来说，对学术工作的量化评价都难以科学测量，学术评价只能够依据同行的相对定性评价来测定一个学者在学术共同体内的大体位序和贡献。所以，必然要求在学术职业分层过程中坚持同行评价，避免行政干预，保证同行定性评价的公正和客观。

10.3.2 组织效率逻辑下学术职业分层管理的几个关系

高校教师分级岗位管理的核心是实现因岗择人，在人与岗的互动中实现人与岗、人与人之间的最佳匹配，以发挥高校学术人力资源的最大作用，提高人才使用效益。在组织效率逻辑下的高校教师岗位分级管理制度要处理好以下几个关系。

（1）岗位分级管理与高校发展战略的关系

高校发展战略明确了高校一段时期的发展方向、目标和任务，是高校教师开展学术活动的指南。高校发展战略的实现必须以若干个具体明确的工作目标和任务的完成为基础，而工作目标和任务的完成需要将任务分解到一个个具体的岗位中去，通过每一个岗位任务的完成来实现学校的整体目标。因此，需要科学地设置岗位，同时需要对岗位进行分析和描述，招聘适合岗位工作需要的教师从事学术工作，并实施岗位监控和岗位评估以不断地促进岗职匹配。

高校教师岗位分析与企业的岗位分析有明显的不同。企业的岗位分析以利润为中心，通过成本控制来明确岗位的职责和任务。而高校教师岗位有其特殊性，表现在：一是高校教师的学术工作难以定量描述；二是不同学科的教师岗位具有不同的特性；三是高校战略目标确定以后，具体岗位职责因具体目标的变化难以及时调整。

现有的学术职业分层管理是政府主导的岗位分级管理制度，政府根据高校教师规模、高校的层次与声望，通过政策来确定教师职称结构和不同层级岗位结构并通过制定相应的岗位学术标准来确定岗位职责和任务。这种政府主导高校岗位分级结构的制度设计使得高校缺乏足够的自主设置工作岗位的权力。因此，政府需要进一步下放高校自主确定岗位结构的权力，促进高校教师岗位管理与高校发展战略的统一。

（2）岗位分级管理与教师专业发展的关系

高校教师专业发展既是教师自身追求卓越、实现自我价值的需要，也是学术发展和组织发展的需要。岗位分级管理以效率为中心，而教师发展以学术为中心，如何协调岗位分级管理与教师专业发展之间的关系是岗位分级管理必须面对的问题。因此，在岗位分级管理过程中，必须充分尊重教师专业发展的意愿，遵循学术发展的内在逻辑，将教师专业发展计划与学校的组织文化有机结合起来，充分激发教师从事学术工作的积极性，不断提高教师的专业能力和工作绩效。只有在岗位分级管理过程中，以教师发展为中心，将岗位职责和教师专业发展目标有机统一，科学制定教师岗位规划，开展教师分级岗位考核，才能够实现以组织绩效为导向的教师学术发展和岗位分级管理效益的统一。

（3）岗位分级管理与绩效管理的关系

高校教师绩效管理本质上是对知识产出绩效和人才培养效益所进行的科学管理。而人才培养的效益、知识创新创造的价值具有难以客观、准确评价的特点，因此，高校教师绩效管理不能够注重对教师学术活动产出的结果进行评价，而应当注重对教师学术活动的过程和表现进行模糊评价。通过教师学术活动的过程和表现进行绩效管理有利于激发教师的学术积极性，较为准确评估教师的学术工作。目前的高校教师绩效管理注重教师过去承担的学术工作以及取得的工作业绩，是一种奖励性而非发展性的教师管理方式，对于教师未来的发展潜力关注不够。在岗位绩效管理过程中，应在充分尊重教师主体意识的基础上制定定量与定性相结合的绩效目标，对教师学术活动及时进行指导和诊断，采取多样化的考核方法，鼓励教师潜心向学，促进教师工作绩效的不断提高。

（4）岗位分级管理与薪酬管理的关系

岗位与薪酬密不可分，岗位职责决定薪酬。如何评价岗位职责的重要性和复杂性、确定怎样的薪酬结构不仅关系到教师工作的积极性，而且还可能影响到高校教师的内部团结。目前，我国大部分高校实行的是结构薪酬制度，由岗位固定工资、岗位津贴和绩效津贴三大部分构成。其中，岗位固定工资由国家根据教师的职称或岗位等级确定，岗位津贴和绩效津贴由高校根据岗位要求自主确定。总体来说，教师薪酬结构呈现出固定工资低、岗位津贴和绩效津贴工资高、岗位等级绩效津贴差距大等特点，使得不同层级岗位之间的收入差异越来越大，不同层级教师地位的鸿沟逐步形成。因此，有必要改革目前的高校教师薪酬结构体系，大幅度提高岗位固定工资，缩小不同层级岗位的浮动工资之间的差距。同时，对在履行岗位职责过程中作出突出贡献的教师适当加大津贴激励力度，更好地促进岗位管理与薪酬管理的统一，促进不同岗位层级教师之间的团结，激发教师共同献身于学术事业的热情。

10.3.3 学术职业分层制度创新的若干策略

世界各国学术职业分层模式是多种多样的，总体而言，分层的内在动因是教师对于学术工作的热爱以及对地位获得的追求，是对教师开展学术工作以及对其学术贡献进行激励的方式。在学术职业分层体系形成过程中，都面临着多种因素的影响，如美国学术职业发展同样面临来自政府、市场和社会的问责，这使得美国高等教育政策也在发生重要变革，直接影响着高校学术职业内部分层。[1] 可以说，设置不同层级类型的学术职位体系，以实现由于高校功能变化而带来的分层结构的调整是大势所趋，符合社会分层的基本原则。通过分层促进组织团结和合作、保持组织结构的稳定、提高教师的工作效率是高校学术职业分层的基本目的。学术职业分层带来的地位差异与社会其他职业并没有本质区别，不同职业阶层的教师拥有不同的收入、声望和对资源的控制能力是分层的必然结果。问题不是分层应该不应该有差异，而是这种差异的程度有多大，是否影响到学术职业分层目标的实现。问题也不是学术职业等级系统有没有必要，而是学术职业晋升阶梯是否有利于激发教师对学术工作的持续追求。因此，在进行高校学术职业分层设计的过程中，学术职业的分层结构应充分考虑组织目标的实现，充分考虑职业内部不同阶层的平等和谐，能够有效激励教师不断追求学术、创新知识的精神，形成组织团结的分层秩序。

（1）形成学校主导学术职业分层的机制

现代高校已经成为社会的轴心组织，在社会生活中发挥着越来越大的作用，已经成为面向社会自主办学的主体，高校内部学术职业分层与高校的定位和功能密切联系，这就要求高校具有自主的分层权力。教师职称的评定、教师职位的设置和标准、不同等级教师岗位的结构都是高校内部学术事务，应由高校自主决定。政府主导的学术职业分层结构不能够适应高校快速发展的需要。因此，形成学校主导学术职业分层的机制已经成为现代大学制度建设的迫切需要。

（2）祛除行政权力对学术职业分层的干预

行政权力对学术职业分层的干预体现在两个方面：一方面，"双肩挑"的制度设计使得部分非全职高校教师进入学术组织体系；另一方面，行政权力干预或者影响学术职业分层过程。学术职业分层是对从事学术职业的教师的制度

---

[1] James P. Honan, Damtew Teferra. The US Academic Profession: Key Policy Challenges [M]. Springer Netherlands: Kluwer Academic Publishers, 2004 (11): 203-226.

安排，具有学术性特征，非高校教师利用行政权力参与其中侵占了属于教师的学术资源，削弱了学术职业的社会影响力，影响了学术资源在教师群体的再分配；而行政权力干预学术职业分层过程将直接导致学术职业分层的不公平，形成了行政权力和学术权力的对立。因此，祛除行政权力对学术职业分层的干预有利于形成科学合理的分层新秩序。

（3）缩小不同阶层的地位鸿沟，促进学术职业各阶层的团结

戴维斯和摩尔（Davis and Moore，1945）指出，职业结构是不同报酬和补贴的分配渠道。[1] 学术职业分层必然导致学术职业结构的变化，这种变化不仅表现在收入方面，而且表现在权力和声望方面。学术职业分层导致阶层的分化，形成了内部职业结构的不平等和分裂。如果不同阶层教师群体之间的地位鸿沟越来越大，组织内部的分裂力量也就越大。学术职业以高深知识为工作对象，学术性作为学术职业的基本属性，在探索、传授、应用和综合高深知识的过程中不存在明显的责任差异，学术能力和贡献也很难科学评估。因此，地位差异不宜过大。

（4）形成扁平化的学术职业分层阶梯

学术职业阶梯是一个价值分级体系，其外显的地位标签包括收入、声望、权力等多个方面。目前的四层十三级学术职业分层分级体系是一个较为陡峭的学术职业阶梯。陡峭的学术职业阶梯有利于教师明确自己的学术道路，围绕不同层级的岗位职责从事学术职业，是一种内在的地位激励。然而地位激励是否能够有效实现组织目标、提高学术产出效益，还需要进一步验证。从科学大师的成长经历来看，追求学术、探索未知是学者的学术兴趣和对科学的崇高使命使然，而功利性的地位激励所起的作用十分有限。事实表明，扁平式的学术职业阶梯有利于教师潜心向学，促进学术的发展，有利于实现学术职业各阶层的团结。在扁平化的分层结构中，应适当减少中下层的分级，并根据需要设置助理教授层，初步形成适应不同院校，不同类型岗位结构的助教—讲师—高级讲师以及助理教授—副教授—教授的可交叉的分类分层结构。

（5）形成差异化的学术职业分层结构

我国目前高校学术职业四个层级——助教、讲师、副教授、教授的分层是一种单轨式的学术职业分层结构。然而高校的分层分级所造成组织目标的差异，使得不同类型高校教师的工作职责发生了很大的变化。研究型大学以科学

---

[1] ［美］戴维·格伦斯基. 社会分层［M］. 第2版. 北京：华夏出版社，2005：11.

研究和研究生培养为主要任务，而高职高专院校以培养技能型人才为主要任务，这就要求不同层次类型的高校有多样化的分层体系。通过设置多样化的学术职业分层结构来满足不同教师群体自我发展的需要，是学术职业分层制度变迁的必然选择。美国在教师终身轨和非终身轨的制度安排下，研究导向的教师和教学导向的教师，以及不同形式的教师分别有不同的学术称谓和学术职业分层结构。德国正式教师只有正教授和教授之分，讲师属于"编外教师"。英国也有明确的教授和讲师系列分层，分别针对不同类型教师进行分层分类管理。因此，多样化的学术职业分层结构的形成需要政府逐步下放学术职业分层的管理权，由高校根据自身发展目标来确定高校学术职业分层结构。

（6）形成学术职业与其他职业群体的和谐关系

在高校这个由不同职业构成的组织系统中，学术职业无疑处于核心地位，但是，学术职业开展学术活动离不开其他职业人群的配合和支持，合理配置高校内部不同人力资源，就要形成和学术职业分层相对应的其他职业人群有序的分层体系，让其他职业人群也有充分发展的机会，有与之相对应的工资津贴体系。在处理学术职业与其他职业群体的关系的过程中，尤其要处理好高级教师和低收入阶层人群（包括工人）的收入差距过大的问题，处理好在岗教师和退休教职工的收入差距问题。学术职业分层本质上是一个反映在高校系统中的社会问题，是一个新的社会组织建构的过程。

平等的人，不平等的社会角色。学术职业分层制度是一个不平等的但是必要的学术制度，这个不平等的但是必要的学术制度是由于学术分工和学术成就的不同而形成的。同时，高校学术职业分层是历史的必然选择，也是高等学校和高深知识发展的内在逻辑。现代大学的层次化和多样化，一方面是由社会需求的多层次性和多样化所决定的，另一方面也是由知识劳动的分工和分类特点所决定的。大学作为"学术之所"，在组织、文化、功能等方面具有不同的形态，对高深知识的处理方式存在显著的不同，这必然影响到学术职业层类化的发展。而高校学术职业层类化又导致了不同层类学术职业社会地位和声望的差异。因此，形成科学合理的高校学术职业分层结构对于促进学术发展、培养高素质人才、建设高等教育强国具有重要的价值。

附件1：A大学教师专业技术岗位聘任试行办法

（2012年，节选）

教师专业技术岗位聘任教学条件

一、有本科生教学的单位，教师申报高级岗位必须系统、完整地主讲过1门本科生课程；有硕士学位授权点的单位，教师申报正高级岗位必须作为指导教师培养指导过1届合格硕士生。

二、有本科生教学的单位，各级岗位应聘者本科生教学工作量应达到如下要求：

（一）应聘初级岗位者任职以来须承担1门辅导课程，并完成一定的教学辅导任务。

（二）应聘中级岗位者每学年课堂授课须达到72学时。

（三）应聘教学为主型副高级岗位者平均每学年课堂授课须达到216学时，正高级岗位者达到252学时。

（四）应聘教学科研型副高级岗位者平均每学年授课须达到72学时，正高级岗位者须达到108学时；其中，理、工、医科（基础）教师课堂授课不少于2/3，临床教师不少于18学时。

（五）应聘科研为主型高级岗位者平均每学年课堂授课须达到18学时。

（六）应聘社会服务型高级岗位者平均每学年课堂授课须达到18学时。

三、没有本科生教学的单位，各级岗位应聘者教学工作量应达到如下要求：

（一）应聘初级岗位者任职以来须承担1门辅导课程，并完成一定的教学辅导任务。

（二）应聘中级岗位者平均每学年教学工作量须达到72学时，其中课堂授课不少于3/4。

（三）应聘教学为主型高级岗位者平均每学年教学工作量须达到200学

时，其中课堂授课不少于 3/4。

（四）应聘教学科研型高级岗位者平均每学年教学工作量须达到 72 学时；其中，人文社科教师课堂授课不少于 3/4，理、工、医科（基础）教师课堂授课不少于 2/3，临床教师课堂授课不少于 1/4。

（五）应聘科研为主型高级岗位者平均每学年教学工作量须达到 24 学时，其中课堂授课不少于 2/3。

（六）应聘社会服务型高级岗位者平均每学年课堂授课须达到 18 学时。

少数学科因专业课课时量较少，可适当降低学时要求，但须由教务部确定。

四、教学为主型和教学科研型教师申报高级岗位除满足以上要求外，还须满足选项条件之一：

（一）教学为主型副教授三级岗位选项条件：

1. 主持或参与（排名前三）校级及以上教学研究项目 1 项；

2. 获省部级教学成果奖三等奖及以上奖励（排名前三）；

3. 国家本科教学质量与教学改革工程项目主要成员（排名前三）；

4. 省级教学竞赛获奖者。

（二）教学为主型教授四级岗位选项条件：

1. 主持省级及以上教学研究项目 1 项；

2. 获省部级教学成果奖二等奖及以上奖励（排名前三）；

3. 获国家级教学成果（排名前五）、教材（排名前二）奖励；

4. 国家本科教学质量与教学改革工程项目负责人；

5. A 大学杰出教学贡献校长奖获得者。

（三）教学科研型副教授三级岗位选项条件：

1. 公开发表教学研究论文至少 1 篇；

2. 主持或参与（排名前三）校级及以上教学研究项目 1 项；

3. 参加编写公开出版的教材或教学参考书 1 部（本人撰写字数不少于 5 万字）。

（四）教学科研型教授四级岗位选项条件：

1. 公开发表教学研究论文至少 1 篇；

2. 主持校级及以上教学研究项目 1 项；

3. 参加编写公开出版的教材或教学参考书 1 部（本人撰写字数不少于 5 万字）。

五、非教学为主型岗位教师在教学上取得以下突出成绩的,可按教学为主型高级岗位条件进行申报。

(一)满足下列选项条件之一者,可按教学为主型副教授三级岗位条件申报:

1. 作为首席指导教师或主教练指导学生获国际级、全国性学科竞赛二等奖及以上奖励,全省性学科竞赛一等奖及以上奖励;

2. 获省级教学成果二等奖及以上奖励(排名前三)。

(二)满足下列选项条件之一者,可按教学为主型教授四级岗位条件申报:

1. 作为首席指导教师或主教练指导学生获国际级、全国性学科竞赛一等奖及以上奖励;

2. 获省级教学成果一等奖及以上奖励(排名前二);

3. 获国家教学成果二等奖及以上奖励(排名前三)。

教师专业技术岗位聘任科研条件

一、初中级岗位科研条件

(一)应聘初级岗位者必须具备教师应有的基本技能、基本知识,基础理论扎实,具有培养潜质。

(二)应聘中级岗位者必须了解学科发展动态,掌握扎实、系统的专业基础理论和研究方法;具有一定的教学能力和科研能力,并已取得一定的研究成果;在本专业领域正式出版的学术期刊上发表论文至少1篇(助理研究员2篇),并参加编写学术著作至少1部。

二、人文社科教师高级岗位科研条件

(一)教学为主型

1. 副教授三级

(1) CSSCI及以上级别期刊论文4篇,其中教学研究论文1篇,重要期刊论文1篇。

(2) 主编、副主编教材或教学参考书1部(本人撰写字数不少于5万字)。

2. 教授四级

(1) CSSCI及以上级别期刊论文6篇,其中教学研究论文2篇、奖励期刊论文1篇或重要期刊论文2篇。

(2) 主编教材或教学参考书1部(本人撰写字数不少于10万字)。

(二) 教学科研型

1. 副教授三级

(1) CSSCI 及以上级别期刊论文 5 篇，其中重要期刊论文 1 篇；或 CSSCI 及以上级别期刊论文 3 篇，其中奖励期刊论文 1 篇。

(2) 主持教育部及以上项目 1 项。

(3) 公开出版学术专著 1 部（含学术译著）。

2. 教授四级

(1) CSSCI 及以上级别期刊论文 7 篇，其中奖励期刊论文 1 篇且重要期刊论文 2 篇。

(2) 社会科学教师要求主持教育部、国家社科基金、国家自然科学基金项目 2 项，其中国家社科基金或自然科学基金 1 项。人文科学教师要求主持教育部及以上项目 2 项。

(3) 在重要出版社出版学术专著 1 部（含学术译著）。

(三) 科研为主型

1. 副研究员（副教授）三级

(1) CSSCI 及以上级别期刊论文 6 篇，其中奖励期刊论文 1 篇。

(2) 主持国家社科基金或自然科学基金项目 1 项。

(3) 公开出版学术专著 1 部（含学术译著）。

2. 研究员（教授）四级

(1) CSSCI 及以上级别期刊论文 9 篇，其中奖励期刊论文 2 篇且重要期刊论文 2 篇。

(2) 主持国家社科基金或自然科学基金项目 2 项。

(3) 在重要出版社出版学术专著 1 部（含学术译著）。

(四) 社会服务型

1. 副研究员三级

(1) 必备条件：

①CSSCI 及以上级别期刊论文 3 篇。

②参与省部级重点项目 1 项（作为子项目负责人），或主持横向项目总经费 100 万元及以上。

(2) 除满足必备条件外，还须符合下列条件之一：

①至少 1 篇应用咨询报告被省部级及以上领导明确表示采纳。

②至少 1 篇应用咨询报告被省部委文件明确表示采纳。

③为地方政府和企事业单位提供决策咨询服务，产生显著经济或社会效益，经省部级鉴定认可。

④主持横向项目科研到账经费（不含外协经费）100万元及以上。

2. 研究员四级

（1）必备条件：

①CSSCI及以上级别期刊论文5篇，其中奖励期刊论文1篇或重要期刊论文2篇。

②主持横向项目到账经费300万元及以上。

（2）除满足必备条件外，还须符合下列条件之一：

①至少1篇应用咨询报告被党和国家领导人批示明确表示采纳。

②至少3篇应用咨询报告被中央和国家部委文件（不包括其所属司局）明确表示采纳。

③为地方政府和企事业单位提供决策咨询服务，产生显著经济或社会效益，经省部级鉴定认可。

④主持横向项目科研到账经费（不含外协经费）400万元及以上。

三、理学医学教师高级岗位科研条件

（一）教学为主型

1. 副教授三级

（1）CSCD及以上级别期刊论文4篇，其中教学研究论文1篇、SCI期刊论文1篇。

（2）主编、副主编教材或教学参考书1部（本人撰写字数不少于5万字）。

2. 教授四级

（1）CSCD及以上级别期刊论文6篇，其中教学研究论文2篇、SCI期刊论文2篇。

（2）主编教材或教学参考书1部（本人撰写字数不少于10万字）。

（二）教学科研型

1. 副教授三级

（1）SCI期刊论文3篇，其中SCI三区及以上论文2篇。

（2）主持国家级项目1项。

2. 教授四级

（1）SCI期刊论文5篇，其中SCI二区及以上论文2篇。

（2）主持国家级项目 2 项，或主持经费 200 万元及以上的国家级项目 1 项。

（三）科研为主型

1. 副研究员（副教授）三级

（1）SCI 期刊论文 5 篇，其中 SCI 三区及以上论文 3 篇。

（2）主持国家级项目 2 项，或主持经费 80 万元及以上的国家级项目 1 项。

2. 研究员（教授）四级

（1）SCI 期刊论文 7 篇，其中 SCI 二区及以上论文 3 篇。

（2）主持国家级项目 2 项，其中经费 150 万元及以上的项目 1 项；或主持经费 300 万元及以上的国家级项目 1 项。

（四）社会服务型

1. 副研究员三级

（1）必备条件：

①SCI 或 EI 期刊论文 2 篇。

②获授权的发明专利、植物新品种 2 项，其中至少 1 项实施；或取得省部级及以上管理机构认定的应用研究成果 2 项（仅限设计专业）。

③参与省部级及以上重点应用型项目（50 万元及以上）1 项（排名前三），或主持横向项目总经费到账（不含外协经费）200 万元及以上，或专利转让实施到账经费 50 万元及以上。

（2）除满足必备条件外，还须符合下列条件之一：

①以学校名义主持或参与国家（行业）技术标准、工艺标准、产品标准的制定并形成标准 1 项（排名前三），或作为主要完成人（排名前五）参与制定并形成国家（行业）标准 2 项。

②推广科技成果获得省部级科学技术三等奖及以上奖励 1 项（排名前三）。

③主持研发的科研成果以学校名义进行产业化生产，产业化主体企业应为学校参控股企业，且连续 3 年年均产值 400 万元及以上。

④以所有权评估入股 100 万元（以最终工商局实际认可值为准）及以上成立学校参控股企业且正常运营 3 年及以上。

2. 研究员四级

（1）必备条件：

①SCI 或 EI 期刊论文 4 篇，其中 SCI 期刊论文 1 篇。

②获授权的发明专利、植物新品种 4 项，其中 2 项实施；或取得省部级及以上管理机构认定的应用研究成果至少 4 项（仅限设计专业）。

③参与省部级及以上重点应用型项目（80 万元及以上）1 项（排名前三），或主持横向项目总经费到账（不含外协经费）500 万元及以上，或专利转让实施到账经费 100 万元及以上。

（2）除满足必备条件外，还须符合下列条件之一：

①以学校名义主持国家（行业）技术标准、工艺标准、产品标准的制定并形成标准 1 项，或作为主要完成人（排名前三）参与制定并形成国家（行业）标准 3 项。

②推广科技成果获得省部级科学技术二等奖及以上奖励 1 项（排名前二）。

③主持研发的科研成果以学校名义进行产业化生产，产业化主体企业应为学校参控股企业，且连续 3 年年均产值 1000 万元及以上。

④以所有权评估入股 300 万元（以最终工商局实际认可值为准）及以上成立学校参控股企业且正常运营 3 年及以上。

四、工学信息教师高级岗位科研条件

（一）教学为主型

同理学医学教学为主型教师科研条件。

（二）教学科研型

1. 副教授三级

（1）SCI、EI 期刊论文 4 篇，其中 SCI 期刊论文 2 篇或 SCI 三区及以上论文 1 篇。

（2）主持国家级项目 1 项。

2. 教授四级

（1）SCI、EI 期刊论文 6 篇，其中 SCI 期刊论文 3 篇或 SCI 期刊论文 2 篇且 SCI 三区及以上论文 1 篇。

（2）主持国家级项目 2 项，或主持经费 300 万元及以上的国家级项目 1 项。

（三）科研为主型

1. 副研究员（副教授）三级

（1）SCI、EI 期刊论文 5 篇，其中 SCI 期刊论文 3 篇或 SCI 期刊论文 2 篇且 SCI 三区及以上论文 1 篇。

（2）主持国家级项目 2 项，或主持经费 100 万元及以上的国家级项目 1 项。

2. 研究员（教授）四级

（1）SCI、EI 期刊论文 7 篇，其中 SCI 期刊论文 4 篇且 SCI 三区及以上论文 2 篇。

（2）主持国家级项目 2 项，其中经费 200 万元及以上 1 项；或主持经费 400 万元及以上国家级项目 1 项。

（四）社会服务型

同理学医学社会服务型教师科研条件。

五、建筑类学科（含建筑学、城乡规划学、风景园林学三个一级学科）教师高级岗位科研条件

（一）教学科研型副教授三级

1. 论文要求（二选一）

（1）建筑类核心及以上级别期刊论文 4 篇，其中重要期刊论文 2 篇。

（2）建筑类核心及以上级别期刊论文 3 篇，其中奖励期刊论文 1 篇。

2. 科研要求（五选一）

（1）主持国家级项目 1 项。

（2）主持省部级项目 1 项，承担纵向项目总经费达 20 万元。

（3）主持经费 30 万元及以上的应用研究型设计项目 1 项。

（4）获得省部级科技三等奖及以上奖励 1 项（排名前五）。

（5）获国家级（排名前五）、省部级（排名前三）优秀设计奖三等奖及以上奖励 1 项。

（二）教学科研型教授四级

1. 建筑类核心及以上级别期刊论文或公开出版的学术专著 6 篇（部），其中奖励期刊论文 1 篇且重要期刊论文 2 篇。

2. 科研项目（四选一）

（1）主持国家级项目 1 项，同时主持省部级及以上项目 1 项，承担纵向项目总经费达 50 万元。

（2）主持经费 60 万元及以上的应用研究型设计项目 1 项。

（3）获得省部级科技二等奖及以上奖励 1 项（排名前五）。

（4）获得国家级（排名前三）、省部级（排名前二）优秀设计奖二等奖及以上奖励 1 项。

建筑类奖励期刊、重要期刊以及核心期刊目录另行制定。

六、艺术学科教师高级岗位科研条件

（一）教学科研型副教授三级

1. 论文条件（二选一）

（1）艺术类核心及以上级别期刊论文或艺术作品 4 篇（件），其中论文 3 篇且重要期刊论文 1 篇。

（2）艺术类核心及以上级别期刊论文 3 篇，其中奖励期刊论文 1 篇。

2. 科研项目（四选一）

（1）主持教育部项目 1 项。

（2）主持其他省部级项目 1 项，同时承担科研项目总经费达 30 万。

（3）主持其他省部级项目 1 项，同时公开出版艺术学科学术专著 1 部（含学术译著）。

（4）作为第一作者（主演或主创人员）的艺术作品 1 件入选全国性展评（演）或国际知名大展；或作为第一作者（主演或主创人员）的艺术作品 1 件（部）获得省部级展评（演）三等奖及以上奖励；或在国内（际）省级以上艺术展馆举办个人作品展（演）。同时，公开出版艺术学科学术专著 1 部（含学术译著）。

（二）教学科研型教授四级

1. 艺术类核心及以上级别期刊论文或艺术作品 6 篇（件），其中论文 4 篇，同时奖励期刊论文 1 篇且重要期刊论文 2 篇。

2. 科研项目（四选一）

（1）主持国家级项目 1 项，同时承担纵向项目总经费达 30 万元。

（2）主持省部级及以上项目 2 项，其中教育部项目至少 1 项。

（3）主持省部级及以上项目 2 项，同时承担科研项目总经费达 40 万，并在重要出版社出版艺术学科学术专著 1 部（含学术译著）。

（4）作为第一作者的艺术作品 1 件获国家级三等奖及以上奖励；或作为第一作者的艺术作品 2 件获得省部级三等奖及以上奖励，其中 1 件获得省部级二等奖及以上奖励。同时，在重要出版社出版艺术学科学术专著 1 部（含学术译著）。

艺术类奖励期刊、重要期刊、核心期刊目录另行制定。全国性展评（演）、国际知名大展、省部级展评（演），国家级、省部级奖励界定办法由相关单位教授委员会讨论通过后，报学校审批备案。

七、教师专业技术岗位破格聘任学术条件

对于在人才培养、教学和科研工作中取得优异成绩,为学校作出突出贡献的教师和海外引进人才,可以不受本办法规定的任职年限的限制,破格应聘高级岗位。

(一)人文社科

1. 申报副教授(副研究员)三级岗位须满足下列条件之一:

(1)除满足正常聘任条件外,另有《中国社会科学》、SSCI、A&HCI 期刊论文 1 篇或奖励期刊论文 2 篇。

(2)获得"全国百篇优秀博士论文"。

海外引进人才在《中国社会科学》、SSCI、A&HCI 和 SCI 三区及以上期刊上发表论文 2 篇。

2. 申报教授(研究员)四级岗位,除满足正常聘任条件外,另有《中国社会科学》、SSCI、A&HCI 期刊论文 2 篇。

海外引进人才在《中国社会科学》、SSCI、A&HCI 和 SCI 二区及以上期刊上发表论文 3 篇。

(二)理学医学

1. 申报副教授(副研究员)三级岗位须满足下列条件之一:

(1)在满足正常聘任条件的基础上,其中 SCI 二区及以上论文 2 篇。

(2)获得"全国百篇优秀博士论文"。

海外引进人才在 SCI 期刊发表论文 3 篇,其中 SCI 一区论文 1 篇或者 SCI 二区 TOP 论文 2 篇。

2. 申报教授(研究员)四级岗位,在满足正常聘任条件的基础上,其中 SCI 一区论文 2 篇。

海外引进人才在 SCI 期刊发表论文 5 篇。其中,SCI 一区论文 2 篇,或者 SCI 一区论文 1 篇且 SCI 二区 TOP 论文 2 篇,或者 SCI 二区 TOP 论文 4 篇。

(三)工学信息

1. 申报副教授(副研究员)三级岗位须满足下列条件之一:

(1)在满足正常聘任条件的基础上,其中 SCI 三区及以上论文 2 篇。

(2)获得"全国百篇优秀博士论文"。

海外引进人才在 SCI、EI 期刊发表论文 3 篇,其中 SCI 二区论文 1 篇或者 SCI 三区论文 2 篇。

2. 申报教授(研究员)四级岗位,在满足正常聘任条件的基础上,其中

SCI 三区及以上论文 4 篇或 SCI 二区及以上论文 2 篇。

海外引进人才在 SCI、EI 期刊发表论文 5 篇。其中，SCI 二区论文 2 篇，或者 SCI 二区论文 1 篇且 SCI 三区论文 2 篇，或者 SCI 三区论文 4 篇。

（四）在《Nature》《Science》期刊发表论文 1 篇视为符合破格应聘教授（研究员）的科研条件。

教师专业技术岗位分级聘任条件

一、一级岗位申报条件按国家文件执行。

二、二级岗位申报条件

（一）必备条件

1. 学风正派，在国内外本学科领域具有公认的学术成就和声望，为本学科学术带头人，在学科建设、人才培养、科学研究、社会服务等方面作出突出成绩，博士生导师，近 5 年考核合格。

2. 有本科生教学的单位，应聘者必须每学年完成 36 学时本科生教学工作量。

3. 受聘现级别岗位以来，发表的文章达到本岗位类别中正高级岗位聘任条件规定的数量和要求。

（二）除满足必备条件外，还须符合下列条件之一：

1. 符合表 1 中 1 项条件。

2. 受聘正高级专业技术岗位满 12 年，且受聘专业技术三级岗位以来符合表 2 中 1 项条件。

3. 受聘正高级专业技术岗位满 8 年，且受聘专业技术三级岗位以来符合表 2 中 2 项条件。

4. 受聘正高级专业技术岗位满 4 年，且受聘专业技术三级岗位以来符合表 2 中 3 项条件。

三、三级岗位申报条件

（一）必备条件

1. 学风正派，在本学科领域具有公认的学术成果，为本学科某一方向的学术带头人，教学科研成果突出，近 5 年考核合格。

2. 有本科生教学的单位，应聘者必须每学年完成 36 学时本科生教学工作量。

3. 受聘现级别岗位以来，应聘者发表文章达到本岗位类别中正高级岗位聘任条件。

（二）除满足必备条件外，还须符合下列条件之一：

1. 符合表 2 中 1 项条件。

2. 受聘正高级专业技术岗位满 12 年，符合表 3 中 1 项条件或发表经教授会（教授委员会）和学校专业技术岗位学科评议组认定的本专业高水平论文 2 篇及以上。

3. 受聘正高级专业技术岗位满 8 年，符合表 3 中 2 项条件。

4. 受聘正高级专业技术岗位满 4 年，符合表 3 中 3 项条件。

四、五级至六级岗位申报条件

（一）在人才培养、科学研究、社会服务等方面取得较好成绩，近 3 年考核合格。

（二）申报五级岗位，须受聘六级岗位满 6 年；申报六级岗位，须受聘七级岗位满 6 年。

（三）有本科生教学的单位，应聘者必须每学年完成 72 学时本科生教学工作量。

（四）任现级别岗位以来，满足以下条件之一：

1. 人文社科教师平均每年以第一作者在 CSSCI 及以上级别期刊发表论文 1 篇，理学医学、工学信息教师平均每两年以第一作者或通讯作者在 SCI 或 EI 及以上级别期刊发表论文 1 篇。

2. 人文社科教师平均每年承担科研项目到账经费至少 2 万元，理学医学教师平均每年承担科研项目到账经费至少 7 万元，工学信息教师平均每年承担科研项目到账经费至少 10 万元。

五、八至十级岗位申报条件

（一）工作量饱满，工作效果良好，近 3 年考核合格。

（二）申报八级岗位，须受聘九级岗位满 6 年；申报九级岗位，须受聘十级岗位满 6 年。博士后研究人员进站后可受聘九级岗位。选留的博士毕业生初次聘用可直接申报九级岗位。

六、十一至十二级岗位申报条件

（一）十一级岗位：受聘初级岗位满 3 年，完成要求的工作任务，近 3 年考核合格；选留的硕士毕业生初次聘用可直接申报十一级岗位。

（二）十二级岗位：具有本科学历，且符合初级岗位聘用条件。

七、有关说明

（一）同一项目、成果在专业技术岗位分级申报中不得重复使用。

（二）各单位根据本学科特点、现状以及发展规划制定专业技术八级及以下岗位具体申报条件，经教授会（教授委员会）讨论，学院聘任分委员会通过后执行，报学校备案。

（三）各单位根据聘用条件，严格按程序聘用，并将聘用结果报校人事部备案。各级岗位聘用人员不得超过学校核定的结构比例。

（四）学校可根据人员变化对各级岗位数进行动态调整。

表1

序号	自然科学	人文社会科学
1	国家"三大奖"：一等奖个人排名前2名；二等奖个人排名第1名	国家社会科学基金项目优秀成果奖：一等奖个人排名前2名；二等奖个人排名第1名
2	国家基金委创新群体负责人	
3	"973"首席科学家（包含国防类同层次）	
4	"863"重大、重点（包含国防类同层次）项目第一负责人；国家科技支撑计划项目负责人	
5	"973"专家顾问组成员	
6	国家"千人计划"A类入选者	
7	国家科技重大专项课题负责人（总经费1500万元及以上）	
8	以第一作者或通讯作者在《Science》《Nature》期刊发表学术研究论文	

表2

类别	项目	自然科学	人文社会科学
教学类	1	国家级高等学校教学名师	
	2	国家优秀教材一等奖个人排名第1名	
	3	国家教学成果一等奖及以上个人排名前2名；二等奖个人排名第1名	
	4	省部级教学成果特等奖个人排名第1名	
	5	全国百篇优秀博士论文指导教师	
	6	马克思主义理论研究与建设工程重点编写教材第一首席（人文社科）	
科研类	1	国家"三大奖"：一等奖个人排名前3名；二等奖个人排名前2名	国家社会科学基金项目优秀成果奖：一等奖个人排名前3名；二等奖个人排名前2名；三等奖个人排名第1名
	2	教育部科技"三大奖"：特等奖、一等奖个人排名前2名；二等奖个人排名第1名	高校科学研究优秀成果奖（人文社科）：一等奖、二等奖个人排名前2名；三等奖个人排名第1名

续表

类别	项目	自然科学	人文社会科学
科研类	3	省级及其他部级科技"三大奖":一等奖及以上个人排名第1名	省级及其他部级人文社会科学研究优秀成果奖:一等奖个人排名第1名
	4	国家自然科学基金委员会重点及以上项目首席负责人	国家社会科学基金委员会重大招标、教育部重大攻关项目首席负责人
	5	教育部创新团队首席负责人	
	6	以第一作者或通讯作者在《Science》《Nature》期刊子刊发表学术研究论文	
	7	"973"课题组组长、"十一五""863"目标导向类课题、"十五"及以前"863"主持项目或国家科技攻关、科技支撑课题负责人(含国防类同层次项目),国家科技重大专项课题负责人,其他国家科技专项课题负责人	
	8	国家杰出青年基金获得者	
	9	国家级有突出贡献的中青年专家	
	10	教育部长江学者奖励计划入选者	
	11	中科院"百人计划"入选者	
	12	百千万/新世纪百千万人才工程国家级人选	
社会服务	1	国务院学位委员会学科评议组入选成员	
	2	教育部社会科学、科学技术学科召集人	
	3	单项发明专利转让合同达1000万元及以上的第一完成人	
	4	单次技术服务合同金额达3000万元及以上的第一完成人	

表3

类别	项目	自然科学	人文社会科学
教学类	1	国家教学成果一等奖及以上个人排名前3名;二等奖个人排名前2名	
	2	国家本科教学质量与教学改革工程项目负责人	
	3	国家优秀教材一等奖个人排名前2名;二等奖个人排名第1名	
	4	省部级教学成果一等奖个人排名第1名	
	5	教育部优秀教材一等奖个人排名第1名	
	6	省级高等学校教学名师	
	7	全国百篇优秀博士论文提名奖指导教师	
	8	—	马克思主义理论研究与建设工程重点编写教材首席专家

续表

类别	项目	自然科学	人文社会科学
科研类	1	国家"三大奖": 一等奖个人排名前6名; 二等奖个人排名前4名	国家社会科学基金项目优秀成果奖: 一等奖个人排名前5名; 二等奖个人排名前3名; 三等奖个人排名前2名
	2	教育部科技"三大奖": 特等奖、一等奖个人排名前3名; 二等奖个人排名前2名	高校科学研究优秀成果奖(人文社科): 一等奖、二等奖个人排名前3名; 三等奖个人排名前2名
	3	省级及其他部级"三大奖": 一等及以上个人排名前3名; 二等奖个人排名前2名; 三等奖个人排名第1名	省级及其他部级社科优秀成果奖: 一等奖个人排名前3名; 二等奖个人排名前2名; 三等奖个人排名第1名
	4	其他省部级奖项: 一等奖及以上个人排名前2名; 二等奖个人排名第1名	
	5	—	国家社科基金重点、特别委托项目首席负责人
社会服务	1	国家自然科学学科评审组成员、社会科学基金委员会评审成员	
	2	教育部社会科学、科学技术委员会委员	
	3	单项发明专利转让合同达500万元及以上的第一完成人	
	4	单次技术服务合同金额达2000万元及以上的第一完成人	

注: 同一成果、项目只能就高认定一次。

附件2：B大学教师岗位评聘原则条件与岗位聘用条件

教师岗位评聘原则条件（2013年）

一、思想政治条件

申报高等学校教师岗位的人员，必须遵守国家法律及学校的各项规章制度，忠诚党的教育事业，教书育人，具有良好的思想政治素质和职业道德，爱岗敬业，团结协作，具备相应岗位的学历以及从事相应专业技术岗位工作的资历和业绩，近3年来各年度综合考核等级为合格及以上。

二、学历、资历条件

（一）助教（研究实习员）获得学士学位后，经1年见习试用合格；或者获得硕士学位或第二学士学位或研究生班毕业后，经3个月试用考核合格（均为初聘）。

（二）讲师（助理研究员）

1. 评聘　本科毕业获学士学位后，确认已掌握硕士研究生主要课程内容（高等学校助教进修班结业或研究生课程进修班结业），任助教岗位4年及以上；获得第二学士学位或获得研究生班毕业证书后，任助教3年及以上；获得硕士学位后，任助教2年及以上；获得硕士学位前，工作2年及以上，获得硕士学位后，任助教1年及以上。取得高校教师资格证，或参加岗前培训和普通话测试成绩合格，取得合格证书。

2. 初聘　获得硕士学位后，任助教3年及以上；获得硕士学位前，工作2年及以上，获得硕士学位后，任助教2年及以上。取得高校教师资格证，或参加岗前培训和普通话测试成绩合格，取得合格证书；获得博士学位后，经3个月试用考核合格。

（三）副教授（副研究员）

1. 正常申报　本科毕业后，从事本专业工作10年及以上；获得第二学士学位或研究生班毕业后，从事本专业工作8年及以上；获得硕士学位后，从事本专业工作 7 年及以上；上述人员均要任讲师（助理研究员）5 年及以上。获得博士学位后，任讲师 2 年及以上。

参加工作后取得相应学历或学位：从事本专业工作 10 年及以上，获得学士学位及在讲师岗位工作均在 5 年及以上；从事本专业工作 12 年及以上，在中级岗位工作 5 年及以上，任中级后取得硕士及以上学历或学位。

"文化大革命"期间入学的大学毕业生，按本科学历对待（下同）。

上述人员中，1960 年 12 月 31 日以后出生的除外语、体育、音乐、军事教师外，均应具有硕士学位；1965 年 12 月 31 日以后出生的外语、体育、音乐、军事教师，应具有硕士学位。

从 2015 年起，外语、体育、音乐、军事、心理咨询、辅导员教师以及 1965 年 12 月 31 日及以前出生的航海类、艺术类教师均应具有硕士及以上学位，其他教师应具有博士学位。

2. 破格申报　获得博士学位，或获得硕士学位且任讲师 3 年及以上。

（四）教授（研究员）

1. 正常申报　本科毕业或获得学士学位，从事本专业工作 15 年及以上；获得硕士学位，从事本专业工作 9 年及以上；获得博士学位，从事本专业工作 6 年及以上。

上述人员均要任副教授（副研究员）岗位 5 年及以上。

1965 年 12 月 31 日以后出生的外语、体育、音乐、军事教师应具有硕士学位；1960 年 12 月 31 日以后出生的其他教师应具有硕士学位，其中，1965 年 12 月 31 日以后出生的教师应具有博士学位。

从 2015 年起，外语、体育、音乐、军事、心理咨询、辅导员教师以及 1965 年 12 月 31 日及以前出生的航海类、艺术类教师均应具有硕士及以上学位，其他教师应具有博士学位。

2. 破格申报　获得博士学位，任副教授岗位 3 年及以上。

三、外语要求

理工、管理、经济等学科 1970 年 1 月 1 日以前出生的教师及其他学科的教师，申报正高、副高岗位，参加全国、湖北省或学校组织的相应外语培训并取得合格成绩，视为有效。

理工、管理、经济等学科 1970 年 1 月 1 日及以后出生的教师申报正高、副高岗位外语条件，外语水平须满足以下条件之一：

（一）参加相关的外语考试，取得雅思 6 分或托福 75 分或 PETSV 60 分的成绩。

（二）在教育部指定的出国留学人员培训部参加相应语种培训并获国家公派留学结业证书。

（三）具有省级及以上政府教育、外事等主管部门认可的 1 年及以上国外访问学者、留学或工作经历，取得相关证书或证明。水上专业教师任现职以来在国际航行船上任船长或轮机长、大副或大管轮职务 1 年及以上。

（四）公开出版与本专业相关的外文专著（第一作者）或 20 万字以上与本专业相关的译著（第一译者）。

符合下列条件之一者，外语不作要求：

（一）在国外（境外）获得学士及以上学位。

（二）在现岗位申报与原岗位同级别专业技术岗位者（评转）。

（三）外语专业全日制本科及以上毕业，从事本专业工作。

（四）硕士研究生毕业或获得硕士学位，申报初、中级岗位。

四、"两项能力"要求

（一）工程实践能力

1970 年 1 月 1 日及以后出生的教师申报副高岗位，工科类教师必须具有在企业（或科研机构）工作 1 年以上的实践经历（水上专业教师在船上实习实践 1 年等同于在企业实践 1 年），经济管理类教师必须具有在企事业单位实践 1 年左右的经历，理科教师必须具有在校内实验室从事实践教学（或校外实践锻炼）1 年以上的经历。

（二）国际化能力

1970 年 1 月 1 日及以后出生的申报正高岗位的教师至少有 1 年以上的国外知名高校（一般要求世界排名前 200 名的高校）或研究机构留学或工作经历（体育、艺术、人文、思政等学科除外）。

五、学术业绩原则要求

各学科群〔按学科评审（评议）组界定〕可参照以下教师系列高级岗位的学术业绩原则要求，根据各学科特点、教学质量工程、科研质量工程等要求制定相应的学术业绩条件细则。

（一）助教（研究实习员）

承担 1 门及以上辅导课程或部分主讲课程，参加实验室建设或承担部分实验教学任务。协助中高级岗位教师指导大学生毕业论文，参加学科组或课题组开展的学术讨论和研究工作。

（二）讲师（助理研究员）

1. 任现职以来承担 1 门及以上辅导课程或部分主讲课程，担任班主任工作（有本科专业的学院，下同），公共课和基础课教师要求独立系统地讲授 1 门课程，参加实验室建设并承担部分实验教学任务。

2. 具备指导本科生毕业论文的能力，参加课题组（教研组）承担科研课题的部分工作并获得一定数额的科研经费，效果优良；完成学校额定的教学、科研工作量。

3. 在本专业领域正式出版的 C 区学术期刊上发表论文 1 篇及以上，或参加编写学术著作或其他教学参考书 1 部及以上。其中，思政系列（辅导员）教师须在正式期刊发表论文 1 篇或参编著作 1 部及以上，且完成大学生思政教育调研报告 1 篇及以上。

（三）副教授（副研究员）

1. 教学要求

外语、体育、人文社科及思想政治教育、理学等公共基础课教师，教学工作量不低于 300 学时/学年，每年必须系统、完整地主讲本科生课程 1 门以上，教学效果经学生和同行专家评价达到优良。

其他教学科研单位的教师，教学工作量不低于 200 学时/学年，每年必须系统、完整地主讲本科生课程 1 门，教学效果经学生和同行专家评价达到优良，具有指导本科生毕业论文（设计）的能力。

科研机构的教师，教学工作量不低于 100 学时/学年，包含讲授本科生课程、指导本科课程设计和毕业论文、举办系列讲座等，教学效果经学生和同行专家评价达到优良。

上述各类型教师均要求有 1 年及以上班主任工作经历，或担任本科生导师，或指导大学生进行科技创新与竞赛活动或社会实践活动等。

2. 科研要求

（1）必备条件。

论文：至少在 A 区学术期刊发表论文 1 篇或在 C 区学术期刊上发表论文 4 篇；或理工类教师至少有 3 篇论文被 SCI（EI）收录，非理工类教师至少有 3 篇论文被 SSCI、CPCI、AHCI 收录或被《新华文摘》《人大复印资料》《中国社会科学文摘》全文转载。

科研：公共基础课教师主持校级（结题）及以上教研（科研）项目，其他学科的教师主持省部级及以上科研（教研）项目 1 项及以上，或作为主要成员参加国家级科研（教研）项目，且近 5 年科研经费到校款满足所在学科的要求；或获得学校教学成果奖三等奖及以上奖励排名第 1 名（公共基础课教师）；或获得国家级教学（科研）成果奖，或获得省部级教学（科研）成果奖一等奖前 5 名，二等奖前 3 名，三等奖前 2 名。

（2）选择条件：按各学科实施细则执行。

（四）教授（研究员）

1. 教学为主型

（1）教学要求。

①每年系统、完整地主讲本科生课程或研究生公共课程，其中课堂授课不少于年教学工作量的 2/3，教学工作量不低于 300 学时/学年。

②完整培养研究生 1 届及以上（无硕士点的学科除外）。

③教学效果突出，近 3 年教学评估分达到 90 分及以上，且主讲的本科或研究生课程至少有 1 门次被评为教学质量优秀课程（优质优酬课程），在本科教学工程中作出突出贡献。

④有 1 年及以上班主任工作经历，或担任本科生导师，或指导大学生进行科技创新活动与竞赛活动或社会实践活动等。

（2）科研要求。

①必备条件：

论文：至少在 C 区及以上学术期刊发表论文 6 篇及以上，其中教学研究论文 2 篇及以上（含教育教学核心类期刊）。

项目和成果：主持省部级及以上教研项目并结题；或获得省部级及以上教学成果奖（国家级教学成果特等奖、一等奖前 7 名、二等奖前 5 名，省部级教学成果一等奖前 3 名、二等奖前 2 名、三等奖第 1 名）。

②选择条件：按各学科实施细则执行。条件选项侧重：教育部"本科教学工程"项目（专业综合改革试点项目、精品资源共享课程、视频公开课程、工程教育实践教育基地、实验教学示范中心）主要成员，获得省部级及以上教学成果奖（不重复计算），主编国家规划教材，获得大学生科技竞赛国家级奖或全国体育竞赛获奖的指导教师，获得省级及以上优秀学士、硕士、博士学位论文的指导教师，校级及以上精品课程教学名师，校级及以上师德标兵等。

2. 教学科研型

（1）教学要求。

①每年系统、完整地主讲本科生课程，教学效果经学生和同行专家评价达

到优良。

②主讲研究生课程，完整培养研究生1届及以上。

③教学工作量不低于200学时/学年。

④有1年及以上班主任工作经历，或担任本科生导师，或指导大学生进行科技创新活动与竞赛活动或社会实践活动等。

（2）科研要求。

①必备条件：

论文：至少在A区学术期刊上发表论文3篇及以上；或理工类教师至少有6篇论文被SCI（EI）收录，非理工类教师至少有6篇论文被SSCI（CPCI）、AHCI收录或被《新华文摘》《人大复印资料》《中国社会科学文摘》全文转载。

项目和成果：主持国家级项目（国家基金项目不含主任基金等短期项目），或教育部重点或重大项目（限人文社科类），或单项科研合同研究经费400万元以上且到款50%以上的横向项目。

②选择条件：按各学科实施细则执行。条件选项侧重：获得省部级及以上奖励（国家级教学科研成果特等奖、一等奖前7名、二等奖前5名，省部级教学科研成果一等奖前3名、二等奖前2名、三等奖第1名），出版著作或教材，教育部"本科教学工程"项目主要成员，获得大学生各类科技竞赛奖励的指导教师，获得省级以上优秀学士、硕士、博士学位论文的指导教师，获得发明专利及科技成果转化奖等。

3. 科研为主型

（1）教学要求。

①指导本科课程设计、毕业论文、大学生科技创新与竞赛活动以及举办系列讲座等，并至少为本科生开设1门及以上课程（含选修课），教学效果优良。

②主讲研究生课程，完整培养研究生1届及以上。

③教学工作量不低于100学时/学年。

④有1年及以上班主任工作经历，或担任本科生导师，或指导大学生进行科技创新活动与竞赛活动或社会实践活动等。

（2）科研要求。

①必备条件：

论文：至少在A区学术期刊发表论文4篇及以上；或理工类教师至少有8

篇被 SCI（EI）收录（同时必须在 A 区学术期刊发表论文 1 篇及以上或 B 区学术期刊发表论文 2 篇及以上），非理工类教师至少有 8 篇被 SSCI（CPCI）、AHCI 收录或被《新华文摘》《人大复印资料》《中国社会科学文摘》全文转载（同时必须在 B 区学术期刊发表论文 2 篇及以上）。

项目和成果：主持国家自然科学基金（不含主任基金等短期项目）或国家社会科学基金项目 1 项及以上，或国家级科研项目 2 项及以上，或单项科研合同研究经费 500 万元以上且到款 50% 以上的横向项目。

②选择条件：按各学科实施细则执行。条件选项侧重：获得省部级及以上科研奖励（国家级科研成果特等奖、一等奖前 7 名、二等奖前 5 名，省部级科研成果一等奖前 3 名、二等奖前 2 名、三等奖第 1 名），出版学术专著，获得发明专利，科技成果转化，科研基地建设，国家重大项目团队建设，省部级及以上科研团队建设，大学生各类科技竞赛活动指导教师，获得省级以上优秀学士、硕士、博士学位论文的指导教师等。

（五）破格申报副教授（副研究员）

1. 教学要求

教学工作量、教学效果达到本学科申报副教授（副研究员）相关要求，具有指导硕士研究生的能力或指导青年教师成绩显著。

2. 科研要求

（1）必备条件：

论文：至少在 A 区学术期刊发表论文 2 篇及以上；或理工类教师至少有 5 篇论文被 SCI（EI）收录（同时必须在 B 区学术期刊发表论文 1 篇及以上），非理工类教师至少有 5 篇论文被 SSCI（CPCI）、AHCI 收录或被《新华文摘》《人大复印资料》《中国社会科学文摘》全文转载（同时必须在 B 区学术期刊发表论文 1 篇及以上）。

项目和成果：主持国家级项目（国家基金项目不含主任基金等短期项目）1 项及以上。

（2）选择条件：按各学科实施细则执行。

（六）破格申报教授（研究员）

1. 教学要求

非专职科研机构的教师教学工作量、教学效果达到本学科申报教学科研型教授（研究员）相关要求，专职科研机构的教师教学工作量、教学效果达到本学科申报科研型教授（研究员）相关要求，具有指导硕士研究生的能力或指导青年教师成绩显著。

2. 科研要求

（1）必备条件：

论文：至少在 A 区学术期刊发表论文 5 篇及以上。

项目和成果：主持国家基金项目 2 项（不含主任基金等短期项目）及以上。

（2）选择条件：按各学科实施细则执行。

B 大学专业技术岗位聘用条件（2011 年）

一、一级岗位

院士及其他为国家作出突出贡献的一流人才（按上级人事部门制定的条件确定人选）。

二、二级岗位

（一）人才培养基本要求

近 3 年来达到年均额定教学工作量（教学为主型 300 学时/学年，教学科研型 200 学时/学年，科研为主型 100 学时/学年）。教学为主型、教学科研型教师每年必须主讲本科生课程 1 门次及以上；科研为主型教师每年必须参与本科生教学或指导本科生毕业论文、毕业设计，主讲研究生课程 1 门次及以上，教学效果良好。完整培养博士研究生 1 届以上（无博士点学科除外），平均每年指导研究生 2 人及以上。

（二）选择条件

1. 满足以下条件任意 1 项可申请专业技术二级岗位。

（1）国家"千人计划"入选者；

（2）国家"973"计划、国家"863"计划、国家重大科学研究计划、国家科技支撑计划、国家科技重大专项的首席科学家或项目负责人，国防重大或重点项目负责人，国际合作重大项目及国家其他 1000 万元以上重大项目负责人；

（3）国家自然（社会）科学基金重点及以上项目负责人；

（4）国家自然科学基金委员会创新研究群体、教育部优秀创新团队负责人；

（5）"长江学者"特聘教授；

（6）国家杰出青年基金获得者；

（7）国家有突出贡献的中青年专家；

（8）国家级教学名师；

（9）国家教学科研成果奖一等奖前3名、二等奖第1名，国家社会科学基金项目优秀成果奖一等奖前3名、二等奖第1名，教育部全国高校人文社会科学优秀成果奖一等奖第1名；

（10）在《Nature》《Science》等国际顶尖学术杂志发表学术论文的第一作者或通讯作者；

（11）全国百篇优秀博士论文指导教师；

（12）教育部哲学社会科学重大攻关项目首席科学家。

2. 在正高级岗位任职超过10年，且满足下列各类条件中任意1项；在正高级岗位任职超过5年且在10年及以下，且满足下列各类条件中任意2项；在正高级岗位任职5年及以下，且满足下列各类条件中任意3项；任三级岗位以来聘期考核优秀者，且满足下列各类条件中任意1项，可申请专业技术二级岗位。

（1）学术荣誉及学术影响：

①国务院学位委员会委员；

②国务院学科评议组成员；

③全国专业学位教育指导委员会委员；

④国际重要学术机构负责人；

⑤"新世纪百千万人才工程"国家级人选；

⑥中国青年科学家奖获得者；

⑦中科院"百人计划"的择优支持者；

⑧湖北省"百人计划"入选者。

（2）教学成果：

①国家级教学成果奖一等奖前5名、二等奖前3名或省部级一等奖前2名；

②国家精品教材负责人；

③国家级教学质量工程项目（特色专业、品牌专业、精品课程、双语教学示范课程等）负责人；

④国家级教学、科研基地（示范中心）负责人；

⑤全国百篇优秀博士论文提名奖指导教师。

（3）科研成果：

①国家级科技成果奖一等奖前5名、二等奖前3名，省部级一等奖前2

名、人文经管类二等奖第 1 名，国家社会科学基金项目优秀成果奖一等奖前 5 名、二等奖前 3 名、三等奖前 2 名，教育部全国高校人文社会科学优秀成果奖一等奖前 3 名、二等奖前 2 名、三等奖第 1 名，省级人文社会科学研究优秀成果奖一等奖前 2 名、二等奖第 1 名；

②获得有届次的国际学术奖（第 1 名）；

③在《中国社会科学》发表学术论文 2 篇的第一作者（文科教师）；

④发表的学术论文作为支持性成果的单篇引用率理工 SCI、人文 SSCI 他引在 200 次以上的第一作者；

⑤ 全国百篇优秀博士论文获得者；

⑥主持 2 项及以上国家自然或社会科学基金的项目负责人（不含青年基金、主任基金、专项基金）。

3. 学校发展急需的杰出人才以及对学科建设、人才培养和科学研究作出突出贡献、为学校赢得极大声誉、产生了公认的学术影响的学者，可不受上述条件限制，由校长提名、校专业技术岗位聘用委员会评议认定，聘任专业技术二级岗位。

三、三级岗位

（一）人才培养基本要求

近 3 年来达到年均额定教学工作量（教学为主型 300 学时/学年，教学科研型 200 学时/学年，科研为主型 100 学时/学年）。教学为主型、教学科研型教师每年必须主讲本科生课程 1 门次及以上；科研为主型教师每年必须参与本科生教学或指导本科生毕业论文、毕业设计，主讲研究生课程 1 门次及以上，教学效果良好。完整培养博士研究生 1 届以上（无博士点学科除外），平均每年指导研究生 2 人及以上。

（二）选择条件

1. 满足下列条件中的任意 1 项可申请专业技术三级岗位。

（1）满足二级岗位组合条件（二）第 2 条中的任意 1 项；

（2）"楚天学者"特聘教授及全职来校工作的"楚天学者"主讲教授、讲座教授。

2. 在正高级岗位任职超过 5 年且在 10 年以下，满足下列各类条件中任意 1 项；在正高级岗位任职 5 年及以下，且满足下列各类条件中任意 2 项；任四级岗位以来聘期考核优秀者，且符合下列条件中任意 1 项，可申请专业技术三级岗位。

（1）学术荣誉及学术影响：

①教育部"新世纪优秀人才支持计划"入选者；

②省部级"百千万人才工程"第一层次人选；

③省部有突出贡献的中青年专家。

（2）教学成果：

①省级教学名师；

②国家级教学成果奖一等奖前 7 名、二等奖前 5 名或省级教学成果一等奖前 3 名、二等奖第 1 名；

③省级质量工程（品牌专业、教学团队、精品课程等）负责人；

④省部级教学、科研基地（示范中心）负责人；

⑤省级优秀博士论文指导教师。

（3）科研成果：

①国家科技成果奖一等奖前 7 名、二等奖前 5 名；省部级科技成果奖一等奖前 3 名、二等奖第 1 名；国家社会科学基金项目优秀成果奖一等奖前 7 名、二等奖前 5 名、三等奖第 3 名；教育部全国高校人文社会科学优秀成果奖一等奖前 5 名、二等奖前 3 名、三等奖前 2 名；省级人文社会科学研究优秀成果奖一等奖前 3 名、二等奖第 1 名；

②国家级项目的负责人；

③省级创新团队负责人；

④在《中国社会科学》发表学术论文 1 篇的第一作者（文科教师）；

⑤发表的学术论文作为支持性成果的单篇引用率理工 SCI、人文 SSCI 他引在 100 次以上的第一作者；

⑥全国百篇优秀博士论文提名奖获得者。

3. 在正高级岗位任职 10 年及以上，完成本岗位教学科研、人才培养和青年教师指导及其他工作任务，年度及聘期考核合格，可申请专业技术三级岗位。

四、四级岗位

具备四级岗位上岗条件，即符合学校职称评聘正常或破格晋升正高职务的条件。

五、五级岗位

（一）满足下列条件中任意 1 项可申请专业技术五级岗位。

1. 教育部"新世纪优秀人才计划"入选者；

2. 省部级"百千万人才工程"第二层次人选；

3. 国家级项目或省部级重点项目的负责人；

4. 省杰出青年基金获得者。

（二）选择条件

在副高级岗位任职超过 6 年且在 13 年以下，且满足下列各类条件中任意 1 项；在副高级岗位任职 6 年及以下，且满足下列各类条件中任意 2 项，可申请专业技术五级岗位。

1. 教学成果

（1）国家精品课程前 5 名、省级精品课程前 3 名；

（2）国家级教学成果奖一等奖前 9 名、二等奖前 7 名，省级一等奖前 5 名、二等奖前 2 名、三等奖第 1 名；

（3）正式出版的国家规划教材的主编；

（4）船长、轮机长（水上专业教师）；

（5）国际或国家级裁判（体育教师）。

2. 科研成果

（1）国家级科技成果奖一等奖前 9 名、二等奖前 7 名，省级一等奖前 5 名、二等奖前 2 名、三等奖第 1 名，国家社会科学基金项目优秀成果奖一等奖前 9 名、二等奖前 7 名、三等奖前 5 名，教育部全国高校人文社会科学优秀成果奖一等奖前 7 名、二等奖前 5 名、三等奖前 2 名，省级人文社会科学研究优秀成果奖一等奖前 5 名、二等奖前 3 名、三等奖前 1 名；

（2）省部级及以上优秀博士论文获得者；

（3）在《中国社会科学》发表学术论文 1 篇的第一作者（文科教师）；

（4）发表的学术论文作为支持性成果的单篇引用率理工 SCI、人文 SSCI 他引在 50 次以上的第一作者；

（三）任六级岗位以来聘期考核优秀者，可申请专业技术五级岗位。

（四）在副高级岗位任职 13 年及以上，完成本岗位教学科研、人才培养和青年教师指导及其他工作任务，年度及聘期考核合格，可申请专业技术五级岗位。

六、六级岗位

（一）楚天学子；

（二）任七级岗位 7 年及以上，履行岗位职责，历年考核合格；

（三）任七级岗位以来聘期考核优秀者，可申请专业技术六级岗位。

七、七级岗位

具备七级岗位的上岗条件，即符合学校职称评聘正常或破格晋升副高职务的条件。

八、八级岗位

（一）任十级岗位 12 年及以上或博士后出站。

（二）任九级岗位以来聘期考核优秀者，可申请专业技术八级岗位。

九、九级岗位

（一）任十级岗位 6 年及以上或博士学位获得者，历年考核合格或统招统分博士后进站后。

（二）任十级岗位以来聘期考核优秀者，可申请专业技术九级岗位。

十、十级岗位

具备十级岗位的上岗条件，即符合学校职称评聘晋升中级职务的条件。

十一、十一级岗位

获得硕士学位，初聘初级或任初级职务 3 年以上，历年考核合格。

十二、十二级岗位

获得学士学位，初聘初级或符合学校职称评聘晋升初级职务的条件。

十三、有关问题说明

（一）项目级别：国家级项目指科技部、国家自然科学基金委员会、国家发展和改革委员会、国防科技工业局、总装备部、工信部、全国社会科学规划办公室等部门批准的项目。具体项目由科发院（国防院）认定。

（二）论文认定：引进人才须以第一作者或通讯作者（来自国外）署名；本校人员须以 B 大学作为成果的所有权单位的第一作者。

（三）获奖认定：科研及教学成果奖分别由科发院和教务处认定，本校人员以 B 大学作为成果的所有权单位，个人持有证书；引进人才以原工作单位为成果所有权单位；同类成果、同一成果重复获奖按"就高不就低"的原则计算一项；原国家科技成果奖三等奖按现行的二等奖对待；有资格推荐国家级科技奖励的社会力量设奖认定为省部级奖励参照学校有关规定执行（修改）；武汉市科技奖励降档按省部级对待。

（四）艺术类成果的认定：凡在中国文联所属文艺家协会（中国作家协会、中国电影家协会、中国美术家协会、中国戏剧家协会、中国音乐家协会、中国曲艺家协会、中国舞蹈家协会、中国摄影家协会、中国书法家协会、中国民间艺术家协会、中国杂技家协会、中国电视艺术家协会）主办的有届次的专业性综合展览中获得的一等奖和二等奖分别按国家级一等奖和二等奖励对待，三等奖按省部级一等奖对待；建筑学类成果的认定：国家建设部所授予的全国优秀建筑设计、全国优秀规划设计奖按省部级对待。

（五）成果及任职年限计算：任本等（非本级）专业技术职务以来取得的成果累积计算（评聘四级、七级岗位使用过的成果不能重复计算）。成果及任职年限均按满年计算，计算到2010年12月31日。

附件3：C大学教师岗位基本职责及分配暂行办法

(2014年7月，节选)

第一章　总　则（略）

第二章　教师岗位基本要求和基本职责

第四条　教师岗位基本要求（略）

第五条　教师岗位基本职责（参考该校2012年6月28日人事处师资办公室发布的政策文本。2014年7月的文件主要就助教、讲师、副教授、教授岗位作出了定性要求，未就分级岗位基本职责作出规定，故选择2012年的政策文本。）

（一）教授二级岗位

1. 教学工作

（1）每年承担1门及以上本科生课程讲授任务；每年开设2次前沿讲座。(2) 积极开展双语教学；主持本学科（或专业）的教材建设、课程建设，开展教学改革、编审教材和主持教学法研究；聘期内取得标志性教学成果1项。

2. 科研工作

（1）面向国家、地方重大战略需求和国际科学与技术前沿，聘期内承担国家级或省级重大科研项目2项；每年完成学校科技处和所在学院规定的科研工作任务。(2) 聘期内以C大学为第一单位在专业权威期刊发表科研（或教研）论文12篇及以上，其中被SCI、EI、CSSCI或AHCI收录8篇及以上；以第一作者出版高水平学术专著1部。(3) 聘期内，获得省部级科研奖励1项以上，争取获得国家级科研奖励1项。

3. 学科建设工作

（1）积极参与教师团队的建设工作，带领相关教师团队，在某一学科方向达到国内先进水平。(2) 对本学科的发展方向和研究重点提出重要建议，促进本学科跟踪国际学术前沿。（3）制定或协助学科负责人制定并实施本学科及实验室建设规划；指导本学科的重点学科建设、学位点建设和重点实验室建设。

4. 人才培养工作

（1）根据所在学院安排负责制订本学科青年教师培养计划，担任青年教师指导教师，培养中青年学术骨干和年轻教师3名。（2）积极推荐青年教师到海外访学，联系、推荐2名优秀青年教师出国学习、进修。

5. 社会服务工作

结合本学科特色，积极推进科研成果的推广应用，有效地促进产学研结合，承担社会责任，提高服务社会的水平，促进我校社会影响力的提升。

6. 国际合作工作

（1）聘期内协助引进海内外杰出人才1~2名；邀请国内外著名学者来校进行学术交流。（2）积极组织开展国际合作研究，提高本学科国际合作交流水平。

（二）教授三级岗位

1. 教学工作

（1）聘期内，每年承担1门以上本科生课程讲授任务；每年开设2次前沿讲座。（2）积极开展双语教学；主持本学科（或专业）的教材建设、课程建设，开展教学改革、编审教材和主持教学法研究；聘期内取得标志性教学成果1项。

2. 科研工作

（1）面向国家、地方重大战略需求和国际科学与技术前沿，聘期内承担国家级或省级重大科研课题1项；每年完成学校科技处和所在学院规定的科研工作任务。（2）聘期内以C大学为第一单位在专业权威期刊发表科研（或教研）论文8篇及以上，其中被SCI、EI、CSSCI或AHCI收录6篇及以上；出版学术专著1部。（3）聘期内获得省部级科研奖励1项，争取获得国家级科研奖励1项。

3. 学科建设工作（略）

4. 人才培养工作（略）

5. 社会服务工作（略）

6. 国际合作工作（略）

（三）教授四级岗位

1. 教学工作

（1）服从学校和学院（部）的教育教学工作安排，每年完成2门次及以上课程（其中至少 1 门为本科生课程）的主讲任务；每年完成学校和所在学院（部）规定的教学工作量，教学效果良好及以上。（2）指导本科生的毕业设计、实习（不含公共基础课教师），指导硕士生。（3）教学研究（科研型教师可不作此要求）：主持校级及以上级别的教学研究项目，或公开发表教学研究论文 1 篇及以上，或获省部级教学成果奖三等奖及以上级别奖励（有获奖证书）。（4）以主编、副主编公开出版教材或教学参考书，或正式出版本专业领域学术专著（排名前 2）。

2. 科研工作

完成学校科技处和所在学院（部）规定的科研工作任务，并达到下列四项中的一项：

（1）作为骨干成员（前 3 名）参与完成国家自然科学基金重大研究计划重点项目、国家自然科学基金重点项目、科技部支撑计划（攻关）项目、国家重大科学工程项目、"973" 计划项目、"863" 计划项目。（2）主持国家自然科学基金项目、国家社会科学基金项目、国家软科学计划项目、教育部人文社科研究项目、全国教育科学规划项目（有经费资助）。（3）聘期内以 C 大学为第一单位，本人为第一作者或通讯作者，在专业核心期刊公开发表学术论文 6 篇及以上，其中 SCI、EI、CSSCI 或 AHCI 等收录 3 篇及以上。（4）获省部级科技三等奖及以上奖励（其中省部级三等奖排名第 1 名、二等奖排名前 2 名、一等奖排名前 3 名，国家级奖排名前 5 名）。

3. 学科专业建设（略）

4. 指导青年教师（略）

5. 国际交流（略）

6. 其他工作（略）

（四）副教授一级岗位

1. 教学工作

（1）服从学校和学院（部）的教育教学工作安排，每学年完成 2 门次及以上课程（其中至少 1 门为本科生课程）的主讲任务；每年完成学校和所在学院（部）规定的教学工作量，教学效果良好及以上。（2）指导本科生的毕业设计、实习（不含公共基础课教师）；指导硕士生（有硕士点的学科）；承担学生的班主任工作。（3）教学研究（科研型教师可不作此要求）：主持校级及以上级别的教学研究项目；或公开发表教学研究论文 1 篇及以上；或获省部级教学成果奖三等奖及以上级别奖励（有获奖证书）。

2. 科研工作

完成学校科技处和所在学院（部）规定的科研工作任务，并达到下列四项中的一项：

（1）作为主要成员（前5名）参与完成国家自然科学基金重大研究计划重点项目、国家自然科学基金重点项目、科技部支撑计划项目（攻关）、国家重大科学工程项目、"973"计划项目、"863"计划项目。（2）主持国家自然科学基金项目、社会科学基金项目、国家软科学计划项目、全国教育科学规划项目、教育部人文社科研究项目。（3）聘期内以C大学为第一单位，本人为第一作者或通讯作者，在专业核心期刊公开发表学术论文5篇及以上，其中SCI、EI、CSSCI或AHCI收录2篇及以上。（4）获省部级科技三等奖及以上级别奖励（其中省部级三等奖排名前2名、二等奖排名前3名、一等奖排名前5名，国家级奖排名前7名）。

3. 学科专业建设（略）

4. 指导青年教师（略）

5. 其他工作（略）

（五）副教授二级岗位

1. 教学工作

（1）服从学校和学院（部）的教育教学工作安排，每学年完成2门次及以上课程（其中至少1门为本科生课程）的主讲任务；每年完成学校规定的教学工作量，教学效果良好及以上。（2）指导本科生的毕业设计、实习（不含公共基础课教师）；指导硕士生（有硕士点的学科）；承担学生的班主任工作。（3）主持校级及以上级别的教学研究项目；或公开发表教学研究论文1篇及以上；或获省部级教学成果奖三等奖及以上级别奖励。

2. 科研工作

完成学校科技处和所在学院（部）规定的科研工作任务，且达到下列四项中的一项：

（1）作为主要成员（前7名）参与完成国家自然科学基金重大研究计划重点项目、国家自然科学基金重点项目、科技部支撑计划项目（攻关）、国家重大科学工程项目、"973"计划项目、"863"计划项目。（2）主持国家自然科学基金项目、社会科学基金项目、国家软科学计划项目、全国教育科学规划项目、教育部人文社科研究项目。（3）聘期内以C大学为第一单位，本人为第一作者或通讯作者，在专业核心期刊公开发表学术论文4篇及以上，其中

SCI、EI、CSSCI 或 AHCI 收录 2 篇及以上。(4) 获省部级科技三等奖及以上级别奖励（其中省部级三等奖排名前 3 名、二等奖排名前 5 名、一等奖排名前 7 名，国家级奖排名前 9 名）。

3. 学科专业建设（略）

4. 指导青年教师（略）

5. 其他工作（略）

（六）副教授三级岗位

1. 教学工作

（1）服从学校和学院（部）的教育教学工作安排，每学年完成 2 门次及以上课程（其中至少 1 门为本科生课程）的主讲任务；每年完成学校规定的教学工作量，且教学效果良好。(2) 指导本科生的毕业设计、实习（不含公共基础课教师）；指导硕士生（有硕士点的学科）；承担学生的班主任工作。(3) 作为前 2 名完成校级及以上级别的教学研究项目；或公开发表教学研究论文 1 篇及以上；或获省部级教学成果奖三等奖及以上级别奖励。

2. 科研工作

完成学校科技处和所在学院（部）规定的科研工作任务，且达到下列四项中的一项：

（1）作为主要成员（前 9 名）参与完成国家自然科学基金重大研究计划重点项目、国家自然科学基金重点项目、科技部支撑计划项目（攻关）、国家重大科学工程项目、"973"计划项目、"863"计划项目。(2) 主持或作为骨干成员（前 5 名）参与完成国家自然科学基金项目、社会科学基金项目、国家软科学计划项目、全国教育科学规划项目、教育部人文社科研究项目。(3) 聘期内以 C 大学为第一单位，本人为第一作者或通讯作者，在专业核心期刊公开发表学术论文 3 篇及以上，其中 SCI、EI、CSSCI 或 AHCI 收录 1 篇及以上。(4) 获省部级科技三等奖及以上级别奖励（其中省部级三等奖排名前 4 名、二等奖排名前 6 名、一等奖排名前 9 名，或国家级奖获得者）。

3. 学科专业建设（略）

4. 指导青年教师（略）

5. 其他工作（略）

（七）讲师岗位基本职责

1. 教学工作

（1）服从学校和学院（部）的教育教学工作安排，每学年完成 2 门次及以上课程的主讲任务；每年完成学校规定的教学工作量，且教学效果良好。
(2) 指导本科生的毕业设计、实习，承担学生的班主任工作。(3) 作为主要成员（前5名）完成校级及以上级别的教学研究项目；或公开发表教学研究论文1篇以上；或获校级及以上教学成果奖（有获奖证书）。

2. 科研工作

完成所在学院（部）规定的科研工作量，并力争在以下几个方面取得标志性成果：

(1) 在本专业领域核心期刊公开发表学术论文2篇及以上。(2) 作为主要成员参与完成省部级或以上科研项目，或者参与完成重大横向项目。(3) 作为主要成员参与获得省部级或以上科技成果奖励。

3. 学科专业建设（略）

4. 其他工作（略）

（八）助教岗位基本职责

(1) 服从学校和学院（部）教育教学工作安排，每年完成学校规定的教学工作量；兼任学生班导师或者辅导员工作。(2) 积极参与科研工作，每年完成学校规定的科研工作量，完成科研项目负责人或指导教师交给的各项科研任务。(3) 积极参与本学科的学科建设、专业建设、课程建设或实验室建设以及教育教学改革；积极参加教师团队建设。(4) 在本专业领域发表第一作者学术论文1篇及以上。(5) 积极参与学校及所在学院（部）的各项活动以及公益服务工作，完成学校和学院（部）交办的其他工作。

第三章 教师岗位的类型及考核

第六条 学校根据教师所侧重承担的基本职责，将教师岗位分为教学为主型、教学科研型、科研为主型和社会服务与推广型四种类型，实行分类管理。教师可以结合自身实际，自主选择岗位类型，原则上在同一个聘期内不得随意变更岗位类型。

第七条 教师岗位考核按照定性考核与定量考核相结合、年度考核与聘期考核相结合的方式进行。考核内容包括"德、能、勤、绩"四个方面。

第八条 教师岗位考核标准

（一）德、能、勤考核（略）

（二）工作业绩考核

教师岗位工作业绩考核须核算成相应的积分，各年度考核工作业绩积分的累加即为聘期考核工作业绩积分。若中途聘任，则按系数（聘任年数/聘期）计算。教师年度考核工作业绩积分最低标准如下表所示。

教师年度考核工作业绩积分最低标准

岗位类别	岗位类型	教学为主型 教学分	教学为主型 研究分	教学为主型 社会分	教学科研型 教学分	教学科研型 研究分	教学科研型 社会分	科研为主型 教学分	科研为主型 研究分	科研为主型 社会分	年度考核业绩积分总分	社会服务与推广型业绩积分总分
教授	二级	105	45	36	75	75	36	35	115	36	280	364
教授	三级	105	40	36	75	70	36	35	110	36	260	338
教授	四级	105	35	36	75	65	36	35	105	36	240	312
副教授	五级	105	20	36	75	50	36	35	90	36	220	286
副教授	六级	105	15	36	75	45	36	35	85	36	210	273
副教授	七级	105	10	36	75	40	36	35	80	36	200	260
讲师	八级	95	5	30	75	25	30	35	65	30	180	234
讲师	九级	90	5	30	75	20	30	35	60	30	175	228
讲师	十级	85	5	30	75	15	30	35	55	30	170	221
助教		70	0	30	65	5	30	50	20	30	150	195

注：①年满57周岁的男性教师和年满52周岁的女性教师，研究分不作明确要求，但总分不得低于70%（对要求延聘人员则其研究分、总分均须达到上表相应要求）。

②根据规定须执行助教制的新进教师，按助教制相关要求考核。

③选择社会服务与推广型的教师，除满足上述业绩分总分要求外，还应具有系统的专业基础理论和生产实践经验，具有承担重大横向技术研究开发课题、开展技术咨询服务的能力，聘期内在成果转化、技术咨询与推广、艺术创作与推广、提供政策咨询等方面产生重要的影响力以及显著的社会经济效益。其中，理工科类教授（副教授）应主持单项横向课题到账经费200（120）万元，或主持横向课题累计到账经费400（240）万元以上，或主持单项横向课题到账经费120（75）万元且获国家授权发明专利2（1）项以上，或科研成果转化后形成的产值、利润和经济效益突出，达300（200）万元以上；人文社科类教授（副教授）应主持单项横向课题到账经费120（75）万元，或主持横向课题累计到账经费240（150）万元以上，或政策咨询报告被省级以上政府部门采纳或得到省级以上主要领导肯定批示，或在艺术创作与推广方面产生公认的社会影响力。

第九条 考核结果的确定（略）

第十条 考核组织（略）

第十一条 考核程序（略）

第十二条 考核结果的运用（略）

第四章 附则（略）

教学工作量化考核计分细则

一、教学工作量计算办法

教学工作量（A）主要指教师完成的由学校下达的全日制本、专科生（含留学生、国际合作班）和研究生教学任务的工作量，包含理论教学工作量（A_1）、实践教学工作量（A_2）和研究生教学（含指导）工作量（A_3）。

$$A = A_1 + A_2 + A_3$$

（一）理论教学工作量（A_1）

教师为本、专科生授课以学校下达的教学任务时数（T）为依据，其教学工作量按下式计算：

$$A_1 = T \times (1 + K) \times (X_1 + X_2)$$

式中：T 为课程的计划学时数，K 为课程教学质量系数，X_1 为课程类别系数，X_2 为教学班规模系数。

1. 课程教学质量系数（K）

课程教学质量	K	备注
评价结果在学院排名前10%	0.2	教学质量按学校相关规定和办法评定
教学质量评价不合格	−0.2	
其他	0.0	
十佳一等奖、授课竞赛校级一等奖及以上获得者，省级及以上教学名师、国家精品开放课程负责人	0.2	发文当年有效
十佳三等奖及以上，授课竞赛校级三等奖及以上获得者	0.1	发文当年有效

注：教师同时具备以上多个条件时，课程教学质量系数按就高处理，不累加。

2. 课程类别系数（X_1）

课程类别	X_1
理论课（含校内辅修）、通识课程选修课	1.0
校际辅修选修（单独编班）、重修班课程	1.2
专职课程辅导、心理辅导	0.4
双语课程、创新班和卓越工程师班课程、英语 ET 班和微积分 ET 班课程	1.5
留学生班课程、国际合作班课程、创新班和卓越工程师班的双语课程	2.0

注：同一课程涉及多个类别的，不重复统计。

3. 教学班规模系数（X_2）

课程类型	标准教学班人数	X_2
校际辅修（单独编班）	90	X_2 = 超过标准班学生人数 × 0.01，最高不超过 1.0，辅修未单独编班学生数计入课堂学生总数；通识课程选修课不足 35 人的用负数，X_2 下不封底，上 1.5 封顶
理工类必修课、其他理论课、通识课程选修课	35	
体育课	32	
艺术专业课、制图课、专业英语课、重修班课程	25	

（二）实践教学工作量（A_2）

$$A_2 = \sum_i A_{2i} \quad (i = 1 \sim 7)$$

1. 毕业设计（含毕业论文）（A_{21}）

$$A_{21} = 计划周数 \times 学生人数$$

2. 课程设计（含学年论文）（A_{22}）

$$A_{22} = 计划周数 \times 16 \times 学生自然班数 \times J_1$$

式中：J_1 为班级系数。一个教师指导 1 个班的课程设计时，$J_1 = 1$；一个教师同时指导 2 个及以上班时，$J_1 = 0.75$；两个教师同时指导 1 个班及以上时，合计班级系数 $J_1 = 1.2$。

3. 毕业实习、生产实习、认识实习（含风景写生、毕业考察等实践环节）（A_{23}）

$$A_{23} = 计划周数 \times 16 \times 学生自然班数 \times J_1 \times J_2$$

式中：J_1 为班级系数，按前述标准计算；J_2 为路程系数，市内实习 $J_2 = 1.0$，市外实习 $J_2 = 1.2$。

4. 数控加工、金工实习、电子实习、专业综合实验（A_{24}）

$$A_{24} = 计划周数 \times 16 \times (1 + X_2) \times J_3$$

式中：J_3 为类别系数，X_2 为教学班规模系数（计算方法同前）。

实习类别	J_3	备注
金工实习、电子实习、专业综合实验	1.0	X_2 = 超过标准班学生人数 × 0.01，最高不超过 1.0；工作量包括理论教学工作量和实习指导工作量，具体由教学任务承担单位进行分配
数控实习	1.2	

5. 实验教学（A_{25}）

$$A_{25} = 实验计划学时数 \times J_4$$

式中：$J_4 = 0.8$（重复班 $J_4 = 0.6$）。

6. 指导学术竞赛（含学科竞赛、科技作品竞赛）（A_{26}）

$$A_{26} = 核准实际时数 \times 竞赛团队数 \times J_5$$

式中：指导学生团队参加挑战杯、数学建模 $J_5 = 1.5$（重复队 $J_5 = 1.2$），其他竞赛 $J_5 = 1.0$（重复队 $J_5 = 0.8$）。

7. 参加短学期社会实践答辩（A_{27}）

$$A_{27} = 班数 \times 4$$

（三）研究生教学工作量（$A_3 = A_{31} + A_{32}$）

1. 单个研究生教学班教学工作量（A_{31}）的计算

$$A_{31} = 计划学时 \times 研究生教学班规模系数$$

类别 \ 项目	课程人数	系数	讲座	备注
硕士研究生	1~5	0.8	2	
	6~15	1.0		
	16~30	1.1		
	31~45	1.2		
	46人以上每增加1人加0.01系数，最高不超过2			

2. 指导全日制研究生工作量（A_{32}）的计算

$$A_{32} = 学生人数 \times 每年生均标准工作量$$

类别 \ 学年分布	第一学年	第二学年	第三学年
硕士生导师（总工作量100）	20	40	40

（四）教务处组织下达的其他各类学生的教学任务参照上述办法计算工作量。

二、教学工作量积分（B）计算办法

实际完成教学工作量（A）	260课时	520课时	660课时及以上
教学工作量积分（B）	100分	175分	200分

其中：

（1）A 中必须含有至少承担一门以上的本科课程教学任务（32 学时以上）；

（2）当 $A \leq 260, B = \dfrac{A}{260} \times 100$；

（3）当 $260 < A \leq 520, B = 100 + \dfrac{A-260}{260} \times 75$；

（4）当 $520 < A \leq 660, B = 175 + \dfrac{A-520}{140} \times 25$；

（5）当 $A > 660, B = 200$。

教学研究工作量化考核计分细则

一、教学研究工作量计分标准

教学研究工作量主要涉及教学改革与教学研究项目、成果两大类，其积分计入研究工作积分。量化计分标准如下：

	类别		单位	基本分值	备注
项目类	教研项目	申报国家级/省级/校级教研项目	分/项	5/3/2	
		获批国家级/省级/校级教研项目	分/项	50/30/20	
	教学改革与本科教学工程	申报国家级/省级/校级项目	分/项	10/6/4	立项改革思路明确，取得明显成效
		获批国家级/省级/校级项目	分/项	100/60/40	
成果类	教研论文	《中国教育报》《光明日报》（理论版）刊发的论文	分/篇	25	论文如被检索、收录、转载，则参照科研论文检索、收录、转载追加分值
		教育类 CSSCI 期刊发表的论文	分/篇	20	
		教育类中文核心期刊发表的论文	分/篇	15	
		其他公开发表的教研论文	分/篇	5	
	成果验收	国家级教学项目鉴定和验收通过	分/项	60	
		省级教学项目鉴定和验收通过	分/项	40	
		校级教学项目鉴定和验收通过	分/项	10	
	教材类	主编（副主编）国家规划教材	分/部	100/50	
		主编（副主编）一般教材	分/部	40/20	

续表

类别			单位	基本分值	备注
成果类	教学成果获奖	国家级	特等奖/一等奖/二等奖	分/项	4000/3200/2400	重复获奖的，按最高等级计算
		省级	特等奖/一等奖/二等奖/三等奖	分/项	2000/1600/800/400	
		校级	一等奖/二等奖/三等奖	分/项	400/360/160	
	指导学生团队参加学术竞赛获奖	国家级	一等奖	分/项	$10 \times k$	参照《C大学大学生学科竞赛指南》，A^+类赛事$k=6$；A类赛事和国际赛事$k=4$；B类赛事$k=1.5$
			二等奖	分/项	$5 \times k$	
			三等奖	分/项	$4 \times k$	
		省级	一等奖	分/项	$3 \times k$	
			二等奖	分/项	$2 \times k$	
			三等奖	分/项	$1 \times k$	

二、说明

1. 如果存在多人参与项目或多人共同拥有成果，其积分划分由项目（成果）负责人负责分配积分。

2. 上述所有成果，其第一完成人或成果归属第一单位必须是C大学；以C大学作为参与单位完成的成果，排名二、三、四、五的成果分值分别为：1/2、1/3、1/4、1/5，之后类推。

3. 同一奖项或成果按照最高等次计算，同类奖项可累计。

科学研究工作量化考核计分细则

一、科研工作量计分标准

1. 科研项目和科技奖励申报计分标准（只计C大学为第一主持单位的负责人，单位：分/项）

项目类别	"973""863"、国家支撑计划、国家基金优青以上项目等	国家基金面上（一般）和青年、省部重大专项等	其他国家及部委项目	省（市）级项目	厅局级项目
分数	5	4	3	2	1
奖励类别	国家级	省（部）级			
分数	10	5			

2. 科研经费计分标准

$$Y = \sum 5Akp$$

其中：Y 为科研经费量化分；

A 为年度内个人实到科研经费（单位为万元）；

p 为每万元科研经费项目来源权重分值；

p 为团队人员承担工作量权重分值（最高不超过1.0，由团队负责人分配；如团队负责人不分配，则依据附表中学术成果署名人员排名参考分配系数自动分配）。

根据科研经费项目来源不同，k 取值如下：

项目来源	"973""863"、国家支撑计划、国家基金优青以上项目等	国家基金面上和青年、省部重大专项等	其他国家及部委项目	省（市）（厅）级项目	横向项目
自然科学类（k）	1.4	1.3	1.2	1.1	1.0
人文社科类（k）	5.6	5.2	4.8	4.4	1.0

3. 学术成果计分标准

$$X = 10\sum k_1 mx_1 + 10\sum k_2 mx_2 + 10\sum k_3 mx_3 + 12\sum k_4 mx_4 + 40\sum k_5 mx_5$$

其中：

X 为科研成果量化分；k_1 为发表科研论文类别的权重系数，m 为排名的分配系数，x_1 为署本人名的同权重、同排名的科研论文数；k_2 为出版著作、画册等类别的权重系数，m 为排名的分配系数，x_2 为署本人名的同权重、同排名的著作、画册数；k_3 为申报专利类别的权重系数，m 为排名的分配系数，x_3 为署本人名的同权重、同排名的专利数；k_4 为成果鉴定类别的权重系数，m 为排名的分配系数，x_4 为署本人名的通过厅级以上鉴定（或验收）的同权重、同排名的成果数；k_5 为科研成果奖类别的权重系数，m 为排名的分配系数，x_5 为署本人名的同权重、同排名的科研成果获奖数。

4. 科技开发量化计分标准

通过科技开发创造利润上交学校的，每万元计15分。

二、学术成果排名分配系数与权重系数

1. 学术成果署名人员排名参考分配系数（m）

项目署名的总人数	项目组成员排名次序								
	第一	第二	第三	第四	第五	第六	第七	第八	第九
一人	1/1								
二人	2/3	1/3							
三人	3/6	2/6	1/6						
四人	5/11	3/11	2/11	1/11					
五人	7/18	5/18	3/18	2/18	1/18				
六人	10/26	6/26	4/26	3/26	2/26	1/26			
七人	12/36	8/36	6/36	4/36	3/36	2/36	1/36		
八人	14/47	9/47	7/47	6/47	5/47	3/47	2/47	1/47	
九人	17/59	10/59	8/59	7/59	6/59	5/59	3/59	2/59	1/59

注：超过9人按以下公式计算：$m = 2(N-S+1)/N(N+1)$；N 为项目组人数，S 为排名。

2. 论文权重系数（k_1）

刊物类别	学科权威	SCD 收录	核心期刊	一般
权重系数	2.5	1.5	1.0	0.5
说明	（1）发表于《Nature》《Science》上的论文，追加400分； （2）被 SCI 收录的论文（一区、二区），被《新华文摘》《中国社会科学文摘》摘录转载的论文，被国家及各部委采用的研究报告等，每篇追加50分； （3）期刊发表被 SCI 收录的论文（三区及以后），被 EI、CSSCI、SSCI、A&HCI 收录的论文、《高校文科学报文摘》《人民日报》《光明日报》《中国教育报》《经济日报》理论版、《人大复印资料》摘录转载的论文，省委、省政府采用的研究报告等，追加25分； （4）会议论文被 SCI、EI、CSSCI、SSCI、A&HCI 等收录的，追加10分； （5）被 ISTP 收录的论文，追加5分； （6）在学科权威期刊发表文章按学术成果署名人员排名分配系数计算分数，其他论文只计算第一作者分数，学科权威期刊的认定由科技处提供； （7）论文追加分数按学术成果署名人员排名分配系数计算分数； （8）C 大学的学生为通讯作者且为第一作者的，参与排名的第一指导教师按第一作者计。			

3. 著作、画册、画册作品集（专版）权重系数（k_2）

类别	专著			画册		
	国家级出版社	省级出版社	其他	国家级出版社	省级出版社	其他
系数	10	7	4	6	4	2

4. 专利权重系数（k_3）

专利类别	申请发达国家发明专利	申请国内专利		
		发明专利	实用新型专利（含软件著作）	外观专利
权重系数	2.0	1.0	0.8	0.5

5. 获得专利授权后追加的分数

专利类别	获得发达国家发明专利授权	获得发明专利授权	获得实用新型专利授权（含软件著作）	获得外观专利授权
追加分数	60	40	17	5

6. 鉴定成果权重系数（k_4）（含新产品、审定品种、制定标准）

鉴定类别	新产品、审定品种制定标准		鉴定成果			
	国家级	省级、行业	国际领先	国际先进	国内领先	国内先进
权重系数	10	6	5	4	3	2

7. 获奖科研成果权重系数（k_5）

奖励类别	国家级		省（部）级			厅（局）级		
	一等	二等	一等	二等	三等	一等	二等	三等
权重系数	90/80	70/60	50/40	30/20	15/10	8	5	2

注：斜杠前对应自然科学奖、发明奖；斜杠后对应科技进步奖、推广奖、人文社科奖等。

三、说明（略）

社会工作量化考核计分细则

社会工作包括学科、专业和课程建设、实验室建设、教育教学或教育教学改革项目、学术交流或社会兼职、研究生教育和学生工作、党支部工作、工会工作等。教师社会工作业绩积分年最高计60分，超过部分不再计分。

"双肩挑"教师社会工作业绩积分直接计60分。其他教师社会工作业绩积分由各学院（部、中心）自行分配，可分配积分总额如下：

非"双肩挑"教师社会工作业绩积分总额=非"双肩挑"教师人数×36分（基准积分）+省级及以上社会工作项目奖励积分

各学院（部、中心）可分配积分总额，由学校相关职能部门核准后方可使用。各学院（部、中心）应参照下列社会工作内容制定科学合理且适应本单位需要的社会工作业绩积分分配标准，同时应将积分总额、分配标准、分配结果及其计算办法在单位内部公示，并报人事处备案。

一、教育教学社会工作内容参照范围

指导青年教师；担任学生综合导师、创业导师、学生社团指导教师、学生班导师、系（教研室）正副主任；参与制订（修订）本专业（学科）人才培养方案、课程教学大纲（含实验实习大纲）、实验室建设计划；实验设备调试、实验项目设计；参加省级以上各类教学研讨会；申报国家级、省级本科教学工程项目（质量工程项目）等。

二、科研社会工作内容参照范围

举办学术会议、参加学术交流活动；参与省级及以上学科平台建设任务（重点实验室、工程中心等申报）、日常管理（担任主任、副主任）；参与省市级、国家级学会工作；参与科协工作；担任省级及以上科技团队负责人等。

三、学科建设社会工作内容参照范围

参与校级、省部级优势学科、特色学科、重点学科、重点培育学科或国家级重点学科的申报、建设、评估与验收工作；参与新专业（学位点）、硕士学位点、博士学位点的申报、建设、评估与验收工作；参与各级"2011协同创新中心"的申报、建设、评估与验收工作；参与跨学院研究院申报、建设、检查与验收工作等。

四、其他社会工作内容参照范围

工会、党组织、民主党派、校级各类专业委员会等工作。

五、省级及以上社会工作项目奖励积分内容及标准

1. 科研省级及以上社会工作项目奖励积分内容及标准

类别	内容	单位	计分	备注
举办学术会议	国际性学术会议	次	500	C大学为承办单位（若学校为协办单位，则分值为承办单位的1/3）
	全国一级学会学术会议	次	250	
	专业性学会学术会议	次	200	

续表

类别	内容	单位	计分	备注
教师个人参加学术交流活动	国际性学术会议	次	10	提供参加会议的有效证明材料（如邀请函、会议资料、会议论文和参加会议的照片等），以科技处登记为准（每人每年最多计两次）
	全国一级学会学术会议	次	6	
	省级学会学术会议	次	5	
学会工作	全国性学会正副理事长	人	15	C大学为挂靠单位（若C大学非挂靠单位，则分值为挂靠单位的1/3）
	全国性学会正副秘书长	人	10	
	全国性学会常务理事与理事	人	10	
	省级学会正副理事长	人	15	
	省级学会正副秘书长	人	12	
	省级学会常务理事与理事	人	8	
	市级学会正副理事长	人	15	
	市级学会正副秘书长	人	12	
	市级学会常务理事与理事	人	5	
科协工作	省科技协会正副主席、正副秘书长	人	15	
	市、校科技协会正副主席、正副秘书长	人	12	
科技团队负责人	省级及以上科技团队	人	25	中期检查与年度检查为合格，否则不计分
	省教育厅科技团队	人	20	

2. 学科建设省级及以上社会工作项目奖励积分内容及标准

（1）重点学科建设。

项目类别		申报成功（当年）	建设（每年）	评估与中期检查（当年）	验收（当年）	申报未成功（当年）
国家重点学科		1440	720	240	480	240
国家重点培育学科		1200	600	180	360	240
省部级	优势学科	480	240	120	180	120
	特色学科	420	216	108	120	120
	重点培育学科	360	180	96	96	120

注：表中均为一级学科分值，二级学科分值为其2/3。

(2) 学位点（含专业学位点）申报及建设。

项目类别	申报成功（当年）	成功立项建设（当年）	建设（每年）	评估与中期检查（当年）	验收（当年）	申报未成功（当年）
博士学位授权学科	1440	960	720	240	480	240
硕士学位授权学科	360	240	180	120	120	120
博士专业学位类别	1440	—	720	240	—	240
硕士专业学位类别	360	—	180	120	—	120
博士专业学位领域	960	—	480	180	—	180
硕士专业学位领域	240	—	120	120	—	120
博士后工作站	720	—	360	240	—	240

(3) 学科及研究平台申报及建设。

学科平台——2011 计划协同创新中心。

项目类别		成功认定（当年）	培育组建（当年）	建设（每年）	中期检查（当年）	验收（当年）	申报未成功（当年）
国家级	牵头	1440	720	720	300	360	360
	参与	240	120	120	120	120	120
省级	牵头	480	240	240	120	180	120
	参与	120	96	96	60	72	60

研究平台——重点实验室、人文社科基地、工程实验室、工程研究中心、研究生创新中心（基地）等。

项目类别	申报成功或立项建设（当年）	建设（每年）	中期检查（当年）	验收（当年）	申报未成功（当年）
国家级	1200	600	240	300	300
教育部	960	480	180	240	240
省部共建	720	360	150	180	180
省级	400	200	100	120	100

(4) 质量工程项目。

	项目类别	申报成功（当年）	建设（每年）	验收（当年）	申报未成功（当年）
国家级	特色专业建设点	600	240	300	120
	精品视频公开课	600	—	—	120
	卓越工程师教育培养计划	600	240	300	120
	专业综合改革试点	600	240	300	120
	实验示范中心	600	240	300	120
省部级	品牌专业	300	120	120	60
	精品课程	240	100	100	60
	专业综合改革试点	240	120	120	60
	拔尖创新（战略性新兴）人才计划	240	120	120	60
	大学生创新（实习实训）基地	240	120	120	60
	实验示范中心	240	120	120	60

(5) 高层次人才引进与培养及团队建设。

	项目类别	申报成功（当年）	申报未成功（当年）	项目类别	申报成功（当年）	申报未成功（当年）
国家级	创新团队	960	240	国家特支计划人才	480	120
	教学团队	480	120	国家千人计划人才	480	120
	教学名师	480	120	长江学者特聘教授	480	120
省部级	创新团队	180	60	省百人计划人才	180	60
	教学团队	180	60	楚天学者设岗学科	180	60
	教学名师	180	60	楚天学者特聘教授	180	60

注：其他省级及以上社会工作项目，经相关职能部门核准后，可参照上述标准酌情计分。

C 大学教职工校内分配暂行办法

（2011 年 1 月执行）

根据学校《关于实施新一轮校内管理体制改革的决定》文件精神，为充分发挥校内分配的导向和激励作用，促进教职工认真履行岗位职责，提高学校办学质量和效益，服务学校向教学研究型大学转型，提升学校核心竞争力，特制定本暂行办法。

一、适用范围（略）

二、结构和标准

在职人员工资由国家工资和校内津贴两大部分组成。

（一）国家工资，由岗位工资、薪级工资和国家规定的各种津补贴构成，核算标准按国家相关规定执行。其中，对于既具有行政职务又具有专业技术职务的人员，本着尊重历史和现状的原则，国家工资按就高的原则执行。

（二）校内津贴，由岗位津贴、业绩津贴、责任（学术）津贴和特殊津贴构成。校内津贴按现岗位执行。

1. 岗位津贴和业绩津贴

（1）岗位津贴和业绩津贴实行计分制，津贴的具体计算办法为：

年岗位（业绩）津贴＝岗位（业绩）分值×津贴分

岗位津贴分值随着学校当年效益情况进行相应调整。机关部门等由学校发放业绩津贴的，其分值按全校教学单位总人数上年实发业绩津贴平均数的80%乘以应发总人数，再除以应发人数的总津贴分确定。教学单位上一年业绩津贴平均数，由人事处会同财务处在年底进行核算。

（2）各类岗位津贴分和业绩津贴分标准如下：

类别	岗位	年岗位津贴分	年业绩津贴分
教师岗	教授二级	1350	—
	教授三级	1250	—
	教授四级	1150	—
	副教授一级	1000	—
	副教授二级	950	—
	副教授三级	900	—
	讲师一级	750	—
	讲师二级	700	—
	讲师三级	650	—
	助教一级	500	—
	助教二级	450	—
	博士试用期	600	—
	硕研试用期	400	—

续表

类别	岗位	年岗位津贴分	年业绩津贴分
管理岗	正校级	1450	950
	副校级	1250	850
	校长助理级	1150	750
	正处一级	1100	700
	正处二级	1050	650
	副处一级	900	600
	副处二级	850	550
管理岗	正科一级	700	500
	正科二级	650	450
	副科一级	600	400
	副科二级	550	350
	科、办员	450	300
	试用（见习）期	350	240
其他专业技术岗	正高级	1050	650
	副高一级	900	500
	副高二级	850	
	副高三级	800	
	中级一级	650	400
	中级二级	630	
	中级三级	600	
	初级一级	450	300
	初级二级	400	
	员级	300	240
	博士试用期	550	300
	其他试用（见习）期	300	240
工勤技能岗	技师	600	350
	高级工	450	300
	中级工	350	250
	初级工	250	220
	工勤试用期	200	180

注：表中正处、副处、正科、副科一级分别为任相应职务 8 年及以上，二级分别为任职 8 年以下。

2. 责任（学术）津贴标准

聘任岗位	正校级	副校级	校长助理级	教授正处级	副教授副处级
年津贴（元）	2万	1.8万	1.6万	1.4万	1万

3. 特殊津贴标准

（1）受聘到学校设立的特殊岗位者，任期内特殊津贴按相关文件规定的标准执行。

（2）博士生导师津贴标准为8000元/年，连续享受3年。

（3）从事教学和科研工作的博士学位获得者，津贴标准为3000元/年，连续享受3年。

三、国家工资和校内津贴的发放办法

国家工资、校内津贴的发放坚持以岗位为基础、以绩效考核结果为依据的原则。个人年终绩效考核等次分为A、B、C、D四个等次。

（一）国家工资。国家工资，按国家有关政策逐月发放。

（二）校内岗位津贴。校内岗位津贴先按标准的70%逐月预发，年终根据考核结果情况补发剩余部分。个人年终绩效考核为A等次的，除补发全年校内岗位津贴的30%部分外，另增发当年度校内岗位津贴的20%；考核结果为B等次的，发放全年校内岗位津贴；考核结果为C等次的，不发当年度校内岗位津贴的30%；考核结果为D等次的，不发当年度校内岗位津贴的30%，同时扣回预发的70%部分。

（三）校内业绩津贴。机关、教辅等部门的校内业绩津贴每月按上年度各类人员校内业绩津贴标准的70%预发，年终再根据绩效考核情况补发剩余部分；考核结果为A、B等次的，当年度校内业绩津贴全额发放；考核结果为C等次的，不发当年度校内业绩津贴的30%；考核结果为D等次的，除不发当年度校内业绩津贴的30%外，同时扣回预发的70%部分。

（四）校内责任（学术）津贴。年终绩效考核后，校内责任（学术）津贴一次性发放到位，考核结果为A、B等次的，校内责任（学术）津贴全额发放；考核结果为C等次的，扣发当年度校内责任（学术）津贴的30%；考核结果为D等次的，不发当年度校内责任（学术）津贴。

（五）校内特殊津贴。博士生导师和博士学位津贴，逐月发放。

（六）学校确定为"双肩挑"岗位的机关管理干部和教学学院院长、副院长、体育部主任，实行"一岗双责，双重考核"。经考核合格及以上等次"双肩挑"岗位的机关管理干部和教学学院院长，其国家工资和校内岗位津贴可按专业技术岗位人员的标准执行，但业绩津贴和责任津贴执行现管理岗位的标准。考核合格及以上等次的教学学院副院长、体育部主任，其国家工资、校内岗位津贴和学术（责任）津贴可按教师岗的标准执行，但业绩津贴执行现管理岗位的标准。机关"双肩挑"人员从事教学工作的收入，不得超过其业绩津贴的30%。

各单位在核算"双肩挑"人员从事教学工作收入时，须报相关教学管理部门和人事处审核后发放。非"双肩挑"的管理人员，原则上不应有从事教学工作的收入。

（七）在正处级岗位主持工作的副处级干部，执行正处级干部的岗位津贴、业绩津贴和责任津贴标准。转任处级非领导职务的组织员、督导员、调研员，享受同级人员的校内津贴待遇；提拔为处级非领导职务的组织员、督导员、调研员，享受同级人员的校内岗位津贴、业绩津贴和原岗位的责任津贴。

（八）在学校重大专项工作任务中加班、劳务的工作人员，经学校认定后，其加班、劳务补贴费用由学校专项工作经费支付；相关部门（或单位）的教学、服务收入支付本部门（或单位）人员加班、劳务等补贴不得超过本人年业绩津贴的20%。

（九）经学校批准的国内脱产进修人员、国内外访问学者，一年以内，国家工资、校内津贴照发；超过一年的，停发校内津贴；逾期不归者，停发国家工资。经学校批准自费出国攻读博士学位的教师，按期取得博士学位回校工作后，补发其出国学习期间的国家工资。

四、国家工资和校内津贴的承担办法（略）

五、本方案从2011年1月1日起实施。

附件4：D大学专业技术岗位等级聘用管理办法

（2010年，节选）

一、聘用原则
1. 各类各级专业技术职务岗位等级的聘用与全员聘用相结合。
2. 历史贡献和资历与各方面业绩相结合。
3. 个人申报与考核评审相结合。

二、聘用范围（略）

三、专业技术岗位的划分及各岗位等级职数指标的使用
1. 专业技术岗位分为专业技术主体岗位和专业技术非主体岗位。

专业技术主体岗位是指自2006年7月1日至省人社厅对我院岗位设置方案批复之日（2010年11月30日），期间履行过教育教学职责并承担了学校人才培养方案（教学计划）规定的教育教学任务且按院相关文件规定已签订聘用合同的专业技术人员所在的岗位。其他专业技术人员所在的岗位则为非主体岗位。

具有专业技术职务的学院在岗中层及以上干部，自2006年7月1日至省人社厅对我院岗位设置方案批复之日（2010年11月30日），期间履行过教育教学职责并承担了学校人才培养方案（教学计划）规定的教育教学任务的，可以参加专业技术主体岗位的等级竞聘。

2. 专业技术岗位各岗位等级职数指标的使用，按照上级批复的首次设岗岗位等级职数结合学院实际情况分级进行聘用。

3. 全校专业技术岗位中，五、六、七级之间的总体比例为2∶4∶4，八、九、十级之间的总体比例为3∶4∶3，十一、十二级之间的总体比例为5∶5。

（1）专业技术主体岗位中，五级岗位占已聘专业技术主体岗位副高级总数的比例不低于20%，五、六级岗位之和占已聘专业技术主体岗位副高级总数的比例不低于60%。

专业技术非主体岗位中，五级岗位占已聘专业技术非主体岗位副高级总数的比例不高于10%，六级岗位占已聘专业技术非主体岗位副高级总数的比例

不高于 40%。

（2）专业技术主体岗位中，八级岗位占已聘专业技术主体岗位中级总数的比例不低于 30%，八、九级岗位占已聘专业技术主体岗位中级总数的比例不低于 70%。

专业技术非主体岗位中，八级岗位占已聘专业技术非主体岗位中级总数的比例不高于 30%，八、九级岗位之和占已聘专业技术非主体岗位中级总数的比例不高于 70%。

四、各岗位等级正常申报基本条件

正常申报各专业技术岗位等级的专业技术人员，必须同时满足以下条件：

1. 基本资历条件：

（1）申报正高级专业技术四级及以上岗位等级的，须取得正高级专业技术职务资格。

（2）申报副高级专业技术五、六、七级岗位的，均须取得副高级专业技术职务资格，其中：

申报专业技术主体岗位五级的须取得副高级专业技术职务资格满 11 年，申报专业技术主体岗位六级的须取得副高级专业技术职务资格满 5 年。

申报专业技术非主体岗位五级的须取得副高级专业技术职务资格满 12 年，申报专业技术非主体岗位六级的须取得副高级专业技术职务资格满 6 年。

（3）申报中级专业技术八、九、十级岗位的，均须取得中级专业技术职务资格，其中：

申报专业技术主体岗位八级的须取得专业技术职务资格满 5 年，申报专业技术主体岗位九级的须取得专业技术职务资格满 1 年。

申报专业技术非主体岗位八级的须取得中级专业技术职务资格满 12 年，申报专业技术非主体岗位九级的须取得中级专业技术职务资格满 8 年。

（4）申报助理级专业技术十一、十二级岗位的，均须取得助理级专业技术职务资格，其中：

申报专业技术十一级的须取得助理级专业技术职务资格满 1 年。

2. 遵守国家宪法和法律。

3. 具有良好的品行。

4. 2006 年 7 月 1 日至省人社厅对我院岗位设置方案批复之日（2010 年 11 月 30 日）期间，完成了一定的专业技术工作任务。

5. 适应岗位要求的身体条件。

五、越级破格条件

在申报竞聘副高级专业技术岗位等级的人员中，对于取得相应的专业技术职务资格、不满足申报上一岗位等级年限要求且满足规定的越级破格条件的，可破一个岗位等级申报参加相应的专业技术职务岗位等级的评定。越级破格条件中的材料范围为 2006 年 7 月 1 日至 2010 年上级批准实施首次聘用之日（2010 年 11 月 30 日）期间。具体破格条件如下：

1. 破格申报副高级专业技术五级条件：

满足正常申报副高级专业技术六级的基本条件，且满足下列条件中的两项及以上者：

（1）国家自然科学基金项目或社会科学基金项目的前 3 名。

（2）作为第一作者发表的论文被 SCI、EI、ISTP 收录 3 篇及以上。

（3）国家教学成果奖成果奖证书获得者；省教学成果奖一等奖前 3 名、二等奖前 2 名、三等奖第 1 名。

（4）获国家发明专利 1 项（排序第 1 名）；或参与获得国家发明专利 2 项（排序前 3 名）。

（5）国家精品课程、国家级教学团队的建设骨干前 2 名；或国家级规划教材的主编、主审；或从 2006/2007 学年第一学期起至今，教学质量评价全院排名位于前 5% 有 5 次及以上者；或系班主任每学期排名前 1% 有 5 次及以上。

（6）国家级建设项目大项目负责人（示范性建设、国防基地、中央地方共建）。

2. 破格申报副高级专业技术六级条件：

满足正常申报副高级专业技术七级的基本条件，且满足下列条件中的两项及以上者：

（1）主持有省级专项经费资助的省级教学研究项目、省级科研项目 2 项及以上。

（2）作为第一作者发表的论文被 SCI、EI、ISTP 收录 2 篇及以上。

（3）省教学成果奖一等奖、二等奖证书获得者，三等奖的前 3 名。

（4）获国家发明专利 1 项（排序前 3 名）；或参与获得国家发明专利 2 项。

（5）国家精品课程、国家级教学团队的建设骨干前 4 名；或省级精品（优质）课程、省级教学团队负责人；或国家级规划教材的主编、主审、副主编；或省重点专业、省教改试点专业负责人；或从 2006/2007 学年第一学期起至今，教学质量评价全院排名位于 5% 有 3 次及以上者；或系班主任每学期排名前1%有3次及以上。

（6）国家级建设项目小项目负责人。

六、专业技术各岗位等级的确定评议办法

1. 对2010年学院已聘的专业技术人员进行首次专业技术岗位职级聘用，采取分类评价、逐级聘用，评价采取院专家评议委员会评议打分的形式进行。

2. 各岗位等级聘用必须由本人提出申请方可参加评定。

3. 按照设置的各岗位等级基本申报条件和各岗位等级越级破格申报条件，以省级审批的各岗位等级控制职数为依据，结合各岗位职级已聘人员实际情况，按各岗位职级职数120%左右的比例确定各岗位等级基本申报条件，框算确定初步入围人选。

4. 由学院组织专家评议委员会，按资历年限（60%）、岗位职责和工作业绩（30%）、科研能力（10%）等因素进行打分排序。

资历年限以申报人已取得的相应的专业技术职务资格时间为依据（截至2010年上级批准实施首次聘用时即2010年11月30日），岗位职责和工作业绩、年度考核、科研能力以近5年为限（自2006年7月1日起，截至2010年上级批准实施首次聘用时即2010年11月30日，年度考核指2006—2009年度的4个年度，学期考核指2006—2007学年第一学期至2009—2010学年第二学期的8个学期）。

5. 学院同时组成监督小组负责监督，进行全过程监督。

6. 由学院组织专家评议委员会评议并打分排序后，按排序先后和上级批准的各岗位等级控制指标确定各岗位等级人选，评议结果公示，申报人员对评议结果有异议的可以向监督小组申诉，监督小组认为应复议的提请评议委员会复议。

七、首次聘用专业技术各岗位等级的评议细则

（一）资历年限（总分60分）

以岗位等级竞聘的基本资历年限为基础，满基本资历年限取基础分为70分，对超过或不满基本资历年限的，在基础分上加分或减分，每超过一个月或减少一个月按以下公式计分，具体计分公式如下：

{70＋（申报者资格年限－基本年限）×0.5}×60%（资历年限按月计算，不足一月计一月，总分不超过60分）

（二）岗位职责和工作业绩（总分30分）

具体计分公式如下：

得分＝（履职情况×40%＋考核情况×30%＋获奖情况×30%）×30%

1. 专业技术工作履职情况（分权重40%）

档次	Ⅰ	Ⅱ	Ⅲ	Ⅳ	Ⅴ
分数段取值	85～100 具有1项　85～90 具有2项　90～100	70～85 70～75 75～85	55～70 55～60 60～70	40～55 40～45 45～55	25～40 25～30 30～40
业绩内容	1. 国家级精品课程负责人 2. 国家级建设项目大项目负责人（示范性建设、国防基地、中央地方共建基金项目） 3. 主持指导国家级（教育部主办）竞赛获一等奖 4. 全院教学排名前5%有5次；或全院教学排名前10%有6次且平均教学工作量超额定100% 5. 系班主任每学期排名前1%有5次	1. 省级精品课程负责人 2. 国家级建设项目小项目负责人（示范性建设、国防基地、中央地方共建基金项目） 3. 主持指导国家级（教育部主办）竞赛获二等奖；或主持指导省级（省政府或省教育厅主办）竞赛获一等奖；或主持指导国家级行业、学(协)会主办的竞赛获一等奖 4. 国家示范性重点建设专业负责人 5. 全院教学排名前5%有3次；或全院教学排名前20%有6次且平均教学工作量超额定100% 6. 系班主任每学期排名前1%有3次	1. 国家级精品课程主讲教师前3名 2. 省级教改试点专业负责人 3. 主持指导国家级（教育部主办）竞赛获三等奖；或主持指导省级（省政府或省教育厅主办）竞赛获二等奖；或主持指导国家级行业、学(协)会主办的竞赛获二等奖 4. 全院教学排名前5%有1次；或前20%有3次；或全院教学排名前30%有6次且平均教学工作量超额定80% 5. 系班主任每学期排名前1%有1次；或前4%有3次	1. 省级精品课程主讲教师前3名 2. 主持指导国家级（教育部主办）竞赛获优秀奖；或主持指导省级（省政府或省教育厅主办）竞赛获三等奖；或主持指导国家级行业、学(协)会主办的竞赛获三等奖；或主持指导省级行业、学(协)会主办的竞赛获二等奖 3. 全院教学排名前10%有1次，或前35%有4次；或全院教学排名前40%有6次且平均教学工作量超额定80% 4. 系班主任每学期排名前4%有2次，或前7%有4次	1. 完成学院规定的本岗位专业技术工作 2. 全院教学排名前20%有1次，或前35%有2次 3. 系班主任每学期排名前4%有1次，或前7%有2次

注：进档取值取下限，不跨档。进档取值后，超过的项（或获奖个数），每超出1项（或个）加计2分。全院教学排名、系班主任排名按四舍五入取值，不足一名取一名（从2006/2007学年第一学期起算）。校企合作项目负责人每项加1~2分。

减分：每一次严重教学事故减5分，一般教学事故减3分。

2. 考核情况（分权重30%）

年度考核基本分60分。年度考核优秀一次加计10分，基本合格一次扣10分，不合格一次扣50分；院级通报批评一次扣6分，院级行政处分一次扣8分起（每处分重一级加扣2分）；总分不超过100分，扣分扣完为止。

3. 获奖情况（分权重30%）

档次	I	II	III	IV	V
分数段取值	85～100 具有1项 85～90 具有2项 90～100	70～85 70～75 75～85	55～70 55～60 60～70	40～55 40～45 45～55	25～40
业绩内容	1. 获得国家级奖励的教学（科研）成果奖项目前3名；或获得省级教学（科研）成果奖一等奖负责人 2. 获得国家级荣誉称号；或国家级教学团队负责人 3. 国家级.部级劳模 4. 国家级先进集体主要负责人	1. 获得国家级奖励的教学（科研）成果奖项目前5名；或获得省级教学（科研）成果奖一等奖前3名；或获得省级教学（科研）成果奖二等奖负责人 2. 获省级荣誉称号；省级教学（科技）团队负责人 3. 国家级先进集体其他负责人；省级先进集体主要负责人	1. 获得省级教学（科研）成果奖一等奖前5名；或获得省级教学（科研）成果奖二等奖前3名；或获得省级教学（科研）成果奖三等奖负责人 2. 国家级教学团队前3名 3. 院级最佳教师，最佳教育工作者 4. 省级先进集体其他负责人	1. 获得省级教学（科研）成果奖二等奖前5名；或获得省级教学（科研）成果奖三等奖前3名 2. 省级教学团队前3名 3. 院级先进教师，先进教育工作者，优秀共产党员，优秀党务工作者，优秀班主任 4. 院级先进集体主要负责人	1. 获得省级教学（科研）成果奖三等奖前5名 2. 院级教学（科技）团队负责人 3. 获得各单项奖

注：进档取值取下限，不跨档。进档取值后，超过的项（或获奖个数），每超出1项（或个）加计2分。

院级奖励指以本学院党委、学院行政为名义表彰的。

（三）科研能力（总分10分）

档类	I	II	III	IV	V
分数段	80～100 具有1项：80～85 具有2项：85～90 具有3项：90～95 具有4项：95～100	60～80 60～65 65～70 70～75 75～80	40～60 40～45 45～50 50～55 55～60	20～40 20～25 25～30 30～35 35～40	10～20 10～15 15～20

续表

档类	I	II	III	IV	V
业绩内容	具有高水平的论文、译著，并符合下列条件之一： 1. 在本专业国家一级学术期刊发表论文；或被 SCI、EI、SSCI、ISTP、《新华文摘》《人大复印资料》等收录或转载的论文 2. 担任主编、主审，由出版社正式出版的规划教材，或获省级以上奖励的优秀教材 3. 在本专业公认的权威国际性学术会议上宣读，并结集公开出版 4. 经同行专家和上级主管部门鉴定一致认为有新的创见，在国内或对本专业有重要价值的学术论文、论著、研究报告 5. 获国家发明专利 6. 主持完成国家级教育、教学、科技研究项目 7. 主持完成总值达 50 万元的横向科技项目	具有较高水平的论文、译著，并符合下列条件之一： 1. 在本专业国家中文核心学术期刊发表论文 2. 由出版社正式出版的教材论著，且担任主编、主审；编写字数在 5 万字以上的副主编 3. 校内使用的自编教材（5 万字以上）经试用后，证明有较高水平和质量的主编、主审 4. 在本专业公认的权威国际性学术会议上交流或国家一级学术会议、国家级会议上交流，并结集公开出版 5. 经同行专家和上级主管部门鉴定一致认为有新的创见，在国内或对本专业有重要价值的学术论文、论著、研究报告 6. 获国家实用新型专利 7. 主持完成省级重点教育、教学、科技研究项目；或参与完成国家级教育、教学、科技研究项目 8. 参与完成总值达 50 万元，或主持完成总值达 30 万元的横向科技项目	具有中等水平的论文、译著，并符合下列条件之一： 1. 在本专业国家一般学术期刊发表论文 2. 参与由出版社正式出版的教材的编写 3. 在本专业的省级学术会议上宣读，论文结集但未公开出版 4. 经同行专家鉴定一致认为有新的创见，在国内或对本专业有重要价值的学术论文或论著 5. 校内使用的自编教材的主编、副主编、主审 6. 获国家外观设计专利 7. 主持完成省级一般研究项目；或主持完成院级重点教育、教学、科技研究项目 8. 参与完成总值达 30 万元，或主持完成总值达 10 万元的横向科技项目	具有一般的论文，并符合下列条件之一： 1. 在具有内部刊号的学术期刊发表论文。在本专业学院内学术会议上发表论文 2. 在本专业的省级学术会议上交流 3. 经学院学术委员会鉴定认为对本专业有一定价值的学术论文、论著、研究报告 4. 参与校内使用的自编教材的编写 5. 主持完成院级一般教育、教学、科技研究项目 6. 参与完成总值达 10 万元，或主持完成总值达 5 万元的横向科技项目	具有一般的论文，并符合下列条件之一： 1. 在本专业学院内学术会议上发表论文并结集印刷 2. 在本专业的省级二级学会学术会议上交流 3. 参与完成院级一般教育、教学、科技研究项目 4. 参与校内使用的自编教材的编写 5. 参与完成总值达 5 万元，或主持完成总值达 1 万元以上的横向科技项目

注：定量评估取值办法：进档取值取下限，不跨档。进档后超过基本数的，每超出 1 项，EI 加 5 分，中文核心的加 3 分，一般的加 1 分。

说明：（1）论文、译著或技术总结如有数人合作者，须以本人为主。"主要参加者"系指参与撰写部分重要内容或提出重要观点的合作者；"参加者"系指参与撰写部分内容的人员，描图、运算、誊写、校对等人员不计在内。

（2）国家一级学术期刊指中国科学院、中国社会科学院、中国工程院等国家级研究院系统研究机构、国家级学会会刊的国家中文核心期刊。

（3）中文核心学术期刊指北京大学图书馆组织评价并公开出版的《中文核心学术期刊目录》所列的中文核心学术期刊。

八、首次聘用专业技术各岗位等级的基本程序（略）

九、有关具体事项的说明（略）

十、附则（略）

附件5：高校学术职业分层调查问卷

为了深入了解高校学术职业分层与教师岗位设置管理的基本状况，研究存在的问题，推进我国高校教师队伍建设，我们编写了这一份调查问卷，旨在了解高校不同人群对我国高校学术职业分层的认识和见解。本问卷所指学术职业是指高校教师（教学科研人员）所从事的职业。本问卷匿名填答，不会给您的生活造成影响。由衷地感谢您拨冗填写！

一、基本情况（请您在选项序号上打"√"）

1. 您的最高学位/学历：

（1）博士　　　　　　　　　（2）硕士（含研究生班）

（3）学士（含本科）　　　　（4）大学专科或以下

2. 您的性别：

（1）男　　　　　　　　　　（2）女

3. 您的学衔/职称：

（1）教授（或其他正高职称）

（2）副教授（或其他副高职称）

（3）讲师（或其他中级职称）

（4）助教（或其他初级职称）

（5）未定职称

4. 您属于哪个年龄段？

（1）35 岁以下　　　　　　（2）36~45 岁

（3）46~55 岁　　　　　　（4）55 岁以上

5. 您在学校属于哪类人群？

（1）专职管理人员

（2）专任教学与科研人员

（3）"双肩挑"人员（担任管理工作，同时担任教学科研工作）

6. 您的工作领域属于哪个学科门类？（专职管理人员不填写）

（1）工学　　　　　（2）理学　　　　　（3）文学与艺术学

（4）经济学　　　　（5）管理学　　　　（6）哲学

（7）法学　　　　　（8）农学　　　　　（9）医学

（10）教育学　　　（11）历史学

二、专题调查（请您在选项序号上打"√"，有些题目还需要您在空白处填答）

1. 您喜欢高校教师这个职业吗？（专职管理人员不填写）

（1）非常喜欢　　　　　　　（2）喜欢

（3）无所谓喜欢不喜欢　　　（4）不喜欢

2. 您对您现在的学术职位满意吗？（专职管理人员不填写）

（1）非常满意，这个职位非常适合我

（2）比较满意，现在的职位还适合我

（3）马马虎虎过得去，对得起自己了

（4）不满意，我应该尽快晋升到更高的职位去

3. 您对学术工作的兴趣（单选，专职管理人员不填写）：

（1）主要是教学

（2）教学与研究但倾向于教学

（3）教学与研究但倾向于研究

（4）主要是研究

4. 您认为我国高校学术职业的结构分为助教、讲师、副教授、教授是否合理？

（1）很合理　　　（2）合理　　　（3）基本合理

（4）不合理　　　（5）不清楚

5. 您认为我国高校正在推行的四层十三级的分层分级岗位设置制度是否合理？（即教授层分为一级、二级、三级、四级岗位教授；副教授层分为五级、六级、七级岗位副教授；讲师层分为八级、九级、十级岗位讲师；助教层分为十一级、十二级岗位助教；十三级为员级。）

（1）很合理　　　（2）合理　　　（3）基本合理

（4）不合理　　　（5）不清楚

6. 您认为我国在现行的高校学术职业结构中增加助理教授层是否必要（即由现在的助教、讲师、副教授、教授四层增加为助教、讲师、助理教授、

副教授、教授五层)？

（1）很有必要　　　　　　（2）必要

（3）说不清楚是否必要　　（4）不太必要

（5）不必要

7. 您认为在教授层中另外设置一些特殊分级岗位是否必要（如讲座教授、特聘教授、首席教授、学科责任教授、课程责任教授等）？

（1）很有必要　　　　　　（2）必要

（3）说不清楚是否必要　　（4）不太必要

（5）不必要

8. 您对高校学术职业社会角色的理解是（多选）：

（1）教育者(2) 研究者(3) 公共知识分子(4) 公共服务者

9. 您的税前年总收入大约是_____万元（以2008年为例，计算到小数点后1位）。

其中：（1）学校工资、津贴与各类奖励（包括工资单应发部分、节日费、季度奖、年终奖、超工作量奖金等）_____万元；（2）院系所各类补助和奖金_____万元；（3）社会兼职与服务性收入（讲学、鉴定、稿费、社会咨询服务等）_____万元。

10. 您认为在高校学术职业分层中，各层（助教、讲师、副教授、教授层）之间工资（含津贴，不含院系补助和奖金、社会服务性收入）最高级差比例比较合适的是：

（1）1:1.5:2:2.5 左右

（2）1:2:3:4 左右

（3）1:2.5:4:6 左右

（4）1:3:6:12 左右

（5）1:3:8:16 左右

（6）其他

11. 以教授层的不同分级岗位为例，四级、三级、二级、一级教授之间的工资（含津贴，不含院系补助和奖金、社会服务性收入）级差比例比较合适的是：

（1）1:1.1:1.2:1.3 左右

（2）1:1.2:1.4:1.6 左右

（3）1:1.3:1.6:1.9 左右

（4）1∶1.4∶1.8∶2.2 左右

（5）1∶1.5∶2.0∶2.5 左右

（6）1∶1.8∶2.6∶3.4 左右

（7）其他

12. 针对现在的教师收入多元化，您认为教师工资制度应该如何改革？

（1）实行年薪制，分月给付

（2）保持多元收入结构

（3）其他情况（请注明）_____

13. 您个人所签订的聘用形式是（单选，专职管理人员不填写）：

（1）无固定期限聘用合同（长期合同，聘用至退休）

（2）固定期限聘用合同（3年以上）

（3）固定期限聘用合同（3年及以内）

（4）没有签订聘任合同

（5）其他情况（请注明）_____

14. 您是否赞成对学术贡献较大的教学科研人员实行"终身教职制度"（终身教职制度即长期聘任到退休的制度）？

（1）非常赞成　　（2）赞成　　（3）不赞成

（4）不清楚　　　（5）非常不赞成

15. 您对高校学术职业分层分级与职业稳定、流动的关系的认识（单选）：

（1）分层分级促进教师职业稳定

（2）分层分级促进教师职业横向流动

（3）没有必然关系

16. 您对高校学术职业分层分级与教师专业发展的关系的认识（单选）：

（1）分层分级促进教师专业发展

（2）教师专业发展促进教师分层分级

（3）没有必然关系

17. 您对高校学术职业分层分级与学术产出效益（成果）之间关系的认识（单选）：

（1）促进学术产出效益提高

（2）阻碍学术产出效益提高

（3）没有必然关系

18. 您当前的工作条件（单选，专职管理人员不填写）：

（1）有独立的实验室或者工作室（学校提供经费）

（2）有和同事共同拥有的实验室和工作室（学校提供经费）

（3）有独立的实验室或者工作室（学校不提供经费）

（4）有和同事共同拥有的实验室和工作室（学校不提供经费）

（5）没有实验室或者工作室

（6）其他情况（请注明）_____

19. 您对当前高校学术职业分层分级中的量化指标评价体系的态度是：

（1）很合理（2）合理（3）基本合理（4）不合理（5）很不合理

20. 权力、制度、文化、市场对于高校学术职业分层分级的影响（①影响很大；②影响较大；③影响一般；④影响较小；⑤基本没有影响。请在下列选项相应的数字符号上划"√"）：

① ② ③ ④ ⑤　政府权力对高校学术职业分层分级的影响

① ② ③ ④ ⑤　学校权力对校内学术职业分层分级的影响

① ② ③ ④ ⑤　学校外部制度对学术职业分层分级的影响

① ② ③ ④ ⑤　学校内部制度对学术职业分层分级的影响

① ② ③ ④ ⑤　学术界外在的学术生态环境对高校学术职业分层分级的影响

① ② ③ ④ ⑤　学校内部学术生态环境对学术职业分层分级的影响

① ② ③ ④ ⑤　市场经济对学术职业分层分级的影响

① ② ③ ④ ⑤　学术职业分层分级对学校发展的影响

21. 对高校学术职业影响力的评价（①影响很大；②影响较大；③影响一般；④影响较小；⑤没有影响。请在下列选项相应的数字符号上划"√"）：

① ② ③ ④ ⑤　您对所在高校内部学术事务的影响力

① ② ③ ④ ⑤　高校学术职业不同层级教师的社会影响力

22. 高校学术职业分层分级对于教师群体/族群、学科、性别、地位差异等的影响（①非常明显；②明显；③一般；④不很明显；⑤非常不明显。请在相应的数字符号上划"√"）：

① ② ③ ④ ⑤　形成不同层级教师群体之间的互相交往界线

① ② ③ ④ ⑤　存在学科之间的偏见与歧视

① ② ③ ④ ⑤　带来不同层级教师群体之间的阶层差异

① ② ③ ④ ⑤　形成不同层级教师群体之间的冲突与矛盾

① ② ③ ④ ⑤　不同性别教师在高校学术职业分层分级过程中的差异

① ② ③ ④ ⑤ 形成不同层级教师群体之间的地位鸿沟

① ② ③ ④ ⑤ 形成学术精英的学术垄断（对学术事务的话语权与资源的占有）

23. 高校学术职业分层阶梯的变动频率（填写如 3 年、5 年等具体数字，如果毕业当年直接聘任为某一职称，该职称以及下一级职称均填 0 年；专职管理人员不填写）：

您获得助教职称（或相当职务）_____年；您获得讲师职称（或相当职务）_____年；

您获得副教授职称（或相当职务）_____年；您获得教授职称（或相当职务）_____年。

24. 请您对高校学术职业分层分级过程中相关机构或方式的作用大小表达看法（①非常大；②大；③一般；④较小；⑤非常小。请在下列选项相应的数字符号上划"√"）：

① ② ③ ④ ⑤ 学校领导集体

① ② ③ ④ ⑤ 学校学术委员会或其他机构

① ② ③ ④ ⑤ 学校下设学院的学术委员会

① ② ③ ④ ⑤ 学院或系的教授会

① ② ③ ④ ⑤ 工会组织

① ② ③ ④ ⑤ 学院或系领导

① ② ③ ④ ⑤ 学校人事或其他管理部门

① ② ③ ④ ⑤ 校外同行评议

25. 请您对高校学术职业分层分级过程中的影响因素表达看法（①非常重要；②重要；③一般重要；④不重要；⑤非常不重要。请在下列选项相应的数字符号上划"√"）：

① ② ③ ④ ⑤ 教学工作量

① ② ③ ④ ⑤ 教学质量与能力（教学评价成绩、学生与同行反映）

① ② ③ ④ ⑤ 指导或者参与学科建设、课程建设、年轻教师培养工作

① ② ③ ④ ⑤ 教学成果与荣誉（教学名师、教学成果奖、教学竞赛、精品课程、指导学生论文与竞赛奖等）

① ② ③ ④ ⑤ 纵向研究项目与经费（各级政府主管部门科研规划、计划项目）

① ② ③ ④ ⑤ 横向合作研究项目与经费（政府委托和企事业单位委托项目）

① ② ③ ④ ⑤ 研究能力与专业成就（论文、专利、研究著作、科学奖励）

① ② ③ ④ ⑤ 学术荣誉（各类人才工程入选者、长江学者、突出贡献专家、政府津贴获得者等）

① ② ③ ④ ⑤ 社会学术兼职（各类委员、理事、会员、审稿专家等）

① ② ③ ④ ⑤ 公共服务活动（演讲、讲学、社会服务与咨询表现）

① ② ③ ④ ⑤ 参加学校或院系管理工作与表现

① ② ③ ④ ⑤ 工作态度与表现（如工作勤勉、获得先进工作者、考核优秀）

① ② ③ ④ ⑤ 学历

① ② ③ ④ ⑤ 资历（资历指任职年限）

① ② ③ ④ ⑤ 学术越轨与不端行为

① ② ③ ④ ⑤ 人际关系

26. 高校学术职业分层分级的主要原因（①非常同意；②同意；③一般同意；④不同意；⑤非常不同意。请在下列选项相应的数字符号上划"√"）：

① ② ③ ④ ⑤ 调动积极性，体现优劳优酬

① ② ③ ④ ⑤ 岗责匹配，促进工作效率的提高

① ② ③ ④ ⑤ 增加学术职业阶梯，保持学术研究的持续性和竞争性

① ② ③ ④ ⑤ 增加晋升机会和渠道

① ② ③ ④ ⑤ 真实地反映不同层级教师的学术水平

① ② ③ ④ ⑤ 体现不同层级教师的荣誉和社会价值

① ② ③ ④ ⑤ 与工资制度改革相匹配

① ② ③ ④ ⑤ 政府主管部门的强制规定

① ② ③ ④ ⑤ 促进社会对于高校教师的了解

27. 您对高校学术职业分层分级的学术评价形式的态度（①非常同意；②同意；③一般同意；④不同意；⑤非常不同意。请在下列选项相应的数字符号上划"√"）：

① ② ③ ④ ⑤　国际学术同行评价

① ② ③ ④ ⑤　国内学术同行评价

① ② ③ ④ ⑤　学校内部同行评价

28. 您对高校学术职业不同层级岗位设置依据的态度（①非常同意；②同意；③一般同意；④不同意；⑤非常不同意。请在下列选项相应的数字符号上划"√"）：

① ② ③ ④ ⑤　按照学校学科、专业发展需要设置不同岗位

① ② ③ ④ ⑤　在岗位设置过程中坚持国际、国内同行评价的学术标准

① ② ③ ④ ⑤　在岗位设置过程中充分考虑学科、专业的差异

① ② ③ ④ ⑤　制定学校不同层级岗位的学术标准

29. 请您估算一下每年花在以下学术活动中的大致时间（如没有参加相关学术活动，请填"0"小时；专职管理人员不填写）：

学术活动	有课学年（小时/年）	没课学年（小时/年）
教学（备课、讲课、辅导、答疑、批改作业）	＿＿＿＿小时	＿＿＿＿小时
研究（阅读文献、写作、试验、实地调研）	＿＿＿＿小时	＿＿＿＿小时
服务（含有偿、无偿的社会服务）	＿＿＿＿小时	＿＿＿＿小时
管理（参加学校和院系管理工作）	＿＿＿＿小时	＿＿＿＿小时
其他学术活动（参加各类学术会议等）	＿＿＿＿小时	＿＿＿＿小时

30. 您对高校学术职业分层与教师岗位设置管理制度的意见与建议：

_____

_____

_____

_____

再次感谢您的合作！祝您身体健康，万事如意！

参考文献

[1] [美] 菲利普·G. 阿特巴赫. 变革中的学术职业：比较的视野 [M]. 青岛：中国海洋大学出版社，2006.

[2] [美] 菲利普·G. 阿特巴赫. 失落的精神家园：发展中国家与中等收入国家大学教授职业透视 [M]. 青岛：中国海洋大学出版社，2006.

[3] [美] 唐纳德. 肯尼迪. 学术责任 [M]. 北京：新华出版社，2002.

[4] [美] 菲利普·G. 阿特巴赫. 比较高等教育：知识、大学与发展 [M]. 别敦荣，主译. 北京：人民教育出版社，2001.

[5] [美] 菲利普·G. 阿特巴赫. 21世纪的美国高等教育：社会、政治、经济的挑战 [M]. 第2版. 别敦荣，主译. 青岛：中国海洋大学出版社，2007.

[6] [德] 马克斯·韦伯. 学术与政治 [M]. 桂林：广西师范大学出版社，2004.

[7] 耿益群. 美国研究型大学学术职业的制度环境研究 [M]. 北京：北京出版社，2007.

[8] 宣勇，鲍健强. 现代大学的分层与管理模式的选择 [J]. 高等教育研究，2005（2）.

[9] 杨锐. 当代学术职业的国际比较研究 [J]. 高等教育研究，1997（5）.

[10] 刘景忠. 六国（地区）学术职业比较的数学模型 [J]. 郴州师范高等专科学校学报，2000（4）.

[11] 刘景忠. 基于模糊综合评价的学术职业比较模型 [J]. 湖南科技学院学报，2005（11）.

[12] 赵丽珠. 学术职业性别差异的国际比较研究 [J]. 中华女子学院学报，2002（2）.

[13] 李春萍. 分工视角中的学术职业 [J]. 高等教育研究，2002（6）.

[14] 陈悦. 学术职业的解读——哲学王的理想与现实 [J]. 煤炭高等教育，2006（3）.

[15] 李志峰. 基于学术职业专业化的高校教师政策创新 [J]. 高等工程教育研究，2006（5）.

[16] 吴鹏. 学术职业与教师聘任 [M]. 青岛：中国海洋大学出版社，2006.

[17] 沈红. 变革中的学术职业——从14国/地区到21国的合作研究 [J]. 大学（研究与评价），2007（4）.

[18] 李志峰，沈红. 学术职业专业化的评价纬度 [J]. 大学（研究与评价），2007（4）.

[19] 李志峰，沈红. 论学术职业的本质属性——高校教师从事的是一种学术职业 [J]. 武汉理工大学学报，2007（12）.

[20] 李志峰. 学术职业与国际竞争力 [M]. 武汉：华中科技大学出版社，2008.

[21] 张英丽. 学术职业与博士生教育 [M]. 武汉：华中科技大学出版社，2009.
[22] 辞海编辑委员会. 辞海 [M]. 上海：上海辞书出版社，2000.
[23] 易静，李志峰. 高校学术职业分层：国内外研究述评与趋向 [J]. 黑龙江高教研究，2011（6）.
[24] 李强. 当代中国社会分层：测量与分析 [M]. 北京：北京师范大学出版社，2010.
[25] [美] 戴维·格伦斯基. 社会分层 [M]. 第2版. 王俊，等译. 北京：华夏出版社，2005.
[26] 李春玲. 断裂与碎片：当代中国社会阶层分化实证研究 [M]. 北京：社会科学文献出版社，2005.
[27] 马国泉. 社会科学大词典 [M]. 北京：中国国际广播出版社，1989.
[28] 陈兴明. 新一轮高校管理体制改革的实质、特点与方向 [J]. 江苏高教，2002（2）.
[29] 刘桂云. 社会分层的社会作用分析 [J]. 党史博采，2007（4）.
[30] [法] 爱米尔·涂尔干. 社会分工论 [M]. 渠东，译. 北京：生活·读书·新知三联书店，2002.
[31] [德] 马克斯·韦伯. 社会科学方法论 [M]. 韩水法，莫茜，译. 桂林：广西师范大学出版社，2002.
[32] 马克思恩格斯选集 [M]. 第一卷. 北京：人民出版社，1973.
[33] [法] 让·卡泽纳弗. 社会学十大概念 [M]. 杨捷，译. 上海：上海人民出版社，2003.
[34] [日] 青井和夫. 社会学原理 [M]. 刘振英，译. 北京：华夏出版社，2002.
[35] [日] 高坂健次. 当代日本社会分层 [M]. 张弦，等译. 北京：华夏出版社，2004.
[36] [美] 戴维·斯沃茨. 文化与权力：布尔迪厄的社会学 [M]. 陶东风，译. 上海：上海译文出版社，2006.
[37] 曾丹芳. 结构功能主义视角下的廉政制度研究 [D]. 长沙：湖南大学，2011.
[38] 周怡. 社会结构：由"形构"到"解构"——结构功能主义、结构主义和后结构主义理论之走向 [J]. 社会学研究，2000（3）.
[39] 杨开洁. 中国高校学术职业的分层研究 [D]. 武汉：武汉理工大学，2010.
[40] 教育部. 面向21世纪教育振兴行动计划 [R]. 1999.
[41] 教育部. 关于当前深化高等学校人事分配制度改革的若干意见 [R]. 1999.
[42] 中组部，人事部，教育部. 关于深化高等学校人事制度改革的实施意见 [R]. 2000.
[43] 陶遵谦. 国外高等学校教师聘任及晋升制度 [M]. 上海：华东师范大学出版社，1984.
[44] 陈永明. 国际师范教育改革比较研究 [M]. 北京：人民教育出版社，1997.
[45] 陈永明. 现代教师论 [M]. 上海：上海教育出版社，1999.
[46] 王胜今. 推进教师职务聘任制度改革，探索建立适合学校发展的人事管理制度 [J]. 现代教育科学，2006（4）.

[47] 王丹. 当前形势下高校教师聘任制的改革与发展研究 [D]. 武汉：武汉理工大学, 2006.

[48] 周薇. 我国高校教师职务聘任制改革研究 [D]. 武汉：华中师范大学, 2007.

[49] 苏丽荣, 张理中. 高校教师聘任制度改革探析 [J]. 学术纵横, 2008 (6).

[50] 刘新民. 加强专业技术职务岗位设置, 促进高等学校改革和发展 [J]. 高教研究, 1997 (4).

[51] 赵砚, 韩洪双. 高校教师职务岗位设置初探 [J]. 高等教育研究, 1997 (5).

[52] 刘跃成, 姚友杰. 论高校教师职务岗位设置 [J]. 黑龙江高教研究, 1998 (2).

[53] 刘太林. 教师岗位聘任制的实践与思考 [J]. 高等工程教育研究, 1999 (2).

[54] 杨潮, 胡志富. 关于健全高校教师岗位聘任制的若干思考 [J]. 中国高教研究, 2000 (7).

[55] 张小红, 吴育新. 关于高等学校教师职务岗位设置的探讨 [J]. 广东工业大学学报, 2003 (6).

[56] 王革. 关于高等学校教师职务岗位设置的思考 [J]. 辽宁师专学报（社会科学版）, 2004 (6).

[57] 石金叶. 以人为本的高校岗位设置机制 [J]. 高教研究, 2007 (1).

[58] 人事部, 教育部. 关于高等学校岗位设置管理的指导意见 [R]. 〔2007〕59 号.

[59] 李强. 转型时期冲突性的职业声望评价 [J]. 中国社会科学, 2000 (4).

[60] 迟景明. 现代大学的组织特性与管理创新 [J]. 大连理工大学学报（社会科学版）, 2002 (2).

[61] 阎光才. 高等学校内部的组织特性探析 [J]. 清华大学教育研究, 1999 (3).

[62] [美] E·马克·汉森. 教育管理与组织行为 [M]. 冯大鸣, 等译. 上海：上海教育出版社, 1993.

[63] 简明国际教育百科全书·教育管理卷 [M]. 中央教育科学研究所比较教育研究室, 译. 北京：教育科学出版社, 1992.

[64] 陈学飞. 美国、德国、法国、日本当代高等教育思想研究 [M]. 上海：上海教育出版社, 1998.

[65] 王应密, 马飞. 论大学学术职业的组织特性 [J]. 高教探索, 2013 (1).

[66] 张英丽; 沈红. 学术职业：国内研究进展与文献述评 [J]. 大学（研究与评价）, 2007 (1).

[67] 李巧菊. 从社会分层看明代象棋文化活动 [D]. 西安：陕西师范大学, 2012.

[68] 李雅斐. 从社会分层理论看当代"剩女"问题 [J]. 经济研究导刊, 2012 (5).

[69] 黄俊, 刘连发. 城市女性体育锻炼分层现状及影响因素的关联性分析——以北京市为例 [J]. 体育与科学, 2012 (9).

[70] 徐引正. 深化高等学校人事分配制度改革的研究 [J]. 陕西师范大学学报（哲学社会科学版）, 2002 (12).

[71] 王慧英. 我国高校教师流动政策研究 [D]. 长春: 东北师范大学, 2012.

[72] 潘小明. 大学的组织特性与教师教学发展 [J]. 教育探索, 2014 (2).

[73] 李芬. 国外大学学术组织理论的发展、比较及其启示 [J]. 武汉: 华中师范大学, 2005 (6).

[74] 李志峰. 论高深知识与学术职业 [J]. 中国地质大学学报（社会科学版）, 2009 (5).

[75] 李志峰, 杨开洁. 基于社会分工的高校学术职业分层分类 [J]. 华北电力大学学报（社会科学版）, 2011 (5).

[76] 李志峰, 廖志琼. 当代中国高校学术职业分层及特征分析 [J]. 中国高教研究, 2013 (8).

[77] [美] 伯顿·克拉克. 探求的场所: 现代大学的科研和研究生教育 [M]. 王承绪, 译. 杭州: 浙江教育出版社, 2001.

[78] [美] 伯顿·克拉克. 高等教育系统——学术组织的跨国研究 [M]. 杭州: 杭州大学出版社, 1994.

[79] 刘仲林. 现代交叉学科 [M]. 杭州: 浙江教育出版社, 1998.

[80] [美] 约翰·S. 布鲁贝克. 高等教育哲学 [M]. 王承绪, 译. 杭州: 浙江教育出版社, 1998.

[81] [英] 柏克. 知识社会史——从古腾堡到狄德罗 [M]. 贾士蘅, 译. 台北: 麦田出版社, 2003.

[82] [法] 雅克·勒戈夫. 中世纪的知识分子 [M]. 张弘, 译. 北京: 商务印书馆, 1996.

[83] [美] 欧内斯特·L. 博耶. 学术的使命 [J]. 中国大学教学, 2004 (4).

[84] [德] 费希特. 论学者的使命人的使命 [M]. 梁志学, 沈真, 译. 北京: 商务印书馆, 1984.

[85] 叶赋桂. 高等学校教师: 概念与特质 [J]. 教育学报, 2005 (10).

[86] [荷兰] 弗兰斯·F. 范富格特. 国际高等教育政策比较研究 [M]. 王承绪, 等译. 杭州: 浙江教育出版社, 2001.

[87] [美] 埃里希·弗罗姆. 自为的人——伦理学的心理探究 [M]. 万俊人, 译. 北京: 国际文化出版公司, 1988.

[88] [美] 亨利·罗索夫斯基. 美国校园文化: 学生教授管理 [M]. 谢宗仙, 等译. 济南: 山东人民出版社, 1996.

[89] [美] 伯顿·克拉克. 高等教育新论——多学科的研究 [M]. 王承绪, 徐辉, 等译. 杭州: 浙江教育出版社, 2001.

[90] 王新兵, 等. 社会转型时期我国教师职业声望的现状、成因及对策 [J]. 教师教育研究, 2006 (1).

[91] 陈伟. 西方学术专业的比较研究——多学科视阈中德、英、美大学教师的专业化运动 [D]. 杭州: 浙江大学, 2003.

[92] 陈何芳. 大学学术文化与大学学术生产力［J］. 高等教育研究，2005（12）.

[93] ［美］伯顿·克拉克. 建立创业型大学：组织上转型的途径［M］. 王承绪，译. 北京：人民教育出版社，2003.

[94] 陈洪捷. 论高深知识与高等教育［J］. 北京大学教育评论，2006（10）.

[95] 程启军. 阶层间封闭性强化：中国社会阶层流动的新趋势［J］. 学术交流，2010（1）.

[96] 顾昕. 科学共同体的社会分层［J］. 自然辩证法通讯，1987（8）.

[97] 乔纳森·科尔，斯蒂芬·科尔. 科学界的社会分层［M］. 北京：华夏出版社，1989.

[98] 邝小军. 科技工作者社会分层研究［D］. 天津：南开大学，2010.

[99] 杨立雄，邝小军. 从功能主义到交换理论：科学奖励系统研究的范式转变［J］. 自然辩证法研究，2005（2）.

[100] 布鲁诺·拉图尔，史蒂人·伍尔加. 实验室生活：科学事实的建构过程［M］. 北京：东方出版社，2004.

[101] 刘立. 科学的精神气质："面子"和"位子"一个都不能少［J］. 自然辩证法通讯，2005（12）.

[102] 吴忠. 社会分层理论与科学社会学［J］. 自然辩证法研究，1987（3）.

[103] 刘亚秋. 声望危机下的学术群体：当代知识分子身份地位研究［J］. 社会，2007（11）.

[104] 古继宝，李国伟. 基础研究人员流动的分层次管理研究［J］. 科学学与科学技术管理，2006（2）.

[105] 杰里·加斯顿. 科学的社会运行——英美两国的科学奖励制度［M］. 北京：光明日报出版社，1988.

[106] 方敏. 科技人员的职业声望［J］. 自然辩证法通讯，1998（8）.

[107] 谢泉峰. 马克思、韦伯、涂尔干社会分层理论比较［D］. 武汉：武汉大学，2005.

[108] 华奕曦. 政府组织协同性研究［D］. 南京：河海大学，2007.

[109] 易静. 美国不同层类高校学术职业的分层研究［D］. 武汉：武汉理工大学，2010.

[110] 李志峰. 高校学术职业分层制度的变迁逻辑［J］. 清华大学教育研究，2012（8）.

[111] 李志峰，易静. 高校学术职业分层制度的变迁与制度安排［J］. 高教发展与评估，2010（5）.

[112] ［比利时］希尔德·德·里德·西蒙斯. 欧洲大学史（第一卷：中世纪大学）［M］. 张斌贤，等译. 保定：河北大学出版社，2008.

[113] 乔玉全. 21世纪美国高等教育［M］. 北京：高等教育出版社，2000.

[114] 宋旭红. 学术职业发展的内在逻辑［M］. 武汉：华中科技大学出版社，2008.

[115] 宋旭红. 学术职业发展中的学术声望与学术创新［J］. 科学学与科学技术管理，2008（8）.

[116] ［加］约翰·范德格拉夫，等. 学术权力——七国高等教育管理体制比较［M］.

王承绪，等译. 杭州：浙江教育出版社，2001.

[117] 郭峰. 美国大学教师聘任制的实施及其启示［J］. 高教探索，2007（7）.

[118] 李伟娟. 美国高校教师的设置及其对我国的启示［J］. 天中学刊，2005（8）.

[119] 李金春. 美国大学终身教授的聘后评审制度及其启示［J］. 中国高教研究，2007（8）.

[120] 王笛. 学术环境与学术发展——再谈中国问题与西方经验［EB/OL］. http：//blog. sina. com. cn/s/blog_ 3d953d3d0100hb3c. html.

[121] 李昊. 中美大学教师聘用制度的比较研究［D］. 上海：上海师范大学，2006.

[122] 全国高等学校师资管理研究会. 高校师资管理研究［M］. 上海：华东师范大学出版社，1986.

[123] 夏妍，张怀菊. 美国大学教师绩效评价研究［J］. 教育评估，2006（9）.

[124] 文雪，沈红. 试析美国大学学术职业发展的独特性——基于对美国大学终身教职制度的考察［J］. 高教探索，2007（3）.

[125] 周文霞. 美国教授终身制及其对中国高校教师任用制度改革的启示［J］. 中国人民大学学报，2003（9）.

[126] 夏建芬. 美国大学教授终身聘任制及其启示［J］. 大学教育科学，2004（3）.

[127] 别敦荣. 中美大学学术管理［M］. 武汉：华中理工大学出版社，2000.

[128] 顾建民. 自由与责任：西方大学终身教职制度研究［M］. 杭州：浙江教育出版社，2007.

[129] ［美］哈里特·朱克曼. 科学界的精英——美国的诺贝尔奖金获得者［M］. 周叶谦，等译. 北京：商务印书馆，1979.

[130] 申花. 美国高校教师制度分析［D］. 苏州：苏州大学，2007.

[131] 李志峰，易静. 美国不同类型高校学术职业的分层——基于卡内基分类法的考察［J］. 清华大学教育研究，2010（4）.

[132] ［美］菲利普·G. 赫尔巴特. 为美国高等教育辩护［M］. 别敦荣，主译. 青岛：中国海洋大学出版社，2007.

[133] 宋懿琛. 对大学分类的思考——以美国卡内基高等教育机构分类为例［J］. 辽宁教育研究，2007（12）.

[134] 李慧清. 美国卡内基高等教育机构分类法的新变化［J］. 当代教育论坛，2006（12）.

[135] 教育部. 2013 年全国教育事业发展统计公报［EB/OL］. http：//www. china. com. cn/news/txt/2014－07/04/content_ 32861584_ 3. htm，2014－08－25.

[136] 殷姿，李志宏. 美国研究型大学教师考核制度研究［J］. 高教探索，2005（1）.

[137] 李淑慧，沙淑清. 美国大学人事特点研究及启示［J］. 中国地质教育，2006（6）.

[138] 教育部中外大学校长论坛领导小组. 中外大学校长论坛文集［C］. 北京：高等教育出版社，2002.

[139] 吕达，等. 当代外国教育改革名著文献（美国卷·第四册）［M］. 北京：人民教育出版社，2004.

[140] 别敦荣，陈艺波. 论学术职业阶梯与大学教师发展［J］. 高等工程教育研究，2006 (11).

[141] 李志峰. 从学衔到岗位：高校教师职务管理的内在逻辑［J］. 教育研究，2013 (5).

[142] 霍益萍. 近代中国的高等教育［M］. 上海：华东师大学出版社，1999.

[143] 郑登云. 中国高等教育史（上册）［M］. 上海：华东师范大学出版社，1994.

[144] 田正平，吴民祥. 近代中国大学教师的资格检定与聘任［J］. 教育研究，2004 (10).

[145] 余立. 中国高等教育史（下册）［M］. 上海：华东师范大学出版社，1994.

[146] 中共中央关于教育体制改革的决定［M］//中国教育年鉴编辑部. 中国教育年鉴：1982—1984. 长沙：湖南教育出版社，1986.

[147] 中华人民共和国教育法［M］//中国教育年鉴编辑部. 中国教育年鉴：1995. 北京：人民教育出版社，1995.

[148] 中华人民共和国高等教育法［M］//中国教育年鉴编辑部. 中国教育年鉴：1999. 北京：人民教育出版社，1999.

[149] 周光礼. 委托——代理视野中的学术职业管理：中国大学教师聘任制改革的理论依据与制度设计［J］. 现代大学教育，2009 (3).

[150] 刘献君. 中国高校教师聘任制研究——基于学术职业管理的视角［M］. 北京：科学出版社，2009.

[151] 奚平. 教授分级能够走多远［N］. 中国社会科学院报，2009 (66).

[152] 娄欣生，周艳球. 中英大学师生关系比较［J］. 国家教育行政学院学报，2005 (7).

[153] 杨先保. 政治视野中的契约精神——社会契约论的挑战与复兴［J］. 华中科技大学学报（社会科学版），2006 (5).

[154] 张清. 从身份到契约：当代中国社会分层结构之变迁［J］. 江苏社会科学，2002 (5).

[155] 李亚雄. 转型期的社会分层机制与工人阶层的地位变迁［J］. 江汉论坛，2002 (12).

[156] 邬大光. 大学分类的背后［N］. 中国教育报，2010 - 05 - 10.

[157] 包玉红. 大学分类与分型标准研究［J］. 黑龙江教育（高教研究与评估），2009 (12).

[158] 马陆亭，冯厚植，等. 关于普通高等学校分类问题的思考［J］. 上海高教研究，1996 (12).

[159] 陈厚丰. 中国高等学校分类与定位问题研究［M］. 长沙：湖南大学出版社，2004.

[160] 潘懋元，吴玫. 高等学校分类与定位问题［J］. 复旦教育论坛，2003 (5).

[161] 张炜. 关于中国大学分类的一点思考——一个三维—立锥分类模型的初建［J］. 武汉职业技术学院学报，2006 (12).

[162] 高慧. 高校科技管理政策的绩效评价与优化研究［D］. 武汉：武汉理工大学，2014.

[163] 郎益夫, 陈伟, 等. 研究型大学教师岗位设置系统研究 [J]. 社会科学战线, 2009 (1).

[164] 刘耕年, 戴长亮, 金和征. 北京大学实施岗位津贴制度的实践与效果 [J]. 中国高教研究, 2004 (12).

[165] 刘婉华, 等. 清华大学实施岗位津贴制度的实践和效果 [J]. 中国高教研究, 2004 (12).

[166] 胡方茜, 盛亚东. 浙江大学实施岗位聘任津贴制度的实践和效果 [J]. 中国高教研究, 2004 (12).

[167] 穆荣华, 潘少明. 实行岗位津贴制度推进薪酬体制改革——南京大学实施岗位津贴制度的实践和效果 [J]. 中国高教研究, 2004 (12).

[168] 陈天宁, 王雅正. 对高校分配制度改革的探索与思考——西安交通大学实施岗位津贴制度的实践与效果 [J]. 中国高教研究, 2004 (12).

[169] 甘晖, 等. 战略机遇期高等学校的定位及其分层次管理探析 [J]. 中国高等教育, 2004 (1).

[170] 时明德. 中国教学型大学的特征 [J]. 信阳师范学院学报（哲学社会科学版）, 2006 (4).

[171] 洪岑. 工作满意度的研究现状述评 [J]. 社科纵横, 2009 (10).

[172] 马新建. 人力资源管理与开发 [M]. 北京: 北京师范大学出版社, 2008.

[173] 孙建萍, 孙建红, 安寸然. 高校教师工作满意度调查与分析 [J]. 教育探索, 2006 (9).

[174] 于辉. 高校教师工作满意度的调查研究 [D]. 沈阳: 东北大学, 2007.

[175] 冯伯麟. 教师工作满意度及其影响因素的研究 [J]. 教育研究, 1996 (2).

[176] 杨彩莲. 高校教师工作满意度的影响因素探析 [J]. 高校论坛, 2006 (8).

[177] 杨秀伟, 李明斐, 张国梁. 高校教师工作满意度及其与离职倾向关系 [J]. 大连理工大学学报（社会科学版）, 2005 (12).

[178] 王德岐, 王鹏, 高峰强. 高校教师工作满意度和焦虑工作倦怠的关系 [J]. 中国健康心理学杂志, 2011 (8).

[179] 沈红. 论学术职业的独特性 [J]. 北京大学教育评论, 2011 (7).

[180] 朱新秤, 卓义周. 高校青年教师职业满意度调查: 分析与对策 [J]. 高等教育研究, 2005 (5).

[181] [英] 托尼·比彻. 学术部落及其领地——知识探索与学科文化 [M]. 唐跃勤, 等译. 北京: 北京大学出版社, 2008.

[182] 阎光才. 我国学术职业环境的现状与问题分析 [J]. 高等教育研究, 2011 (11).

[183] 国家统计局.《关于职工个人收入的定义和组成内容》的通知 [R]. 1992.

[184] R. K. 默顿. 科学社会学（上）[M]. 鲁旭东, 林聚任, 译. 北京: 商务印书馆, 2010.

[185] 缪榕楠. 学术组织中的人 [M]. 南京: 南京师范大学出版社, 2008.

[186] 徐璟. 高校教师职称聘任制度中引入量化方法的实证研究——以某医科大学为例 [D]. 重庆：重庆医科大学，2009.

[187] 杨茂庆. 美国研究型大学的教师流动研究 [D]. 重庆：西南大学，2011.

[188] 郭晓佳. 英国大学教师发展研究 [D]. 长春：东北师范大学，2010.

[189] 林杰，李玲. 美国大学教师发展的三种理论模型 [J]. 现代大学教育，2007（1）.

[190] 李志峰，浦文轩，刘进. 权力与学术职业分层：学校权力对高校教师职务晋升影响的实证研究 [J]. 高等教育研究，2013（7）.

[191] 宋定国. 新编政治学 [M]. 北京：中国人民公安大学出版社，1990.

[192] 林荣日. 论高校内部权力 [J]. 现代大学教育，2005（4）.

[193] 张卫东，董慧. 高等学校权力结构分析 [J]. 辽宁教育研究，2006（1）.

[194] 钟秉林，张斌贤，李子江. 高校如何协调学术权力与行政权力 [N]. 中国教育报，2005－02－04.

[195] 沈小强，袁利平. 高校权力结构的反思与重构——兼论我国高校"去行政化" [J]. 教育发展研究，2010（12）.

[196] 李志峰，龚春芬. 论学术职业的权力、权威与声望 [J]. 清华大学教育研究，2008（8）.

[197] 谭志合. 当代中国高等学校学术权力与行政权力的关系 [J]. 理工高教研究，2002（8）.

[198] 颜丙峰. 论高等学校学术权力的实施保障及扩张限度 [J]. 黑龙江高教研究，2004（2）.

[199] 郭丽君. 学术职业管理的问题与对策研究 [J]. 高等工程教育研究，2006（3）.

[200] [俄] 弗·伊·多博林科夫，阿·伊·克拉夫琴科. 社会学 [M]. 北京：社会科学文献出版社，2006.

[201] 马和民. 新编教育社会学 [M]. 上海：华东师范大学出版社，2009.

[202] 温海峰. 高等学校人才流失实证分析 [J]. 郑州航空工业学院学报，2000（2）.

[203] 李志峰，谢家建. 中国学术职业流动的内外部因素分析 [J]. 大连理工大学学报，2007（4）.

[204] 周定，赵美兰. 教师流动的原因与对策分析 [J]. 教育与现代化，2006（1）.

[205] 潘奇，唐玉光. 学术职业的流动域及其特征探析 [J]. 黑龙江高教，2011（8）.

[206] 谷志远. 我国学术职业流动影响因素的实证研究——基于"学术职业的变革·中国大陆"问卷调查 [J]. 清华大学教育研究，2010（3）.

[207] 肖玮玮. 北京林业大学教师流动影响因素分析 [D]. 北京：北京林业大学，2011.

[208] 陈玉芬. 美国学术职业流动行为和影响因素研究评述 [J]. 比较教育研究，2013（1）.

[209] [美] 约翰·罗尔斯. 正义论 [M]. 北京：中国社会科学出版社，2001.

[210] 乔锦忠. 高校教师工资制度改革研究 [J]. 教育与经济，2006（4）.

[211] 周金城，陈乐一，魏紫. 高校教师薪酬水平的国际比较 [J]. 中国高教研究，2011（4）.

[212] 陈乐一,周金城,刘碧玉. 我国高校教师工资低的危害及政策建议 [J]. 当代教育论坛, 2012 (2).

[213] 刘婉华,袁汝海,裴兆宏,等. 高校教师工资待遇国际比较与思考 [J]. 清华大学学报(哲学社会科学版), 2004 (12).

[214] 刘芳. 我国高校教师收入分配制度配套改革探讨 [J]. 高等教育管理, 2010 (6).

[215] 李强. 社会分层与社会空间领域的公平、公正 [J]. 新华文摘, 2012 (1).

[216] 张宛丽. 非制度因素与地位获得 [J]. 社会学研究, 1996 (1).

[217] 李素艳. 合理性理论上的"对话"——哈贝马斯对韦伯合理性理论的改造 [J]. 理论探讨, 2006 (7).

[218] [韩] 金钟珉. 关于韦伯与哈贝马斯的合理性概念的比较 [J]. 复旦学报(社会科学版), 1999 (7).

[219] 江必新. 论形式合理性与实质合理性的关系 [J]. 法治研究, 2013 (4).

[220] 邹吉忠. 自由与秩序——制度价值研究 [M]. 北京:北京师范大学出版社, 2003.

[221] 徐斯雄. 民国大学学术评价制度研究 [D]. 重庆:西南大学, 2011.

[222] 袁同成. 我国学术评价制度的变迁逻辑考察:基于学术场域与权力场域互构的视角 [J]. 华中科技大学学报(社会科学版), 2012 (9).

[223] 邓毅. 完善学术评价制度有待深化细化 [J]. 中国高等教育, 2007 (7).

[224] 高军. 我国大学教师学术评价制度研究 [D]. 南京:南京师范大学, 2008.

[225] 苏宝利,吕贵. 高校教师学术评价制度:问题与对策 [J]. 江苏高教, 2003 (11).

[226] 王晓明,钱理群,等. 中国大学的问题与改革 [M]. 天津:天津人民出版社, 2003.

[227] 人事部. 事业单位试行岗位设置管理的试行意见 [R]. [2006] 70号.

[228] 中共湖北省委办公厅,湖北省人民政府办公厅关于印发《湖北省事业单位岗位设置管理试行意见》的通知 [J]. 湖北省人民政府公报, 2008 (3).

[229] 乐云. 高校教师工资收入真相揭秘 [N]. 华声在线, 2010-11-10.

[230] 毛洪涛. 高校教师教学能力提升的机制探索 [J]. 中国高等教育, 2011 (12).

[231] 唐骏. 高校教授岗位分级设置管理的实践与思考 [J]. 中国高校师资研究, 2007 (1).

[232] 雷安平. 社会学概论 [M]. 长沙:湖南师范大学出版社, 2002.

[233] 康芒斯. 制度经济学(上册) [M]. 北京:商务印书馆, 1983.

[234] 张文显. 法理学 [M]. 北京:高等教育出版社, 1999.

[235] 贺培育. 制度学:走向文明与理性的必然审视 [M]. 长沙:湖南人民出版社, 2004.

[236] 徐世民. 社会技术哲学视域下的制度异化研究 [D]. 武汉:华中科技大学. 2009.

[237] 杨生银,薛继亮. 从制度异化到制度替代:中国改革开放以来的制度变迁 [J]. 商业时代, 2011 (2).

[238] 赵娟. 寻租与寻租理论 [J]. 经济界, 2006 (3).

[239] 钱小平,魏昌东. "寻租型"职务犯罪控制机制创新 [J]. 新疆社会科学, 2008 (11).

[240] [美] 道格拉斯·C. 诺思. 制度、意识形态和经济绩效 [A] //Dorn. J. A., Hanke. S. H., Walters. A. 发展经济学的革命. 黄祖辉, 蒋文华, 译. 上海: 上海人民出版社, 2000.

[241] 程民选. 论社会资本的性质与类型 [J]. 学术月刊, 2007 (10).

[242] 杨超. 社会资本视角下科学共同体中的马太效应 [J]. 科技情报开发与经济, 2008 (6).

[243] 杨雪冬. 社会资本: 对一种新解释范式的探索 [J]. 马克思主义与现实, 1999 (6).

[244] 朱国宏. 经济社会学 [M]. 上海: 复旦大学出版社, 2003.

[245] 毛良虎, 蔡瑞林. 科技人力资源共享中的寻租行为实证研究 [J]. 上海经济研究, 2013 (11).

[246] 罗峰, 文军. 转型期中国的底层群体研究 [J]. 社会科学研究, 2014 (2).

[247] 孙立平: 中国社会结构的定型化 [EB/OL]. http://www.21ccom.net/articles/zgyj/gqmq/2011/1115/48816.html, 2005 – 12 – 15.

[248] 章惠峰. 阶层利益论——社会和谐的政治经济学分析 [D]. 上海: 复旦大学, 2009.

[249] 刘欣. 当前中国社会阶层分化的制度基础 [J]. 社会学研究, 2005 (9).

[250] 盛晔, 张彬. 当代中国社会阶层分化: 动力、过程和结构 [J]. 内蒙古大学学报 (人文社会科学版), 2006 (7).

[251] 沙因. 组织心理学 [M]. 北京: 经济管理出版社, 1987.

[252] 刘汉霞. 我国权力寻租的影响因素研究 [D]. 广州: 华南理工大学, 2010.

[253] 张光磊, 廖建桥, 金鑫. 社会资本、学术寻租与教职终身制——高校科研工作者教职聘任制模式研究 [J]. 高等教育研究, 2008 (12).

[254] [美] 约翰·罗尔斯. 作为公平的正义——正义新论 [M]. 姚大志, 译. 上海: 三联出版社, 2002.

[255] 韦朝烈. 社会阶层的新变化与政策选择的合理性分析 [J]. 广西社会科学, 2006 (8).

[256] 张维迎. 关于《北京大学教师聘任和职务晋升制度改革方案 (征求意见稿)》的四点说明 [J]. 学术界, 2003 (10).

[257] 杨芳军. 对巨型工程社会功能的分析 [J]. 经济论坛, 2010 (10).

[258] 王明霞. 西方社会建设理论对构建和谐社会的启示——功能论和冲突论的视角 [J]. 社会科学论坛 (学术研究卷), 2007 (12).

[259] 孙琳. 高校教师聘任制对教师的激励效应分析 [D]. 武汉: 华中科技大学, 2005.

[260] 牟晋京. 高校教师薪酬激励研究 [D]. 上海: 东华大学, 2006.

[261] 黄永林. 新中国60年教育财会制度体系的改革与创新 [J]. 教育财会研究, 2009 (10).

[262] 宜勇. 大学组织结构研究 [D]. 上海：华东师范大学，2004.

[263] 王海彬. 基于我国高等学校内部主要权力关系冲突下的行政管理改革研究 [D]. 西安：陕西师范大学，2009.

[264] 樊平军，毛亚庆. 论大学松散结合组织特性的知识根源 [J]. 高等教育研究，2006 (6).

[265] 李志峰. 学术职业国际竞争力观测指标的构成与特点 [J]. 科学学与科学技术管理，2008 (1).

[266] 刘献君. 高校教师聘任制中的若干关系 [J]. 高等教育研究，2008 (3).

[267] 李志峰. 学术职业专业化的路径选择与制度创新 [J]. 现代大学教育，2008 (9).

[268] 李志峰，沈红. 学术职业：欧洲中世纪时期的形成与形态 [J]. 中山大学学报（社会科学版），2007 (7).

[269] 季洪涛. 大学学术权力研究 [D]. 长春：吉林大学，2012.

[270] 李志峰，沈红. 学术职业发展：历史变迁与现代转型 [J]. 教师教育研究，2007 (1).

[271] 李新月，陈敏. 作为公民的学院和大学——欧内斯特·L. 博耶视野中的大学社会责任 [J]. 现代大学教育，2010 (5).

[272] 孙玲，尚智丛. 科学共同体社会分层研究综述 [J]. 科学学与科学技术管理，2011 (8).

[273] 孙玲，尚智丛. 浅析我国当代科技人员的社会分层结构 [J]. 科技管理研究，2012 (7).

[274] 邝小军. 默顿科学奖励制度研究的局限 [J]. 自然辩证法研究，2008 (2).

[275] 刘军. 阶层文化的冲突与整合 [D]. 上海：复旦大学，2008.

[276] 魏红霞，刘军. 语言区隔、文化领导权与价值整合 [J]. 社会科学家，2010 (3).

[277] 刘宏. 诺贝尔奖的设立对科学建制的影响 [D]. 长沙：中南大学，2003.

[278] 张弛. 美国与德国大学学术职业管理制度比较 [D]. 大连：大连理工大学，2011.

[279] 董秀华. 美国研究型大学综合实力评估的实践及启示 [J]. 比较教育研究，2002 (8).

[280] 夏洪流，周刚. 美国高等学校的卡内基分类方法 [J]. 学位与研究生教育，2000 (7).

[281] 杨晓华. 中美高等教育规模与教职工队伍比较研究 [D]. 天津：天津大学，2011.

[282] 齐丽丽. 我国研究型大学工程技术类专任教师考核研究 [D]. 沈阳：东北大学，2009.

[283] 人事部，教育部. 关于印发《高等学校、义务教育学校、中等职业学校等教育事业单位岗位设置管理的三个指导意见》的通知 [J]. 中华人民共和国教育部公报，2007 (6).

[284] 李宜江. 青年教师学术与生活的历史境遇 [D]. 上海：华东师范大学，2013.

[285] 吕俊蕊. 我国研究型大学教师聘任制改革研究［D］. 武汉：华中科技大学，2009.

[286] 孙远太. 市场转型与阶层分化：国有企业内部群体结构变迁研究［J］. 社科纵横，2009（3）.

[287] 廖忠. 加拿大研究型大学国际化研究［D］. 重庆：西南大学，2013.

[288] 曹赛先. 高等学校分类的理论与实践［D］. 武汉：华中科技大学，2004.

[289] 董运生. 地位不一致与阶层结构变迁［D］. 长春：吉林大学，2006.

[290] 吴开俊. 公立高校"转制"：路径选择与制度安排［D］. 武汉：华中师范大学，2007.

[291] 吴鹏森. 当代中国社会分层结构的历史演变及其启示［J］. 南京师大学报（社会科学版），2002（12）.

[292] 单敬波. 高校教师激励机制研究［D］. 沈阳：东北大学，2007.

[293] 王耀中. 关于教学研究型大学的若干思考［J］. 黑龙江高教研究，2009（3）.

[294] 周萍. 论教学型院校的质量标准与评价指标体系［J］. 中国大学教学，2009（8）.

[295] 马陆亭. 如何实现高等教育资源的优化配置——对我国高等学校层次类别的剖析［J］. 高等教育研究，1997（3）.

[296] 邓晓春. 关于21世纪初中国高等教育发展战略与结构布局的思考［J］. 辽宁高等教育研究，1997（4）.

[297] 安心. 大学分类制度：影响大学发展的一个重要瓶颈——兼论我国大学分类的利弊［J］. 国家教育行政学院学报，2005（4）.

[298] 潘黎. 基于知识活动能力的普通高校分类研究［D］. 大连：大连理工大学，2009.

[299] 袁同成. 量化考评制度与学术人的著作权惯习［D］. 上海：上海大学，2010.

[300] 张怡真. 我国研究型大学教师聘任制改革问题研究［D］. 重庆：西南大学，2007.

[301] 孙静. 提高城市商业银行员工工作满意度对策研究［D］. 兰州：兰州理工大学，2009.

[302] 田琳. 我国高校教师激励机制完善研究［D］. 济南：山东大学，2009.

[303] 周思当. 高校教师工资制度改革研究与对策［J］. 教育与经济，2008（9）.

[304] 李志峰，杨开洁. 基于学术人假设的高校学术职业流动［J］. 江苏高教，2009（9）.

[305] 闫建璋，郭椿嘉. 道德人：大学教师身份的伦理旨归［J］. 高等教育研究，2013（11）.

[306] 宣勇，鲍健强. 教学研究型大学的使命与管理模式的选择［J］. 高等工程教育研究，2006（5）.

[307] 山鸣峰. 人本与效率［D］. 上海：华东师范大学，2006（4）.

[308] 以岗位聘任为突破口 探索高校教师队伍建设的新机制［J］. 中国高等教育评估，2002（2）.

409

英文文献

[1] Bowen, Howard R. and Schuster, Jack. H. Cambridge, MA: Harvard University Press, [M]. 1985.

[2] Thorstein Veblen. The Higher Learning in America [M]. New York: Sagamore Press, 1957.

[3] Wolfgang J. Mommsen. The Academic Profession in the Federal Republic of Germany [M]. 1987.

[4] Diana Crane. The Academic Marketplace Revisited: A Study of Faculty Mobility Using the Carter Ratings [J]. The American Journal of Sociology, 1970 (6).

[5] Nelly P.. The Contemporary Professoriate: Towards a Diversified or Segmented Profession? [J]. Higher Education Quarterly, 2007 (2).

[6] Peter M. Blau: The Organization of Academic Work [M]. Transaction Publisher, 1994.

[7] Becher, T. Academic Tribes and Territories: Intellectual Enquiry and the Cultures of Discipline [M]. Open University Press, 1989.

[8] Blau, Peter M. (Ed.) Approaches to the study of Social Structure [M]. New York: Free Press, 1975.

[9] Rashdall Hastings. The University of Europe in the Middle Ages [M]. Oxford: Oxford University Press, 1951.

[10] Jack H. Schuster, Martin J. Finkelstein. The Academic Faculty: The Restructuring of Academic Work and Careers [M]. Baltimore: The Johns Hopkins University Press, 2006.

[11] Full-time instructional faculty in degree-granting institutions, by race/ethnicity, sex, and academic rank [EB/OL]. http://nces.ed.gov/programs/digest/d12/tables/xls/tabn291.xls, 2014.

[12] Philip G.. Altbach. In the Academic Profession: The Professoriate in Crisis. New York & London: Garland Publishing Inc., 1997.

[13] 1915 Statement of Principles on Academic Freedom and Tenure [EB/OL]. http://www.aaup.org/AAUP/pubsres/policydocs/contents/1915statement.htm, 2009.

[14] Percent of Faculty in Tenure-Track Appointment and Percent of Faculty with Tenure, by Affiliation, Academic Rank, and Gender, 2009-2010 [EB/OL]. http://www.aaup.org/NR/rdonlyres/93022EA2-620A-424E-BFE8-C4D652E31C08/0/Table11.pdf, 2014.

[15] Roger L. Geiger. To Advance Knowledge: The Growth of American Research Universities, 1900-1940 [M]. New York & Oxford: Oxford University Press, 1986.

[16] Christopher J. Lucas. American Higher Education: A History [M]. N.Y.: St. Martin's Press, 1994.

[17] The Carnegie Foundation for the Advancement of Teaching. Basic Classification Description [EB/OL]. http://classifications.carnegiefoundation.org/descriptions/basic.php, 2014 – 08 – 24.

[18] Georgetown University. Faculty Handbook [EB/OL]. http://facultyhandbook.georgetown.edu/toc/section3, 2014 – 08 – 25.

[19] National Center for Education Statistics. Average salary of full – time instructional faculty on 9 – month contracts in degree – granting institutions, by academic rank, sex, and control and level of institution: Selected years, 1999 – 2000 through 2011 – 2012 [EB/OL]. http://nces.ed.gov/programs/digest/d12/tables/xls/tabn291.xls, 2014 – 08 – 25.

[20] The Carnegie Foundation for the Advancement of Teaching. Methodology [EB/OL]. http://classifications.carnegiefoundation.org/methodology/basic.php, 2014 – 08 – 25.

[21] Appalachian State University. Faculty Handbook [EB/OL]. http://facultyhandbook.appstate.edu/sites/facultyhandbook.appstate.edu/files/Faculty_20_Handbook_20081314.pdf, 2014 – 08 – 22.

[22] Appalachian State University Average Faculty Salaries by Rank Fall 2011 [EB/OL]. http://irap.appstate.edu/sites/irap.appstate.edu/files/f13avg_salaries_sum_and_colleges1140.pdf, 2014 – 08 – 22.

[23] Tenure/Tenure Track Faculty by Age: Fall 2012 [EB/OL]. http://irap.appstate.edu/sites/irap.appstate.edu/files/Combined_2012_figure_total.pdf, 2014 – 08 – 23.

[24] Appalachian State University Distribution of Full – time Instructional Faculty by Rank and Sex, Fall 2011 [EB/OL]. http://irap.appstate.edu/sites/irap.appstate.edu/files/f3dist_ft_faculty1140.pdf, 2014 – 08 – 23.

[25] Appalachian State University Distribution of Full – time and Part – time Instructional Faculty [EB/OL]. http://irap.appstate.edu/sites/irap.appstate.edu/files/f6dist_ftpt_faculty_5_yrs_6.pdf, 2014 – 08 – 23.

[26] The Carnegie Foundation for the Advancement of Teaching. Methodology [EB/OL]. http://classifications.carnegiefoundation.org/methodology/basic.php, 2014 – 08 – 25.

[27] Calvin College. Faculty Handbook [EB/OL]. http://www.calvin.edu/admin/provost/handbook/Handbook.pdf, 2014 – 08 – 20.

[28] The Carnegie Foundation for the Advancement of Teaching. Classification Description [EB/OL]. http://classifications.carnegiefoundation.org/descriptions/community_engagement.php, 2014 – 08 – 25.

[29] The Carnegie Foundation for the Advancement of Teaching. Summary Tables [EB/OL]. http://classifications.carnegiefoundation.org/summary/community.php, 2014 – 08 – 25.

[30] Brevard Community College. Faculty Handbook [EB/OL]. http://www.easternflorida.edu/facultystaff/documents/faculty – handbook – 12 – 13.pdf, 2014 – 08 – 21.

[31] Brevard Community College. Human Resources[EB/OL]. http://www.easternflorida.edu/community-resources/human-resources/index.cfm, 2014-08-21.

[32] National Center for Education Statistics. Total compensation, percentage distribution of full-time instructional faculty [EB/OL]. http://nces.ed.gov/programs/coe/2008/section5/table.asp?tableID=940, 2009-02-28.

[33] Roger G. Baldwin, Jay L. Chronister. The Questions of Tenure [M]. Cambridge, M. A.: Harvard University Press, 2002.

[34] National Center for Education Statistics. Employees in degree-granting institutions, by employment status, sex, control and level of institution, and primary occupation: Fall 2011 [EB/OL]. http://nces.ed.gov/programs/digest/d12/tables/dt12_286.asp, 2014-08-25.

[35] Burton R. Clark. The Academic Life: Small Worlds, Different Worlds [M]. Princeton, N. J.: Carnegie Foundation for the Advancement of Teaching, 1987.

[36] Anthony R. Welch. The Peripatetic Professor: the Internationalization of the Academic Profession [J]. Springer Netherlands: Kluwer Academic Publishers, 1997 (10).

[37] E. Goffman (1974) Framing Analysis: An essay on the organization of experience. New York: Harper & Row, p.21.

[38] Anthony R. Welch (1997). The peripatetic profession: the internationalization of the academic profession. Higher Education, 34.

[39] Fiona J. Lacy, Barry A. Sheenhan (1997). Job Satisfaction among academic staff: An international perspective. High Education, 34.

[40] Melanie E. Ward, Peter J. Sloane (1999). Job satisfaction within the Scottish Academic Profession. IZA Discussion Paper, 38.

[41] David S. P. Hopkins. Analysis of Faculty Appointment, Promotion, and Retirement Policies [J]. Higher Education. 1974 (3).

[42] Robert Perrucci, Kathleen O'Flaherty and Harvey Marshall. Market Conditions, Productivity, and promotion Among University Faculty [J]. Research in Higher Education. 1983 (4).

[43] Ted Tapper, David Palfreyman. The Collegial Tradition in the Age of Mass Higher Education [M]. Springer Verlag Press, 2010.

[44] Murray G·Ross. The Dilution of Academic Power in Canada: The University of Toronto Act [J]. Minerva, 1972 (2).

[45] Rhodes, F. H. T. Challenges Facing Higher Education at the Millennium. American Council on Education [M]. Oryx Press, 1999.

[46] Bergquist, W. H. &S. R. Phillips. Components of an Effective Faculty Development Program [J]. The Journal of Higher Education. 1975, 46 (2).

[47] Anna Smolentseva (2003). Challenges To The Russian Academic Profession. Higher

Education, 45.

[48] JOSé – GINéS MORA (2001). The Academic Profession in Spain: Between The Civil Service And The Market. Higher Education, 41.

[49] A. Gary Doworkin (1990). The Salary Structure of Sociology Department. The American Sociologist/Spring.

[50] James G. Strathman (2000). Consistent Estimation of Faculty Rank Effects in Academic Salary Models. Research In Higher Education, 2.

[51] Debra A. Barbezat, James W. Hughes (2005). Salary Structure Effects And The Gender Pay Gap in Academia. Research In Higher Education, 6.

[52] Logan Wilson. The Academic Man [M]. New Brunswick (U.S.A) and London (U.K.) 1995.

[53] Roger L. Geiger. To Advance Knowledge: The Growth of American Research Universities, 1900 – 1940 [M]. New York & Oxford: Oxford University Press, 1986.

[54] James P. Honan, Damtew Teferra. The US Academic Profession: Key Policy Challenges [M]. Springer Netherlands: Kluwer Academic Publishers, 2004.

[55] A. H. Halsey. Decline of Donnish Dominalion: the British Academic Profession in the 20th Cencury [M]. Oxford: Clarendon Press, 1992.

后　　记

当开始写后记的时候，一直压在心里的这块石头总算落地。

自从 2009 年获得国家社会科学基金（教育学）一般课题《高校学术职业分层与教师岗位设置管理制度创新研究》（BFA090051）以来，这块石头就一直压在心头。如何完成这个研究课题，研究高校学术职业分层的哪些问题，运用哪些理论和方法开展研究，形成一个什么样的研究框架，希望通过研究得出哪些结论……这些问题五年来时时刻刻萦绕在我的脑海之中。

高校学术职业分层是一个全新的研究领域。在本课题申请之前，通过中国知网查询没有发现直接相关的研究。截至本书成稿，关于高校学术职业分层的直接相关研究也主要是本项目团队成员的研究成果。当然，这并非说涉及学术职业分层的研究完全没有。早在 1942 年，美国学者洛甘·威尔逊（Logan Wilson）就在《学术人：教授职业的社会学分析》一书中以美国学术职业为研究对象，系统研究了美国学术职业的学术等级、学术地位和学术过程等问题，对于美国学术职业的聘任，职员、双肩挑教授，以及学术地位、声望、学术市场、教学与科研的关系等问题进行了深入分析。法国当代社会学家布尔迪厄（Pierre Bourdieu）在其 1984 年出版的法文版的《学术人》中，研究了不同层次类型高校教授与学生的出身背景、大学与阶级分裂、大学内部的权力关系、高等教育的再生产模式以及教授们的政治行为等方面的问题。还有一些关于学术职业的经典著作，也或多或少地涉及学术职业分层相关问题的研究。一个共同的特点是，在这些研究中，研究者的目光主要聚焦在对一个国家学术职业的研究上，而非对学术职业分层的系统研究。在中国，关于高校教师职务聘任和岗位分级管理的相关研究中，也有不少内容属于学术职业分层的研究范畴。但是，从社会分层的角度针对高校学术职业分层的内涵、特征、功能，以及分层结构、分层机制、分层文化、分层制度变迁、阶层地位、影响因素、分层后果等领域的较为全面、系统的研究确实比较缺乏。

除了芝加哥大学社会学系对医生、法官、律师等专业化职业的研究以外，从社会学角度研究高校学术职业分层的文献寥寥。学术职业分层作为一种社会建构，存在许多理论与实践问题迫切需要进一步深入研究，高校学术职业分层研究对于我国当代高校教师职务聘任和岗位分级管理制度的批判和重构都极具重要的理论和实践价值。

显然，对于我和我的研究团队来说，这都是一个巨大的挑战。

从社会学角度来研究学术职业，有其特定的研究范畴，如学术职业与社会的关系、学术职业与学术系统的关系、学术职业的社会角色、学术职业的准入与聘任、学术职业流动、学术职业分层、学术职业的工资收入、学术职业声望、学术职业结构、学术职业地位、学术职业的权力、学术职业文化等。当然，这种研究范畴的划分不是绝对的，互相之间存在着密切的关联。社会学理论是关于人类的行为、互动和组织的理论。从社会学理论的本质来理解我们所聚焦的高校学术职业分层研究就是关于高校教师在分层过程中的行为、阶层之间的互相关系以及分层与高校作为学术组织之间的关系的研究。我们力图在基于当代中国高校正在进行的职称评聘和岗位分级管理实践基础上去建构一个较为系统的高校学术职业分层理论，去解释和分析我国学术职业的分层结构、分层文化、分层行动以及学术阶层之间的关系，去研究和发现学术职业分层制度变迁的内在逻辑、分层的影响因素和分层结果之间的内在关系。尽管我们深知理论建构和实践反思需要宽广扎实的学术基础，也深知我们的研究能力和水平非常有限，但是，总是要有人迈出第一步。

研究和写作的过程是一个奇妙的生命体验过程，哈欠连连却又难以入眠，刚刚入眠却又突然惊醒，浑身酸疼却又舍不得放下键盘，眼睛昏花却又舍不得离开电脑。有百思不得其解的焦躁和不安，有面对浩瀚资料的无所适从，有力不从心的徘徊和灰心，有咬定青山不放松的动力，也有苦思冥想后茅塞顿开的喜悦和柳暗花明又一村的快乐。

从2009年课题立项到本书的完成，整个研究和写作的过程历时5年。在这5年中，课题组全体研究人员投入了大量的时间和精力，累计发表了与本课题相关的论文20多篇，有5名研究生基于本课题开展相关研究、撰写学位论文并顺利毕业。本书的部分内容就来源于研究团队成员已经发表的研究成果和研究生的毕业论文。应该说，本课题以及本书的完成是课题组全体同志5年来辛勤工作的结果。我作为课题负责人，感谢参与本书写作的全体人员。参与本课题研究和本书写作的人员如下：第1章（李志峰、易静，高慧），第2章（李志峰、廖志琼、杨开洁），第3章（李志峰、易静、吴兰平），第4章（易静、李志峰），第5章（李志峰、高慧，江俐），第6章（易静、李志峰、高慧），第7章

(李志峰、浦文轩),第8章(李志峰、江俐、浦文轩),第9章(李志峰、廖志琼、吴兰平),第10章(李志峰、廖志琼、杨开洁)。全书由李志峰进行总体设计和统稿。

感谢我的导师——华中科技大学的沈红教授,是她把我带入学术职业研究领域并对我进行了严格的专业训练。从2004年开始跟随沈红教授开展学术职业国际调查研究以来,一晃10年过去了。10年来,我一直铭记她的教诲,以学术职业领域作为我的研究方向,孜孜以求,不敢有丝毫懈怠,无奈我资质愚钝,没有作出突出的成绩,对此感到十分愧疚。

感谢武汉理工大学张安富教授一直以来对我的关心和支持。他一直关注我的研究,从课题开题、问卷调查到本书的成稿都给予了诸多帮助。令人感动的是,他在百忙之中还对本书的研究框架逐章逐节地提出了许多具有建设性的意见。作为主管学校人事工作的副校长,他还对我提出的不少问题进行了全面、系统、深刻的阐释。

感谢武汉理工大学人事处原处长赵恒平教授。他既有宽广扎实的学术功力,也有着丰富的实践经验,在与他合作开展相关研究的过程中,他的真知灼见以及对于高校人事管理工作的了解给了我许多启发。

感谢武汉理工大学教育科学研究院的贾勇宏副教授、张凌云副教授以及柳亮博士。贾勇宏副教授毫不客气地对本书的最初框架提出了批评,张凌云副教授建议从高校的组织特性角度来分析学术职业分层,柳亮博士夜半时分还和我就本书的结构、思路、书名等问题进行广泛交流讨论。本书的书名就是我和柳亮博士共同讨论确定的。

本课题的研究还就学术职业分层问题对51所不同层次类型高校的教师进行了分层抽样问卷调查。问卷调查是个麻烦事,需要调查高校不同学科专业、不同年龄阶段、不同职称结构的教师,困难可想而知。我别无他法,只好广泛发动我的领导、同事、同学和朋友帮忙,一人负责一所或者多所高校,定点跟踪落实。由于涉及协助调查的人数众多,这里就不一一点名感谢了。回想你们的帮助,阵阵暖意萦绕在心头,感谢你们!也感谢填答问卷的3500多名教师。没有你们的支持就难以高质量地完成项目研究工作。

感谢戴绯老师前期的参与研究,感谢我的研究生章欢、高春华、王璇、王冀宗、周峰超、朱智、高晓声、卢素瑛、张淼为本课题处理调查数据和收集整理资料。易静在孩子生病时把孩子放到公公婆婆家,全身心投入到研究和写作中来;高慧博士和江俐不仅参与了本课题的研究和本书部分章节的初稿撰写工

后　记

作，而且还负责了本书的校对工作；研究生段江波、朱智、范善斯、向忆、钟蓓蓓、罗梦辉也参与了书稿校对工作。在此，我一并表示感谢。

感谢我的家人的默默付出和大力支持，使我能够心无旁骛地投入到研究和写作中来。

感谢参加本课题开题和中期检查的所有专家。

感谢武汉理工大学原高等教育研究所所长万明芳教授，教育科学研究院院长张友棠教授以及教育科学研究院的同事们的关心、支持和鼓励。

感谢知识产权出版社的韩婷婷编辑为本书付出的辛劳。

本书引用和参考了许多文献资料，给我们开展高校学术职业分层研究提供了丰富的养料。感谢这些文献资料的原作者。

任何研究都难免存在遗憾，我们的这个研究遗憾更多。由于时间仓促、研究水平有限，书中不足之处一定不少，恳请广大读者不吝赐教。

李志峰

2014 年 9 月于武汉